都市治理與地方永續發展

劉阿榮 ◎ 主編

劉　序

　　工業革命改變了傳統社會的生活方式，也使空間形構起了巨變，最明顯的是：人口增加且集中於都市，都市化帶來繁榮景象，也伴隨著生態及社會問題。因此「都市治理」成為當代新興的議題。

　　一個國家之發展，往往與都市興衰有共同的命運；而都市的成長，除了受國家政策影響，與當地人民之生活、文化更是息息相關；都市化過程中所引起的相關問題，如犯罪問題、交通問題、環境污染、生態破壞……等均不容小覷。近些年來，「永續發展」引起學者的廣泛討論、亦成為各國政府所重視的議題。永續發展除了關注全球環境、經濟、社會之變遷，更具體落實在各國或各地區永續發展的推動，例如：建構具文化特色的社區、保存與維護優良的民俗傳統與物質、非物質文明等。

　　都市治理的規劃，除了以當地人口組成、產業背景等統計數字去分析，構成都市的基本單位亦扮演著影響都市相當重要的角色，從以往的保甲制度、村里制度到現在的社區發展，從中央、地方到社區，透過充分的信任基礎，進而協調、整合去除障礙並共同營造一個具有特色的城市，除了需要持續性的追蹤、全面性的了解、長久性的規劃，更要以「公私夥伴關係」的合作策略來實踐。

　　本書特別邀請台灣、香港、澳門、中國大陸各地區的學者，分別就都市治理各層面做深入探討：以民為本的前提、地方與國家的協調與整合、都市發展引起的相關議題、社區的力量……等各面向之間是如何相互影響。除了理論的探討，更以實例作說明：從台灣的縣、市，到永續發展得獎社區，也討論中國大陸的都市發展與都市治理。此外，更探究「傳統宗教」對現代化、全球化的影響，在都市發展的過程中，宗教不再是經濟發展的阻礙，反而是重要的傳統文化資源，足以充分表現該地的特色；再者，

就法律層面而言，地方永續發展需有法律規範作依據是很顯然的。

　　都市治理的成功與否，要能深入了解當地居民的真實需要，如果只顧眼前利益，除了浪費資源，更可能為整體環境帶來浩劫；在切合民眾需要之際，若能貼近當地文化，甚至可能帶來經濟效益，如本書中所提，高雄市「城市光廊」之第二期興建經費，就吸引了廠商贊助，該文化建設除了帶來新氣象，更增加當地居民對藝術的接觸、同時也提昇了藝術涵養。由此可見，透過通盤性的研究與深入了解，同時考量既有文化的保存、環境生態的維護，均能賦予都市發展的新生命和新契機，更讓整體生活品質有所改善；地方產業與文化得以永續發展。

　　本書之出版，要特別感謝各篇作者的努力與創見；揚智出版社在編輯出版方面的協助；尤其能獲得元智大學執行「教育部頂尖大學—人文通識與倫理計畫」之經費支持，特此致謝。

劉阿榮　謹誌

2007 年 7 月

目　錄

北京大學　易傑雄

都市永續發展前提——以民爲本

◇內容提要◇

　　以民爲本是貫徹使社會全面、協調、可永續發展的科學發展觀的目的，也是這一發展觀得以落實的前提與根本保證。它同樣是都市堅持全面、協調、可永續發展的前提與根本保證。

作者：北京大學社會發展研究所所長、教授

只有真正以民為本[1]，根據他們的正當、實際的需要，在廣泛聽取他們的意見、集中他們的智慧的基礎上，確定都市的性質，發展目標與總體規劃，這樣的都市建設才能得到市民的擁護，都市的發展才可能全面、協調，才能有永久的動力，才是可永續的。

　　都市發展的大敵是領導思想動機不純，為搞政績工程不從實際出發、搞長官意志，不聽市民呼聲，不考慮水資源和交通等基本條件的承載能力，也不正確估價實際需求量，修大廣場、建特別寬的馬路，大建高級賓館和豪華商場等等，做盡表面文章。凡此必然使都市建設顧此失彼、不全面、不協調，從而難以永續。

　　都市建設最怕的是領導人與開發商互相勾結、互相利用謀私利。盲目上基建項目，這必然嚴重破壞環境，甚至破壞古都的歷史文化風貌，造成過度城市化，城市居民與外來民工嚴重的兩極分化，甚至導致社會治安的嚴重惡化等。

　　都市政府領導人執政能力低，在都市管理、規劃方面不能高屋建瓴，缺乏全局觀念與系統性觀念；頭痛醫頭，腳痛醫腳，只顧眼前，不顧長遠，只顧局部，不顧全局，也是造成都市矛盾百出而且激化，使發展不能永續的重要原因。

　　要真正保證做到以民為本，對都市的管理和發展規劃以科學、理性來制定，以充分體現市民的需要，使都市得以永續發展，就必須防止都市領導權被既自私又無能的人篡奪。可見關鍵是加快政治體制改革的步伐，向民主、法治過渡。

---

[1]「民」，都市絕大多數公民，包括常住人口和流動人口，以及在該都市合法居住的外國人，在此筆者之所以用「以民為本」，是為了與「以人為本」相區別。「以人為本」從概念上看，壞人也是人；民是指有公民權的人。不用說，即便是罪犯甚至是執行死刑前的人，因為他還是「人」，所以對他們也必須有起碼的人道主義，例如保證他們的溫飽和與親人見面等等。

壹、以民為本的對立面

以民為本的對立面就是以官為本，以社會上極少數人為本。

一個都市永續發展的根本動力在全體市民，都市的維護、建設與發展只有都是與絕大多數市民的切身利益（包括其榮譽感）息息相關，才能得到廣大居民的衷心擁戴與積極參與。而要做到這一點，領導城市的政府官員必須是真正忠於人民、立志為人民辦事的人。即胡錦濤先生所說的是「立黨為公，執政為民」的人[2]。

胡錦濤先生所以講這樣的話，就是由於現在在共產黨和大陸各級政府幹部隊伍中的確還有不少不是這樣的人。相反，他們是結黨營私，掌權為已。因此引起了民怨，影響了包括都市在內不能全面、協調、可永續的發展。他們考慮問題做事情，都是從自身和小團體的利益出發、腐化墮落，有的甚至為此不顧市民的死活。這是當前整個大陸也是大陸都市可永續發展面臨的一個最大的危險。如他們中有的人利用手中的權力為自己撈好處、搞官商勾結、甚至敢置市民強烈不滿於不顧，只為開發商利益最大化保駕護航，強行讓市民拆遷，只給這些搬遷戶很少的經濟損失補償。有的甚至置保護國家文物與城市傳統特色的風貌於不顧。老百姓不願搬，他們甚至不惜動用、至少是默許開發商借助黑社會勢力，雇傭流氓當打手，強迫居民搬遷。弄得一些居民走投無路，甚至因此尋了短見。這種情況儘管是個別的，但在社會上造成了極壞的影響。為此導致了不滿市民的靜坐、請願、抗議示威，造成城市交通中斷。新近被雙規的上海市以陳良宇為首的一幫人和北京市主管城市建設特別是負責奧運場館建設的北京市副市長劉志華就屬於這樣的人。

一些思想不純的都市領導幹部，為了取悅於上級領導、往上爬，大搞勞民傷財的所謂的「形象工程」、「政績工程」。如一個人口不足 600 萬

---

[2]胡錦濤（2003），《在「三個代表」重要思想理論研討會上的重要講話》，人民出版社，2003 年 7 月第一版，第 16 頁。

至今還有 100 萬貧困人口的省，不足 80 萬人口的省會竟修了一條 50 華里長 20 米寬的大街，搞了五個大型廣場，其中最大的占地 370,000 多平方米，在經濟如此貧困、能源又如此緊張的情況下，其中一個廣場，一個晚上就要耗電 5,000 來度。更不可思議的是，這個省山區面積占了大半，有的是石頭，而 50 華里大街兩旁用的條石卻是從一個遙遠的省份運去的。為什麼要這樣捨近求遠、不惜勞命傷財？就是因為這個省的主要領導是從那個省調來的。對此老百姓敢怒而不敢言，只能在私下裡罵道：「某某人是某某省的好兒子，是我省的賊娃子」。其實他也很難說就是那個省的好娃子，甚至可以肯定地說，他也不可能是那個省的好娃子。這種情況在大陸恐怕還不止這一個。這樣搞城市建設，自然很難得到市民們的擁護，這種都市的發展必然難以永續。

「政績工程」也可以說是「面子工程」、「形象工程」的一種。區別在於，「政績工程」片面追求的是 GDP 的增長，以證明自己領導有方，以此取悅上級，希望能因此而得到提拔、重用。有這種思想的都市領導，行事原則是大利大幹，小利小幹，無利不幹，把自己完全變成了一個商人，聽憑市場作用。完全放棄了一個都市領導人對市場加以調控、引導的責任，其直接結果是表現為城市發展畸型──不全面、不協調、難以永續。房地產是大商品，在大陸平均利潤率很高，搞房地產既可大幅度提高都市的 GDP，把市政、財政搞活，又可以從開發商那裡得到大量好處，因此聽憑開發商上專案；而有些事雖是不可少的，但由於它們不僅不賺錢，還要花大量的錢，就不願撥款，或很少撥款。如教育與科研，特別是治理污染，上環保專案。這方面河北省滄州市就是一個突出的典型事例。該市在生活用水都頻頻告急的情況下，好大喜功的市領導竟拍板同意建起了一百多個高耗水的企業。一位水利幹部向市領導提出專案立項應考慮水資源的可永續利用時，市領導竟斥責道：「爺爺都沒水喝了，誰還管得了孫子！」近年來，大陸政府發現了這一問題，提出評價一個地方政績不再單純看 GDP 的增長，正是為了防止類似事件發生。

任何一個都市的發展都離不開農村、農民的支持。像上述那樣的省把

農村搞得那麼苦，農民那麼窮，光顧建設省會，這樣的都市市場就擴大不起來，以後的發展就很難獲得後續資金，必然是難以永續的。近年來，大陸政府對農業從實行減稅到完全免稅，正是為糾正上述現象，保證農村和農業的發展，使它成為城市發展的堅強後盾。城市農副產品的供應要靠農村和農業不說，這些年城市大規模建設用工的主體就是農民工。但我們一些都市領導看不到這些，由於思想意識和利益等複雜的因素，不能把農民工與城市居民一視同仁，同等對待，更不用說把他們當作與自己是平等的人來尊重了。他們對生活在城裡的農民和農民工居住條件和子女上學等迫切需要解決的問題毫不關注不說，還為了自身的利益完全站到企業家一邊，甚至容忍雇傭他們的企業家把他們的勞動報酬降到最低限度，而且就這樣，還要拖欠他們的工資。這往往成了城市不安定的一個重要根源。如今矛盾尖銳了，所以政府三令五申提出要關心弱勢群體，溫家寶總理甚至親自出面為農民工討債，指示要解決長期在城市居住的農民子女上學的問題。這方面的立法也在加速進行中。

綜上所述不難看出，都市管理者特別是主要領導人的思想不純、結黨營私、以權謀私，是影響都市可永續發展的主要敵人。

貳、以民為本的執行面

江澤民先生反覆強調要提高領導水準和執政能力[3]，就是由於看到了管理國家包括都市是一項複雜的系統工程。要達到善治，領導人光有全心全意為人民服務的精神和熱情還不夠，還必須有很高的領導藝術，即執政能力。執政能力不強，搞經驗主義，實用主義，頭痛醫頭，腳痛醫腳，必然顧此失彼，把事情搞得一團糟；鼠目寸光，只顧眼前，不顧長遠，只顧局部，看不到全局，必然引發各種新的矛盾，並導致矛盾的積累、激化；不注意研究新形勢下出現的各種新的矛盾，對都市各種矛盾及其錯綜複雜的

---

[3] 《人民日報》2001 年 5 月 24 日江澤民在考察安徽工作時的講話。

關係缺乏總體把握，心中無數，思想缺乏前瞻性，對可能出現的各種突發事件缺乏預見性，缺乏應急措施，必然釀成難以想像的後果。一句話，領導、管理都市的人執政能力不強，也會使都市很難全面、協調地向前發展。甚至好心辦壞事，幹勁越大越糟糕。使都市發展難以永續。回顧大陸上個世紀 50 年代以來城市化的曲折經歷，即可清楚地看出領導幹部執政能力與都市發展之間的相關性。

1949-1957 年，內戰結束後，經過三年國民經濟恢復，社會秩序逐步穩定了下來。這時，受戰爭影響避難農村的城市人陸續返城。另一個方面，國家第一個雄心勃勃的五年計劃大規模的工業建設投資，使農村人口非農化的速度大大加快。這個時期，大陸城市人口自然增長率和機械增長率都迅速上升。城市化水準從 10.6% 上升至 15.4%。這一城市化的速度與規模和當時大陸的經濟社會發展狀況是基本上相適應的。這為後來的工業化和城市化打下了基礎。

然而，正是在這種大好形勢下，當時的黨和國家主要領導人被勝利沖昏了頭腦，不顧主客觀條件，於 50 年代中後期搞什麼大躍進，「超英」、「趕美」，使農村人口爆炸式地湧入城市。1960 年，全國城市人口達到 1.31 億，城市化水準激增到 19.7%。由於違背客觀規律搞瞎指揮、瞎折騰，加之又遇到自然災害，國民經濟進入了嚴重的三年困難時期。城市出現了大量過剩的人口，並由此引發和潛在地潛伏了嚴重的不安定因素。在這種情況下，政府不得不動員 3,000 萬市民到農村生活。因而出現了人類歷史上少有的城鄉逆向流動，城市化水準 1963 年降至 16.8%。在這種情況下，為了防止去了農村的人口，或農村人口再流向城市，就把同為國家公民的中國人強行劃分為彷彿高人一等的、吃商品糧的城鎮人口和不能到城市生活的農村人口。這種做法又嚴重阻礙了後來按城鄉變動的自然需求而變動，阻礙了農村人口正常的非農化進程。1964、1965 年大陸國民經濟逐漸恢復，城市人口也有所回升。1965 年，城鎮人口占全國人口的比重重新達到

17.98%[4]。1966 年以後，大陸出現了連續十年的動亂，國民經濟遭到空前破壞。由於擔心出事，又搞大規模的上山下鄉運動，知識青年到農村接受貧下中農再教育，機關工作人員到「五‧七」幹校接受勞動改造。工廠、學校遷往農村山區。中國再次出現城鄉逆向流動。至使時至今日，中國二元經濟結構的問題仍十分嚴重，城市化水準仍相對落後。

不用說，造成上述情況的原因是多種多樣的，但領導者執政能力不高，尤其是不懂得如何領導國家的經濟建設與都市化進程無疑是重要原因之一。

由於都市領導人執政能力低，或在對本市情況缺乏全面、準確把握和科學分析的情況下，盲目拔高了城市定位，不切實際地擴大了城市規模；或不能把都市的治理作為一項複雜的系統工程，城市建設未能全面、配套地進行，致使大陸如今不少城市的「城市病」日益嚴重，如生態環境惡化——據有關方面統計，全球污染最嚴重的 20 座城市，大陸就占了 16 座。其中污染最嚴重的 6 座城市，要把它治理好，就要耗資 4,500 億美元，接近今天大陸全部外匯儲備的一半；交通堵塞，——北京交通最緊張的時段，很多地段駕車已遠不如步行快。因此北京每舉辦重要的大型會議，就必須對交通採取特殊措施，或對某些地段實行交通管制，或硬性規定什麼樣的車會議期間不許行駛，或兩者並用。如每年的兩代會期間，最近召開的中非合作論壇期間；水資源嚴重缺乏——以首都北京為例，據有關專家統計，改革開放 25 年來，人口由 800 萬增加到 1,500 萬，經濟規模由 300 億人民幣增加到 3,500 億人民幣，建成區面積由 200 平方公里增加到 500 平方公里。而近年來兩大水庫來水量卻銳減，因此地下水超采，地下水水位由 80 年代初的 11 米下降到目前的 19 米。南水北調等外流域調水救北京的工程又遠遠趕不上北京的用水需要。這還不算山區還有 10 萬農民飲用水有困難，郊區還有 160 萬人飲水達不到自來水標準。在這種情況下，北京的房

---

[4]上述統計資料參見《中國統計年鑒「1998」》中國統計出版社，1998 年第一版，第 103-104 頁。

地產開發還在盲目擴張，城市貧困人口迅速增加；2005 年，北京市城鎮登記失業人數為 10.57 萬，失業率為 2.11%，比上年提高 0.8 個百分點。郊區和外地流入北京的還不包括在內，不用說此外還有一定數量失業、下崗和待業沒有登記的。實際失業率比這個統計數肯定還要高。據專家測算，北京近兩年平均約有 40 多萬失業人口。北京市規定目前人均月收入 310 元以下的家庭才可享受城市居民最低生活保障。儘管這個數字比 1996 年的人均不足 170 元才可得到補助這個數提高了不少，但十年來全市享受最低生活補助的人數還是增長了二十多倍：1996 年北京市享受最低生活補助的居民共 5,500 戶、8,998 人。而到了 2000 年 6 月，全市已有 11,569 戶、231,800 人需要最低生活補助了。此外，還有大量來自全國 22 個省的貧困地區的大量流浪乞討人員，據有關方面估計，僅這樣的人北京城區每天就有不少於 15,000 人；而另一方面，一些暴富階層一擲萬金，有時一頓飯就要花幾十萬人民幣，高級住房一平方米就賣到 8、9 萬元人民幣。這在向來有「不患寡，而患不均」傳統的中國，潛伏著很大的不穩定因素。為防止貧富差距的不斷擴大，政府頒行了新的稅率：一是把徵稅起點由原來的人月均收入超過 800 元即開始徵稅，調整為 1,600 元以上才開始徵稅，而對高收入者月收入超過 5,000 元人民幣即要按 20%的稅率徵稅。

執政能力的高與低是相對的，它主要應該表現為領導集體的智慧，充分依靠和利用專家研究成果與挖掘全市人民的智慧上。都市的主要領導如果不善於充分發揚民主，虛心聽取市民與專家的呼聲，依靠都市領導層的集體智慧，領導水準必然高不了。有些領導雖然也能不謀私利，一心想把城市治理好，甚至表面上也很尊重專家意見，也能經常深入到市民中去，注意聽取市民的意見，但由於自身素質低，對來自各方面的情況不能做出科學的分析綜合，形成正確的判斷，聽了風就是雨，甚至把雄才大略、真知灼見看作是無稽之談，反而把平庸乃至錯誤的意見當寶貝，作為決策的依據。這樣的人領導、管理都市，都市的發展仍是難以永續。這樣的人，雖然他本人很清廉，工作也很認真負責、勤勉，但很難因此說他的工作就是以民為本了。因為我們講的以民為本，並不是表現為領導人能深入群眾，

表面上能虛心聽取專家和市民的意見，——這對於一個都市領導人來說無疑是十分重要的。但更重要的是，要善於理性地進行科學決策，能真正保證都市全面、協調、可永續地發展，保證都市社會長久和諧、充分保障市民潛能的發揮、人生價值的實現、物質與文化需求的滿足，能過上安定、幸福的生活。

參、以民為本的制度面

怎樣才能保證做到都市領導是既富有獻身精神，又能密切聯繫市民、善於利用專家研究成果和傾聽市民的呼聲的工作能力強的人，以保證都市可永續發展呢？光靠上級選拔的領導、靠他們的道德自律是靠不住的。在我看來，問題的關鍵是加快政治體制改革的步伐，加速國家民主化、法制化的步伐。鄧小平先生在總結大陸政權建設正反兩個方面的經驗教訓的基礎上曾深刻地指出：「現在應該明確提出繼續肅清思想政治方面的封建主義殘餘影響的任務，並在制度上做一系列切實的改革。」[5]要「從制度上保證黨和國家政治生活的民主化、經濟管理的民主化、整個社會生活的民主化」[6]。因為在他看來，「制度好可以讓壞人無法任意橫行；制度不好可以使好人無法充分做好事，甚至會走向反面」[7]。

首先，都市領導人的選拔必須藉由民主程序完全由市民來決定，讓他們對市民負責。歷史的實踐表明，都市領導人只是由上級決定，這樣的人上臺後就會只對上負責，只注意與頂頭上司的關係，根本不注意與市民的關係，他就可能置市民利益與意見於不顧，而千方百計百地討好上級領導，甚至形成對上級的人生依附關係。而在這種情況下，上級領導也容易變成專制式人物，導致他們脫離人民、獨斷專行，從而給人民的事業造成損失，

---

[5]《鄧小平文選》第二卷，第 335 頁。人民出版社，1994 年第一版。
[6]同上，第二卷，第 336 頁。
[7]同上，第二卷，第 333 頁。

也使這些都市領導本身往往會與以民為本的方針背道而馳。都市領導人的選拔和任免，只有完全真正由市民決定，這樣，當選者才會做到作一切決定以全體市民的利益為依歸，戰戰兢兢、克盡職守地履行自己的義務，依法行使自己的權力。才能真正做到以民為本，才有可能使都市全面、協調、可永續地向前發展。鄧小平先生早就提出，要「勇於改革不合時宜的組織制度、人事制度，大力培養、發現和破格使用優秀人才，堅決同一切壓制和摧殘人才的現象作鬥爭」[8]。落實鄧小平先生指示的根本途徑就是由人民來選拔自己的領導人。

　　不用說，制度也不是萬能的，而且它不可能一點漏洞也沒有。而人在地位、環境變化了的情況下也是可能發生變化的。所以即便選拔的人都是既有奉獻精神又很有能力的人，強有力的社會監督機制仍然不可缺少。一個社會只有真正民主化、法制化了，人人都可利用可靠的大眾媒體，及時、公開地表達自己的意見，如果發現選拔上去的都市領導有貪腐行為或不稱職，能像鄧小平先生講的真的可以透過「依法進行檢舉、控告、彈劾、撤換、罷免，要求他們在經濟上退賠，使他們受到法律、紀律處分」[9]，那麼，選拔上去的都市領導一旦脫化變質，——違法亂紀、搞特權，才有可能及時被揭露，並徹底加以解決。這樣，才能避免都市發展遭到人治條件下難免遭受的各種挫折與損失，保證都市始終能健康地、可永續地向前發展。

本章重點

　　1.都市。
　　2.可永續發展。
　　3.以民為本。
　　4.執政能力。
　　5.民主。
　　6.法治。

------

[8]同上，第二卷，第 326 頁
[9]同上，第二卷，第 332 頁。

中國文化大學　張世賢

地方永續發展政策：公私夥伴策略的理論探討

◇內容提要◇

　　永續發展政策的探討為當今公共政策研究的主流。而永續發展政策的推動，必須要從地方開始。本論文探討地方永續發展政策的公私夥伴關係策略，從理論探討之。採用理論建構法，蒐集相關的理論資料，加以爬梳整理，並從聯合國推動永續觀光發展、大台中地區、嘉義縣、宜蘭縣推動地方永續發展政策印證之。本文從永續發展對於政策的衝擊著手，引申出治理、政策工具、政策過程、政策參與，以公私夥伴關係策略整合之；再次討論公私夥伴關係的基礎，公私部門不同的導向、夥伴關係的類型，以及夥伴關係策略運用的適宜性；本文結論提出，地方永續發展公私夥伴關係策略的分析架構，包括夥伴關係的組成、協調、執行與績效，強調公私夥伴關係策略可提昇公共責任與執行能力。

作者：中國文化大學行政管理學系教授

壹、前言

　　本文旨在研究推動地方永續發展政策的公私夥伴（Public-Private Partnerships, PPPs）策略，並從理論分析之。《聯合國二十一世紀議程》於1992年巴西舉行的地球高峰會議中獲得與會各國的一致支持通過，以作為各國推動永續發展的行動綱領。永續發展的意義係「滿足當代的需要，同時不損及後代子孫滿足其本身需要的發展」，其內涵係以保護生態環境和天然資源的「永續環境」和塑造人類生命品質，不斷提昇社會公平、正義與和諧的「永續社會」為基礎，發展安和樂利、民生富裕、生活富足的「永續經濟」（Munasinghe & Swart, 2006: 101; Rogers, et. al., 2006: 45）。永續發展推動五年後（1997年），聯合國切實檢討並提出未來永續發展推動計畫（Program for the Further Implementation of Agenda 21）。因為永續發展政策是「做」的問題，而不是「說」的問題。2002年聯合國在約翰尼斯堡的地球高峰會議加以檢討（自1992年至2002年，已有十年之久），並進一步提出「執行計畫」與「夥伴關係」的新策略，要世界各國不能光說不練，更不能袖手旁觀，一定要積極投入（Strong, et. al., 2006: 1-11）。

　　我國亦於2000年4月公布《二十一世紀議程－中華民國永續發展策略綱領》，2002年11月正式將永續發展的定義納入法律（環境基本法第二條第二項），並於2004年11月修正公布為《台灣二十一世紀議程：國家永續發展願景與策略綱領》。由於永續發展的問題都來自於地方，永續發展的推動，要從地方基層做起，本文探討地方永續發展公私夥伴策略的理論；研究方法採用理論建構法（袁頌西，2003：77-118；易君博，1984：1-28），提出理論建構的幾個問題加以剖析，建構其間的理論關係：

1. 地方永續發展對現行政策研究有何衝擊？與以往政策研究有何不同？
2. 公私夥伴關係的成立基於什麼基礎？在什麼基礎，建構公私夥伴的關係？

3. 公私夥伴關係中的公私部門有何不同導向？在此不同導向下，建構其間的夥伴關係？
4. 公私夥伴關係的類型為何？由哪些因素建構公私夥伴關係的類型？
5. 公私夥伴關係推動永續發展政策的適宜狀況如何？其間適宜關係狀況為何？

貳、永續發展對政策研究的衝擊

永續發展政策目前已成為政治學、行政學、公共政策研究的重要議題，並為主流。James Meadowcraft 在《國際政治學評論》（*International Political Science Review*）1999 年 4 月號〈追求永續發展〉的專輯中稱：「『永續發展』對於政治學有很大的衝擊，將成為 21 世紀初政治學研究的主流（1999：127）」。該期主編 William M. Lafferty 歸納永續發展對政治學研究（尤其是公共政策）有五項衝擊，本文同意其立論（cf: Mudacumura, et. al., 2006: 4-8）：

一、治理（Governance）的問題

傳統的「市場民主」能否處理永續發展的問題值得探討，是否要有「國家機關」（the state）的積極主動介入，才會比較有效？在市場民主，對於公共議題的決定，每一位公民都是主人，其意願都應受到重視，經充分討論後，以投票、多數決來決定公共問題的解決方案。在投票的考慮上，每一位投票者均是自利的，很可能只看到個人的利益，未見到整體的利益；只看眼前的利益，未見到長遠的利益。缺乏公共責任，經常是由錯誤嘗試法來修正以前的決定。這種市場民主的方式，應用在永續發展的議題上，便很有爭議。因為一般人是平庸的大眾，是多數；而有睿智的先知先覺者，是少數。永續發展的議題具有前瞻性、永續性，而不是短視。因此不能任憑多數的平庸意見來決定。本文強調要由夥伴關係彼此相互學習提昇對公共責任的認識。

二、政策工具的問題

「永續發展」挑戰傳統「政策工具」（policy instruments）的合理性與有效性，原有的政策工具已難以處理永續發展問題，要有新的政策工具。政策工具，一般歸納成六大類（Schneider & Ingram, 1990; McDonnell & Elmore, 1991）：(1)權威；(2)誘因；(3)能力建立；(4)象徵與勉勵；(5)學習；(6)系統改變。推動永續發展的政策工具不能完全依靠權威、誘因、象徵與勉勵，應有賴於能力建立（capacity-building），即制度分析發展（IAD）策略；學習，即倡議聯盟（ACF）策略，先知先覺者不斷去教育民眾；系統改變（亦提昇能力建立），採用公私夥伴策略（PPPs）。本文即研究其中的公私夥伴策略，可以提昇執行能力，並主張夥伴關係的運用是一種策略，亦是一種工具。

三、利害關係人的問題

處理「永續發展」要著重經濟分析的角度？還是利害關係人現實的角度？傳統的環境經濟學是否能夠有效解決永續問題？還是直接針對永續發展有關的利害關係人，才會比較有效？推動永續發展，要針對人，而不是針對事。人有感覺、知覺、感性，要激起利害關係人對鄉土的熱愛。我們只有唯一的地球，受到污染、破壞，就很難再彌補回來。公部門、私部門均由人組成，要由人去感受共同的永續發展問題，因為人類共同的唯一地球，有共同的感受，才能結合在一起，須以「夥伴關係」（partnership）去推動永續發展政策。本文強調永續發展的核心仍是提昇人的「永續價值」，要由人的夥伴關係，公私一起來推動。

四、政策過程整合的問題

永續發展的問題是否顛覆了傳統「政策過程」的方式，需要另一套新的思維方式，重新建構「政策過程」？政策過程，採階段觀點，分為政策問題的認定、政策規劃、政策合法化、政策執行、政策評估、政策終結等

階段加以探討。可是，永續發展政策太複雜，同一個時間點，可能就要同時改變永續發展問題的認定，但其中正確的部分可能必須同時進行執行，而另一部分可能又要重新規劃及重新評估，而某一項可能就必須終結。因此，本文主張：在政策過程上，是整合地要有「公私夥伴聯盟」，以利永續發展政策的推動，是綜合在一起，而不是階段性的進行。

五、政策參與的問題

「政策參與」的過程中亦受到了挑戰。一些由下而上的草根民主的參與方式，能否形成真知灼見？還是須由少數先知先覺者，去啟發多數的後知後覺者，而形成共識，才能真正解決永續發展的問題？在政策參與上，永續發展政策的推動著重在政策參與中的學習、教育、互動，著重在參與過程中，改變對生態問題的覺醒。因此基本上，是大家一起來，共同參與、共襄盛舉。在共同參與中大家彼此相互學習，互補互利，並進行技術轉移，以夥伴關係共同參與，推動永續發展政策。

由上述五個問題，結合永續發展實施的地區（例如：聯合國、大台中地區、嘉義縣、宜蘭縣），相關部門協力配合，以及採用公私夥伴關係策略（政策工具），而構成如圖 2-1 的地方永續發展公私夥伴關係策略體系：

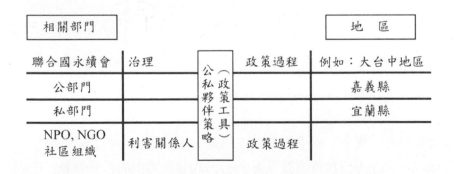

圖 2-1　地方永續發展公私夥伴策略體系

參、公私夥伴關係的基礎

　　為推動永續發展政策，採用公私夥伴關係策略，其基礎在哪裡？1987年世界環境與發展委員會受聯合國第38屆大會之託，發表《我們的共同未來》。我們只有唯一的地球，要珍惜我們的地球。我們有共同的未來，要共同合作，共同擔負責任。因此，為推動永續發展政策，基礎上即先天存在要共同合作，共同擔負責任，不論公私部門、不論政府層級、不論團體或個人，均要共同合作，承擔共同社會責任，推動永續發展（WCED, 1987）。

　　依據我國環境基本法第四條規定：「國民、事業及各級政府應共同負擔環境保護之義務與責任。」因此，推動永續發展政策，是國民、事業及各級政府的共同義務與責任，而要公私部門一起來配合成夥伴關係，推動永續發展。Kamieniecki等人（2000）認為，係基於效能、效率、衡平、民主的基礎（如圖 2-2）。亦即夥伴關係要更能具有效能、效率推動永續發展，而推動過程中要注意永續發展的衡平觀念與民主的程序。

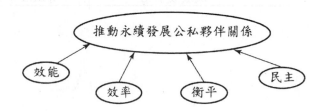

圖 2-2　建構推動永續發展的公私夥伴關係的基礎圖

資料來源：Kamieniecki, et. al., 2000: 111-127.

　　永續發展有「衡平」觀念，不論人與人、人與社會、人與其他生物、人與大環境、人在不同世代均要「衡平」，注意各方面的「承載量」的限制，才能衡平。而永續發展亦要有「民主」的觀念，要由各人發自內心，自覺永續發展的重要性，由先知先覺者、後知後覺者與不知不覺者，經由

討論、對話、商議，形成對永續發展的共識而落實。推動地方永續發展的公私夥伴關係在大台中地區（廖俊松，2006）、在嘉義縣（廖坤榮，2006）、在宜蘭縣（許文傑，2006）獲得驗證。

肆、公私夥伴導向的差異

在公私夥伴關係中，公私部門因其性質不同，因此在公私夥伴關係中仍有差異。依目標、利益、風險、投資、思維重點、著重點加以比較，其差異（Reijniers, 1994）如表 2-1，但亦因其差異，而能互補互利：

表2-1　公私夥伴關係中的公私部門導向的差異表

項　目 ＼ 部　門	公部門導向	私部門導向
目標	任務導向	營利導向
責任重點	民意與政治影響	民意市場與競爭
利益	社會利益	私部門利益
風險	風險最小化	有風險才有商機
投資	長期社會發展	投資回收
思維重點	過程：民主決策過程	結果：企業利益最大化

資料來源：Reijniers, 1994.

一、目標

公部門均在其組織法或組織條例有規定公部門設立之宗旨或任務，均有其公共任務，並有其職掌，服務社會大眾。

私部門有其公司、企業、工廠成立之目的，旨在賺錢、營利，透過其服務或產品向社會獲得利潤。

二、責任重點

公部門雖然亦負專業責任、法律責任，但更著重在受到民意監督與政

治影響的責任，而私部門雖然亦負社會責任，但更著重在市場與競爭所呈現的企業獲利責任。

三、利益

公部門謀社會的公共利益；而私部門謀員工、股東、企業家的利益。

四、風險

公部門在營運上、管理上，較保守，將風險最小化；而私部門則有風險，才有商機，才有利潤，具高風險、高商機、高利潤，較有開創、創新，甚至冒險精神。

五、投資

公部門投資於長期社會發展；而私部門則強調可預期的投資回收報酬率。

六、思維重點

公部門之思維重點在於程序，程序一定要合法化、民主化；而私部門之思維重點在於如何獲得企業利益的最大化，著重在結果，對於程序可以變通，程序再造（Reenginecring）。

由上述公私部門導向的差異，兩者可以互補互利而推動永續發展政策（如表 2-2）。公私夥伴關係策略兼顧並整合了安定與創新、整體利益與個別利益、保守與激進、長期與短期、民意控制與市場控制，以及民主程序與結果獲利最大化，適用於各種不同的永續發展政策，達成效能、效率、衡平與民主的基本價值。

表2-2　公私夥伴關係中的公私部門互補

部　門 項　目	公部門導向	私部門導向
目標	穩定、安定	開創、創新
責任重點	程序：合法、民主	結果：獲利最大化
利益	整體利益	各別（特定）利益
風險	保守	冒險、激進
投資	長遠	投資回收
思維重點	民意控制	市場控制

資料來源：Reijniers, 1994.

伍、公私夥伴關係類型

公私夥伴關係有其不同類型，配合永續發展的特性，本文修正吳英明（1996）所建構的類型，即以「社會責任」為核心概念，強調在公部門與私部門合作過程中，提供永續發展應有共同社會責任。由社會責任（尤其是企業社會責任）所引申的責任歸屬，然後是共信基礎，由此才開始夥伴關係中的主從關係，資源如何互賴，以及互動方式和氣氛，然後遇到爭議問題，才協商處理。由此建構類型的要素便有八個：(1)社會責任；(2)責任歸屬；(3)互信；(4)主從關係；(5)資源互賴；(6)互動方式；(7)互動氣氛；(8)協商。建構成三個類型（如表 2-3）：(1)「垂直分割」模式類型；(2)「水平互補」模式類型；(3)「水平融合」模式類型（張世賢、汪家源，2006：111）。

一、社會責任

公部門當然有其責無旁貸的公共責任。而私部門對社會責任之自覺愈深，則促使私部門愈願意投入相當的努力來從事社會責任之實踐活動，也因此提高了私部門和公部門合作之意願，使兩者的合作關係朝向水平式的夥伴模式發展。

二、責任歸屬

協力合作過程中，如責任偏向於由合作關係中的一方來承擔，則愈呈垂直分割互動模式發展；如公私部門漸漸開始共享夥伴關係所共同推動的活動結果之成敗，則表示公私部門在夥伴關係中已逐漸形成休戚與共的生命共同體，而朝水平互補、融合的模式發展夥伴關係。

三、互信

公私夥伴關係中互信程度低，公部門以公權力控制監督私部門，則形成「垂直分割」模式；互信程度中等，則形成「水平互補」模式；互信程度高時，則形成「水平融合」模式。

四、主從關係

1. 公部門的政策主導性，指公部門在公私夥伴關係中，對於提供永續發展的主導權。如果公部門在協力合作關係中仍然具有政策主導權，此種協力關係之發展有可能形成垂直分割模式或是水平互補模式。
2. 私部門的自主性和公部門的政策主導權相關；即當公部門的主導權愈強時，私部門本身的自主性愈低，此時服從的角色愈明顯。而像水平互補或水平融合模式中，隨著公部門主導權的釋放，私部門所擁有的自主性也愈來愈多。

五、資源互賴

公私部門在協力合作關係中對彼此交換之資源的依賴程度，如果公部門愈依賴私部門所提供之資源，愈有可能形成水平互補、甚至水平融合互動模式；反之，私部門愈依賴公部門之資源，則可能使垂直分割互動模式間的夥伴關係更穩定。

六、互動方式

公、私部門間的「指揮—服從」互動方式即為垂直分割模式；「配合—互補」互動方式即為水平互補模式；而「協議—合夥」互動方式即為水平融合模式。

七、互動氣氛

由於過去指揮命令的垂直服從關係通常都會為合作雙方帶來一定的緊張關係；因此，夥伴關係中，如公、私部門間的相處氣氛愈融洽，愈有可能是朝向水平互補、甚至水平融合模式發展。

八、協商

私部門在夥伴關係中的協商過程裡，是否具有和公部門平等協商的權力？如私部門在夥伴關係中的協商權力愈大，其在合作過程中與公部門之間的地位愈平等，則公私夥伴關係可能朝向水平互補、或水平融合模式發展；反之，則表示私部門並沒有與公部門平等協商的權力，而公私夥伴關係則呈現「指揮—服從」的垂直分割模式。

以上這八種因素建構成公私合作關係的三個類型，如**表 2-3** 所示。

陸、夥伴關係策略的適宜性

公私夥伴關係策略是否完全施用於推動各種地方永續發展？哪些較適宜？哪些不適宜？Rosenau（2000）加以研究，從成本考慮、外部性、時期、課責、社會規範、政策標的人口來加以分析（如**表 2-4**）。

一、成本考慮

重私部門的資金、資源，較適宜採用公私夥伴關係策略。反之，如果推動該項地方永續發展政策，不需借重私部門的資金或資源（包括人力、

表2-3　公私夥伴關係類型

類型\因素	垂直分割模式	水平互補模式	水平融合模式
社會責任	私部門不一定有自發社會責任	私部門漸漸產生有關社會責任之認知	私部門具有自發實踐社會責任
責任歸屬	以公部門為主	視任務範圍而定	公私部門共同承擔
互信	低	中	高
主從關係	公部門握有政策主導權；私部門無自主性	通常仍由公部門握有政策主導權；私部門自主性較低	公私部門共同協商；私部門有一定的自主性
資源互賴	私部門仰賴公部門資源	公私部門開始分享彼此資源	公私部門間資源依賴程度較深
互動方式	指揮—服從	配合—互補	協議—合夥
互動氣氛	較為緊張	開始接受彼此的功能性角色	相當融洽
協商	私部門缺乏協商權力	私部門開始學習如何和公部門協商	公私部門基於平等協商的過程彼此合作

資料來源：張世賢、汪家源，2006：111。

表2-4　適宜實施夥伴關係策略表

適宜與否\因素	適宜	不適宜
成本考慮	主要	次要
外部性	受限	不受限
時期	短	長
課責	次要	嚴屬
社會規範	次要	重要
政策標的人口	強勢人口	弱勢人口

資料來源：參考Rosenau, 2000: 235製成。

物力），則無需採用公私夥伴關係策略。公部門獨立執行即可。

二、外部性

地方永續發展政策，公部門如果無力控制污染的外部性，要有民間企業自發性來配合，則適用公私夥伴關係策略推動。如果公部門已足以限制某項污染，可以實行重懲重罰規定；則該項政策不宜由民間業界參與，以避免官商勾結，利益輸送，或公部門對特定企業「放水」之嫌。

三、時期

公私部門合作時期如果較短，可以觀其效果，並以其成效狀況，再另行訂定契約，則適合採用公私夥伴關係策略。如果投資成本甚大，合作時期甚長，易成尾大不掉，公部門反受私部門控制，不適合採用公私夥伴關係策略。

四、課責

對於永續發展政策，屬於興利事業者，可有可無；有之，更好；無之，亦無大礙；不牽涉民生重大責任問題（例如建登山步道、故事解說館等），則可採用公私夥伴關係策略推動。如屬於除弊攸關人民生命、自由、財產，被課予嚴格之責任者，不宜由公私夥伴關係策略推動，屆時私部門不負責，推諉塞責，公部門要承受私部門不負責的過錯，得不償失。

五、社會規範

凡社會規範要求寬鬆，比較偏向於以市場（機會）機制即可控制者，則可以由公私夥伴關係策略推動。反之，輿論重視、社會規範要求嚴厲者，如遊樂設施的安全事項，不宜由公私夥伴關係策略推動，要由公部門獨自承擔，以示負責。

六、政策標的人口

永續發展政策所實施的對象，如果是強勢人口，即社會中上階層人士、

有錢有閒的人士，則可以由公私夥伴關係策略推動，例如海洋生物館、大型遊樂場，要繳鉅額門票費始能入場者；反之，服務務的對象是弱勢族群，則應由公部門負責，私部門只能居於次要角色。

柒、結論

由以上的分析，本文建構地方永續發展公私夥伴關係策略的分析架構，如圖 2-3，中間為公私夥伴關係有公部門、私部門、（地方）社區組織，公部門掌握公權力，在推動永續發展政策，責無旁貸，因此在圖 2-3 居中間。私部門、（地方）社區組織在圖 2-3 居左右兩旁。而執行機制有兩個三角形，一個以公共責任為首，由資源互補與溝通協調輔助之。另一個三角形，以能力提昇為首，由參與熱誠、學習效能輔助之。蓋永續發展政策的推動，有賴於公共責任及相配套的能力，始能貫徹。而利用公私夥伴關係正要提昇公共責任與執行能力。公私夥伴關係策略只是執行地方永續發展目標的工具，因此在中間的三角形，其上有地方永續發展目標的三角形，三個角正是永續發展的三個面向：生態、社會、經濟，在生態、社會的基礎與限制下，發展經濟（Munasinghe & Swart, 2006: 101, Rogers et. al., 2006: 45）。

其次，在公私夥伴關係策略本身的分析架構，從聯合國永續會夥伴關係的研究（洪秀菊，2006：409），如圖 2-4，最底層為夥伴關係的組成，其上為協調，再其上為執行，最上為績效。其分析內容為：(1)夥伴關係的組成：共同主題、參與者、地理分布、關係期限、內外關係、資源基礎；(2)夥伴關係的協調：互利互惠、共同參與、建立互信、釐清責任、分工合作、溝通通路；(3)夥伴關係的執行：執行目標、執行機制、執行策略；(4)夥伴關係的績效：主題達成、能力提昇、關係強化（參考聯合國永續會公私夥伴資料庫：Partnerships for Sustainable Development-CSD Database, http://webapps01.un.org/dsd/partnerships/public/browse.do；洪秀菊，2006：409）

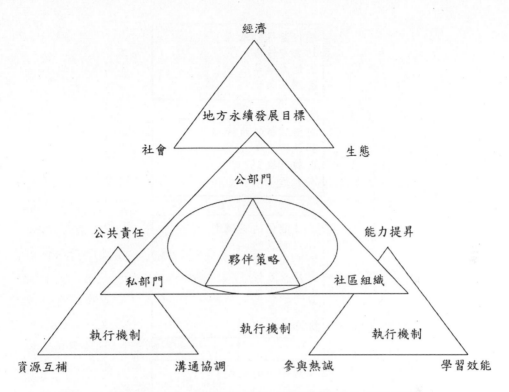

圖 2-3　推動地方永續發展政策公私夥伴策略分析架構圖

本章重點

　　1 永續發展政策。

　　2.公私夥伴關係。

　　3.公共責任。

　　4.能力建立。

　　5.自覺自發。

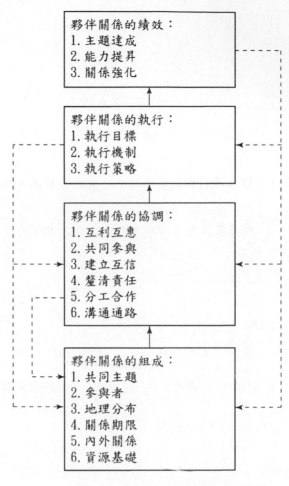

圖 2-4　PPPs 分析架構

資料來源：修正自洪秀菊（2006），頁409。

參考書目

一、中文部分

吳英明（1996）。《公私部門協力關係之研究：兼論公私部門聯合開發與都市發展》。高雄：復文。

易君博（1984）。〈理論建構與政治研究〉，載於易君博《政治理論與研究方法》。台北：三民書局，四版，頁 1-28。

洪秀菊（2006）。＜聯合國推動永續觀光發展之公私夥伴關係策略＞載於元智大學人文社會科學院編，《兩岸四地都市治理與地方永續發展學術研討會論文集》。中壢：元智大學，頁 402-427。

張世賢、汪家源（2006）。＜公私合作提供可持續觀光服務之研究－2005 年鶯歌陶瓷嘉年華個案探討＞《公共事務評論》，7（1）：99-115。

許文傑（2006）。＜宜蘭縣地方治理與創新＞，宜蘭縣史館主辦，《第七屆宜蘭研究學術研討會》。宜蘭：宜蘭縣史館。

廖俊松（2006）。＜大台中區域推動地方永續發展之執行策略研究：公私協力策略分析＞。國科會研究計畫。

廖坤榮（2006）。＜地方永續發展策略的執行：公私夥伴策略的觀點，以嘉義縣為例＞。國科會研究計畫。

袁頌西（2003）。《當代政治研究：方法與理論探微》。台北：時英出版社。

聯合國永續會公私夥伴資料庫：Partnerships for Sustainable Development- CSD Database, http://webapps01.un.org/dsd/partnerships/public/browse.do

二、英文部分

Lafferty, W. M. ed. (1999) *International Political Science Review* 20(2): 1-237.

Kamieniecki, S., David Shafie and Julie Silvers (2000) "Forming Partnerships in Environmental Policy" in *Public-Private Policy Partnerships*, edited by P. V.

Rosenau, 111-128. Boston: MIT Press.

McDonnell, L. M. and Richard F. Elmore (1987) "Getting the job Done: Alternative Policy Instruments," *Educational Evaluation and Policy Analysis*, Vol: 9(2), pp. 133-52.

Mudacumura, G. M.; Desta Mebratu and M. Shamul Haque eds. (2006) *Sustainable Development Policy and Administration*. New York: CRC Press.

Munasinghe, Mohan & Rob Swart (2005) "Framework for Making Development more Sustainable (MDMS): Concepts and Analytical Tools", in *Primer on Climate Change and Sustainable Development: Fact, Policy Analysis and Applications*, 99-141. Cambridge, UK: Cambridge University Press.

Reijniers, J. J. A. M. (1994) "Organizational of Public-Private Policy Partnerships Projects," *International Journal of Project Management*, 12: 137-142.

Rogers, Peter P., Kazi F. Jalal and John A. Boyd (2006) *An Introduction to Sustainable Development*. Boston: Harvard University Press.

Rosenau, P. V. (2000) "The Strengths and Weaknesses of Public- Private Policy Partnerships" in *Public-Private Policy Partnerships*, edited by P. V. Rosenau, 217-242. Boston: MIT Press.

Schneider Anne & Helen Ingram (1990) "Behavioral Assumptions of Policy Tools", *Journal of Politics*, 52(2): 510-29.

Strong, W. A. & Lesley A. Hemphill (2006). *Sustainable Development Policy Directory*. Oxford, UK: Blackwell.

WCED (1987), *Our Common Future*. New York: Oxford University Press.

本文為國科會 NSC 95-2621-Z-034-004-研究成果之一。

浙江大學　郎友興

從社會排斥到社會融合：外來民工本地化與中國城市社區和諧之建構

◇內容提要◇

　　本文以浙江經驗為依據，主要集中於外來民工與社區的和諧關係，提出外來民工本地化，推進社區和諧建設。文章分為四個部分。第一部分主要討論外來民工在工作、生活中所碰到的諸種困頓及背後的社會排斥問題，分析外來民工受排斥現象的特徵，及其內在的根源與實質。接著歸納與分析浙江省在消除歧視，促進社會融合的實踐與經驗。第三部分從社會政策的角度，提出各種反社會排斥的社會政策，以推進中國城市社區和諧建設。最後是文章的簡單總結。一個基本的結論是，只有當這些千千萬萬從農村流動出來到城市的人群獲得國民待遇，擁有基本相同的市民待遇，能夠與城市原住民共同分享改革開放以來中國的發展和繁榮成果，城市社區和諧的理想才能得以實現。

作者：浙江大學法學院政治學與行政管理系教授兼主任

壹、前言

如果說第一代中國大陸的農民工還有一些想回到流出地（即原籍）的話，那麼，第二代或新的民工中的絕大多數是不願或不再打算回去了的。據估計目前中國大陸約有 1 億的農民已離土又離鄉，進行跨省區流動。但是，這些已經流出農村並且不會再回到原籍的農民能夠在外鄉找到「家」的感覺的人數則很少很少。現在的主要問題是存在著各種各樣的社會排斥現象，外來民工與流入地／居民之間不僅在物質狀態上處於隔絕與封閉狀態，而且在價值觀、社會心靈上，更處於隔絕與斷裂狀態。這種傾向對於中國城市社區的和諧建設來說，是有害無益的。這群龐大流入到中國大陸城鎮的群體，將或者已經對城市社區的建設產生深刻的影響，成為中國政府所宣導的和諧社會建設的一個重要變數。

外來民工的社會排斥普遍存在，社會融入程度低。在就業過程中受到戶籍制度、就業制度、社會保障、教育培訓等多方面的歧視與排斥，生活上又受到城裡人的歧視與排斥。「城市對農民工實際上是『經濟吸納，社會拒入』，從而使農民工形成了城市中『無根』的社會階層」。 所以，問題的關鍵在於如何採取積極有利於社會融合的政策，消除社會排斥諸現象，達成建設和諧社會的目標。以浙江省為例，目前已有 1,100 多萬外來民工生活於浙江城鄉。這是個大問題。社會排斥（social exclusion）、社會融合（social inclusion）與社會和諧三者之關係，可以說是建設和諧社會的兩個重要階段，也是探討社會不和諧的根源與解決的途徑。認識到這種關係對於建設城市社區很重要。

本文以浙江經驗為依據，主要集中於外來民工與社區的和諧關係，提出外來民工本地化，推進社區和諧建設。本章共分為四個部分：第一部分主要討論外來民工在工作、生活中所碰到的諸種困頓及背後的社會排斥問題，分析外來民工受排斥現象的特徵，及其內在的根源與實質；接著歸納與分析浙江省在消除歧視、促進社會融合的實踐與經驗；第三部分從社會政策的角度，提出各種反社會排斥的社會政策，以推進中國城市社區和諧

建設；最後是文章的簡單總結。一個基本的結論是，只有當這些千千萬萬從農村流動出來到城市的人群獲得國民待遇，擁有基本相同的市民待遇，能夠與城市原住民共同分享改革開放以來中國的發展和繁榮成果，城市社區和諧的理想才能得以實現。

早在 1999 年，筆者在浙江省溫州市郊雙橋村鞋業基地調研時曾經對在該基地的外來民工進行訪談。在我所訪談的所有物件中，除一對夫婦外，其他的被訪談者均表示不再想回老家，即便在外找不到就業機會也無打道回府的計畫。筆者多次調研包括上面所提到的雙橋調查指出，這些外來民工沒有能夠真正融合到當地，但他們渴望融合進去。錢文榮、張忠明的研究支持了筆者的觀察與判斷：農民工「有著融入所在城市的強烈願望，調查中 73.61%的進城農民願意增加與當地城市居民的交往，67.31%的進城農民希望能成為所在城市的一份子」。[1]

這些不願回原籍的民工如果不能有效地融合到流入地的社區，那麼，就極有可能成為社會不穩定的因素，成為阻礙建設和諧社會的一個因素。原籍重慶奉節縣的俞均平在外打工多年，他輾轉廣州、台州，最後選擇在浙江省嵊州落腳。其原因是「這裡就像自己的家！」2005 年，他不僅帶上了妻子和女兒，還帶來了三十多個老鄉到嵊州落腳。[2]像俞均平這樣找到「家」感覺的外來民工人數並不是很多。現在的主要問題是，存在著各種各樣的社會排斥現象，外來民工與流入地／居民之間處於隔絕與斷裂狀態。這種傾向對於中國城市社區和諧建設來說，是有害無益的。

貳、社會排斥與外來民工的問題

無論工作、生活還是尊嚴方面，外來民工都碰到這樣那樣的困頓，在

---

[1] 錢文榮、張忠明（2006），＜農民工在城市社會的融合度問題＞，《浙江大學學報》（人文社會科學版），第 4 期，第 120 頁。

[2] 吳釗謙（2005），＜政治上公民待遇工作上職工待遇生活上市民待遇：嵊州營造和諧「民工天堂」＞，《文匯報》，2005 年 5 月 16 日，第 19 版。

這些困頓中，種種的歧視是最為的嚴重的事，這背後是一個深層次的社會排斥問題。

一、社會排斥是外來民工諸多困頓中的一個深層次的問題

總結各種研究成果，我們可以將目前外來民工所遇到的問題或困境歸納為以下幾個方面。

(一)工資待遇與收入低

根據浙江工商大學於 2004 年暑期的抽樣調查顯示，寧波、湖州、金華、台州四城市市區範圍內，農民工月平均工資僅為 761 元，其中收入在 1,000 元以下的占 70~80％；據浙江省統計局農調隊於 2004 年對寧波、湖州、金華、台州四城市市區範圍內外來務工人員的專項調查資料顯示，外來民工的月平均工資為 761 元，不及全省企業平均工資的 1/2。[3]而生活成本則不斷上漲，「打工紅利」農民工月實際生活支出在 600 元以下的占 82.03％，其中 200~400 元的占 42.29％，200 元以下的占 12.87％。此外，由於缺乏醫療等社會保障，一旦患病或發生其他意外事件，收入更所剩無幾。[4]

(二)勞動權益得不到有效的保證

農民工缺少「體面工作」的平等機會，大部分農民工只能從事苦、累、髒、險的工作；一些企業漠視農民工權益，盲目追求經濟利益，消耗性、掠奪性地使用勞動力。《浙江省對城市流動人口生存狀況進行調查實錄》資料指出，有 63.9%的外來務工者未簽訂勞動合同，外來流動人口一直未

---

[3]孫勝梅（2006），〈努力構建和諧的勞動關係」，《浙江經濟》，2006 年第 5 期。

[4]曹建國、徐斌、陳詩達和徐紅梅，「我省民工短缺情況分析及對策建議」，《浙江省勞動和社會保障資訊網》，網址：http://www.zj.molss.gov.cn/jpm/portal?action=infoDetailAction&eventSubmit_doInfodetail=doInfodetail&id=607。線上檢索日期：2006 年 8 月 15 日。

被納入城市社會福利體系；81.8%的外來務工者沒有雙休日；被拖欠和克扣工資的占 9.0%；63.9%的外來務工者與工作單位未簽訂勞動合同；沒有得到「加班補貼」的占 51.4%；沒有「工傷補償或者工傷保險」的約占六成；享有「婦女產假或者產期工資」的婦女只有 13.5%。[5]

(三)居住條件差，精神文化生活貧乏

住房簡陋，無衛生設施是外來民居住的基本情況。《浙江省對城市流動人口生存狀況進行調查實錄》調查發現，「髒、亂、差是這些背井離鄉來浙江的外地流動人口居住場所的普遍現象」。他們的精神文化生活相當的貧乏，「白天忙於生計，晚上無所事事，大概就是這些外來流動人口的生活寫照了」。[6]

(四)外地民工子女就學難

根據對 342 名在溫州市城市農民工子女的生存狀況問卷調查顯示，外來民工子女就學方面的主要問題是：一、適齡兒童入學率較低，不能在可受教育的年限及時上學；二、失學情況普遍存在：家庭教育時間少，家長也極少與學校積極溝通；心靈受到壓力和經常性傷害，自信心低落，在本地城市孩子面前他們常常顯得自卑，認為長大後能過上與城市人一樣生活的非常少，難以融合到當地社會之中。[7]

(五)歧視／社會排斥普遍存在，社會融入程度低

在就業過程中還受到戶籍制度、就業制度、社會保障、教育培訓等多方面的歧視與排斥，生活上又受到城裡人的歧視與排斥。「城市對農民工

---

[5]《浙江省對城市流動人口生存狀況進行調查實錄》，《今日早報》，2004 年 10 月 10 日。

[6]《浙江省對城市流動人口生存狀況進行調查實錄》，《今日早報》，2004 年 10 月 10 日。

[7]章萬真、葉立東、黃園珠，「溫州城市農民工子女調查與研究」，《溫州青年網》，網址：http://www.wzyouth.com/14meeting/Shownews.asp?ID=156。

實際上是『經濟吸納，社會拒入』，從而使農民工形成了城市中『無根』的社會階層」，尤其值得關注的是，「農民工的子女在城市裡出生和長大，卻與城市有很大的社會距離，不能融入城市，他們不知道自己家在何處，父母的家回不去了，而自己生活的城市又融入不進去」。[8]

　　在這些種種困境中，外來民工的受歧視與排斥是一個深層次的問題。事實上，社會排斥之現象古而有之。例如，傳統鄉村社會中，外姓的村民往往住在村莊的邊緣就是社會排斥在區位上的表現。但是，作為一個社會問題，一個引人關注的社會排斥而加以深入研究，卻是近來的事。根據阿馬蒂亞‧森的說法，社會排斥（Social exclusion）一詞由法國學者 Rene Lenoir 在 1974 年首先提出的。[9]社會排擠的研究起源於 20 世紀之初至 50、60 年代的貧困（poverty）研究中對貧困以及剝奪（deprivation）和劣勢（disadvantaged）的概念與理論的探討。社會排斥（social exclusion）是由歐盟委員會提出的一個社會政策概念並被聯合國國際勞工局所採用，是應對「人們享有基本的生活水準，參與社交與分享工作機會的權利（Room, G., 1992）」而產生的。1995 年在哥本哈根召開了一次題為「社會發展及進一步行動」的世界峰會。「哥本哈根峰會推進社會整合的承諾」，「要求我們反對社會排斥，致力於清除種種障礙以獲致『穩定、安全而公正的社會』。」[10]儘管人們對「社會排斥」一詞的界定不一，但是，普遍地認為「社會排斥」不單是指貧窮，而更廣義地泛指除了物質上的匱乏外，弱勢社群如何透過不同的過程被排斥於主流社會外，進而被邊緣化。這些過程包括參與政治決策，獲取與就業相關的資源及參與社區及文化生活。

---

[8]丁開傑（2005），＜和諧振社會的構建：從社會排斥到社會融合＞，《當代世界與社會主義》，2005 年第 1 期，第 55 頁。

[9]阿馬蒂亞‧森，＜論社會排斥＞，《經濟社會體制比較》，2005 年第 3 期，第 1 頁。

[10]克雷爾（2000），＜消除貧困與社會整合：英國的立場＞，《國際社會科學雜誌》（中文版），第 17 卷第 4 期。

二、外來民工受排斥的主要現象

代利鳳將社會排斥的類型歸納為五種：結構性與功能性的社會排斥；經濟的、政治的與文化層面的社會排斥；客觀與主觀的社會排斥；顯性與隱性的社會排斥和被動與主動的社會排斥。[11]占少華曾經對外來民工遭受社會排斥作了類型劃分：計畫體制下政策的延續帶來的社會排斥（計畫體制—政策因素）、市場體制下政策（或政策執行）帶來的社會排斥（市場體制—政策因素）、計畫體制下社會因素引起的社會排斥（計畫體制—社會因素）以及市場體制下社會因素引起的社會排斥（市場體制—社會因素）。[12]朱力把城市市民對外來民工的歧視行為概括為：語言輕蔑、有意回避、職業排斥和人格侮辱。[13]李強（1995）透過對北京地區七十多個農民工的訪談後發現，多數農民工覺得「被人家看不起」和「受歧視」是最難以忍受的，物質上的、生活上的艱苦倒在其次。[14]事實上，外來民工受到排斥發生在日常生活、工作和社會制度上，可以發生於經濟上，也可以發生於政治與社會生活，可能發生於工作中的企業，也可能發生於生活中的社區。可以說，發生於外來民工身上的社會排斥是全方位的：在日常家庭生活、受教育、就業、居住環境、娛樂、消費模式等方面都遭遇到來自社會方方面面的社會排斥。

雖然《中華人民共和國勞動法》規定了民工應當享有和當地工人一樣的權利和待遇，但是在企業用工方面，本地企業對外地民工存在著各種歧視或排斥，例如在保障制度方面的歧視。浙江省的有關統計資料顯示，外

---

[11]景曉芬（2004），＜「社會排斥」理論研究綜述＞，《甘肅理論學刊》，第23 期，第 21-22 頁。

[12]占少華，「阻止農民工的社會排斥：中國農村發展的新視角」，《中國社會學網》。

[13]朱力（2001），＜群體性偏見與歧視：農民工與市民的摩擦性互動＞，《江海學刊》，第 6 期。

[14]李強（1995），＜關於城市農民工的情緒傾向及社會衝突問題＞，《社會學研究》，第 4 期。

地民工的社會保障水平平均比本地民工低，其中醫療保險低 17.6 個百分點、養老保險低 29.4 個百分點、失業保險低 18.3 個百分點；[15]再例如，在企業用人方面的歧視，據調查，外地工和當地工在管理人員中所占的比重是不同的，4,127 名外地工中 18.5％擔任管理人員，5,396 名當地工中 25.4％擔任管理人員，比外地工要高近 7 個百分點。[16]在企業培訓、解雇員工等方面也同樣存在著歧視或排斥。

社會排斥表現在政治生活中就是，外來民工缺乏政治參與的機會和管道，缺乏能夠代表他們利益的代表，被排斥出各種政治決策過程，缺乏代表他們利益的聲音。儘管法律與制度上有諸種政治權利的規定，但對外來民工來說多半是沒有實際的意義，這就是說他們實際是被排斥出了正常的政治生活系統。

社會排斥最為明顯的就是，外來民工被排斥在各種制度所提供的各種公共產品或福利之外。外來民工因為缺乏原住民所擁有的各種資格而無法享有社會權利，如子女教育、社會救助、社會保險。制度性的排斥使外來民工「無法得到起碼的制度公正和保護，制度公正是保證社會各個領域的起點公正、程式公正和結果公正的底線，如果將主要社會群體排斥出了制度公正的視野，這至少意味著社會公正的底線出現了裂縫。」[17]

社會排斥還表現為文化上。外來民出無法正常地參與到主流文化知識系統中來。外來流動人口還面臨了城市居民文化上的排斥。

三、外來民工受排斥的主要原因

影響社會排斥形成的因素是多方面的，如缺少工作機會、低學歷、缺

---

[15]張宗和、宋樹理（2006），＜浙江勞動力短缺成因新解＞，《浙江經濟》，第 6 期。

[16]張宗和、宋樹理（2006），＜浙江勞動力短缺成因新解＞，《浙江經濟》，第 6 期。

[17]文小勇、石穎（2005），＜三農問題：社會公正與社會排斥＞，《杭州師範學院學報》（社會科學版），第 3 期，第 60 頁。

少技能、體弱、缺乏政治和社會參與等因素相互惡性影響，導致社會關係網路喪失而陷入邊緣困局。一些學者提出「個人責任論／自我生成論」、「資源分配論／社會結構生成論」、「社會整合論」和「社會政策創造論」等，以探討社會排斥的成因和降低排斥加強社會整合。[18]外來民工受排斥有心理及認知上的根源，更有制度性與政策性的根源。

(一)利益的集體排他性與社區容納的有限理性

　　「集體排它」是美國社會學家帕金（Frank Parkin）提出的一個概念。「集體排它」就是「主導群體已經握有社會權力，不願意別人分享之」，例如主導群體擔心移民具有潛在的破壞性，因而感到有必要從制度層面對這些人加以社會排斥。[19]從帕金的分析模型出發，李強先生指出了我國目前對於城市農民工採取的是「集體排他」的政策，農民工的職業、行業被一些部門進行了嚴格的限定，結果便形成了一個單一的藍領職業的城市農民工集團，激化了底層精英與主體社會的矛盾。

　　實際上，「集體排他」的政策是出自於社區容納的有限理性思考之結果。這可以說是外在的客觀因素使然。大量外來人口的到來使本地社會秩序發生了重大變化，例如治安狀況惡化、人們的不安全感增大；再如，使城市變得擁擠不堪，例如深圳市暫住人口規模最大、密度最高、流動最頻繁。目前深圳市暫住人口達 1,035 萬，戶籍人口僅 171 萬，這樣每天活動在深圳的實際人口超過 1,200 萬。由此引發了勞資糾紛、子女上學、就醫、就業、社保等一系列社會矛盾。有限的資源即城市社區容納的有限性與巨大的需要之間的矛盾無法得到解決。對於不少政府與城市居住民來說唯一的選擇就是「集體排他」。

---

[18]請參閱景曉芬（2004）的＜「社會排斥」理論研究綜述＞，文章載於《甘肅理論學刊》，第 23 期，第 22-23 頁；石彤（2002），＜性別排擠研究的理論意義＞，《婦女研究論叢》，第 4 期。

[19]李強譯（1999），大衛著，《社會學》（第十版），中國人民大學出版社。

(二)認知上的偏見：内在的因素

上述的「集體排他」的政策又與人們，尤其地方政府的認知發生偏差有著莫大的關聯。不少政府官員對農民進城存在著各種擔憂，例如擔心出現「城市病」、怕農民進城會帶來城市住房緊張、交通秩序混亂、生活環境品質降低、社會治安惡化；再例如，擔心農民進城務工經商，會加劇城市勞動力供需矛盾，影響城市職工就業。而城市居民也對農民進城表現出矛盾的心態：一方面是接納心態；另一方面是拒絕心態。上述觀念影響和制約對進城農民的認可、包容、接納的心態，阻礙了農民市民化進程。其中最為明顯的表現，就是極願意提出一系列政策以解決這些官員與城市居民的擔憂，而這些政策是屬於歧視與排斥性的。

(三)制度與政策：根源與根本

發生於中國外來民工身上的種種社會排斥當然有其個人原因，但最主要的還是制度的根源。由過去以個人原因為主，演變成現在以社會制度和社會變遷為主要原因。潘澤泉在＜中國城市社會流動人口的發展困境與社會風險＞一文中，用制度性安排具體分析了社會排斥問題。[20]社會排斥（social exclusion）制度性因素中首要的是在中國實施多年的城鄉二元的戶籍制度。戶籍制度被認為是一種「社會遮罩」（social closure）制度，即它將社會上一部分人遮罩在分享城市的社會資源之外。[21]城鄉二元戶籍制度造成外來民工沒有參與城市社會管理的權利，缺乏表達利益要求的管道，導致在社會政策制定、利益關係協調中對他們的忽視或傷害。

四、實質與影響

發生於中國的外來民工的社會排斥問題其實質就是利益的衝突和社會

---

[20]潘澤泉（2004），＜中國城市社會流動人口的發展困境與社會風險＞，《戰略與管理》，第 1 期。

[21]李強（2002），＜戶籍分層和農民工的社會地位＞，《中國黨政幹部論壇》，第 8 期。

公正的缺失、權利的缺失。

正如克雷爾（Clare）所指出的，「他們往往由於民族、等級地位、地理位置、性別以及無能力等原因而遭到排斥。特別嚴重的是在影響到他們命運的決策之處，根本聽不到他們的聲音」，而「各種社會排斥過程無不導致社會環境動盪，終至危及全體社會成員的福利」。[22]社會排斥的存在影響了外來民工個人工作、住房、醫療保健、教育等方面的平等機會之獲取，缺乏獲得社會保障收益的權利，個人或者群體完全或部分地被排斥充分參與其生活的社會。更為突出的是，社會排斥具有代際和週期特徵（cycle of social exclusion），即弱勢地位和身分會在代際間「遺傳」，隱含著代際間的不平等。如果社會排斥長期存在下去，那麼其結果是社會分裂的出現。因為長期缺失公正下的社會排斥極有可能導致社會人為的與制度性的社會斷裂，形成不同於主流社會的生活方式和價值觀念與政治認同的低層社會。這就是說，如果這些進城的外來民工不能成為地方合法的存在者，相反被當作危險的對立的力量來對待，那麼，這極有可能使這個原本已經存在的裂痕擴大，恰恰激化了社會矛盾。當然最終也會破壞中國共產黨執政的政治合法性基礎，造成政治合法性認同的流失。

參、促進外來民工的社會融合：來自浙江的實踐

針對社會排斥現象，1995 年聯合國哥本哈根社會發展首腦會議把社會融合（Social Inclusion，又譯為社會接納）作為社會發展三大領域之一，要求各國採取行動，推動社會融合。社會融合就是相對於社會排斥而言的，根據國際上有關的指標，包括享受物質待遇、就業、擁有同等的受教育機會、健康和社會參與等方面。

---

[22]克雷爾（2000），＜消除貧困與社會整合：英國的立場＞，《國際社會科學雜誌》（中文版），第 17 卷第 4 期。

浙江省在如何促進外來民工的社會融合方面，做了不少努力，在制度創新方面走在全國的前列，茲擇其一些經驗於下。

一、拓展政治參與的管道，外來民工享有平等的公民權：義烏的實踐與經驗

　　依照有關法律規定，外來農民工和當地市民一樣，享有平等的選舉權和被選舉權，享有參與政治和管理國家的權利，享有法定的表達自己意願的言論自由。全國人大常委會《關於縣級以下人民代表大會直接選舉的若干規定》規定：「選民實際上已經遷居外地但是沒有轉出戶口的，在取得原選區選民資格的證明後，可以在現居住地的選區參加選舉。」然而，在現實生活中，他們的這些政治權利往往受到諸多制約。在實際操作過程中，遠離戶籍所在地的農民工一般寧肯放棄自己的選舉權和被選舉權，也不願去辦理這些繁瑣的選民資格手續。根本的原因是缺陷的制度安排，是制度將他們排斥在政治生活之外。當然也有例外的情況，如浙江省義烏市努力暢通外來農民工表達利益訴求與參政的管道，改變農民工成為政治參與的邊緣人狀況。

(一)典型個案一：義烏市大陳鎮外在民工當選人大代表

　　浙江義烏市大陳鎮所在的東部，擁有私營企業 570 多家，吸納了 3 萬多名外來員工，占全鎮人口的 45%。多年來，外來人員為大陳鎮的經濟、社會發展作出了巨大貢獻，他們在獲得經濟收益的同時，也強烈渴望享有與本地公民一樣的政治權利。為了滿足外來人員的合理願望，維護他們應享的民主權利，大陳鎮黨委和人大主席團在義烏市人大常委會的指導下，依據《中華人民共和國人民代表大會和地方各級人民代表大會選舉法》、全國人大常委會通過的關於《縣級以下人民代表直接選舉的若干規定》，以及浙江省人大通過的《浙江省縣鄉兩級選舉實施細則》，把外來人員納入了人大代表選舉範圍。經過宣傳動員、選民登記、選區劃分、協商和確定候選人、投票選舉等工作程式，2001 年 12 月 12 日，來自貴州、江蘇和

江西以及本省其他市縣的 7 名代表，最後通過鎮選舉委員會的審核，當選為大陳鎮第十三屆人民代表大會代表。2002 年，共有 11 名外來人員當選為義烏市人大代表。

(二)典型個案二：當上陪審員

「姚明花當上人民陪審員啦！」這則消息近日在義烏大陳鎮家喻戶曉。江西籍打工妹姚明花 2004 年當選為義烏市人民法院陪審員。事實上，2002 年她已經是義烏市第十二屆人大代表。十多年前，姚明花從江西玉山縣來到浙江省義烏大陳鎮的萬寶製衣公司打工。由於她勤奮肯學，很快從一名普通的車工成長為一名管理 200 餘人的車間主任。她已完全融入了義烏社會。[23]

(三)典型個案三：受聘監督員

義烏市夢娜襪業有限公司四川籍的人力資源部經理馮林蔭及 12 名外來工，接過該市勞動監察大隊授予的「勞動監察監督員」聘書。監督員的權利有：接受外來工投訴；隨時向勞動監察部門瞭解外來工維權情況；參與處理一些特殊案件。在此之前，勞動監察部門只接受當地人大、政協的監督。義烏聘請外來工當勞動監督員在浙江是首創。[24]

此外，尚有優秀民工可以當選企業職代會和工代會代表，當選縣年度先進工作者賦予他們與本地居民同等的政治待遇等等。

二、政治上公民待遇、工作上職工待遇、生活上市民待遇：嵊州市的「民工天堂」

在嵊州，外來民工可以享受到「政治上公民待遇、工作上職工待遇、生活上市民待遇」。把外來民工當作企業的職工、當作社會的公民、

---

[23]張根生，＜浙江外來民工：舞臺越來越大＞，《解放日報》，2005 年 5 月 16 日。

[24]張根生，＜浙江外來民工：舞臺越來越大＞，《解放日報》，2005 年 5 月 16 日。

當作城市的市民，是嵊州市委、市政府孜孜以求的執政理念。嵊州率先取消了外來民工就業證卡管理制度，實行「零門檻」就業。所有外來民工的子女享受和本地學生同等待遇，不收任何借讀費、贊助費。平等接受教育是最大的公平。嵊州 21 所鄉鎮成校和 6 所職業高中定期舉辦服裝製作、領帶設計、鉗工車工等實用技術培訓班，迄今為止已有 5,800 多名外來民工接受了免費培訓。平等還體現在對外來民工的社會保障上，嵊州讓外來民工參加社會保險優惠政策，基本實現了養老保險和工傷保險全覆蓋。在嵊州，外來民工老有所養、傷有所助不是夢。嵊州市投資 7.5 億元興建外來民工生活居住中心，準備廉租給 50,000 名外來民工集中居住。[25]

三、浦江縣：讓外來民工享受「同城待遇」的「十二條」政策

2004 年浦江縣在全縣範圍廣泛展開「關愛外來民工、共建和諧社會」活動，頒布了十二項「同城待遇」政策，把民工的「同城待遇」制度化。十二項「同城待遇」政策內容包括：賦予外來民工與本地居民同等的政治待遇、同等的民主參與權利、同等的評模評先權利；加大外來民工參加養老保險、農村合作醫療保險工作力度，強化非公企業的安全生產工作，切實提高外來民工的勞動保障水準；解決外來民工工時過長及落實加班工資問題，為外來民工免費預防接種、免費治療肺結核病；民工子女依照其臨時居住地就近入學，學校不得拒絕借讀；成立外來民工計生協會，免費提供查病、查孕、查環檢查；創造條件，充實外來民工的業餘生活等。浦江縣通過十二項「同城待遇」政策，讓外來民工能夠真正融入到浦江，共建和諧社會。

---

[25]吳劍謙，＜嵊州營造和諧「民工天堂」＞，《文匯報》，2005 年 5 月 16 日，第 18 版。

四、「零門檻」地提供公共物品：紹興縣與瑞安市外來民工子女入學政策

　　長期形成和執行的「地方負責、分級管理」的義務教育體制使外來民工子女不能得到公平的受教育機會。而且多年來大量外來民工子女的就學問題一直是一個困擾地方政府的一個難題。紹興市與瑞安市採取各種措施，解決外來民工子女「讀書難」問題。

(一)紹興縣拆除外來民工子女就學「門檻」

　　紹興縣「以流入地政府為主、以全日制公辦中小學為主」的方針，切實解決外來民工子女「讀書難」問題。經濟發達的紹興縣目前已有 20 多萬外來務工者，多年來大量外來民工子女的就學問題一直是一個困擾當地的難題。2002 年，紹興縣創辦了紹興市第一所外來民工子女專門學校—— 藍天實驗學校，同時開放了 47 所公辦學校教育資源，在一定程度上緩解了外來民工子女「讀書難」的問題。此後，紹興縣又通過對外來四類優秀人員的子女實行「教育綠卡」制度，暢通了優質教育資源的綠色通道。2003 年，紹興縣制定頒發的外來務工人員子女義務教育實施辦法明確規定：從 2003 年 9 月 1 日起，全縣 193 所公辦義務教育階段的學校全部向外來民工子女開放，從而在浙江率先實現了外來民工子女就學「零門檻」。同時，紹興縣還規定，凡獲得「縣長獎勵基金」或被評為縣級以上勞模的外來民工，其子女可獲得免費擇校權。考慮到外來務工者家庭經濟狀況不一，按照就近入學的原則，該縣已為外來民工子女準備了三條入學途徑：一是到本縣全日制公辦學校就讀；二是到藍天實驗學校或鎮（街道）舉辦的專門民工子女學校就讀；三是到社會力量依法興辦的接納外來務工人員子女的學校就讀。[26]

---

[26]朱振岳、章軍民，＜浙江省紹興縣拆除外來民工子女就學「門檻」＞，《中國教育報》，2003 年 7 月 17 日，第 1 版。

(二)瑞安試行「教育憑證」制度

瑞安市市場經濟發達，外來民工眾多。近年來，該市為解決外來民工子女入學難進行了許多探索，但收效甚微。於是，瑞安市教育局局長葉耀國提出以「教育憑證」制度來解決外來民工子女的教育問題。「教育憑證」，即「教育券」制度。是美國當代著名經濟學家、諾貝爾獎獲得者弗里德曼於 1955 年首先提出的。他主張將政府有限的教育經費以有價證券的形式經過折算後發給學生，以此增加學生對學校的選擇權和激發學校之間開展競爭，帶來教育教學品質的整體提高。從 2001 年 9 月開始，浙江省瑞安市教育局從促進本地教育事業發展的實際出發，借鑒了美國這種制度。由市教育局撥出 200 萬元專款，對就讀職業高中的初中畢業生進行了補助，每人發放 200 元「教育憑證」，用以沖抵學雜費；同時，民辦高中、民辦職業高中每招一名瑞安籍學生，也可分別獲得 300 元、400 元的「教育憑證」獎勵。2003 年，瑞安市又將教育憑證發放範圍擴大到義務教育及高中階段的特困生：每人每年可獲得從 220 元到 2,000 元不等的教育憑證。目前，瑞安市教育憑證的經費來源主要有：政府撥款；從市人民教育基金中提取；從高中段學費總額中以 10%提取；社會捐款。

五、保障外來民工的合法權益：寧波市的「五條防線」

2005 年寧波市頒布「五條防線」保障外來務工人員合法權益：第一，在全國首創建築企業人工工資支付擔保制度，並實行全市統籌，即「參加一地擔保，適用寧波全市」；第二，建立農民工欠薪應急周轉金制度；第三，開通全天候「追薪熱線」；第四，對包括外來民工在內的弱勢群體開闢「維權綠色通道」對勞動爭議案件實行快立、快審、快結，並推出導訴服務制度、案件快立制度、風險告知制度、「速審庭」辦案制度、一步到庭制度、減免仲裁費制度、弱勢群體「綠色通道」制度、法律援助制度等八項仲裁便民服務措施；第五，推出「農民工可先行參加工傷保險」政策。

六、營造外來民工自己的溫馨家園：奉化市力邦社區的 實踐與經驗

坐落於奉化市西塢街道的力邦社區並不是真正意義上的城市社區，而是西塢街道為加強外來務工人員思想政治工作，解決企業用工問題，與奉化力邦投資公司聯合建成的外來務工人員集中居住區。力邦社區籌建於2001 年，2002 年 9 月接收第一批居民。整個社區占地 52 畝，建築面積 21,000 平方米，總投資 2,400 萬元。入住居民一個月食宿等基本生活費用不到 200 元。目前，居住著來自全國 17 個省市的 2,800 多名外來務工人員。「外來務工人員住得舒心、投資商開心、當地居民放心、政府和用工企業省心」的效果引起了社會各界的廣泛關注。其經驗主要在於力邦社區推行「市場化運作、社區化管理、人性化服務」的管理服務模式。這種模式主要體現於一是政府主導下的市場化運作；二是以居民自治為主的社區化管理；三是以人為本的人性化服務。藉由管理模式的創新，力求將外來務工人員融入當地社會。[27]

當然，力邦模式之所以能夠出現有一個政策性的基礎，那就是奉化城鎮戶籍制度改革及其配套措施。早在 2000 年 11 月 28 日，奉化市便頒布了新的城鎮居民戶籍制度。按照「農村人口城市化，外來人口本地化」的改革方向，對於凡在建成區內擁有「合法固定住所」、且具有「穩定職業或生活來源」的非城鎮戶口公民，根據自願原則申辦城鎮戶口。奉化政策僅公布的當天，就有上千外來打工人員到政府部門諮詢，短短幾個月間，有 1 萬多長期在奉化打工、經商、生活的外地人和農村人口，轉為奉化居民。人戶分離、夫妻分戶、口袋戶口、入學議價等許多長期得不到解決的問題，一下子全部解決，長期在奉化打工的民工，現在成了具有合法身分的奉化人。在戶籍制度改革的同時，奉化還實行了教育、社會保障、居民委員會、

---

[27] 請參閱中共浙江省委宣傳部、中共寧波市宣傳部聯合調查組所做的「營造外來務工人員的溫馨家園—— 奉化市力邦社區加強外來務工人員思想政治工作調查」，《今日浙江》，2006 年第 13 期，第 53-55 頁。

城市社區建設等一系列綜合配套改革。「新的戶籍制度實施以後，這部分原先人已進城、戶口擱置原籍的人口登記在冊，實現真正的本地化，對保持社會穩定、提高人口管理水準帶來很大幫助。」[28]

總結浙江之經驗，人們不難看出浙江在外來民工如何融合到當地社會上作了不少努力，這些努力不僅僅表現經濟上的、還表現在政治上的，不僅是道義上、而且是制度與政策上的。透過維護外來民工的合法權益，促使外來民工本地化。與此同時，人們不難發現及看到，在讓外來民工本地化過程中浙江各級地方政府的主動性。

浙江透過維護外來民工的合法權益，促使外來民工本地化的所謂「善待外來民工之舉」實有兩個深刻的背景：第一，民工荒促使人們重新反思我們對外來民工的制度、政策與態度。從對浙江勞動力市場供求狀況的跟蹤資料分析，從 2002 年的下半年開始，浙江一些城市用工緊張情況已經開始顯現。2004 年春節過後，浙江一些城市的用工短缺情況似乎更加嚴重。從杭州、寧波、溫州、紹興、湖州等城市的有關資料顯示，來浙江打工的民工數量比上年同期減少 10%~20%左右。一些地方用工緊張的中小企業缺口更是高達三成。[29]「民工荒」產生的原因多種多樣如工資待遇差，城市生活成本高，但這些僅僅是觸發「民工荒」的表面原因，深層次原因還在於制度性的障礙，如外來工權益的長期被漠視、收入偏低及社會保障的缺位等。經濟的發展、城市化工業化發展某種意義上是以損害民工利益為代價。外來民工成了城市化發展中的邊緣群體，不僅沒有享受到城市化工業化發展帶來的成果，而且還受到歧視。為了緩解企業用工緊缺、招工不足的情況，浙江一些地方和企業紛紛尋找對策。浙江省各地的勞動部門和企業已經前往民工輸出地招工，並鼓勵在浙民工能在當地過年、老闆給民工購買

---

[28]陶峰，<透視奉化城鎮戶籍制度改革：跨過城鄉「高門檻」>，《人民日報·華東新聞》，2001 年 8 月 10 日，第 1 版。
[29]浙江省勞動和社會保障科學研究院課題組，<浙江民工荒：就業面臨的新挑戰>，《浙江經濟》，2004 年第 12 期。

車票回鄉過年、或過好年後派車接回。老闆高薪盛情留人、浙江慈溪 200 家私企發放工齡工資……如此等等，不一而足。制度性的障礙需要制度的重構來解決。浙江省在如何推進外來民工享受到基本的國民待遇走在全國前列。

第二，浙江的經濟條件已經到工業反哺農業、城市支持農村，及本地人支持外來民工的階段了。在 2004 年 9 月召開的十六屆四中全會上，胡錦濤總書記明確提出「兩個趨向」的重要論斷，即：在工業化初始階段，農業支援工業、為工業提供積累是帶有普遍性的趨向；在工業化達到相當程度後，工業反哺農業、城市支持農村，實現工業與農業、城市與農村協調發展，也是帶有普遍性的趨向。在 12 月初召開的中央經濟工作會議上，胡錦濤同志強調指出：我國現在總體上已到了「以工促農、以城帶鄉」的發展階段。在工業反哺農村、城市支持農村方面浙江省走在全國的前列。2002 年 1 月浙江省就討論免征農業稅了，開始著手工業反哺農村、城市支持農村。浙江省是有強大的財政能力這樣做。加大公共財政覆蓋農村的範圍。例如，2001~2005 年，浙江省財政預算內支農支出累計 310 億元，比「九五」時期增長 86.1%；依法籌集預算外，資金投入 180 億元，比「九五」時期增長 97.8%。現在浙江又在外來民工本地化、本地人支持外來民工的制度創新上又一次走在全國前列。同樣地，浙江省是有強大的財政能力這樣做。例如在民工聚集的義烏，最近成立了一個民工維權協會，這個社會化維權中心，免費為民工提供法律服務，避免民工在爭取權益時採取一些極端的做法。例如，從公共財政中拿出點錢用於外來工的技能培訓。溫州市鹿城區委常委、雙嶼鎮黨委書記賈煥翔曾經說過，「善待他們（指外來民工—— 引者注），其實就是對政府自身的反哺，因為每一名務工者都是生產建設的生力軍，都承載著鹿城經濟社會發展的希望。」[30]鹿城是典型的移民社會，以雙嶼鎮為例，這裡是溫州的城郊接合部，常住人口 1.8 萬，

---

[30]黃選春、虞冬青，＜和諧環境贏得民工心＞，《溫州日報》，2003 年 1 月 23 日。

外來民工 24 萬，他們是鹿城生產建設的生力軍。

　　浙江的實踐與經驗之意義在於：第一，保證了農民工的合法權益，這是顯而易見的事實；第二，努力消減社會因素帶來的社會排斥，促進了外來民工在城市中的社會融合，從而推進城市社區的和諧發展與可持續發展；第三，促使社會朝向以人為本理念的方向前進。

　　當然，目前所做的一切還遠遠不夠，並且有其局限性。

肆、將他鄉變成故鄉：以反社會排斥之政策推進社會融合與社區和諧的建設

　　如果說，社會排除是一種關係的斷裂，一種被排除於主流群體的關係或制度之外的狀況，那麼，社會融合正好相反，就是要將這些受排斥的人群整合到主流社會中，並且提供同等參與生活的機會。阻止社會排斥，促進社會融合，在 20 世紀 90 年代前期就已成為歐盟各國制定社會政策的基礎。1997 年英國工黨政府在內閣下設「社會排斥部」（Social Exclusion Unit）顯示出政府在制定社會政策時對阻止社會排斥的重視。制定各種反社會排斥的政策一個基本的理論根據就是 T.・H.・馬歇爾公民資格理論所說的觀點：「每個公民有權享受某種最低的生活標準，有權參加社會的和職業的主要建制；社會排斥問題可以從這些社會權利的否定和未實現的角度來分析研究。」[31]這個理論也可作為中國制定反社會排斥的依據。

　　大多數外來民工顯然不滿足於被當做是城市的過客。事實上，他們已做好在城市長期生活和工作的打算，並且不認同體制給予他們設定的身分，希望被城市接納，能夠早日融入到主流社會，成為城市的正式居民。現在有些地方政府已經意識到了這一點。例如，浙江省溫州市委、市政府已經明確提出了「本土溫州人與新溫州人的融合」之口號。而浙江省嵊州

---

[31]皮埃爾·斯特羅貝爾，＜從貧困到社會排斥：工資社會壓抑人權社會？＞，《國際社會科學》，1997 年 11 月，第 4 期。

市委書記陳月亮也說過「善待外來民工，不僅僅是穩定的需要，發展的需要，更是社會公平的必然要求，也是公道人心的題中之義」。現在外來民工有融合到當地社會的強力願望，而政府也意識到融合的重要性，這為外來民工本地化提供動力與機會。當然，外來民工的社會融合是受流入地居民和外來民工的雙重制約的，只有兩者之間實行互動互利才能實現真正意義上的融合。如果流入地居民認為自己是原住民，自己才是真正的主人，從內心上產生排斥移民的心理，那麼，兩者之間的角色差異、認識上的差異就會表現在觀念和行動上的一些衝突，其結果必然會影響外來民工的融入，也不利於穩定和發展。

外來民工之融合的基本目標應該就是嵊州市所提出的「政治上公民待遇、工作上職工待遇、生活上居民待遇」。為了達到這個目標，需要採取一系列的反社會排斥之政策與措施，透過各種融合方式，實現外來民工本地化，從而推進社區和諧的建設。目前有學者討論了社會融合所面對的三個難題：社會瓦解（social disintegration）、社會腐蝕（social erosion）和社會偏差（social deviance）／社會邊緣化。其中社會邊緣化在心態上是漠視、蔑視、歧視、敵視；其原因是「我群」與「他群」之別，貶低對方，傷害社群的自尊；其社會後果是積怨、排斥、失去社會機會（denied opportunities）。這第三個方面就是社會排斥的問題。如何通過解決社會排斥的問題而增進社會融合，有學者提出了一些方向性的建議，如增權的方向是建立寬容的關係，降低偏見、敵視、誤解；在處理社會偏離及邊緣化問題上，比較鬆弛及非正式的（informal）的社會網路是一個有效的方法，它可以透過非正式的聯結達到社會滲融（assimilation）的作用；具體工作是宣導、公民教育，邊緣社群的自強運動、與外界的聯結及使用；而這些都應該放在社區建設背景下進行。

下列主要從社會政策角度考慮，如何制定反社會排斥政策以推進社會融合之問題。

一、社會政策的調整、重構及制度的安排

透過社會政策的調整、重構及制度的安排來消除社會排斥，接納已進城裡的農民，使他們能與城市居民平等地擁有居住、遷徙、財產、教育、就業、社會保障（失業、養老、醫療、工傷等）、社會福利和個人發展等方面的權利市民待遇。這是外在條件的提供。既然被稱為「市民」，就應該享有實實在在的市民待遇。要不然，假如他們不能享受到與本地市民同等的政治、經濟和社會的待遇，那麼其「市民」稱謂就名不符其實了。顯而易見，社會政策的調整、重構及制度安排中首要的就是要改變戶籍政策，構建身分同一的戶籍制度。眾所周知，現行的戶籍制度恐怕是中國農民真正市民化的最大的制度性障礙。而戶籍改革之關鍵就在於剝掉附屬在戶口上的各種利益、經濟差別與各種社會福利待遇之不同，使戶籍制度僅僅成為人口管理的一種制度，而不再成為一種身分與政治制度，這是外來民工本地化的一個基本條件。與戶籍制度密切相關的制度安排包括就業機會、權益保障、福利待遇和子女受教育的權利等方面。目前全國各地有許多經驗是值得總結與研究的。浙江省湖州市是全國戶籍制度改革的試點城市。2004 年 5 月，湖州市政府公布《湖州市住房公積金管理辦法》，強調包括非公企業在內的所有單位，包括農民工在內的所有職工，都要建立住房公積金制度。這是進城農民身分走向平等的重要一步。而西安市雁塔區政府於 2006 年 8 月作出決定，「新市民」將享受與本地市民同等的各種待遇，如貧困的「新市民」可享受每月 200 元最低生活保障，「新市民」的子女可就近報讀公立學校，收費也與本地學生相同，勞動和社會保障部門成立了「新市民」職業技能培訓中心等。[32]再例如，現在浙江省嘉善縣 15,000 多名「新嘉善人」的子女已經可以享受到了與「老嘉善人」子女同等的教

---

[32]西安市雁塔區宣傳部，「讓新『新市民』驕傲地在城市行走」，資料檢索自雁塔區政府的「雁塔時空網」，網址：
http://www.yanta.gov.cn/chinese/tc-xx.asp?id=6173，線上檢索日期：2006 年 8 月 30 日。

育；17 所「新嘉善人」子弟學校全部納入縣義務制教育的統一管理，共吸納生源 1.1 萬多人；從幼稚園到初中，17,000 多名「新嘉善人」的子女同當地人子女坐在了同一課桌前。[33]再次，政府在管理思想上應該從「勞動力管理模式」跳出，不應再將進城的農民，「新市民」，視為另類，視為城市的邊緣人群，而應該轉向「居民管理模式」。嘉善縣在浙江省率先對外來務工者嘗試「市民化」管理。嘉善縣改變「外來民工」、「外來人員」、「外來務工者」等稱呼，取而代之的是更具人性化的「新嘉善人」稱謂，成立「新嘉善人」管理委員會。[34]

二、素質與能力的提高

要使進城的外來民工本地化，重要的是要對他們進行與其身分相適應的素質教育，最為重要的就是職業、生活技能與市民／公民資質（citizenship）教育，而公民教育對於原城市居民來說同樣沒有完成，因此，原城市居民需要與進城的農民一起共同完成現代意義的公民教育。人力資本越強，越有助於社會融合。要提升外來民工的人力資本，正規化的教育固然必要，但是，更重要的是開展職業培訓。農民進入城市普遍地缺乏一技之長，難以適應城市的用工需求是一大難題。因此，對進城勞動力素質培訓，透過培訓及教育，讓進城的農民獲得在城市謀生的手段和技能就相當有必要了。職業培訓不僅可以獲得新的人力資本，同時為原有人力資本的轉化開闢管道，對外來民工經濟地位的上升具有重要作用。

顯而易見的政策導向是，我們需要鼓勵城市的教育培訓體系向流動人口開放，鼓勵流動人口在城市中實現再教育和繼續教育，透過各類成人教育、職業培訓繼續流動人口的人力資本提升，有利於促進農民轉化成為現代市民，並藉由人力資本的改善，為其在勞動力市場的穩定提升創造條件，

---

[33]張海生，＜嘉善率先探索外來民工「市民化」管理機制＞，《中國經濟時報》，2005 年 3 月 22 日。

[34]張海生，＜嘉善率先探索外來民工「市民化」管理機制＞，《中國經濟時報》，2005 年 3 月 22 日。

並為其不斷融入城市社會提供可能性。2003 年 9 月 9 日，農業部、勞動保障部、教育部、科技部、建設部和財政部聯合發布了《2003~2010 年全國農民工培訓規劃》。2006 年 4 月 10 日國務院辦公廳轉發勞動保障部關於做好被征地農民就業培訓和社會保障工作指導意見的通知（國辦發[2006]29號）。《通知》明確要求「地方各級人民政府要從統籌城鄉經濟社會和諧發展的高度，加強就業培訓和社會保障工作，將被征地農民的就業問題納入政府經濟和社會發展規劃及年度計畫，儘快建立適合被征地農民特點與需求的社會保障制度，採取有效措施落實就業培訓和社會保障資金，促進被征地農民實現就業和融入城鎮社會，確保被征地農民生活水準不因征地而降低，長遠生計有保障。」浙江各地政府都較重視進城勞動力素質的培訓工作，透過培訓及教育，讓進城的農民獲得在城市謀生的手段和技能。例如，浙江省杭州市余杭區東湖街道有失地農民近 5,000 人，不少既無技能，文化程度又較低的失地村民就一直閑在家靠土地徵用費生活。從 2004年 7 月開始，東湖街道對失地村民進行技能培訓。街道推出的技能培訓包括電腦、園藝、裁縫、麵點師、電工等十多個門類，供失地農民選擇。許多失地農民根據自己的培訓需求，選擇了相應的培訓項目。[35]寧波余姚市開展「企業下單、政府買單、被征地農民接單」的訂單式培訓以來，已有 1萬多名被征地農民在企業捧上了新飯碗。培訓讓被征地農民找到了工作，也受到了企業的歡迎。[36]浙江省衢州市於 2003 年制定《衢州經濟開發區被征地人員技能培訓及就業工作實施方案》。 這個《方案》對「培訓大綱」、實施培訓工作、推薦就業等作了詳細的規定。2005 年 3 月衢州市開始對被征地農民開展免費技能培訓：技能培訓班開設了車工、鉗工、服裝製作等

---

[35]「失地農民技能培訓漸熱」，資料檢索自「浙江農業資訊網」，網址：
http://www.zjagri.gov.cn/html/xmxx/surveyView/2006012547685.html，線上檢索
日期：2006 年 8 月 30 日。
[36]「寧波加強注重農民培訓」，資料檢索自「中國農村勞動轉移培訓網」，網址：http://www.nmpx.gov.cn/gedidongtai/zonghe/t20050330_33794.htm，線上檢索日期：2006 年 8 月 30 日。

三個工種；技能培訓實行培訓券制度，由開發區買單，被征地農民持券免費參加。這個培訓有五個特點：技能培訓與創業素質工程相結合、技能培訓與技術藍領培訓相結合、技能培訓與就業相結合、在培訓上注意理論與實踐相結合，著重解決實際動手能力，以及即期勞動力和後備勞動力相結合。[37]溫州市對 2006 年外省來溫務工農村勞動者職業技能培訓作了計畫（見表 3-1），透過職業技能培訓使這些外來民工增強融合到溫州社會的能力與資本。

表3-1　溫州市2006年外省來溫務工農村勞動者職業技能提升培訓計畫

各縣（市、區）	培 訓 任 務（人）
全 市	50,000
市 本 級	22,000
鹿 城	4,100
甌 海	2,900
龍 灣	2,000
瑞 安	8,500
樂 清	4,500
永 嘉	4,000
平 陽	800
蒼 南	800
文 成	100
泰 順	100
洞 頭	200

此外，要對進城農民進行市民資質的教育，培養他們適應城市的生活方式和工作方式的能力與習慣、瞭解並遵守城市的行為規範，從而形成他們的市民意識。的確，農村的生活與工作方式不同於城市，例如農村的人際交往通常以血緣、地緣為主要的人際交流，這需要轉變為以業緣為主的

---

[37]資料檢索自「衢州市人事局勞動保障局網」，網址：
http://plss.qz.gov.cn/index.asp，線上檢索日期：2006 年 8 月 30 日。

人際交流；農村生活相對散漫和無序，這需要轉變為有節奏性和條理性；農業生產重季節，這需要轉變為嚴格的工作時間觀念。而農村的行為規範也有別於城市，在農村人們的行為主要受鄉規民約、風俗習慣的約束，這需要轉變為受規章制度和法律規範的約束。這樣可使進城農民能夠逐漸地形成市民意識，將城市的生活方式、行為規範與觀念內化，最終成為市民。

當然，其他方面的努力也相當重要，儘管可能屬於非政策性或制度性的建構。例如社會認同之達成、信任的建立和平等、寬容精神之宣導。認同與融合這兩個概念之間有著密切的聯繫。需要強化共存原則，培育居民的社區認同感。而信任是社會融合、構建和諧社區的基本前提。如果社區居民之間的信任程度越高，則社會資本程度越高，有助減少交易成本，化解可能的衝突，從而越有利於社區和諧。社會平等也是新城市主義的一種主張。社區的居民來自於不同地域、不同民族，其不同的生活習慣需要磨合，矛盾與摩擦需要得到合適的解決，那種互敬互愛和包容精神需要宣揚。再例如，提供交往的平臺，促使互動的發生。和諧社區建設需要從互動開始。新城市主義主張，鄰里內的社會多樣化能促進社會的相互聯繫。要想讓外來民工更好地融入城市生活，應著力促進城鄉人員之間的交流，將外地人的生活半徑擴大。相關部門在舉辦公共活動的時候，不應該只局限於外來人口，而應多給本地和外地人員創造交流的機會，讓本地居民也參與其中，增進彼此的瞭解。

伍、結論

伊莎貝拉（Isabelle）說過，「假如越來越多的人被排除在能夠創造財富的、有報酬的就業機會之外，那麼社會將會分崩離析，而我們從進步中獲得的成果將付之東流。」[38]伊莎貝拉的話並非危言聳聽。因為「城市的排

---

[38]伊莎貝拉，＜人人有工作：社會發展峰會之後我們學會了什麼？＞，《國際社會科學》，1997 年 11 月，第 4 期。

斥，使得農村流動人群更傾向於挖掘內部的傳統資源，去構建他們的生活秩序和圈子，去支撐他們在城市的生活、生存。長此以往，城市將形成雙重結構：主流社會和邊緣社會。當邊緣社會不斷擴大，勢必對主流社會產生強大的衝擊，從而會帶來隔離、斷裂後的緊張、矛盾和失序，城市居民也就不會有安穩的日子。」[39]所以，我們應該相信：只有建立一個包容的社會，讓所有人都能夠平等、自由、自主在社會上生活，社會的和諧方能達成。社會和諧的基本點就是社會的公正公平。維護和實現社會正義是建立和諧社會利益協調機制的基礎，是人民安居樂業、社會有序發展的基本保障。

美國公民教育家霍拉斯・曼曾經說過：「建共和國易，造就共和國公民難。」我們也可以說，農民進城易，使他們真正融合到當地社會、實現本地化難。這就需要政府在不少事務上要有作為。從反社會排斥、增強社會融合的角度來看，制度要重構、社會政策要調整。政府要促進制度創新與政策調整，為進城農民本地化提供制度平臺，為城市新移民提供同等的「國民待遇」。這是外來民工本土化的「外部條件」。2003 年 1 月國務院辦公廳的《關於做好農民進城務工就業管理和服務工作的通知》已經提出了多方面的政策。其核心內容是：「取消對企業使用農民工的行政審批，取消對農民進城務工就業的職業工種限制，」「取消專為農民工設置的登記專案，……各行業和工種要求的技術資格、健康等條件，對農民工和城鎮居民要一視同仁。」這些政策的制定與落實是走向社會融合的一大進步。同時開發他們的人力資源，提高農民工在城市的生存能力，培育市民觀念，承擔市民義務，得到市民認同，這是外來民工本地化的「內在努力」。總之，中國農民市民化問題，涉及到政策、體制、管理制度的改革與調整、公民教育等方方面面。這是一個中國式的問題，解決也需要中國式的方式。

網路上曾經流行「別叫我們「民工」了！」：

---

[39]王春光，＜排斥抑或融合：新一代農民工還是「城市過客」嗎？＞，《中國青年報》，2006 年 9 月 3 日。

我們是中國新一代的工人。

我們是中國「內部」的公民，不是「外來」的「人口」。

我們希望在城鎮安家，不當領「暫住證」的「流動人口」。

別叫我們「民工」了！

讓政府、城市居民與農民一起展開各自的想像，共同構建一個美好而和諧的新世界。

本章重點

1.社區和諧。

2.社會排斥。

3.社會融合。

4.外來民工。

5.本地化。

參考文獻

一、中文部分

丁開傑（2005），＜和諧振社會的構建：從社會排斥到社會融合＞，《當代世界與社會主義》，第1期。

王春光（1999），＜溫州人在巴黎：一種獨特的社會融入模式＞，《中國社會科學》，第6期。

王春光（2004），＜農民工的國民待遇與社會公正問題＞，《鄭州大學學報》，哲學社會科學版，1期。

北京大學中國經濟研究中心城市勞動力市場課題組（1998），「上海：城市職工與農村民工的分層與融合」，《改革》，第4期。

田凱（1995），＜關於農民工的城市適應性的調查分析與思考＞，《社會科學研究》，第5期。

朱力（2001），＜群體性偏見與歧視：農民工與市民的摩擦性互動＞，《江海學刊》，第6期。

朱力（2002），＜論農民工階層的城市適應＞，《江海學刊》，第6期。

李培林主編（2002），《農民工：中國進城農民工的經濟社會分析》，社會科學文獻出版社。

李強（2002），＜戶籍分層和農民工的社會地位＞，《中國黨政幹部論壇》。第8期。

肖小霞、德頻（2003），＜衝突與融合：城市生活方式的變遷＞，《學術論壇》，第3期。

阿馬蒂亞‧森（2005），＜論社會排斥＞，《經濟社會體制比較》，第3期。

馬廣海（2001），＜農民工的城市融入問題＞，《山東省農業管理幹部學院學報》，第3期。

郭星華、儲卉娟（2004），＜從鄉村到都市：融入與隔離——關於民工與城市

居民社會距離的實證研究＞，《江海學刊》，第3期。

彭華民（2005），＜社會排斥與社會融合── 一個歐盟社會政策的分析路徑＞，
《南開學報》，哲學社會科學版，第1期。

曾群、魏雁濱（2004），＜失業與社會排斥：一個分析框架＞，《社會學研究》，
第3期。

劉傳江、周玲（2004），＜社會資本與農民工的社會融合＞，《人口研究》，
第5期。

潘澤泉（2004），＜中國城市流動人口的發展困境與社會風險：社會排斥與邊
緣化的生產和再生產＞，《戰略與管理》，第1期。

錢文榮、張忠明（2006），＜農民工在城市社會的融合度問題＞，《浙江大學
學報》，人文社會科學版，第4期。

二、英文部分

Ajit Bhalla and FreÂ deÂ ric Lapeyre (1997), "Social Exclusion: Towards an
Analytical and Operational Framework", *Development and Change*, Vol.
28 (1997), 413-433.

Amartya Sen (2000). *Social Exclusion: Concept, Application, and Scrutiny.*
Social Development Papers No. 1. Office of Environment and Social
Development Asian Development Bank (June, 2000).

陳文政・莊旻達

國家發展與永續都會治理之聯動關係

◇內容提要◇

　　都會現代化為當代社會變遷之重要特徵，亦為當代國家發展之重要課題。就台灣來看，都會區（metropolitan area）的產生及成長是台灣社會發展之明顯趨勢。本文以「國家發展」與「都會治理」兩者之關聯性為分析對象，分別從國家發展理論與都市權力典範轉移發展的歷史推移中，析論都會治理與國家發展之攸關性，並且藉由兩股勢力的聯動，探究國家發展與永續都會治理的依歸。

作者：陳文政　國立臺灣師範大學政治學研究所教授
通訊作者：莊旻達　國立臺灣師範大學政治學研究所博士生、
　　　　　國立臺灣藝術大學通識中心兼任講師

壹、前言

都會現代化為當代社會變遷之重要特徵，亦為當代國家發展之重要課題。以台灣來看，都會區（metropolitan area）的產生及成長是台灣社會發展之明顯趨勢。此一趨勢與世界城市化發展脈絡，若合符節。總體而言，都會的出現不僅穿透了國與國的疆界，亦改變了中央與地方間的關係。

由表 4-1「台灣都會人口數與密度統計表」顯示，台北基隆（大台北）、高雄等都會地區的人口超過 941 萬，約為全國人口的五分之二，若加上台中彰化（大台中）、台南、中壢桃園、新竹嘉義，超過 638 萬的人口。上述都會區，人口數總計超過 1,580 萬人，將近占全台人口的 70％。可見台灣人口「都會化」現象之趨勢至為明顯。

表4-1　台灣都會人口數與密度統計表

項目		時間	統計數	說明
大都會區	台北基隆	2005年底	665萬人	2004年底+2.0萬人
	高雄	2005年底	276萬人	2004年底+0.2萬人
	台中彰化	2005年底	220萬人	2004年底+1.7萬人
	中壢桃園	2005年底	187萬人	2004年底+2.8萬人
	台南	2005年底	125萬人	2004年底+0.5萬人
次都會區	新竹嘉義	2005年底	106萬人	2004年底+1.2萬人
都會人口數		2005年底	1,580萬人	（大都會＋次都會）
總人口數		2005年底	2,277萬人	2004年底+8.1萬人
都市人口密度		2005年底	2,585人/平方公里	2004年底2,571人
全國人口密度		2005年底	629人/平方公里	2004年底627人
全國人口居住都會區比例		2005年底	<u>69.39%</u>	1,580/2,277萬人

資料來源：表格自製，修改自2006年2月3日國情統計通報（第021號），「行政院主計處統計資訊網」，網址：http://www.stat.gov.tw/public/Data/626922671.pdf，線上檢索日期：2006年11月20日。

國家與都市，作為當代國家結構下之兩大組織體（organ），規模上雖有不同，但就「永續發展」面向觀點，彼此間之聯動關係至為密切。從國家對都市之影響而言，國家為法治（rule of law）體制的制定者，亦是都市人民生活規範的監督者，因此具有上對下的關係。此時，國家是自變項，都市是依變項；另一方面，就都會治理建制而言，由於公、私部門的界線日益模糊，組織間藉由相互依賴，共同分擔責任，不僅能夠發展地方經濟，亦能共同解決都市問題。此時，都會治理經由結合相關利害關係者之資源與技術，自我授能（empowering themselves）以追求共同利益來促進國家發展，都會治理是自變項，國家發展反成了依變項。

基於此，本文以「國家發展」與「都會治理」兩者之關聯性為分析對象，分別從國家發展理論與都市權力典範轉移發展的歷史推移中，析論都會治理與國家發展之攸關性，並且藉由兩股勢力的聯動[1]，探究國家發展與永續都會治理的依歸[2]。本文的假設是：都會治理與國家發展之間具有因果性，兩者互為自變項與依變項的關係。主要探究的焦點如下：

1. 從治理觀點理出都會治理權力結構之演變趨勢：從中央集權到地方分權。
2. 從發展理論觀點理出國家發展重心之位移：從國家中心論到地方中心論。
3. 經由地方永續都會治理促進國家發展之聯動邏輯。
4. 以國家發展為框架強化永續都會治理之聯動邏輯。

---

[1] 本文對聯動關係之界定是：兩個個體具有相互因果關聯且彼此具有可檢證的自、依變項互動。

[2] 本文為求聚焦於國家發展與都會治理的關係，因此，不突顯都會與都市的差異，僅將都會治理視為都市在發展過後的一種具有跨域治理的模式，其中可能包含一個都市以上，並將都會治理視為一種手段。

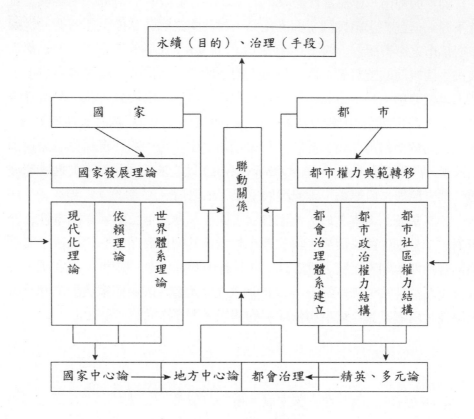

圖 1-1　研究架構圖

資料來源：圖表自繪

　　本文研究架構（如圖 1-1），主要是將國家與都市當成總體社會發展之兩個變項。從國家發展理論觀點檢視發現，國家發展之趨勢係由「國家中心論」走向「地方中心論」；從都市發展的研究觀點檢視則發現，都會權力之演變係由「菁英論」和「多元論」走向「都會治理」。換言之，以「地方中心論」為基礎之「都會治理」思維，是當前發展理念之主流。

貳、從治理觀點理出都會治理權力結構之演變趨勢：從中央集權到地方分權

二次大戰後，國家政府職能處於轉換階段。由政府高度介入國家體制事務的「福利國家理念」，演變至 80 年代強調的「小而美」、「都市政府比起中央政府更能接近民眾，更能傾聽公民聲音」理念，顯示都市政權在國家體制中，功能結構在重構調整。都市政府的形象亦由原本的社會福利與公共服務的「供應者」，轉變成扮演「促成者」、「催生者」的角色（林水波、李長晏，2005：57）。因此，都會治理是都會體制內解決各地方政府各自為政，而能超越本位主義的一種協力經營模式。

以整個都市政治研究的脈絡來看，都市社會學自 20 世紀 50 年代起，以「都市社區權力結構分析」作為研究領域焦點，試圖瞭解和評估該社區中的政治生活質量。迄至 80 年代，由於都市社會學在社區權力結構的論述上，無法完全解釋都市政策與政治運作的現象，都市政治經濟學乃應運而起。都市政治經濟學認為應從權力行動者身上，指出誰具有影響力，繼而移轉到行動者間「如何」及「為何」透過權力的互動與政策的結盟及網絡關係來獲取權力。

至 90 年代，都會治理途徑興起，它跳脫以往以國家政體為中心，轉向不以政府為主，尋求其他社會組織或第三部門，藉由共同治理、共同管理、共同生產與共同配置，以達公共事務的有效管理。（林水波、李長晏，2005：58-59）以下即以都市權力結構發展的三階段作為劃分，觀察各時期都市權力遞移之軌跡[3]。

---

[3] 長久以來都市管理研究學者從事都會區問題研究時，大致上會強調三種不同的概念途徑：傳統改革主義者（traditional reformist）、公共選擇理論（public choice）、新區域主義（the new regionalism）。詳見陳立剛、李長晏，2003：7-9。然而，本文選擇都市權力結構發展的三階段作為劃分，目的是從權力的角度來看發展，不過上述這三種途徑，亦值得後續繼續進行探討。

一、都市社區權力結構分析時期

　　1950 至 1970 年代之間，都市社會學家所關注的研究焦點是都市社區權力結構。從代表人物 F. Hunter 出版《社區權力結構：決策者研究》（1953）一書為肇端。爾後，對於社區權力的研究區分為菁英論與多元論。菁英主義的社區結構論述，主張社區的政治權力掌握在少數社會名流手中，都市中的重大政治決策方案通常由這些菁英來決定，而各都市各級官員予以配合來實現少數人的意志，猶如都市政策的形成係為少數社區權力菁英支配和操弄的結果（Hunter, 1953；吳文彥、謝宏昌，2002：71）。然而多元主義（pluralism）認為，社區權力政治分散在多個團體或個人的集合體中，各團體都有自己的權力中心，每一個團體都有其特定領域的發言權（林水波、李長晏，2005：59-60）。

　　此階段之學術研究，亦特別注重行動者之間如何形成策略聯盟，以及如何透過聯盟來掌握政治資源，以實現或滿足行動團體所需求的政策或方案。對於社區權力結構的論述，則著重於行動者在權力網絡中所具備的權力影響，屬於靜態面的權力結構分析。菁英論的統治模式有如以國家中心論為主的統治思維，而多元論則由多核心的權力構成發展為起點，則有如地方中心論的思維邏輯。菁英論與多元論的同時提出，意謂著國家中心論的中央集權體制與地方分權化體制的並存。

二、都市政治權力結構網絡互動時期

　　自 1970 年代至 1990 年代之間，都市政治經濟學之研究興起。都市政治權力結構網絡互動則起於 1980 年代，Molotch（1976）所提出的「成長機器論」（growth machine）、Mollenkopf（1983）的「成長取向結盟」（pro-growth coalition），以及 Stone（1989）所建構的「都市政體」（urban regime），都有所貢獻。首先，以「成長機器論」而言，該理論強調都市發展的基礎

源自土地，而土地利用更是都市政府推展經濟發展與社會政策的方針[4]，而都市機器成長論主要的貢獻在於將權力結構的研究從社區擴展至整個城市。此時，由於政策議題與土地利益結合，地方政府在都市發展的決策過程中，具有行動者地位（吳文彥、謝宏昌，2002：73）。其次，Mollenkopf則提出政治企業家與成長取向結盟（pro-growth coalition），並認為要整合都市中具備權勢的利益團體，強化公部門權力基礎應由政治企業家所主導（Mollenkopf, 1983: 2）。至於，鞏固權力結構的具體手段，是藉由控制政治資源來實現或滿足利益團體所需要的政策或方案，因而結盟的過程衝擊都市發展與空間結構的形塑（陳東升，1995：54）。由於強調經濟掛帥而具有良好政商關係的政治企業家，因具備動員結盟的主導權，政府官員為了鞏固自己的權力與利益，會應用制度組織所賦予的裁量權，給予政治企業家在政治機會結構上的優勢地位（Mollenkopf, 1992: 264-266）。由此可知，政府官員是都市政治之運作主體，強調都市政策與都市發展之探討，應從經濟面轉向政治面，並以地方政府作為都市政治研究的主要對象[5]。

　　Stone延續「都市成長取向聯盟」的主張，認為都市政策議題的設定，是由商業利益團體與政黨組成的「都市政體[6]」（urban regime）或稱「都市政權」所主導。此理論主張地方政府的效能，是相當依賴非政府組織行動者之間的合作，以及國家能力和非政府資源的結合運用，當政府日趨複雜

---

[4]由於土地可以創造都市的發展與成長，累積都市財富，因而在都市社區內會有成長聯盟和反成長聯盟的形成，彼此對都市土地使用提出各自不同或相互抗衡之政策主張。因此，都市發展政策乃成為這兩股地方政經勢力的競逐焦點，而都市政治結構，乃由這些都市發展政策的宣稱方向所構成，而有不同的成長類型與發展策略（吳文彥、謝宏昌，2002：73；Molotch, 1976: 309-330）。

[5]此一論述指出，政府部門中的政治企業家與行政官員是都市政治運作的主要主體，強調都市政策與政治研究應從經濟面向的探討轉向政治面，並以都市政府為都市政治研究的主要對象（林水波、李長晏，2005：61）。

[6]所謂「政體」（regime）是透過利益的結盟與談判權力互動過程來觀察。在都市政治研究上，Stone將都市政體界定為是一種非正式的、且相對穩定的集體決策，透過制度資源提供並制定公共政策（Stone, 1989）。

時，就更需要各式各樣非政府組織行動者合作，同是為了有效解決問題，政府與各方面力量必須混合使力，以及為了因應社會變遷與衝突，政府與民間更應形成體制，組構共同治理機制，增加力量，達成目標（林水波、李長晏，2005：61）。

「都市政體」理論則提出了都市政府治理，以及治理聯盟的概念，不過它對於都市發展的社會變遷與政策議題，則較缺乏深入探討。經由上述瞭解，都市發展的主要關鍵在於都市政治行動者的理性選擇及其互動效果。然而，不同都市在不同發展時空裡，所蘊藏的資源彼此間是迥異的，是以都市之間自然不會有等同的發展模式。職是，由於地方與地方之間各具發展特色，以地方為中心的發展趨勢顯然較為適宜。換言之，多元式的治理方式較適宜國家發展。

三、都會治理體制建立時期

隨著都市政策議題的異常複雜化及都市內、外部系統的互動日益頻繁，已逐漸擺脫既有的都市範圍和共時性研究的靜態結構研究限制，朝向以都會治理的概念來對都市發展現象的演變作出更深層的分析與探討（吳文彥、謝宏昌，2002：71-72）。

進入 90 年代後，在全球化等相關因素催化之下，大大改變了都市政府的型態。複雜多變的社會關係，組織之間互相依賴程度不斷加深，政府、企業界和公民之間的合夥關係，正式成為民主國家都會治理體制建立的基本要素（林水波、李長晏，2005：61）。這種都會治理體制具有四項特質（Pierre, 1999: 374-375；林水波、李長晏，2005：62）：

1.都會治理應被理解為一種連結和協調公、私部門利益的過程。
2.瞭解地方政府組織能力對於都會治理的研究是必須的。
3.都會治理中不同的制度模式，描述著不同的價值、標準、信念與策略系統，這些價值系統會引起不同的都市政策選擇及結果。
4.從事都會治理研究應著重國家背景的意義，因為國家的政策與慣例

對解釋都市政策的差異具有相當高的效力。

　　都市政策與都市政治已逐漸脫離過去國家機器僅被動式地反應不同團體間的利益，走向由國家機器部分釋放各種權力或資源，以換取社會不同團體的支持，進而促成新興社會團體的回應與協力。於是，從以往國家政府為中心層級的中央集權模式，遂逐漸轉變為走向市場機能的競爭模式，以及以公民社會為主體的自理模式。此一發展趨勢已逐漸描繪出「都市政治」走向「都會治理」的雛形，同時也逐漸從「回應型都市政府[7]」轉變為「協力型都會治理[8]」的體制。

　　此外，在探討「都會治理」時，不僅所涉學科廣泛（諸如政治學、經濟學、法律學、公共行政、地理學、都市社會學等學科），而且面向多元，甚至有結合社會科學與自然科學的科際整合需求。因此，如同上述都市政治權力結構與網絡互動時期，採用多元論的觀點來探討「都會治理」就更具有正當性。此時，地方中心論的地方分權化思維，在都市發展的過程中便成為主體。

　　綜合上述，可見從治理觀點檢視，可以理出都會治理權力結構之演變趨勢，係從「中央集權」逐漸轉向「地方分權」（如表 4-2）。不過，都會治理亦有其限制，例如當一個協力型都市政府在具體實施治理活動時，可能會面臨多種的兩難選擇：合作與競爭的矛盾、開放與封閉的矛盾、原則

---

[7] 近年來有關回應型政府的探究，可歸納為四種理論模式，即：官僚階層、官僚代表、市場消費，以及公民參與等回應機制。（蔡允棟，2001：212-215）。
[8] 協力型政府形成的原因：一方面來自於英國柴契爾主政時期的行政改革，該時期雖引入競爭機制，卻忽視部門之間的合作與協調，以致帶來分散化的制度結構（Horton & Farnham, 1999: 251）；另一方面是由公部門職權功能的割裂化，阻礙了公共政策目標的達成。於是英國政府於 1999 年推出《現代化政府白皮書》（*The White Paper Modernising Government*），提出要在十年內打造更加側重結果導向、顧客導向、合作導向與資訊導向的政府，即為一種針對以往競爭性政府模式所提出的新概念「協力經營型政府」。（林水波、李長晏，2005：70）

表4-2 都市政治研究階段遞移現象及內涵分析表

都市政治研究階段遞移現象	都市社區權力結構分析時期	都市政治權力結構網絡互動時期	都會治理體制建立時期
時　　間	1950到70年代	1970到90年代	1990年代後
代表人物	Floyd Hunter（1953）	Molotch & Logan（1987）Clarence Stone（1989）	Jon. Pierre（1999）
探究焦點	都市社會學家所關注的研究焦點。	都市政治經濟學家所研究的重點。	從國家政府為中心層級的國家中心論模式，轉變為走向市場機能的競爭模式，及以公民社會為主體的自理模式。
主要著作	《社區權力結構：決策者研究》	*The Contested City*；*How to Study Urban Political Power*；*Regime Politics: Government Atlanta 1946-1988*	*Models of Urban Governance: The Institutional Dimension of Urban Politics*
主要論述	「菁英論」「多元論」	1.「成長機器論」（growth machine）2.「成長取向結盟」（pro-growth coalition）3.「都市政體」（urban regime）	1.「治理」2.「都會治理」3.「協力型都市治理」
反　　思	著重於行動者在權力網絡中所具備的權力影響，屬於靜態面的權力結構分析；對於整個權力的運作乃至配置，尚未歸納出一個平衡點。	對於行動法人的差異會導致不同的結論，並且各地方的文化習性不同，可能會導致不同的發展策略，並且對於城市發展的社會變遷與政策議題之轉移較缺乏深入的討論。	以國家為中心的中央集權模式，逐步隨勢走向市場機能的競爭模式，以及走向公民社會為主體的治理模式。意謂著國家、市場與社會共理的夥伴關係，並朝地方中心論之分權化發展。

資料來源：作者自製

性與靈活性的矛盾。合作是共同治理的基礎，但過度強調合作可能會造成對變化反應太慢和適應力退化的問題。並且協力型政府要求保持一定的封閉性，控制網絡成員，但這會排除一些潛在的成員喪失新的合作機會。此外，原則性要求成員遵守共同的網絡管理規則，能夠形成穩定的互動關係，但日益增長的相互依賴關係，則會隨時改變成員之間的互動方式，破壞管理規則（Jessop, 2000: 11-32；林水波、李長晏，2005：91-92）。

以台灣觀之，依學者之觀察都市體制變動之趨勢包括：(1)由於產業結構變遷與國際分工的要求，使某些區域升級而某些區域衰退；(2)資源集中更為明顯，擴大了區域間的差距，而且都市集中過程也進一步升級，都會區成為都市體系的頂點，而重要都市逐漸成熟；(3)區域結盟形式的改變，由北中南東轉變為強調經濟因素的結盟，可能以區域的型態或可能以跨國的區域性結盟；(4)由第三級產業中的基本服務業，轉變為更高級、附加價值更高的資訊流通業；(5)具有成為世界城市的潛力[9]；(6)擺脫過去僵化的國家角色，以城市作為參與國際事務的主體，積極參與城市外交；(7)城市的拉力擴大且鄉村的推力增加，使得城鄉移民的模式將繼續且有擴大的趨勢（李永展，2004：130）。由此可見，台灣地方中心論的都會治理發展趨勢，已是國家發展過程中相當明顯的現象。

參、從發展理論觀點理出國家發展重心之位移：從國家中心論到地方中心論

一、國家發展理論之詮釋架構

國家發展係指一個國家在政治、經濟、社會、文化、教育、心理等方面，配合國民價值取向，在質的提升與量的增長相互配合增進下的動態性變遷過程。而國家發展主要理論有現代化學派與依賴學派兩個重要學派，

---

[9]以台北市為例，雖然條件尚未成熟，但具有高科技人才技術及區域資源集中的優勢，將可使台北市努力躋身世界城市之列。

後者又可分為依賴理論（dependency theory）與世界體系理論（world system theory），由於世界體系理論與依賴理論有甚多相似之處，因此歸納為依賴學派。

(一)現代化學派的國家發展理論

現代化學派起源於美國、西歐，盛行時間為 1950 年代到 1960 年代。其理論背景主要源於第三世界對於戰後發展問題的關注，包含四個原因：歐洲殖民帝國衰亡、社會主義勢力抬頭對自由世界威脅日增、第三世界在國際政治中影響力日增、美國為維護其國家利益，亟待建設一個穩定的世界秩序。

現代化理論之思想源流包含涂爾幹（Emile Durkheim, 1858-1917）的社會分工論、韋伯（Max Weber, 1864-1920）的新教倫理價值研究、帕森斯 Talcott Parsons, 1902-1979）的結構功能論與新進化論（neo-evolutionism），（詳見表 4-3）。現代化理論主要研究重點在於亞洲、非洲、拉丁美洲的經濟發展、政治穩定與文化變遷。研究單位是「個別國家」，著重於第三世界國家低度發展的內在因素。

(二)依賴學派的國家發展理論

依賴學派起源於第三世界國家，主要是拉丁美洲國家，盛行時期為 1970 年代。由於資本主義發展模式破滅、許多第三世界國家發展經驗的失敗、戰後南北兩半球經濟對抗中南方所處的劣勢地位等背景，第三世界國家之學者紛紛對現代化發展理論進行批判，因而形成依賴學派。就思想源流來看，依賴學派包含了新馬克思主義、ECLA 發展策略、普利畢許（Raul Prebish）「中心─邊陲」觀點等（其詳細思想源流見表 4-4）。

依賴學派的研究重點在於：對現代化學派理論與模式進行反省與批判，並尋找可能之出路。依賴學派中的依賴理論者以「中心國家─邊陲國家」的聯結為單位，而世界體系理論（the world system）則以「中心─半邊陲─邊陲」所構成的世界體系為單位，Immanuel Wallerstein 將其定義為：「一個單一的分工和多個文化體系的單位」（Wallerstein, 1979: 5）。然而，

研究重心皆在研究第三世界低度發展的外在因素。

表4-3 現代化學派的思想源流

涂爾幹的社會分工論	原始性社會分工較低,人際間的合作靠工作職責與生活經驗的相似性,屬於機械連帶的社會;而現代的社會分工較密,人際間的合作建立在彼此的差異與互補需要上,即有機連帶的社會(龐建國,1993:46-48)。影響現代化理論社會分化的觀點。
韋伯的新教倫理價值研究	新教倫理認為,崇奉上帝的方式不在於積極參加禮拜或宗教儀式,而是把世上的事務做好(包括追求財富),但不奢侈浪費。其帶動生活方式與經濟行為合理化,加上社會其他部門的配合促成資本主義社會的發展(龐建國,1993:49-51)。韋伯的價值研究影響了現代化理論中國民現代性的研究。
帕森斯的結構功能論	認為結構是一個有機體系中各部門間之關係,功能則只在控制體系內結構與過程之運作的一些條件,最終目標是達到均衡(Parsons, 1953: 44; Turner, 1982: 48-49, 52)。其論述影響到現代化理論者分化、再整合及適應等概念。
新進化論	以社會、文化代替全人類,並採用「分化」(differentiation)以及「整合」(integration)的概念分析社會進化的不同階段(Hoogvelt, 1978: 15; Eisenstadt, 1964: 376)。

資料來源:作者自製

表4-4 依賴學派的思想源流

新馬克思主義	站在邊陲的觀點對中心提出控訴,認為第三世界已有條件足以推動社會主義革命、鄉村農民具有革命潛力(而非都市中的無產階級)。
ECLA*發展策略	拉丁美洲經濟委員會是二次大戰後指導拉丁美洲發展的主要機構,其提出的主要發展策略為「進口替代的工業化」(關稅保護、原料輸出、政府參與)。
普利畢許「中心─邊陲」觀點	將先進國家視為中心,落後國家視為邊陲,兩者間之經濟互動乃不利於邊陲國家。

註:*拉丁美洲經濟委員會(Economic Commission for Latin America, ECLA)。

資料來源:作者自製

依賴理論觀點與世界體系理論觀點仍有所不同。以分析單位來看，依賴理論的分析單位為民族國家，世界體系理論的分析單位則為世界。以方法論來看，依賴理論觀點著重於結構與歷史間民族國家的興衰問題，而世界體系理論觀點則以世界體系的歷史動力「循環規律與世俗趨向」為主。以理論探討之重心來說，依賴理論主要是以二元結構（中心─邊陲），世界體系理論則是以三元結構為主（中心─半邊陲─邊陲）。

統合上述現代化學派與依賴學派觀點，試比較如表 4-5。

二、現代化理論在都會發展上的意涵

現代化（modernization）一詞主要意義是指一個傳統社會轉化為現代社會，或說一個社會由傳統的性質變為現代性質的過程。對都會而言，現代化係指由傳統都市轉化為現代都會，強化都會的現代性及多面性發展，並以永續運作為目的的過程。

現代化理論強調的是一種社會性質轉變的過程，該過程具有以下特性：革命性過程、極端複雜的過程、體系性過程、全球化過程、長期性過程、階段性與層次性過程、同質性過程、無抗拒及不能顛倒的過程（陳秉璋、陳信木，1993：10-13；蔡宏進，2002：15-17）。同時，現代化理論所主張之現代化，其內涵包含：經濟現代化、政治現代化、文化發展現代化、社會發展現代化與心理現代化。其中，社會發展現代化中「人口集中化」的發展，更與本文密切相關，其涵義是指人口往都市集中，居住在都市的人口數量與比例逐漸增多，其優點是人際互動較為快速，因此互動行為產出的數量與品質也提高，都市人口也普遍享有較高的社會生活水準。

由於現代化是世界社會變遷發展的主流趨勢，國家發展亦將朝都市化的方向前進，以集合眾多境內都會的現代化來促成國家之全面現代化。是以，都會現代化已成為國家發展之重要課題。換言之，國家發展已不再是由中央政府主導各種提案，並以「母雞帶小雞」、「中央主導、地方配合」之積極介入過程，而是在眾多境內都會現代化之烘托下，以「眾星拱月」之態勢所描繪之國家發展圖像。

表4-5　現代化學派與依賴學派的比較表

	現代化學派	依賴學派
發源地	美國及西歐	第三世界（以拉丁美洲為主）
盛行時期	1950-1960年代	1970年代
學術源流	涂爾幹社會分工論、韋伯新教倫理價值研究、帕森斯結構功能論、新進化論	新馬克斯主義、ECLA發展策略、「中心—邊陲」觀點
理論探討和分析單位	個別（單一）國家	依賴理論：「核心—邊陲」的聯結 世界體系理論：「核心—半邊陲—邊陲」所構成的世界體系
探討重心	第三世界低度發展內在因素	第三世界低度發展外在因素
對國家發展問題的主要論點	國家發展的本質	先進國家與落後國家：相同	先進國家與落後國家：不同
	國家發展的軌跡	獨立自主，單線進化的（從傳統到現代）	雙元或多元依賴
	國家低度發展的原因	落後國家的社會結構、國民現代性與文化因素	外來因素對落後國家的制約
	先進國家對落後國家的影響	正面的，有助於落後國家發展	負面的，有害於落後國家的發展
	落後國家發展的策略	1.向西方學習 2.社會結構改善 3.增強國民現代性	1.依賴理論：溫和的社會改革、激進的社會革命 2.世界體系理論：國家地位躍升
優點（正面意義）	1.揭示西方社會發展經驗，提供非西方社會發展之參考 2.引發學者對第三世界的研究 3.理論上的偏誤（如二分法、種族中心主義觀點），對學術研究具有警惕作用	1.匡正現代化理論偏重國家發展內部因素之缺失 2.作為批判的學派有其價值 3.理論批判觀點代表國際社會弱國的呼聲

缺點（負面意義）	1.忽視國家發展外在因素（如戰爭、殖民統治、國際貿易……） 2.忽視第三世界國家與西方國家的先天差異（地理分布、氣候、資源蘊藏、歷史經驗……） 3.以二分法、種族中心主義觀點分析落後國家易流於偏執	1.忽視國家發展的內在因素 2.依賴發展在既在的國際經濟關係中不易實現 3.對於西方國家發展經驗，有情緒性漠視的傾向

資料來源：參考自龐建國（1993：199）及陳文政（2000：57）編製而成

三、依賴理論在都會發展上的意涵

依賴理論主要在闡述第三世界與帝國主義國家相互依賴之經濟發展過程。帝國主義國家的發展依賴拉丁美洲的原料及消費，而第三世界國家依賴帝國主義國家的資金、技術與商業貿易優勢以及政治權力的優勢，藉此作為發展的動力，然亦受其限制與害處。由於兩者具有「邊陲與核心」的經濟往來關係，往往核心國家所獲得之利益較大，而邊陲國家則遭受到制約。

依賴理論中有關「依賴國家或邊陲國家在核心國家影響下，其內部亦能勉強進行低度發展」的觀點，對於都會發展具有參考價值。從依賴理論來檢視「國家—都會」及「都會—鄉村」之結構依賴關係時，吾人發現：「國家—都會」結構下之邊陲角色是「都會」，然而在「都會—鄉村」結構下之邊陲角色則是鄉村。是以，都會在發展脈絡中，兼具「邊陲」和「核心」雙重角色。

以都會「邊陲」的角色來看，國家作為唯一之核心角色，卻要面對境內具有「邊陲」角色之諸多都會的集結與挑戰，國家（核心）對都會之制約勢必逐漸弱化。相對的，都會往往能因此而擺脫受國家（核心）制約之

不利地位。當國家對都會的控制力弱化，都會的自主治理機能得以順勢提升，進而獲得更好的發展。另一方面，當都會扮演「核心」角色時，由於高比率都會人口所形成之經濟磁吸效果，在經濟活動領域中可協助鄉村往產業在地化的方向發展，或將其自身的都會產業本土化。

四、世界體系理論在都會發展上的意涵

世界體系理論將全世界所有國家看成一個總經濟體，並且將重點置於體系內眾多國家或地區之間社會經濟發展的相關性。世界體系理論認為全世界是一個單一分工的體系，體系中有高低地位的結構，各國之間含有核心、半邊陲與邊陲三種不同層級與地位[10]。國家發展是指國家在「核心—半邊陲—邊陲」體系中地位之躍升。

從世界體系理論「核心—半邊陲—邊陲」之體系結構來看都會發展，吾人從「國家—都會—鄉村」之類比結構觀察，都會發展之重要意涵在於：作為體系中「半邊陲」角色之都會，一方面必須強化自身之動能，力求「地位之躍升」與國家同時躋身於核心之林；另一方面則在吸納鄉村各項資源之同時，也要協助鄉村躋身於半邊陲地位，以促進鄉村之發展。此時，由於都會人口眾多，都會發展在「邁向核心地位」與「拉抬鄉村邁向半邊陲地位」兩項任務上，自然會成為國家總體發展之關鍵。

基於上述分析，從治理角度觀察，我們可看出政治權力逐漸由「國家中心論」的中央集權，逐漸轉向「地方中心論」的地方分權，原本由國家高度統轄之權力亦逐漸弱化並以地方治理，作為推動永續性發展的主要力量。中央與地方的關係亦逐漸成為一種夥伴關係（partnership），使國家結

---

[10]世界體系理論，有異於現代化理論及依賴理論，對核心與邊陲各有不同的看法。現代化理論認為，任何國家若能超越其傳統價值和社會結構，便能促進國家發展。依賴理論則強調邊陲地區應與核心的依賴連帶決裂，才能進行核心國家所經歷的發展，而依賴連結要能決裂需要終止資本主義。然而世界體系理論則認為，邊陲國家要能夠成為核心國家，需要體系內能空出核心國家的空位才行，因為世界是一堅固的體系。（蔡宏進，2002：55）

構從原先的垂直「上下從屬」關係發展成水平協力關係。其次，從發展的角度觀察，國家發展亦有從「國家中心論」以國家為單位、以國家主導的發展型態，逐漸轉向「地方中心論」以都會發展為主體進而邁向全面國家發展（都會發展、本土化發展）的趨勢。

地方分權化與地方中心論思維的興起，在在突顯了地方治理的重要性，而在都會化高度發展的情況下，都會治理成為地方治理之核心。此外，「治理」的目的就是要使都會能夠「永續」經營與發展，從而促進整個國家發展。是以，「永續」與「治理」乃是「國家發展」與「都會治理」聯動的重要媒介。

肆、經由地方永續都會治理促進國家發展之聯動邏輯

一、永續都會治理的新角色與新作為

本文認為，治理為當代公共行政學界所重視的一種統治與管理的新思維，它具有多重權力移轉的內涵，不管其主體為對上、對下、對內、對外，只要是一種引領方針或施政方向，皆可稱之為治理。

以都會治理的觀點來看，都市政府已不再是國家政府指令之執行者，或具體城市服務之實際提供者。它的角色已逐漸轉變為各種創新組織、創新活動的倡導者和促進者，各種合作關係、網絡聯盟、對話平台、資源整合之組織者、締造者、協調者和穿針引線者，以及城市公共資產增值的經營者和持續進步的引導者（王穎，2005：278）。有鑑於此，對一個尋求永續發展的都市政府而言，扮演上述各種角色都算是一種治理表現。

然而，治理係以永續發展為鵠的。具有永續發展導向之都市政府新角色與新作為，可歸結為下列幾個重點[11]：(1)發起者與倡導者；(2)富含世界

---

[11] 本概念想法源於王穎（2005：324-329），筆者修改其內容並加入文化創意產業的意涵。

觀的戰略規劃者；(3)以新方法在新領域承擔起政府的傳統職責；(4)追求公共利益極大化；(5)重視個性化市長魅力；及(6)文化創意產業的發展。

(一)發起者與倡導者

以發起者與倡導者來看，發起者是處於主動管理者和公共服務提供者的位置，除了中央政府對於整體規劃及法律等相關規定外，都市政府應在城市發展項目和活動中主動扮演發起者的角色，否則都市政府的地位及權威將會蕩然無存。以城市倡導者的地位來看，必須建立一種合作關係，一種公與私、都市與鄉村、都市與都市、不同領域之間、不同部門之間的合作關係，此外積極發展公民社會，提升公民素質，並且在社群網絡中積極推廣社區總體營造，最重要的是推廣一種永續經營、永續發展的都市治理體制。

(二)富含世界觀的戰略規劃者

以富含世界觀的戰略規劃者來看，都市政府要站在世界的高度來看待城市發展的問題，甚至要超越國家的層次，以成為世界城市為目標。因此，要具有即時、迅速、準確的世界發展訊息來源，國際型的專業人才，前瞻性的發展眼光，以及將最有效的資源配置發揮到最高的效益。

(三)以新方法在新領域承擔起政府的傳統職責

以新方法在新領域承擔起政府的傳統職責來看，由於時代的變遷，每個都市之發展皆行之有年。因此，面對企業與市民，都市政府就要以新方法保證市場秩序和社會秩序之健全運作，以承擔都市政府之傳統職責。

(四)追求公共利益極大化

以追求公眾利益極大化來看，都市政府要維持政府、企業與公民社會間關係的平衡，也要均衡促進有關經濟、社會與環境之發展。當前的都市已經成為全球化競爭中具有變動性、利益整合性的行動主體，因此應以永續發展為前提，著眼於都市長遠和整體之最大公眾利益。

(五)重視個性化市長魅力

以個性化市長魅力來看,當今社會對都市市長及政府領導者的要求是越來越高,具有個性化魅力的領導,逐漸受到人民的廣泛擁護。隨著都市民主治理的開展,民主意識和民主制度逐漸受到重視,市長個人素質和個性特徵逐漸受到人們重視,成為一種城市的形象。

(六)文化創意產業的發展

以都市文化創意產業的發展來看,這種由文化為基礎所構成的新實力,即以都市文化為核心創造出來的一種新價值觀,很高的文化水準、精緻的工藝、深厚的文學學術基礎、良好的市民素質、解決問題的細膩能力、幽默詼諧的語言、高級的服務待客之道、誠實真誠的人品特質等,比任何外在的形象有更持久的吸引力,並散發出永續的城市魅力。2002 年,我國亦將「文化創意產業」列入「挑戰 2008:國家發展重點計畫」中[12],並由經濟部、教育部、文建會以及新聞局負責推動,希望透過政策的力量,帶動國內文化創意產業的起飛。

---

[12] 我國政府在 2002 年 5 月時,於國家發展計畫中提出文化創意產業的三大範疇:(1)文化藝術核心產業;(2)應用藝術;(3)創意支援與周邊創意產業。而台灣文化創意產業形成的主要原因有二:首先,台灣是以製造業與技術發展為主的產業型態,由於在競爭過程中,因為不具產品異化的特色而逐漸失去原本的競爭優勢,因此利潤不斷受到壓縮,製造業的地位也被其他新興發展中國家取而代之。在知識經濟時代來臨的今日,應有知識管理的思維,台灣迄今尚未發展出具有競爭優勢的產品或技術,使得台灣必須謹慎思考產業轉型的問題,而文化創意產業就具有此種潛質;第二,在全球化的思潮下,外來的文化憑藉著創新與異化性質強的特性,不斷與本土傳統文化相融合,促使東西方文化持續交流頻繁,也深切地影響在地文化的延續與保存,在特有文化的沒落或失傳趨勢下,各國政府的文化產業在新溝通技術的推動下,出現了一波反全球化的在地思潮,以分眾式、多樣化的行銷手法,建構出新型態的文化產業,進一步突顯各國的文化形象與特質(滕人傑,2004:94)。

二、以永續都會治理為基底邁向永續國家發展

基於都會人口在現代化國家的人口組成中占有高比重，都會導向的國家發展型態已至為明顯。換言之，一國境內諸多都會之永續治理成效，將決定該國永續發展之程度高低。

是以，前述「永續都會治理的新角色與新作為」，不僅應由國家境內之少數明星都會所接受，更應由多數之都會群來積極奉行。以台灣為例，邁向永續國家發展之道，不能僅倚賴台北都會或高雄都會之永續都會治理成效，而必須將永續都會治理貫徹到桃園中壢都會、新竹苗栗都會、台中彰化都會、嘉義台南都會，乃至於屏東、台東、花蓮、宜蘭等次都會，如此方能使國家之永續性發展具有普遍性與續航力。

伍、以國家發展為框架強化永續都會治理之聯動邏輯

從「國家發展」影響「都會永續治理」之聯動關係觀察，吾人可以得到以下之理解：

一、永續都會治理的國家法治基礎

如同本文前言所述，國家為法治（rule of law）體制的制定者，亦是都市人民生活規範的監督者，因此具有上對下的關係。從歷史的角度來看，國家為都會的引領者，扮演著統轄者的角色。經歷時間的變遷，國家的功能與職能逐漸轉變，都市可憑藉著都會治理的方式，成為自行促進國家發展的都會管轄者角色。由於這樣的影響，國家統轄的作用亦在逐漸弱化之中。

然而，當都會高度發展時，還是必須歸屬於國家法治的規範之下，因為法治為都會與都市、都市與鄉村間公平發展的基礎，若無法治規範，都會治理可能會變質，陷入人治（rule by men）或法制統治（rule by law）的

負面泥淖之中。苟如此，都會治理之結果勢將走向違逆民主法治與保障人權之道路，進而反噬人類所應念茲在茲追求之人性尊嚴價值。

其次，在都會治理的過程當中，還需要國家作為整體規劃者的角色，一方面積極鼓勵都會治理，另一方面扶植邊陲地方發展，確切落實國家發展以達到永續的目標。基於此，都會永續治理需有制度配套，以及具有清楚而可預測性之遊戲規則可供遵循。因此，在國家職能逐漸弱化的同時，國家作為法治與國家整體規劃的整合者，對都會永續治理來說，仍有其必要。

而法治的終極目標，即施行憲政主義。並且，近年來相關法學論著中，開始論及世界憲政主義（world constitutionalism）的觀點，代表了憲政主義已經突破原本的思維，朝向上（全球化）與向下（在地化）的方向發展：一方面全球化，統合國際法的基礎，並邁向世界憲政主義（world constitutionalism）為鵠的（Johnston, 2005: 3-29）；另一方面在地化，尊重差異（diversity），保留各地的憲政運作機制，作為文化發展的特徵（Fleiner, 2001: 929-940）。而這樣的演變，與本文都會治理的發展模式，產生了交相呼應的對照，亦佐證了以「憲政主義架構的法治手段達成」為首要都會治理建立的基礎。

二、國家為永續都會治理建構發展框架

在前述基礎上，國家居於法治基礎之建構者，以及國家整體規劃的整合者地位，足以為都會永續治理建構發展框架。

不過，法治基礎之建構並非一蹴可幾，舉凡深度意涵憲法（the thick sense of constitution）[13]之創設、有限政府（limited government）之建構、

---

[13]根據美國哥倫比亞大學教授瑞茲（Joseph Raz）的觀點，「深度意涵憲法」是指具有下列特徵之憲法：(1)憲法具有構造性（the constitution is constitu-tive）；(2)憲法具有穩定性（the constitution is stable）；(3)憲法具有成文性（the constitution is written）；(4)憲法具有最高性（the constitution is supreme）；(5)憲法具有可司法性（the constitution is justiciable）；(6)憲法具有固定性（the

法律主治原則之奉行等，均有賴國家積極建制，始克有功。此時，國家以其資源分配主控者優勢地位，應可因勢利導，進而以優質發展框架確保都會永續治理。

陸、結論：國家發展與永續都會治理的聯動邏輯

本文認為，永續為國家發展與都會治理的目標，而治理是達成這種目標的手段，因此強調發展一體性，兼顧核心、半邊陲、邊陲三者間發展重點，具有一種多重權力轉移的方式，從上而下、從下而上、由內而外、由外而內的手段發展方向[14]，亦即本文的聯動邏輯，主要方式可成五種，如**表6-6**：

表6-6　國家與永續都會治理的聯動邏輯表

	自變項	依變項	手段方向		作為方式		目的
方式一	國家發展	都會治理	由上對下		法治、國家整體規劃		追求永續性
方式二	都會治理	國家發展	透過治理	由下而上	全球化	國際經貿、世界都市	
方式三	都會治理	國家發展		由內而外		地方自行發展，非透過菁英	
方式四	都會治理	國家發展		由上而下	在地化	社區治理、分權及公民參與	
方式五	都會治理	國家發展		由外而內		第三部門	

資料來源：表格自製

---

constitution is entrenched）；(7)憲法表現共同信念（the constitution expresses a common ideology）。See Raz, 1999: 153-54.另，相對於「深度意涵憲法」的是「淺薄意涵憲法」（the thin sense of constitution），這種憲法只具有構造法作用，而無其他六項特徵。詳見（Raz, 1999: 153）

[14]林水波、李長晏（2005）亦提出相同的觀點，而這種多權力移轉模式的提出，亦與本文所發現的趨勢是相符合的。

經表 4-6，國家發展與永續都會治理具有五種聯動方式，方式一即透過傳統的國家中心論觀點，以國家作為法治與生活秩序的制定者，並做整體的國家規劃。方式二與方式三，即以都市治理為核心，透過與外界發展或地方自行發展，以全球化為依歸，形成國家發展的趨勢。方式四與方式五，即透過治理，往下、往內紮根，以在地化為依歸，構建國家發展的根基與動力。以下即分別探究全球化與在地化的治理方式。

一、永續都會治理的全球化方式

在經濟全球化、政治全球化與科技全球化的思潮引領之下，都市與區域之間再不能外於其他都市的區域，主要為資訊科技溝通技術的進步。科技全球化重組了都市在都市體系中的地位，都市與區域還須具備回應外部變遷的能力。在這種趨勢之下，打破了原本「中心—邊陲」的關係，將都市的定位提升至世界的層次（李永展，2004：115-116）。在全球化的過程都市體系與區域空間的解構與在結構是動態的，存在於台灣充滿衝突掙扎的歷史與社會脈絡。在發展的過程中，重塑了新的都市體系與區域空間的新架構，強調以城市為主體的地方發展政策，重新思考區域結盟的新形式，並且在持續轉型的過程中，把握市民社會教育機會與提倡草根民眾動員的城市參與，才能使台灣在全球化的過程中成功轉型，提升競爭力（李永展，2004：131）。

因此，從下而上、由內而外的關係來看（林水波、李長晏，2005：93-102）：從下而上，地方與中央建立夥伴關係，並成為全球與地方經濟創新的節點。由於治理是發生在由更多元中心的行動者所組構的系統中，國家較過去不具主宰性，並且複雜化了政策制定的過程，使有些少數人無法透過排他合法權去影響社會的變遷。基於此，逐漸朝向以地方為中心，國家與地方不再是競爭的關係，成為一種合作的關係，一種夥伴建立的關係。從內而外，即控制權向外移轉給遠離政治菁英控制的機構與組織。以建構國際級都會為目標，並且兼顧地方縣市發展的獨特性，並且建立具有特色的新都會地區，並以成為一個中心文化匯流、具有國際競爭力的都會，

並且與其他國家的非政府組織、多國籍企業、私營部門，建立夥伴關係，擷取相互優勢，共謀發展。

如此看來，全球化的思潮是有助於都會治理的，一個具有組織力量與治理能力的「地方」可以突破國家的疆界，躋身全球舞台之林，發揮核心在突破核心的角色。

二、永續都會治理的在地化方式

由於社會是不均衡發展的，在不同的地方需要不同的政策，不同的地方政府亦要執行這些不同的政策，中央政府對於處理這些地方社會關係複雜性的問題是很棘手的，猶如 S. S. Duncan 所說：「……地方政府是雙刃的劍── 因地方組成的群體可使用這些機構拓植他們自身的利益，甚至也許是反抗中央主導的利益。（Duncan et al., 1988: 14）」地方政府即都市治理的主體，由都市政府自行規劃研議，會較中央更能深入當時的環境狀態，做出更適宜的裁決，故在地化的發展亦有其重要性。

因此，從上而下、由外而內的關係來看（林水波、李長晏，2005：93-102）：從上而下，權力在都市政治體系中向下轉移，移轉給社區會公民。包含社區治理、分權及公民參與，以社區治理來看，由於社區具有一種優勢，一種更能夠解決政府與市場難以解決的眾多公眾而複雜的公共問題，具有彈性、在地化、創意與更富關懷精神的機制[15]。此外，扮隨著中央分權，公民積極的參與，結合適當的資源轉移與管制措施，包含制衡（check and balance）、透明化、課責，明確化規定和責任，亦能更有效的推動都會治理。從外而內，重視多重組織之間的夥伴關係。由於公共事務不是單一的行政轄區所能解決的，因此，當都會治理體制建立時，即可結合多個跨國組織、轄區政府共同努力聯合行動，作為行動引領者，解決原本公共

---

[15]社區通常可提出志願服務、利用各種非營利組織或營利機構來整合社區的公共服務資源、消費者主義，有利整合國家與社會的資源，以創造「雙贏」的局面（林水波、李長晏，2005：94）。

事務難以整合活動的困境，故在地化的發展亦有其重要性。猶如文化產業的發展需要與在地化結合，藉由在地化的歷史記憶與價值，充分發揮其文化性。有鑑於此，這樣多發展性的治理模式，亦突破原本故有僵化的思維邏輯，國家並不是當然的政策權力執行者，當地方以自己的利益考量時，更可以為自己的未來發展找到更好的方向。

根據 Allan Kaplan 教授的研究，在所有活生生的事物中，發展是自成和與生俱來的。因此，對於從事發展的人來說，目標並不是傳送特定的發展模式，而是要介入和尊重已經存在的發展過程（Kaplan, 2000: 29-38）。國家發展與永續都會治理的任務，並不是有一套模式可以直接進行運用，每個都市、國家都會有其自身最適宜運用的版本，因此對於相關方面的研究還有待加強。

發展是一種持續的過程，並沒有所謂的終點，因此國家發展與永續都會治理的聯動之提出，並不代表一種終結，還待後續研究繼續去深度探索更多問題，本文在研究時出現些許的範圍上及時間上的限制，然而在文章的陳述中，我們還是可以看出一個趨勢。

首先，從都會治理權力結構之觀察來看，具有從中央集權到地方分權化的趨勢；再者，以國家發展理論詮釋時，具有從國家中心論推移至以地方為核心的地方中心論思維。地方分權化與地方中心論思維的產生，在在突顯了地方治理的重要性，而在都市化高度發展的當下，都會治理亦更趨重要，而治理的目的就是要使都市甚至整個國家能夠「永續」的經營與發展，「治理」的手段與「永續」的目的即為兩者聯動的誘因，在這種思維邏輯之下，即產生了五種方式的聯動邏輯：方式一，透過傳統的國家中心論觀點，以國家作為法治生活秩序的制定者，並做整體的國家規劃；方式二與方式三，以都會治理為核心，透過與外界發展或地方自行發展，以全球化為依歸，形成國家發展的趨勢；方式四與方式五，透過治理，往下、往內紮根，以在地化為依歸，亦建構國家發展的根基與動力。這些方式的提出證實了本文的假設：「都會治理與國家發展之間具有因果性，兩者互為自變項與依變項的關係。」這種聯動關係，觸發了都會治理，亦啟動了

國家發展。

參考文獻

一、中文部分

王　穎（2005），《城市社會學》，上海：上海三聯書店。

江明修譯（2002），《公共行政精義》，臺北：五南。

吳文彥、謝宏昌（2002），〈都市政治研究的典範移轉現象之探討〉，《公共事務評論》，第三卷第一期，頁69-91。

宋鎮照（1993），〈依賴發展的政治經濟學分析：一個理論研究架構的探討〉，《思與言》，第31卷，第2期，頁54-60。

宋鎮照（1995），《發展政治經濟學：理論與實踐》，台北市：五南。

李永展（2004），《永續發展策略》，臺北：詹氏。

周育仁（2002），〈政治經濟學重要研究途徑之分析台海兩岸政經發展經驗〉，台南市，成功大學學術研討會論文，一月份。

林水波、李長晏（2005），《跨域治理》，台北：五南。

林鑑澄、胡田田譯（2004），Joe Ravetz著，《都市區域2020：永續環境整合性規劃》，臺北：詹氏書局。

陳立剛、李長晏（2003），〈全球化治理——臺灣都會治理的困境與體制建構：地方政府跨區域合作探究〉，《中國地方自治》，第56卷第2期，頁4-19。

陳東升（1995），《金權城市：地方派系、財團與臺北都會發展的社會學分析》，臺北：巨流圖書。

陳秉璋、陳信木（1993），《邁向現代化》，台北：桂冠。

滕人傑（2004），〈國內文化創意產業生態初探——以新興之音樂與表演藝術、視覺藝術及工藝產業為例〉，《台灣經濟研究月刊》，第27卷第六期：頁90-100。

蔡允棟（2001），《官僚組織回應力之研究：個案實證分析》，政治科學論叢，第15期，頁209-240。

蔡宏進（2002），《鄉村社會發展理論與應用》，台北：唐山。

蕭新煌編（1985），Hopkins, Therence、Wallerstein, Immanuel著，〈當代世界體系的發展模式〉，《低度發展與發展──發展社會學選讀》，台北：巨流，頁335-376。

蕭新煌編（1985），Wallerstein, Immanuel著，〈當前對世界不平等爭論〉，《低度發展與發展－發展社會學選讀》，台北：巨流，頁303-318。

龐建國（1993），《國家發展理論──兼論台灣發展經驗》，臺北：巨流。

二、英文部分

Duncan, S.S. et al. (1988), "Policy Variations in Local States: Uneven Development and Local Social Relations", *International Journal of Uneven and Regional Research*, 12,pp.107-128.

Eisenstadt, S. N.(1964), "Social Change, Differentiation and Evolution." *American Sociological Review*. 29(3): 375-386

Fleiner,Thomas (2001), "Comparative Constitutional and Administrative Law", *Tulane Law Review*.75, pp.27-32.

Hoogvelt, Ankie M. M.(1978), *The Sociology of Developing Societies*. London: The Macmillan Press.

Horton, S & Farnham, D. (1999), *Public Management in Britain*. London: MacMillan.

Hunter, F. (1953), *Community power structure*. Chapel Hill: University of North Carolina Pross.

Jessop, B. (2000), "Governance Failure" in G. Stoker (ed.)", *The New Politics of British Local Governance*. New York: St. Martin's Press, Inc..

Johnston, Douglas M. (2005), "World Constitutionalism in the Theory of International Law", in Ronald St. John Macdonald and Douglas M. Johnston (eds.), Toward World Constitutionalism (Leiden: Martinus Nijhoff Publishers), pp.3-29.

Kaplan, A. (2000), "Understanding Development as a Living Process", in *New*

Roles and Relevance: Development NGOs and the Challenge og Change, edited by David Lewis and Tina Wallance, Bloomfield: Kumarian Press, Inc. pp.29-38.

Mollenkopf, J. (1983), "How to study urban political power—From A phoenix in the ashes: The rise and fall of the Koch coalition in New York city politics. In Richard T. LeGates and Frederic Stout, 1996 (Eds.).", *The city reader*: pp.257-267.

Mollenkopf, J. (1983), "The contested city", *Princeton University Pres*s.

Molotch, H. (1976), "The city as a growth machine: Toward a political economy of Policy", *American Jounary of Sociology* 82: pp.309-330.

Painter, J. (1995), "Regulation theory, post-fordism, and urban politics." In Gerry Stoker and Harold Wolman (Eds.), *Theories of urban Politics*. London: Sage

Painter, J. (1997), "Regulation, Regime, and Practice in Urban Politics." In Ash Amin, (Eds.), *Post-Fordism —a reader*, Chapter 7, Blackwell.

Parsons, Talcott, Robert F. Bales and Edward A. Shils (1953), *Working Papers in the Theory of Action*. New York: The Free Press.

Pierre, Jon. (1999), "Models of Urban Governance: The Institutional Dimension of Urban Politics", *Urban affairs Review* 34/3: 372-396.

Raz, Joseph (1999), "On the Authority and Interpretation of Constitutions: Some Preliminaries," in Larry Alexander (ed.), *Constitutionalism-Philosophical Foundations* (Cambridge: Cambridge University Press), pp.152-193.

Skocpol, Theda (1985), "*Introduction: Bringing the State Back In.*" in Peter Evan, *et. al. (ed.) Bringing the State Back In*. London：Cambridge University Press.

Stone, C. L. (1989), *Regime politics: Government Atlanta 1946-1988*. Lawrence, K.A.: University Press of Knasas.

Turner, Jonathan H. (1982), *The Structure of Sociological Theory*, third edition. Homewood, Il: The Dorsey Press.

Wallerstein, Immanuel (1979), *The Capitalist World-Economy*. New York: Cambridge University Press.

中央大學　楊君仁

京都議定書的法律問題

◇**內容提要**◇

　　本文論述的內容，不在從國際法觀點探討京都議定書之地位；亦不在詳盡處理其細緻之法律問題；更不在研究台灣特殊之國際身分適用公約議定書之疑義、法律拘束效力的問題。而僅為切合此次「兩岸四地都市治理與地方永續發展」學術研討會之主旨，從法學之觀點，探討人民認知價值如何影響京都議定書之施行實效，並從地方自治的實踐，提供地方落實京都議定書理念之管道，以就教於方家。

作者：國立中央大學法律與政府研究所教授兼所長

壹、前言

京都議定書（Kyoto Protocol）[1]，因俄羅斯於 2004 年 12 月 4 日批准加入後，達成其法定的生效要件[2]，使得京都議定書在 2005 年 2 月 16 日起正式生效。據此，35 個工業國家及歐洲聯盟，應在 2008 年至 2012 年間將溫室氣體[3]的排放量，降至 1990 年排放水準平均再減少 5%，象徵世人願意以實際的具體行動，去面對地球暖化所引發的各種天候災變，改善惡化的生態體系，為人類創建永續發展的基礎。

我國基於特殊之國際地位，並非聯合國會員，無法簽署「聯合國氣候變化綱要公約」（United Nations Framework Convention on Climate Change,

---

[1] 1992 年 6 月 3 日至 14 日，聯合國環境與發展會議（United Nations Conference on Environment and Development, UNCED），在巴西里約熱內盧（Rio de Janeiro, Brasilien）舉行會議，由 178 個國家、環保團體及相關非政府組織（NGO's）與會，會中達成：一、氣候綱領公約（Konvention zum Schutz des Klimas, Klimarahmenkonvention）；二、生物多樣性公約（Konvention zum Schutz der Artenvielfalt, Artenvielfalt-bzw. Biodiversitätskonvention）；三、三個宣言（Erklärungen）：(1)里約宣言（Erklärung von Rio zu Umwelt und Entwicklung, Rio-Deklaration）；(2)廿一世紀議程（Agenda 21）；(3)森林宣言（Grundsatzerklärung zur Bewirtschaftung, Erhaltung und bestandsfähigen Entwicklung aller Arten von Wäldern, Wald-Deklaration）。然而，根據 1996 年政府間氣候變化專家委員會（IPCC）發表的第二次評估報告，全球二氧化碳的濃度仍不斷上升，全球暖化持續惡化，公約減量目標並不被認真執行，於是第二次締約方會議（COP2）時即有共識，應訂定具有法律效力的議定書。因此，1997 年 12 月 1 日至 10 日在日本京都舉行的聯合國氣候變化綱要公約第三次締約方會議（COP3），會中簽訂《京都議定書》。

[2] 依京都議定書第二十五條規定，生效要件為：(1)經各國國內程序批准議定書國家達 55 國（2002 年 5 月 23 日冰島通過後首先突破 55 國門檻而達到此要件規定）；(2)批准京都議定書國家中，「附件一國家」成員之 1990 年二氧化碳排放量比例須至少占全體「附件一國家」成員 1990 年排放總量之 55%；(3)議定書於達成上述二條件後第 90 天開始生效。

[3] 所指溫室氣體包括：二氧化碳（CO_2）、甲烷（CH_4）、氧化亞氮（N_2O）、氫氟碳化物（HFCs）、全氟碳化物（PFCs）、六氟化硫（SF_6）等六種。

UNFCCC，以下簡稱《公約》）及京都議定書，目前並無減量的義務。然而，台灣身為地球村的一員，政府實已本於《公約》的精神，投入二氧化碳等溫室氣體排放的減量工作[4]。而且，我國經濟高度發展的成就，乃奠基於出口導向的工業化方式（Export Oriented Industrialization, EOI），與同屬類似發展模式的南韓、新加坡與香港等，被視為是非附件一成員之新興工業國（Newly Industrialized Countries, NICs），亦有可能成為議定書後續適用的對象。況且，根據過去國際環保公約的經驗，即使我國不是簽約國，不能享有會員權利，但由於經濟發展以外貿為主，對於相關義務仍需履行，否則便有遭受貿易制裁之可能，過去即曾因虎骨犀牛角問題而成為華盛頓公約組織討論制裁的對象，甚至引發美國對台動用培利修正案，雖然其中不無國際強權現實，「柿子挑軟的吃」、「不簽署公約也可能被制裁」[5]，卻也說明了面對全球環境議題，台灣仍然必須有效的因應。

本文論述的內容，不在從國際法觀點，探討京都議定書之地位，亦不在詳盡處理其細緻之法律問題，更不在研究台灣特殊之國際身分，適用公約議定書之疑義，法律拘束效力的問題。而僅為切合此次「兩岸四地都市治理與地方永續發展」學術研討會之主旨，特從法學之觀點，探討人民認知價值如何影響京都議定書之施行實效，並從地方自治的實踐提供地方落實京都議定書理念之管道，以就教於方家。

---

[4]「溫室氣體減量法」草案已於 2006 年 9 月 26 日以院台環字第 0950091895 號函送立法院審議。

[5] 葉俊榮（2001），《全球環境議題——臺灣觀點》，1999（2001），台北：巨流圖書，頁 529。

貳、人民的近身感受能影響對待全球暖化的態度

一、溫室效應與全球暖化

一百多年前，約在 1896／97 年之際，瑞典科學家 Svante Arrhenius 已經證實人類的行為可以引發溫室效應[6]。所謂的「溫室效應」（Treibhauseffekt, greenhouse effect）[7]，乃是指地球表面能量主要來自於太陽之輻射，屬於短波的入射波經大氣吸收、地表及大氣反射後僅剩約 49%為地表所吸收，此經地表土壤、水體、植物等吸收後的能量復以長波輻射方式釋出，一部分為對流層水氣（H_2O）及二氧化碳（CO_2）吸收，一部分在平流層為甲烷（CH_4）、氧化亞氮（N_2O）、氟氯碳化物（CFCs）等所吸收，其餘則逸入太空。因此，大氣層中增加了過量的溫室氣體，使地球表面如覆蓋在一層玻璃罩（溫室，greenhouse），致使地表溫度逐漸增加，造成地球暖化的現象。

二、全球暖化肇因於高度開發工業化

對人類而言，溫室效應可說既愛又恨，充滿矛盾情緒，因為如果沒有溫室效應，地球的表面溫度將僅在零下 18°C左右，如此則地球上將無任何

---

[6] 事實上在這之前，Wilson 於 1858 年即已提出氣候變遷乃源自人類對自然環境掠奪的結果，其後 Balfour 亦於 1866 年發表同樣觀點，而後自然科學家 Arrhenius 於 1896/97 年之際，針對此觀點提出較為完整的論述。至於，在德語文獻上，第一份對此議題提出的研究報告，則是出自 1941 年由 Flohn 在 Würzburg 大學專題討論課程（Seminar）上所提之「人類行為乃氣候因素」（Tätigkeit des Menschen als Klimafaktor）。M. Kloepfer, Umweltrecht, 3. Auflage, 2004, S. 1496。

[7] 解釋說明請參閱「中華民國行政院環境保護署網站」中有關：國際環保、溫室氣體管制之介紹，網址：
http://www.epa.gov.tw/b/b0100.asp?Ct_Code=04X0000149X0000241&L=，線上檢索日期：2006 年 10 月 15 日。

生命可以存活；相反地，如果溫室氣體的排放持續急速增加，濃度過高勢必引起全球暖化，兩極冰原融化、海平面上升，陸地面積縮小，氣候加劇變遷的結果，對水資源、農作物、自然生態系統及人類健康等各層面造成日益明顯的負面衝擊。無怪乎本年度在非洲肯亞首都奈洛比所舉行的《公約》第十二次締約方會議（COP 12）上，吐瓦魯（Tuvalu）代表小島國家聯盟（Alliance of Small Islands States），要求於議程中應增列討論海平面上升小島生存權的議案[8]。

溫室氣體目前已知自然界有四、五十種，其中產生溫室效應的主要來源為二氧化碳（carbon dioxide, CO_2），約占 60%~66%，其次則為甲烷（methane, CH_4）、氧化亞氮（nitrous oxide, N_2O）、氫氟碳化物（hydrofluorocarbons, HFCs）、全氟碳化物（perfluorocarbons, PFCs）、六氟化硫（sulphur hexafluoride, SF_6）等「人為溫室氣體」（anthropogenic greenhouse gases），皆屬工業革命以來，人類高度開發經濟活動，大量使用石化燃料的結果。科學家估算，工業革命後二氧化碳的濃度增加 28%，而且，根據聯合國政府間氣候變化專家委員會（Intergovernmental Panel on Climate Change, IPCC[9]）所提的評估報告[10]，在 1860 年至 2000 年間，全球平均氣溫上升 0.6℃（正負差 0.2℃）。

因此，如未對溫室效應適時採取防治措施，則預測於本世紀末 2100 年時，地表溫度將較目前增加 1℃至 3.5℃，屆時海平面將上升 15 至 95 公分，此種溫室效應對於整個生態環境（包括地球、海洋，與人類的經濟、社會等）及全球氣候，將有深遠而不可知之影響。媒體即引用最近一期「科學」

[8]會議期間為 2006 年 11 月 6~17 日，請參閱「聯合國氣候變化綱要公約官方網站」，網址：http://unfccc.int/meetings/cop_12/items/3754.php，線上檢索日期：2006 年 11 月 20 日。

[9]1988 年世界氣象組織（World Meteorological Organization）與聯合國環境規劃署（United Nations Environment Programme）整合而成的機構。

[10]Third Assessment Report 2001。

期刊的報導[11]，現代海洋生物學家研究指出，人類今天對生態系統的所作所為，正使地球生態推回 5 億 5,000 萬年前還沒有生物的時代，規模之大即使是發生於 2 億 5,000 萬年前二疊紀末期的「大滅絕」，造成地球上九成五海洋物種和七成的陸地物種的生物浩劫亦無從比擬。

氣候暖化不僅帶來許多天然巨變，例如嚴重的乾旱[12]、熱浪高溫[13]、暴雨水患，亦會嚴重影響全球經貿發展，英國在 2006 年 10 月 30 日公布由前世界銀行首席經濟學家史登（Sir Nick Stern）所主持的研究報告（the Stern Review Report on the Economics of Climate Change）[14]，警告各國政府若不能在未來十到十五年間採取堅決行動因應全球暖化的衝擊，全體人類將付出比兩次世界大戰與經濟大蕭條還要慘重的代價，高達 6 兆 9,800 億美元（折合新台幣約為 232 兆 3,600 億元），全球經濟榮景將受拖累而一蹶不振。去（2005）年諾貝爾經濟學獎得主謝林（Thomas Schelling）在 2006 年 9 月 29 日於中央大學的演講中指出，未來溫室效應與氣候變遷的主要受害者，是比較依賴農業的開發中國家[15]。

---

[11] 《聯合報》，2006 年 11 月 25 日，版 A15。

[12] 如非洲大陸貧瘠或半貧瘠地區越來越乾燥，2006 年 9 月索馬利亞（Somalia）即歷經四十年來最嚴重的旱災，收成比往年少了近三成。

[13] 如 2006 年 7 月侵襲歐洲的熱浪，使得倫敦地鐵系統因沒有空調，氣溫飆到 47℃，巴士上更出現烤人的 52℃ 高溫；西班牙則溫度突破 40℃，高達 41.5℃；愛爾蘭首府都柏林十多年來首度夜間氣溫超越 30℃，促使各國政府紛紛採取緊急措施，以防 2003 年夏季熱浪在歐洲奪走 3 萬條人命的悲劇重演。而在大西洋對岸，美國亦同樣受到「讓人類難以承受」的熱浪襲擊，烈日讓有「大蘋果」之稱的紐約市變成「烤蘋果」，拉瓜地亞機場（La Guardia Airport）在 7 月 18 日所測氣溫高達 37.8℃，創下該機場自 1948 年開始記錄氣溫以來的新高。（《聯合報》報導，2006 年 7 月 20 日）。

[14] http://www.hm-treasury.gov.uk/independent_reviews/stern_review_economics_climate_change/ stern_review_report.cfm，線上檢索日期：2006 年 11 月 22 日。

[15] 謝林教授演講的論點尚有諸如：歐美等已開發國家應強化能源研究、增加能源使用效率與開發風力、太陽能等新能源，協助開發中國家解決氣候變遷的衝擊；不過國際間產生具有拘束力的協定並立即實施有其實際困難；溫室效

全球的發展如此，那在地台灣的影響情況又是如何呢？在環保署、英國貿易文化辦事處所聯合舉辦的「全球氣候暖化的因應之道——回應史登報告」，會中提出警告，氣候變遷造成了台灣氣溫上升，全島水文受到影響，連南部登革熱都出現北移的現象。而近年來因為自然災害頻傳，台灣的颱風及洪水保險損失，根據保險事業發展中心的統計，已由 2003 年的新台幣 2,700 萬元增加至 2005 年的 12 億 6,700 萬元新台幣，足足增加了四十七倍[16]。

　　問題是，當人類仍然沉醉自豪於現代科技所帶來的經濟發展成就時，對於全球暖化所致生天災的解讀又是如何？地球是否確實暖化了？全球暖化應該歸咎於人類嗎[17]？暖化真的值得憂心嗎？氣候變遷的急迫性真的那麼可怕嗎？還是僅只是電影《明天過後》（*The Day After Tomorrow*）中所描述的場景而已，至於因為全球性超級氣候鉅變，步入一萬年前的冰河世紀的紐約，對觀眾而言，或許認為是製作成功的電腦音效罷了。而且，即

應在科學數據上仍有許多不確定性，例如二氧化碳濃度增加一倍時溫度上升多少？從 1.5℃ 到 4.5℃ 都有可能，而海洋和雲霧扮演的角色也還不清楚；實施京都議定書必須搭配的政策、增加的預算也不清楚，而即使清楚，政治上能否通過也是問號；已開發國家應以具體行動，例如拿出一定數量的資源研究增加能源效率，開發新能源，並協助開發中國家增加能源使用效率；溫室氣體會造成農產品生產成本提高，但不一定會造成農業減產；最好的方法是持續成長，改善生活水準，讓人們有較好的基礎因應氣候變遷帶來的農產品價格上升，以及其他與大自然變化相關的疾病等問題；未來仍然值得樂觀，主要是憑藉著人才培育和鼓勵創新，科技不斷進步，新的能源會被發現，既有能源會更有效率，農產品生產力會持續提高。請見「中央大學網站即時新聞」網址：http://www.ncu.edu.tw/newslist.php?from=40，線上檢索日期：2006年 11 月 26 日。

[16] 參閱「聯合新聞網」2006 年 11 月 3 日報導，網址：http://tw.yahoo.com/16:10，線上檢索日期：2006 年 11 月 25 日。

[17] 新聞報導科學家研究，胖子亦為導致地球暖化的原因，因為為解決其交通運輸，美國一年即需多耗用高達 10 億加侖的油料。《中國時報》，2006 年 11 月 13 日，版 A12。

使各界對於氣候變遷地球暖化的現象已有共識，但問題的嚴重性是否真如科學家所預言的，仍有少數人提出質疑，甚至將之與 Y2K 世紀風暴相為比擬，只是政客與科學家共同建構的驚悚情節而已[18]。

人民近身感受如何，確實影響對待全球暖化的態度。例如肇因於氣候暖化氾濫成災的水患，人民可能解讀為防水工程的問題，認為是政府應該做而怠忽的整治建設，或者是有做但卻施工品質不良，甚至將之歸因為政商勾結，乃是屬於貪瀆的法律案件，而全然不會想到災害的發生，其實是源自該地區居民經濟所繫以維生的石化產業，長期排放大量二氧化碳所致生的結果。全球暖化的警訊，確實不見得為人民所感受得到，這可從天然災變逐漸變成日常生活隨處可見的新聞時，對於防制氣候暖化的討論，並未成比例地為民意公共論壇所關切，更遑論要求政府或國際組織採取更積極有效的措施，可為驗證。因此，如何建構氣候保護以為新興法益，藉此改變人民的思想價值，實在刻不容緩。

三、氣候作為新興法益價值亟需建立

法益（Rechtsgut），乃指以法律手段而予以保護的利益，例如法律為保護名譽人格權的利益，可藉由刑法規範公然侮辱罪或誹謗罪的手段，或民事非財產法益之損害賠償機制予以落實。同樣地，為提升環境品質，維護環境資源，增進人民健康與福祉，即可針對不同對象而採取相關法律規範，譬如「為防制空氣污染，維護國民健康、生活環境，以提高生活品質」，而制定空氣污染防制法，此時空氣品質即是法益之內容；至於，水污染防治法乃是「為防治水污染，確保水資源之清潔，以維護生態體系，改善生活環境，增進國民健康」，如此則清潔的水資源，就是法律保護的利益。

然而，氣候（Klima, climate）作為法律保護的利益對象，建構自成體

---

[18]如小說家 Michael Crichton 引經據典駁斥氣候變遷災難論，於 2004 年出版雄霸全美暢銷排行榜的小說《恐懼之邦》（*State of Fear*）可為例證。Crichton 其它著名的小說如：《侏羅紀公園》（*Jurassic Park*）、《奈米獵殺》（*Prey*），及編劇熱門電視影集《急診室的春天》。

系的氣候保護法（Klimaschutzrecht），而為環境法的次領域，其實是最近的事而已[19]。當然，也因為如此，所以氣候保護法的體系，仍然存有諸多問題亟待解決，例如氣候的概念界定，即可能因適用對象而有不同的意義，而天候空間範圍亦有大小相異的指向，如針對地球整體的全球氣溫，或大面積的巨觀氣候（Makroklima），亦有可能局限在區域的地區氣候（Regionalklima）、都市氣溫（urbanes Klima），或是更小面積格局的在地氣候（微觀氣候，Mikroklimas）。由此可知，在地氣候主要存在於能源收益、水流動力與大氣化學，涉及面積較小且時間較短，問題可藉由建築法、社區保護法等予以規範，並非是氣候保護所保護之對象[20]。

氣候保護所保護的法益，應是以全球氣候（Globalklima）作為對象，乃是大氣（Atmosphäre）中經由長期累積相關氣體而致生氣候變化者。唯需注意的是，氣候變化與空氣污染有法域重疊的問題，兩者都出於氣體的排放，防制空氣的污染（排放，Immissionsschutzrecht）目的在於維持空氣乾淨（Luftreinhaltung），本質上屬於地域性環保的問題。至於氣候保護則不具地域性的局限，甚至是不能自限於國界範圍的，此亦說明何以全球氣候持續惡（暖）化的問題，必須經由國際間公約的規範措施始能落實處理。

國際上，防止地球暖化，保護全球氣候的重責大任，主要藉由聯合國整合規範。1988年，聯合國即宣稱，氣候變遷應是人類共同的關懷（common concern of mankind）[21]。而以全球氣候為保護對象者，還有概念上廣狹兩者的差別，狹義上乃指為控制溫室氣體排放，以儘量延緩全球暖化效應的擴大，廣義上則除預防溫室效應外，更包含臭氧層（Ozonschicht）的保護。1985年，簽定保護臭氧層維也納公約，其後鑑於該公約缺乏管制與制裁措施，隨後於1987年即制定蒙特婁議定書，作為維也納公約的補充條款[22]，

---

[19]Kloepfer, aaO., S. 1493。

[20]Kloepfer, aaO., S. 1494。

[21]Resolution 43/53 der Generalversammlung der Vereinten Nationen vom 6. 12. 1988, ILM 1989, 1326ff.

[22]「維也納公約」與「蒙特婁議定書」，及「聯合國氣候變化綱要公約」與「京

以數量凍結與非締約國的貿易制裁，作為管制工具，並經由締約國會議決定採行制裁方式，藉以阻止臭氧層繼續惡化擴大，只是實際效果似乎不大。根據媒體報導[23]，美國國家航空暨太空總署（NASA）哥達德太空飛行中心科學家紐曼表示，南極臭氧層破洞在 9 月 21 至 30 日之間的平均面積，為歷年觀察結果之最，達 2,740 萬平方公里，約相當於北美洲的面積。

　　1992 年，聯合國為抑制人為溫室氣體的排放，防制氣候變遷暖化，於地球高峰會舉辦之時，通過「聯合國氣候變化綱要公約」，對人為溫室氣體的排放，做出全球性管制的宣示。但由於《公約》僅揭示一般減量義務與資訊交流原則，缺乏具管制效能之減量義務與特定溫室氣體之減排時程，所以，1997 年 12 月於日本京都舉行聯合國氣候變化綱要公約第三次締約方大會[24]，為落實溫室氣體排放管制工作，通過具有約束效力的京都議定書，作為《公約》的補充條款，以規範工業國家未來之溫室氣體減量責任。至於，其施行成效如何，實有待觀察，但唯一可確信者，即是只有全球人類真正建立氣候作為新興法益的共識，劍及履及落實保護氣候的生活價值，地球暖化的問題或許有可能減緩，否則的話，當人類依然醉心於經濟開發成展，預防全球暖化都將僅只紙上議題而已。

四、法認知是法律施行實效的基礎

　　法律能否產生意義，純然在於施行實踐，以求成全其規範目的。因此，如果法律制定後，其施行實效（Effektivität des Rechts）不彰，那麼如此的

都議定書」都採行公約（Convention）與議定書（Protocol）作為補充條款的模式，此種「公約／議定書」規範的利弊得失，請參閱葉俊榮，前揭書，頁152。

[23]《聯合報》，2006 年 10 月 21 日。

[24] 締約方會議（Conference of the Parties, COP）是《公約》的最高機關，同時也是京都議定書的締約方大會，請參照議定書第十三條之一的規定。至於先前剛於非洲肯亞首都奈洛比召開的第十二次締約方會議，6-17 November 2006 in Nairobi, Kenya, 相關報導請參閱 http://unfccc.int/2860.php，線上檢索日期：2006 年 11 月 20 日。

立法成就，恐怕僅只白紙黑字，徒增法條具文而已，甚至因而戕傷司法的公信力，對於法治社會之建立，全然無所助益。當然，法律實務顯示，百分之百為人民所遵行的法律，其實成文規定就如畫蛇添足，不免有多此一舉之感；而百分之百為人民所忽視的法律，立法規定卻僅徒然造成自打嘴巴的效果而已，兩者都非法律之常態。一般而言，基於立法程序表決過半的規定，吾人可以斷言，法律通常應該是在 50%以上施行實效的基礎上，邁往百分之百遵行的路上前進[25]。

法律社會學家 M. Rehbinder 從人民的心理情境，探討影響法律實效的主觀因素，發現法認知（Rechtskenntnis）、法意識（Rechtsbewußtsein）、法倫理（Rechtsethos）三者，扮演相當重要的角色[26]。而且，法認知被視為是其中影響法律規範實效的基石，因為人民如果連法律規定為何物都不自知，實在就難以期待他能有效遵行法律，如此則法律施行的實效自然有限。問題是，人民對於法律認知的情況，卻是愈來愈嚴重，發生這種情況的因素很多，諸如所使用的文字晦澀難懂，意義含糊不清，內容前後矛盾，難以理解法條真實意義，或者難以適用於多種多樣的情況，亦可能因為技術性細節規定，徒增諸多不確定性，而使得法律僅局限在專業人士間，局外人絲毫難以掌握法律的本質[27]。

---

[25]法律施行實效如何，需要法實證的調查研究始可確定，但即使如此仍無礙於對法律運作的一般性評價，事實上法律或許未必全然掌控，但它卻仍然為大部分人民所信守，有可以有效執行的觀感。社會學家通常將依一定立法程序所制定的法律稱之為「制定之法」（das gesetzliche Recht），而與人民從實際共同生活中所衍生具有拘束力之規範稱之為「生活之法」（das lebende Recht），Eugen Ehrlich, Gesetz und lebendes Recht, in M. Rehbinder (hrsg.): Gesetz und lebendes Recht: vermischte kleinere Schriften, Berlin: Duncker & Humblot, 1986, S. 228。類此區分上，亦有「紙上之法」（law in paper）與「行動之法」（law in action）相對概念的稱法。

[26]M. Rehbinder, Rechtssoziologie, 4. Auflage, 2000, München: C. H. Beck, S. 143。

[27]P. S. Atiyah, *Law and Modern Society.*，范銳譯（1998），《法律與現代社會》，牛津大學出版社，頁 216。

除此之外，處於今日龐雜繁複的法律體系中，立法化（Verrechtlichung）似乎成了自動生產的機器，每日製造大量的條文規定，使得法令多如牛毛[28]，情況就連法律專業人士都難見駕輕就熟，只能選擇次領域專攻而已，更遑論一般百姓到底知曉多少。法社會學的實證研究，發現攸關人民生活權益甚重，保障住居解約權的規定，即使在立法規範之前，對此問題早有爭辯，甚至造成社會上不少的衝擊，但在立法通過施行後一年，仍有四分之三的受訪者全然不知有關法律規定為何。情況如此，那原本規範保障承租戶權益的立法美意，功能上不免大打折扣，而藉此以求建立住居出租人與承租人間的法制新規，即無從改變舊有不合理公平的互動關係。

京都議定書在執行效力上，必須慎重面對法認知的問題，始能期待實現其規範目標，將大氣中溫室氣體的濃度，穩定在防止氣候系統受到危險的人為干擾的水準上，藉此足使生態系統能夠自然地適應氣候變化，確保糧食生產免受威脅，並使經濟發展依可持續的方式繼續邁前[29]。否則，人民因為缺乏對京都議定書的認識，即難以建立保護氣候的生活態度與價值，形成公共論述的民意力量，實質影響國內政治公權力之運作。尤其是，國際公約通常都有立意高尚，充斥政治道德化的理想性格，但卻經不起國際政治現實的考驗，京都議定書制定時，即已考量（或謂妥協亦可）已開發國家與開發中國家不同的社會經濟、具體需要和特殊情況，而賦予簽約國共同但差異的責任（common but differentiated responsibilities）規定，而各國政治領袖極可能受制於國內政治環境，考量繼續執政的現實利益，害怕大力推動溫室氣體減量，而帶來經濟產業轉型或停滯效應，引發產業外移失業等社會問題，而減緩確實執行京都議定書的態度與能量，相對地，此時民意力量的形成，就扮演政策推動關鍵的角色。

---

[28] 「一個愈現代化之社會，需要愈多之法令來加以規範，致使現代社會必然是法令多如牛毛。法令不怕多，只怕亂，要使法令多而不亂，就必須遵守法律位階性原則。」林山田（2000），《刑法通論》（上冊），增訂七版，頁64。
[29] 參照《公約》第二條。

參、地方永續發展的法律基礎與實例

如果以一般距離計，國際上的環保議題涉及國家法人格，是中央政府首先應該處理的麻煩事兒，之後才有可能再經由行政層級，而與地方政府有所關聯。因此，直接由地方政府去觸及國際環保議題，相反地卻非常態，可說是相當遙遠的事，實際上地方政府或許確能置身度外，而全然無涉國際環保議題。問題是，「政府如欲正視全球環境議題所帶來的衝擊，僅止於中央政府層面的因應將不足以規劃出一完備的因應方案。中央政府也許有著掌握全局的權能，然而如果沒有地方政府的共事與協助，政策的執行終將無法徹底落實，而難免成為曲高和寡。……如果忽略了地方政府於全球環境議題所扮演的角色，不無功虧一簣之憾。[30]」

一、地方自治是地方永續發展的法律基礎

我國的地方自治，乃是以中山先生遺教有關均權主義與地方自治兩項重要政治主張為原則。均權制度的目的，在於破解當時甚囂塵上的中央集權、地方分權甚或聯省自治之說，有其特殊的時代背景[31]，至於，地方自治則在實現全民政治。憲法前言即載明，制定本憲法，乃依據孫中山先生創立中華民國之遺教，以鞏固國權，保障民權，奠定社會安寧，增進人民福利。憲法第十一章乃是有關「省」、「縣」地方制度規定（憲一一二～一二八），而憲法第一百一十二條第一項即賦予訂定省縣自治通則[32]，提供實施地方自治的憲法基礎。

民國 39（1950）年起，台灣開始實施地方自治，但卻並非依據憲法所架構之均權主義與地方自治，而是依當時行政院核准台灣省政府頒行之「台灣省各縣市實施地方自治綱要」行政命令，此自治綱要基本上並未依照憲

---

[30] 葉俊榮，前揭書，頁 386。
[31] 周繼祥（1998），《憲法與公民教育》，台北：揚智文化，頁 325、329。
[32] 本條規定已因憲法增修條文第九條第一項而暫停適用。

法規定，而係以中央集權的模式，將地方自治團體視為「下級行政機關」，並未落實地方自治的理念。迄至 1994 年制定「省縣自治法」與「直轄市自治法」，地方自治法制化後，始見落實之可能，但因其後的精省工程，及地方自治需要進一步落實，前述自治二法雖然實施未幾，即面臨全面檢討，重新翻修的契機，「地方制度法」即在此背景下應運而生，依憲法第一百一十八條及憲法增修條文第九條第一項規定制定之，於民國 88（1999）年 1 月 25 日公布施行[33]。而原本著眼於大中國廣土眾民設計的憲法地方自治制度，於台灣施行結果所產生的諸多扞格難行之處，終因第四次（1997）憲法增修條文第九條對省制予以精簡虛級化，以契合國家現狀與實際需要，更透過制定地方制度法，以實踐憲法保障地方自治的精神。

　　地方自治團體唯有享有獨自的法人格，取得相對於國家某種程度的獨立性，地方自治始有可能。但憲法本文並未對省（市）、縣（市）與鄉（鎮、市）設有法人格之規定，因此，「地方制度法」即明定直轄市、縣（市）、鄉（鎮、市）為具公法人地位之團體，而省並非地方自治團體，省政府僅為行政院派出機關[34]。地方自治設有地方立法機關（制度法三三～五四），享有自治立法權。直轄市、縣（市）、鄉（鎮、市）得就其自治事項或依法律及上級法規之授權，制定自治法規（制度法二五）。地方並得藉由制定自治條例，以創設、剝奪或限制地方自治團體居民之權利義務者（制度法二八），如此規定實賦予地方更有追求自治績效的規範手段。而且，環境基本法第四條第一項規定，「國民、事業及各級政府應共負環境保護之義務與責任。」揭示環境保護之成效，實有賴「合作原則」（das Kooperationsprinzip）之實踐，人民企業與中央地方政府自治團體都有環境保護之義務與責任。再者，同法第七條亦規定，中央政府應制（訂）定環境保護相關法規，策定國家環境保護計畫，建立永續發展指標，並推動實

---

[33]請參閱蔡茂寅（2006），《地方自治之理論與地方制度法》，台北：新學林，頁 4。

[34]地方制度法第二、十四條參照。最近修正於 2005 年 12 月 14 日。

施之。地方政府得視轄區內自然及社會條件之需要，依據前項法規及國家環境保護計畫，訂定自治法規及環境保護計畫，並推動實施之。各級政府應定期評估檢討環境保護計畫之執行狀況，並公布之。中央政府應協助地方政府，落實地方自治，執行環境保護事務。如上所述，相關的法律規定，都提供地方自治，為追求地方永續發展的法律基礎。

二、地方永續發展的自治實例

憲法增修條文第十條第二項規定，「經濟及科學技術發展，應與環境及生態保護兼籌並顧。」揭櫫我國保護環境生態的基本國策，對此中央政府已多所著力，相關部會環保署、經濟部亦藉由設置「企業環保獎[35]」、「節約能源表揚大會[36]」等活動，鼓勵民間配合投入環境保護的工作。至於，我國地方自治環保績效如何，因乏資料驗證，所以不敢多言，謹以國外自治實例，諸如藉由設置能源監控系統（Energieverbrauchsmonitoring）、推動綠色能源、擴充改善公共交通系統的方式，建立地方永續發展的機制，提供國際環保議題地方自治落實的參考。

如英國的 Leicester，這座擁有 28 萬人口左右的城市，在 1990 經由地方自治機制設定能源減量目標，預計在 2025 年時將全市能源消耗及二氧化碳排放量全面減半，而它所採行的措施，即是藉由設置人工智能測量方式，全面監測城市能源使用情況，規定公共建築物或中、小規模企業每 30 分鐘都須向市政機關回報數據，藉此即時監控能源利用，並直接節約調控能源、用水及二氧化碳。至於引進此套系統，預估每棟建築物的平均花費約為 3,000 英鎊，雖然支出相對而言仍然偏高，但市政府對該經費使用的效率卻

---

[35]此活動由環保署推動，自 1992 年設立迄今，已辦理 15 屆企業環保獎，今年共有包括：力晶半導體、台灣積體電路、正隆紙廠等 10 家事業單位得獎，請參閱網站：http://www.epa.gov.tw/main/imp_plan.asp，線上檢索日期：2006 年 11 月 28 日。

[36]此活動由經濟部主辦，相關報導請參《工商時報》，2006 年 11 月 23 日，版 A16。

極具信心，並估算在五年之內即可攤還完畢。除此之外，藉用此套系統使得水源、天然氣的利用，更具效率，甚至預期未來推廣至其他節能對象，而且最重要的附帶效應是，促使居民更加強化其能源意識[37]。

而 2003 年起，人口數約 8 萬的波蘭小城 Częstochowa，加入能源效率基金會（FEWE）所主導之能源與環境管理計畫，該計畫首先建立全市所有公共建築物利用功能、建物特性及其能源使用的資料庫，有效觀測能源與水源的使用情形，藉以檢討改進能源利用的效率，如設置更有效的隔熱裝備、以需要為取向的恆溫調控設施、減少能源的浪費及能源管理人員再教育等。而藉由此項能源監控計畫，單單學校就從過去的耗能耗電，基本費偏高的 12,500 歐元中，馬上就可退還 4,000 歐元，每年節約用水費 9,000 歐元，節省廢水處理及淨化的費用有 37,500 歐元[38]。

至於，西班牙的 Barcelona 為利用太陽能以供應城市熱水，經由地方自治立法機制，制定太陽能利用法規，要求所有新建築物及現存建物整修時，60%所需熱水都必須利用太陽能。該自治法規於 1999 年 7 月通過，隔年（2000）8 月正式施行後，隨即帶動加泰隆尼亞（Katalonien）其他鄉鎮相繼立法跟進，2005 年更擴大效應完成國會立法，成為全國一體適用的法律規定，此例足以證明地方創意亦可變為全國的法律綱領。而在 2005 年法律施行後，Barcelona 裝置太陽能板的總面積比 2000 年增加十二倍，每年所節省的能源消耗達 15,000 萬瓦（MWh），二氧化碳排放量減少約 3,000 公噸[39]。

丹麥 Odense 則是採取不同的綠色能源策略，這個擁有 18 多萬名居民的城市，官方將之定位為「腳踏車之城」（Fahrradstadt），並提供社區經費補助，以落實從 1999 年到 2002 年為止的四年期計畫，這計畫中的細項

---

[37] http://www.leicester.org.uk/housing/PDFs/EnergyMetering.pdf，線上檢索日期：2006 年 11 月 28 日。

[38] http://www.czestochowa.um.gov.pl，線上檢索日期：2006 年 11 月 28 日。

[39] http://www.barcelonaenergia.com/homeeng.htm，線上檢索日期：2006 年 11 月 28 日。

包括諸如提供更方便使用腳踏車的管道，更好更安全的停放空間，提供腳踏車族更好的飲水、打氣服務等，以落實腳踏車之城的形象。計畫實行的結果，使得腳踏車的利用，已占現有行車的四分之一（25%），而整體城市使用腳踏車的比例，更增加到20%[40]。維也納（Wien）則於1999年啟動氣候保護計畫（KliP），使得每年二氧化碳的排放減少3%，約為6.3百萬公噸，而促使此計畫成功的原因，在於發展遠端加熱系統（Fernheizsystem），提高發電廠的效能，建物的隔熱裝備及擴充公共交通系統等措施。

肆、結論

我國總體二氧化碳排放量，約占全球的1%，世界排名第22名，雖暫無履行溫室氣體減量的義務，但並不意謂吾等即可自外於預防全球暖化的責任，政府為推動能源效益政策，已提出「溫室氣體減量法草案」，現正送立法院審議中，待立法通過後，即可為抑制二氧化碳排放之法源根據。問題是，徒法不足以自行，人民的法認知，環保生態全新生活價值的建立，都是影響法律施行實效的土壤養分。而「他方之石，可以攻錯」，國外地方環保的自治實例，亦足以提供我國地方自治，落實國際環保議題，追求地方永續發展的參考。

---

[40]http://www.cyclecity.dk，線上檢索日期：2006年11月28日。

俞凱菱・孫同文

治理與管制之間的激盪：我國有機農產品驗證制度的信任問題

◇內容提要◇

　治理的內涵，強調衝突的解決，是種非零和的調適與協調過程。在現今的治理思潮下，國家機關已被鑲嵌於網絡之中，和網絡中的其他行動者一齊參與公共議題。但是不同的政策類型蘊含著迥異的特質，國家機關在處理不同性質的政策時，是否會發展出不同的治理模式呢？這是本文嘗試探討的研究問題。不同於治理的協力概念，管制政策的性質，為一方所得則他方定有所失的零和性質，且在管制的過程中常有衝突之產生。當「去中心化」的網絡治理模式運用於零和特質的管制政策時，二者之間的激盪會產生如何的情境呢？公私部門之間的互動關係又會呈現何種發展呢？本文即以信任為觀察的焦點，透過對於我國有機農業驗證機制的個案，一方面企圖描繪出公私部門在該政策執行面向的網絡關係，另一方面則是檢視治理與管制此二概念，在個案的實際執行層面有無衝突或矛盾之處。

作者：孫同文　國立暨南國際大學公共行政與政策學系教授
　　　俞凱菱　國立暨南國際大學公共行政與政策學系碩士

壹、前言

治理（governance）的概念無疑是公共行政學術界近年來最熱門的研究議題之一。治理重視的是一種跨越公私部門限制，結合政府與民間力量之平行權力網絡關係，以及其他跨越不同層級政府與功能領域間垂直互動的協調機制。治理的概念突破了傳統官僚主導一切公共事務的迷思，突顯出民間部門力量在解決公共管理課題上的重要性。由過去的研究可知，國家力量的強弱與國家機關是否具備充分的能力，以及其與公民社會是否能相互配合達成目標息息相關。一旦兩造能由相對立的零和關係，轉變為相互依賴的非零和關係，將能透過互動產生更多的潛在力量（Kohli & Shue, 1996；轉引自陳恆鈞，2002：1）。在公民社會參與政策議題日盛的情形下，當國家機關仰賴此一自願性活動以維持政策運作時，社會資本此種潛在社會支持的動力來源，無論在政策執行或人民支持政策的程度上，都扮演著極重要的角色。

從另外一個角度來說，性質迥異的問題需要不同的政策設計來解決。Lowi（1972）曾經將政策區分為管制政策、自我管制政策、分配政策、重分配政策等四種類型。就管制政策的性質而言，其結果常為一方之所得，乃是他方之所失的「零和」賽局（zero-sum game），也蘊含著管制者與被管制者之間層級節制的關係。這不但與治理所強調的相互依賴的合作意涵產生潛在的衝突，也與治理網絡所突顯的「去中心化」扞格不入。治理架構所涉及的參與者不但多元且性質各異，套用如此複雜的體系運作於管制政策，是否比以往強調層級節制的單向管制更有失靈的可能性呢？本文嘗試以我國有機農產品驗證制度的運作為例，來檢驗前述的假設。

簡言之，有機農產品驗證制度為管制政策的一種，其運作卻係由政府、民間驗證機構、農民與市場等行動者之間互動所形成的治理網絡，來實踐此管制政策的內涵。關鍵在於，構成社會資本的「信任」要素，應是強化網絡行動者彼此連結互動的關鍵。因此，本文即以信任為指標來觀察我國有機農產品驗證制度之運作，主要的問題意識在於，當管制政策係以網絡

為治理模式時，治理理論與管制政策在個案實務的運作有無衝突與矛盾之處？本文的探討將分為六個部分，除了前言之外，第二部分主要是呈現治理與管制的相關文獻，並提出本文的研究架構；第三部分是說明我國有機農產品驗證制度的參與行動者，其間的互動關係與制度運作的情況；第四部分則是以訪談資料來描述治理網絡與管制政策之間的激盪與障礙；第五部分進一步引申出本文的研究發現，實際標明制度運作的癥結議題，以及這兩個概念激盪的關鍵環節；最後則是一個簡單的結論。

貳、治理與管制

上一世紀 80 年代興起的新公共管理風潮，揚棄了「大有為」或「社會福利型」政府的想法。新的治理模式強調「小而能」或「企業型」才是最適當的政府，不再強調政府對社會的管制，反倒是希冀藉助民間社會的力量支援公共事務的管理。無論民營化、解除管制、刪減公共支出、進行制度變革或行政革新，甚至在公務生產上容許市場引導，這些措施都在這一波的行政改革浪潮中脫穎而出。新的治理途徑，超越了傳統以國家機關為核心的公共管理觀念，國家的管理不再由公共部門獨力承擔。政府將水平地與民間企業和第三部門組織，並且垂直地由中央與地方政府及國際組織，共同形成公共事務的協力治理網絡，肩負網絡促進者及協調者的功能。新的治理強調多元參與、多元文化的對話、多部門的夥伴關係、多軌道的外交互動，以及多層次治理（multi-level governance）的網絡關係（Pierre and Peters, 2000; Rhodes, 1996, 2000; Rosenau and Czempiel, 1992；轉引自吳英明、張其祿，2005：13）。

Marks and Hooghe（2004）認為，「多層次治理」可以區分成兩種類型：第一種類型（Type I）是以個別的綜合性功能政府（general-purpose government）為分析單位，透過整體系統的設計，管轄權限（jurisdictions）侷限在有限的層次當中，且個別層次中的組成份子並不重疊；第二種類型（Type II）則是功能任務導向（task-specific）地以個別政策為主，以彈性

設計為原則，各種政策可能有獨特的治理模式，因此治理機制的數量非常多，其組成份子則依任務的需要與特質而有重疊的可能。Braun（2000）也指出，不同的權力配置模式與府際關係，將會對於政策的產出與結果有不同的影響。換言之，在所謂的網絡治理架構中，政府除了必須面對多方的參與者，亦須針對不同的政策議題設計不同的領航模式。

一、管制政策

在各種的政策類型中（Lowi, 1972），本文探討的重點是管制政策，其具有四大特性：(1)來自於國家機關的公權力，政府以公權力作為後盾，強制人民遵守法規；(2)剝奪人民的自由、財產甚至生命，來貫徹政策（管制的政策）；(3)就人民彼此的關係而言，是零和賽局；(4)限於為保障社會秩序與公共利益的必要範圍內（張世賢、陳恆鈞，1997：181-182）。「管制」可以被定義為「政府企圖控制公民、公司或次級政府行為的任何努力」，管制者為政府機關，通常這種機關為獨立的管制機構（Independent regulatory agencies），不僅具有獨立的行政管制權，而且具有準司法與準立法權；被管制者則以工業、公司為主，也可能涉及一般公民（Meier, 1985，轉引自丘昌泰，1995：23）。Baldwin（1998）認為，管制的概念實際上包含了三種層次的意涵：(1)標的規範（targeted rules）；(2)所有國家涉及經濟的模式；(3)社會控制的所有機制（參見圖 6-1）。

管制的意涵相當廣泛，管制的範圍也隨著社會福利國家概念的發展，滲透到社會生活每個場域。然而，1979 年英國首相柴契爾夫人上台、1981 年美國雷根總統執政後，卻在相當短的時間內引導政府職能的轉變。管制的意義也隨著不同時期政治、經濟、社會發展而有所改變。隨著新公共管理的浪潮，管制重點的變革為國家不再是所有的掌控者，而是由政府居於領航角色，提供有限的公共服務，並限制國家過度干預市場。解除管制之後，進入市場或價格雖不再是管制的重點。但市場自由是否表示競爭機能可以充分發揮呢？一般而言，解除管制後，市場亦難真正進入完全競爭的理想境界，在市場失靈處仍有管制之必要。解除管制的實質意涵是解

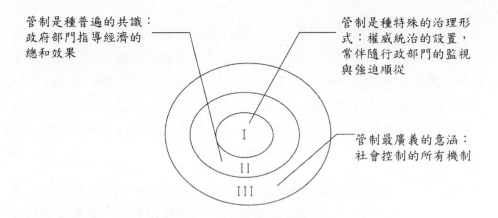

管制是種普遍的共識：政府部門指導經濟的總和效果

管制是種特殊的治理形式：權威統治的設置，常伴隨行政部門的監視與強迫順從

I
II
III

管制最廣義的意涵：社會控制的所有機制

圖 6-1　管制的三種意義

資料來源：Jordana and Levi-Faur (2004: 3)

除不必要的管制，而不是不要管制（趙揚清，1999）。近年來 OECD 所持續推動的管制改革，其目的也是在提升管制的品質，也就是將管制的重點由價格、市場等因素，轉移調整為品質、安全及環保等面向的管制，政府角色也轉而著重在競爭制度的設計、政策決定、法規執行，以及取締破壞競爭的行為，制定公平合理的競爭遊戲規則，以充分發揮市場的應有機能（陳櫻琴，2001：28-31）。於此情形下，不僅是治理和國家的本質有所變革，甚至是管制與競爭的關係也產生了變異。

二、治理與網絡

　　二次大戰以降，多元主義在西方國家成為極權主義（totalitarianism）的相對名詞。多元主義蘊含著一個規範性概念，認為權力與政治權威應該廣泛分配於團體，利益團體是國家與公民的中介。多元主義對政治過程的描述，更直接將焦點從國家結構轉向更流動性、不可預測的政治團體。而所謂的政府政策，應留給國家界定合法利益、形成政治組織、以及融合社會參與者於政策制定過程的空間與能力。「政策網絡」的概念，即用來取

代多元主義來反應這種政府與社會的關係（林玉華，2002：37）。

在政策網絡的概念下，無論是中央統治者、地方行動者或民間社會中的標的團體都可能在某項公共政策議題中形成緊密依賴的網絡關係。由於這個概念指涉了「互賴行動者之間多或少穩定的社會關係型態，以形成政策問題或政策計畫」，政策網絡往往具有下列特性（Klijn, 1997: 30-33；轉引自李允傑、丘昌泰，2003：105-106）：

1. 依賴性（dependence）為網絡存在的先決條件。任何一個網絡中的每一個行動者都必須依賴其他組織提供奧援或支持，因而形成交互依賴的互動關係，因而互賴性（interdependency）成為網絡中相當核心的概念。
2. 網絡中必然存在多元的行動者與目標。任何一個網絡必然包含許多的行動者，且各個行動者本身都各自擁有其目標，隨時與對手進行策略性的互動。
3. 網絡包括或多或少持久性的關係型態。任何政策網絡中的行動者必然擁有或多或少的持久性關係型態，所謂「或多或少」（more or less）是一種程度問題，有些關係相當穩定，且高度整合，甚至與政府形成平等密切的互賴關係。

在網絡參與者的互動過程中，沒有任何一個參與者擁有完全的領航能力來決定其他參與者的策略行動。所有參與者都有各自的目標與利益，每個參與者所依賴的是各自擁有的資源，以及在政策過程中的重要性（林玉華，2002）。Marsh and Rhodes 亦從實際的個案研究中，歸納出兩種理想型（ideal types）。在這兩種型態之間的一切政策制定與執行形態，都稱之為「政策網絡」（policy networks），在這兩端之間存在著無限的政策型態。一種理想型即為「政策社群」（policy community），成員間存有密切的「交換資源關係」（exchange of resources）；另一種則為結構最鬆散的「議題網絡」（issue networks）型態。越是接近政策社群者，成員間的關係越密切，也越能影響政府部門的政策。反之，越趨近議題網絡者，表示成員的

關係不夠密切，對於政府政策的影響力也就越小（胡國堅，2002）。換個思維的角度，針對任何特定的政策，網絡成員會因為自身的利益與目標、擁有的資源和在政策過程中的重要性之不同，成為該政策網絡中影響力比較大的核心成員，或影響力微弱的邊陲成員；前者之間的互動頻繁而結構緊密，後者主要是以表達意見為互動或影響政策的方式。也就是說，針對特定的政策網絡之中，必然包含著網絡核心的政策社群和核心之外的議題網絡。

三、信任

隨著公民社會參與公共議題比重的日漸增加，社會資本的影響力亦成為討論政策執行過程的重要因素。社會資本經過 Coleman 與 Putnam 的建構，基本上形成了四個操作性概念：第一，社會資本是個人與團體間所形成的緊密關係網絡，以及個人透過各種團體關係建立信任與承諾，有效地發展成為一種合作與夥伴關係力量，將如同政府一樣可以提供等同的公共服務；第二，社會資本是蘊藏（stored in）以及鑲嵌（embedded in）於非政府部門的社會團體中；第三，「信任」（trust）是社會資本論重要的構成要素，許多社會團體成員彼此都具有強烈的信任感；第四，社會資本的另一個重要要素就是「規範」（norms），社會「規範」提供一項非正式的社會控制，免除形式性與法規制度的繁瑣束縛（廖坤榮，2002）。不同學者對於社會資本的構成要素皆有不一致的認知，但網絡（networks）、規範（norms）、信念（beliefs）以及信任（trust）常為社會資本的四個構成要素（陳恆鈞，2002：145-148）。在這四項要素之中，「信任」不但是種有效集體行動的要件，更是信心建立與相互學習的過程。一個團體產生信任的基礎大致有四項（鄭錫鍇，1999；許道然，2001；陳恆鈞，2004）：

1.熟悉瞭解：熟悉是產生信任的根本來源，由熟悉進而瞭解對方的行為動機，將能產生一種安全感。雙方經由長期互動，透過觀察與經驗所取得的相關訊息，可以作為判斷與預期的依據。

2.情感認同：信任的建立可能是植基於認同對方的人格特質或所持的價值觀。當雙方欣賞對方的學識才能、行為作風、擇善固執及善意感受時，信任往往日漸增長。本質上來說，此種基於情感認同而產生的信任關係屬於間接與非人格化（impersonal），與上述經由直接認識或是互動所產生的信任有所不同。

3.主觀認定：這主要源自於對法律制裁或社會規範的信心。由信心所產生的普遍支持效果，不僅個人會自願遵守，也預期他人會同樣遵守，同理心可以創造信任。而成員一旦認為法律或規範的制約內容形同虛設而失去信心，既存的信任勢必逐漸降低，甚至蕩然無存。

4.理性計算：產生信任的最後一個來源是個人的經濟理性計算。誠如 O. E. Williamson（1993）所言：「信任是對未來合作可能性之計算。」因此，此種信任是一種功利性思考，即雙方基於自利動機的考量，當所獲得的利益高於成本時，才會進一步與他人建立信任關係。

前三項信任基礎是基於關係與信心，因此較具彈性（resilient）。一般而言，社會資本累積較多的團體，所呈現的信任多屬前者；反之，社會資本累積較少的團體，即使成員之間互動頻繁且直接，唯其信任大半來自於後者（Leana & Vab Buren, 1999: 542-3；轉引自陳恆鈞，2004：150-151）。

四、本文的研究架構

在治理模式的演變下，政府居於領航的地位，由公民社會扮演划槳的角色。政府已不能再抱持著管制者或監督者的心態，應從以往的管理者轉為倡導者的角色。因此，在討論公共議題時，已不能再從由上而下的管制觀點，或由下而上的受管制者觀點來看公共事務的執行過程，應從動態的角度加以觀察。當公私部門彼此存在著太多的相互依賴、支持或反對的網絡關係時，政府如果不能掌握網絡特性，其治理能力必然會受到挑戰。

是以，在治理概念，使得政府已被鑲嵌於網絡之中。而政府與網絡中其他行動者的互動拿捏，亦需要有一適切的範圍與界線來規範公、私部門

間的互動關係。但是關鍵在於第三部門相對於政府而言，究竟是輔助還是取代功能呢（江明修、鄭勝分，2002：94）？

　　本文即是以有機農產品驗證制度為個案來探討這個問題。當參與政策的行動者呈現網絡的互動關係時，有機農產品驗證制度是如何執行的？本文以有機農產品認、驗證體系作為網絡內部界線的劃分標準。政策社群係有機農產品驗證網絡的核心，所謂的政策社群，即限縮在通過「有機農產品驗證機構申請及審查作業程序」之民間組織團體，再加上提供有機農業相關資訊與技術的各試驗改良場所，以及通過驗證的有機農場為主要的管制標的。在議題網絡部分，本文以從事有機農業的推廣、教育訓練、銷售等相關組織作為討論對象（包括里仁公司、主婦聯盟生活消費合作社、統一生機股份有限公司、瑠公農業產銷基金會）為主要的訪談對象。

　　為瞭解整體制度的運作、績效與評估，尤其是網絡內的信任問題，本研究採取深度訪談的研究途徑，受訪者為上述的四家驗證機構及通過其驗證的生產者、民間團體，以及主管的政府機關（農糧署）等 14 個機關團體的 20 位受訪者（參見**附錄**）為對象。而政策網絡中的關係建立、行動者間的連結關鍵，則以社會資本中的「信任」要素，作為判斷指標。

參、我國有機農產品驗證制度

一、有機農業與驗證制度

　　依據國際有機運動聯盟（International Federation of Organic Agricultural Movement, IFOAM）之定義，有機農業的目標就是要創造具有整合性、人性化並在環境和經濟上永續的生產系統。我國依據前述的發展目標，即將有機農業定義為：「遵守自然資源循環永續利用原則，不允許使用合成化學物質，強調水土資源保育與生態平衡之管理系統，並達到生產自然安全

農產品目標之農業」[1]。

農業的性質，係仰賴土地進行作物耕種與栽培，常因為氣候、環境等不可抗力因素而影響作物的品質與銷售量。由於有機農業強調不使用農藥與化學肥料，使得生產者對作物的全面掌控性低，也比一般慣行農業[2]面對更高的生產風險、更難達到一定的經濟效益。除了農產品品質本身容易受到環境的影響之外，作物噴灑農藥或化學肥料時，經過作物一段時間的代謝與分解，根據使用的檢驗方式不同，農藥或化肥的殘留，其實是有「驗不出來」的可能性。再加上農民以有機的方式種植，有時可能比慣行農業遭遇更嚴重的病蟲害或作物管理問題；倘農民面臨生計壓力時，可能會有面臨到是否要針對病蟲害噴農藥應急的危險。也正因為如此，許多人都把有機農業稱為「良心事業」。

大抵而言，農民加入驗證的關鍵，多是想讓自己的有機農產品取得更好的銷售管道。通過驗證，申請有機農產品證明標章為自己的農產品作證明，不但能和一般慣行農產品在銷售通路上有所區別，也能提高產品的銷售價格。在上述情形下，大型銷售管道如主婦聯盟及統一公司在與農民合作時，都會將「生產者的理念」納入審核標準中，一方面可確保自身銷售有機農產品的真實性；一方面希望排除貪圖有機售價較高的種植者，遇到病蟲害時有灑農藥的問題。由於強調生產者的「理念」與「良心」，使得有機農業成為需要仰賴大量社會資本建構的生產方式。銷售者與生產者之間的互動，也必須仰賴社會資本作為二者連接的橋樑。

二、我國有機農產品驗證制度之緣起與發展

有鑑於台灣地區環境污染情形嚴重，1986 年前台灣省農林廳委託台灣大學與中興大學相關學者專家，開始評估有機農業的可行性、進行栽培試

---

[1] 有機農產品管理作業要點第 2 點第 1 項。
[2] 所謂慣行農業（conventional agriculture）或化學農業，係指一般施用農藥、化學肥料的耕作方式。

作。民間團體參與有機農業，可源於 1990 年 4 月日本國際美育自然生態基金會（MOA）[3]在台灣成立分會。主婦聯盟於 1993 年開始推動「共同購買」的工作，以環保概念為訴求，要求無農藥殘留，期望以消費的力量來改變環境。1997 年之後，諸如慈心有機農業發展基金會（TOAF）、中華民國有機農業產銷經營協會（COAA）、台灣省有機農業生產協會（TOPA）、台灣寶島有機農業發展協會（FOA）等，許多民間的非營利組織開始相繼投入有機農業的推廣工作。

如何證明有機農產品的真實性？如何對有機農產品進行把關？有機農產品證明標章與驗證制度顯得更為重要。有機農產品與一般農產品在外觀上並無顯著差異，但在售價上卻有顯著差別，為避免不肖業者以不合格的農產品濫竽充數，唯有透過驗證制度與證明標章來區別兩者的不同。依據我國「有機農產品管理作業要點」第二點之規定：「所謂的『驗證』，係驗證機構就農產品，其生產、加工及行銷過程符合本作業要點要求所作之證明。」驗證即是從農產品的生產環境，從源頭開始把關。

我國目前對於種植有機的農民採自願申請的方式，是否要加入驗證成為驗證機構的會員並未強制。也因為如此，造成市面上標榜為「有機」農產品的品質參差不齊。所謂的通過驗證，其實只是對農民的栽種過程符合有機相關規範的基本證明；若有固定銷售管道、農民對自己農產品的品質有一定信心、消費者對農民具有一定的信任程度，則農民並不一定會加入驗證、申請有機農產品證明標章。反之，亦有可能因為土地環境條件不符規定，或者產量少、加入驗證不符成本等因素而不加入驗證。

綜合觀之，號稱為「有機」的農產品，可能是「假」有機產品，但也

---

[3]1935 年，日人岡田茂吉開始提倡「自然農法」（Natural Farming），強調不使用化學肥料、農藥的耕作方法，生產自然的產品及維護自然環境，並發展為日後的「MOA」。該組織以美日兩國為中心，1991 年於聯合國總部成立了「世界永續農業協會」（World Sustainable Agriculture Association, WSAA），與世界各國共同研究發展強調維護農業生態及保育地球上的生態體系為目的的「永續性農業」，協會會員更遍佈世界 40 個國家。

有可能是品質高而不願加入驗證，或是加入驗證不符成本的「真」有機產品。在市場裡資訊缺乏的消費者，只能依賴有機農產品證明標章作為購買的憑藉。對於農產品是否真正為「有機」，僅能仰賴驗證機構為消費者權益進行把關。然驗證機構對於農產品之把關，又有其侷限性。在前述情形下，若要達到管制的政策目標，必須仰賴行動者的彼此連結，而此連結又須以社會資本作為互動關係的建立基礎，使得政府管制及政策執行的困難度大大增加。

三、我國有機農產品驗證制度之運作

由於有機農產品強調生產環境及過程需符合一定條件，在國內生產戶分佈零散的情形下，極度需要大量的人力及資源投入有機農產品的驗證工作。在近年行政改革應積極推動民營化的主張下，政府便希望將民間力量納入整體驗證業務體系中。故農委會自 1999 年起頒佈相關行政命令，2000 年時將有機農產品的驗證業務委託給民間辦理。欲辦理有機農產品驗證工作的團體或法人，須向農委會申請認證，通過農委會認證者即可成為有機農產品的驗證機構。農委會除了定期或不定期地抽驗市面上的有機農產品，對民間驗證機構進行監督之外，更希望藉著各家驗證標章不同，利用品牌競爭、市場淘汰機制，對驗證機構進行雙重管控。

為提升國內有機驗證水準以進入國際市場，並提升我國有機農產品品質，及驗證制度的公信力。農委會自 2006 年起，將目前四家民間驗證機構的標章納入 CAS 優良食品標章[4]的範疇，期能以統一、明顯的 CAS 圖案，將過去標章混亂、消費者無法辨識的問題加以解決[5]。又為了與國際接軌，

---

[4]CAS 是中華農業標準（Chinese Agriculture Standards）的英文簡稱，行政院農委會於 1989 年訂定 CAS 制度，旨在提升農水畜產品及其加工品質之食品品質認證制度。取自於「CAS 優良農產品發展協會」（無日期），網址：http://www.cas.org.tw/cas/index2.asp，線上檢索日期：2005 年 10 月 7 日。
[5]檢索自「行政院消費者保護委員會　『有機』農產品？明年起將有專法、統一標章！」（2005 年 7 月 29 日），網址：

強化有機農產品的驗證品質；過去由農委會辦理驗證機構的認證資格工作，也交由財團法人全國認證基金會（TAF）⁶辦理。

由於民間團體由 TAF 驗證之新制初出實施，短期內未能見其成效，故本文仍以過去由政府認證的民間團體的運作方式為討論重心。目前有四家有機農業民間驗證機構，包括國際美育自然生態基金會（MOA）、台灣省有機農業生產協會（TOPA）、慈心有機農業發展基金會（TOAF），以及台灣寶島有機農業發展協會（FOA）。已通過行政院農業委員會之認證審查者，始得以在其有機農產品證明標章上註明「（行政院）農業委員會認證」或「（行政院）農業委員會輔導驗證」字樣。

在體制的運作上，係由民間各驗證機構分別向經濟部智慧財產局申請有機農產品證明標章使用以示負責，而政府機關則站在輔導立場加以監督。這種規範一方面可彰顯各驗證機構之差異、建立標章（品牌）間之區隔；另一方面還可利用市場機能作良性競爭、降低行政成本，同時可使消費者能清楚辨識真正之有機農產品，使有機農產品驗證制度逐漸步上軌道。

農委會於 1999 年公告實施「有機農產品生產基準」、「有機農產品驗證機構輔導要點」、「有機農產品驗證輔導小組設置要點」等行政規則作為管理依據；2000 年 6 月 23 日公告實施「有機農產品驗證機構申請及審查作業程序」作為審查民間驗證機構申請案件之依據。有機農產品驗證制度之運作大抵如圖 6-2 所示，可分為：政府對民間組織團體執行認證成為驗證機構、驗證機構對生產者進行驗證（即輔導與監督）、生產者供給產

---

http://www5.www.gov.tw/PUBLIC/view.php3?id=114367&sub=49&main=GOV NEWS，線上檢索日期：2005 年 8 月 1 日。

⁶TAF 為 Taiwan Accreditation Foundation 的簡稱。旨在建立符合國際規範並具有公正、獨立、透明之認證機制，建構符合性評鑑制度之發展環境。其提供管理系統驗證機構、產品驗證機構、人員驗證機構、檢驗機構與實驗室之認證等。檢索自「全國認證基金會」（無日期），網址：
http://www.cnla.org.tw/thome/html/taf_about_home.asp，線上檢索日期：2005 年 12 月 25 日。

品給銷售管道、銷售管道提供商品給消費者。

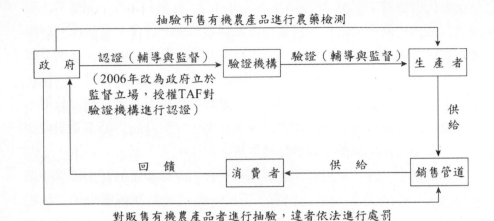

圖 6-2　我國有機農產品驗證制度運作圖

資料來源：作者自繪。

　　圖 6-2 雖將驗證制度之運作做簡單的歸納化約，然而驗證制度實際涉及的範圍並非以這些行動者或互動關係為限。諸如消費者直接自生產者的有機農場購買產品、體驗農村生活；生產者與農業試驗改良場、大專院校進行技術合作等。雖然國內的有機農產品驗證制度，發展迄今已近二十年的歷史，僅有行政機關規則，尚未制訂一明確的法律規範，使得行動者彼此間缺乏明顯的責任分際。由於整體政策網絡的運作，仰賴各個行動者的往來互動，使得社會資本在維持網絡的運作上顯得更為重要。

肆、治理與管制之激盪

　　如前所述，我國有機農產品驗證制度的政策網絡參與者可以進一步劃分為政策社群和議題網絡。本節主要是以訪談的資料，來分析信任究竟存

在於網絡哪些行動者之間？而且行動者間的信任關係，是否建立在相互對等的基礎之上？[7]

一、政策社群

(一)政府

政府是政策社群的主要核心，更是有機農產品驗證制度的管制機構，而驗證機構的不同聲音，反應出對公部門的懷疑態度。

目前的政府與政策是想到什就做什，到頭來又要改原本的基礎，那才是現在目前最恐怖的（MOA 檢定組組長）。

政府政策想到什麼就做什麼、政府只認定有機，其他的都不管。驗證機構對政策走向不能認同，變動的政策讓政府不具有可靠性，導致驗證機構對於政府的信任感無法建立。而處於被管制者地位的農民，則處於完全順服的立場，對於政策的變更抱持無可奈何的態度。

看政府要怎麼作就怎麼作。政府像大人一樣，我們百姓像小孩子一樣，如果政府政策變來變去，我們也無可奈何，是不是這樣（太保產銷班班長）。

(二)檢驗機構

檢驗結果原本應為客觀、無須質疑的分析資料。然而由於現行各家驗證機構配合的檢驗單位不同，亦形成檢驗標準的落差。例如 2004 年消基會「有機蔬菜有假」的報導，TOPA 農民與消基會兩造的最大爭議，就是因為檢驗標準的不同。受消基會委託的瑠公基金會亦是依照政府所公布的檢

---

[7]限於篇幅，僅少部分訪談內容在文內引用，原始資料請參閱俞凱菱（2006），附錄四。

驗方法對蔬果進行測試。後來,藥物毒物試驗所(以下簡稱毒試所)又公布另一種更精密的檢驗方法,來為農民提出佐證。兩造爭執關鍵在於「所使用檢驗方法的不同,亦會造成不同的檢驗結果」。

受訪的驗證機構人員認為毒試所為國內檢驗單位的龍頭。受訪的主婦聯盟人員也以自身的檢驗流程,係以毒試所作為檢驗標準,對公部門的檢驗單位(毒試所)具有信任感。

現在就是說各家驗證機構都有配合的檢驗單位。各家檢驗單位的標準也不一樣。檢驗標準沒有統一化,那彼此之間有沒有落差,有啊!我覺得比較有問題的是檢驗標準各說各話。其實國內檢驗標準的龍頭,比較有代表性的官方是毒試所(甲驗證機構人員)。

(三)驗證機構

驗證機構在此驗證制度中扮演兩種角色,一種是接受政府認證的被管制者,另一種是驗證農民的管制者角色。由於現在驗證人力不足,使得對於農民的驗證與輔導業務並未劃分明確,導致驗證機構有時還必須擔任輔導的角色,提升農民對有機農業的認知,還需與透過網絡行動者的互動,引介農民各種獲取技術資訊或銷售橋樑的可能管道。由此可知,整體驗證制度的落實,亦仰賴著驗證機構的執行能力。受訪的毒試所人員,對四家驗證機構給予肯定的態度,認為都有心在執行驗證的工作。受訪的政府人員也認為,有了驗證機構的驗證,可以杜絕現行有機農產品的造假問題。

作假就是要有驗證。像有機農產品有驗證機構負責驗證,所以應該不至於會造假(農糧署技正)

那四家裡面有的比較有錢,有的比較沒有錢,所以說我不能偏頗哪一家,但是我覺得都是很有心的人在做(藥物毒物試驗所人員)。

然而,目前有機農產品的驗證業務係由四家不同的民間組織執行,各

有各的執行驗證標準、各有各相互配合的檢驗機構、各有各相互配合的銷售通路；政府是否對個別的驗證機構有不同的信任程度？

　　由於現行有機資材的規範標示不清，除了「可用」與「禁用」部分所列舉的項目外，還有許多資材是處於模糊地帶，加上各家驗證機構許可使用資材並不一致，故有機資材的規範亟需加以統整。目前政府委託慈心基金會進行有機資材清單統整的工作。資材清單的建構涉及其廠商利益，委託慈心進行統整的工作，應是政府基於理性計算的信任結果。目前慈心基金會多為義工辦理驗證業務，以佛法作為行為的依歸，在進行資材統整的工作時，較不易有圖利廠商之嫌。而政府將此資材清單的建立工作，僅委託有宗教團體背景的慈心辦理，似可窺探出在現行四家驗證機構當中，政府具有不同的信任程度。

　　處於被管制地位的農民，由於所屬驗證機構的不同，對於驗證機構的態度也各有所異。有農民認為自己的驗證機構標準雖然嚴格，但可對產品品質有所保障；對其驗證機構有深厚的情感認同，幾乎可用讚不絕口來形容。

> 現在有不定期來的是慈心……要是他們輔導我們還會比較輕鬆（朴子市農會人員 A3）。

> 所以慈心這個驗證機構在台灣，可以說是數一數二的……如果聽到慈心，大家都豎起大拇指（太保產銷班班長）。

　　相反地，也有農民與驗證機構處於管制者與被管制者的關係。認為驗證機構像法官一樣，對生產者進行制裁。但也有受訪者認為，如果自己生產沒問題，時間一久驗證機構也會對其提升信任程度。對於政府與驗證機構要進行的有機資材統整，也有受訪者抱持著懷疑的態度，認為驗證機構可能有圖利商人之嫌。

> 驗證機構……像一個法官，法律就是這樣規定，那你犯法的時候，我就是照這樣判……他就沒有考量你實際上種作物的困難度……

對我們不熟的時候，就可能檢查的比較仔細一點⋯⋯如果說這個人（指農民）一路走來都沒有怎麼樣，那我（指驗證機構）就會比較信任他。像現在驗證機構、農政單位也說要頒佈可用資材正式的那些名稱⋯⋯他們去介紹說你們可以買什麼樣的品牌⋯⋯但是這中間會不會有圖利某一種商人的話，這又是一種學問了啦（FOA 驗證農民）。

就受訪的農會人員所言，慈心的義工分布在每個角落，連非其驗證的地區都會進行探訪關懷。此應與組織規模的大小、資源不一，致驗證機構與農民互動有所不同，造成生產者對驗證機構的認知落差。

(四)生產者

居於驗證制度管制者地位的政府，認為市面非驗證的產品較容易出現問題。顯示出政府信任自身建構的政策網絡，對通過驗證的農民具有信任基礎。

農民的話，我們抽了一、兩年的經驗，出問題的很少。幾乎都是在市面上抽到的問題（農糧署技正）。

相反地，驗證機構的看法卻不一致。有受訪者認為驗證所能把關者有限、檢驗的效果有限；對於有機農產品真實性，農民要負全部的責任。在有機農業必須仰賴農民良心的情形下，由於驗證機構無法對生產者進行 24 小時的監控，無法瞭解農民的所有生產過程，對於農民的信任程度並不高。

不管哪個環節出問題最終的責任還是在於生產者自己身上（MOA 檢定組組長）。

有機能夠把關的有限啦⋯⋯像農藥殘留也有在驗，但是這個農友有沒有用化肥？基本上是驗不出來⋯⋯我們驗證機構或查驗員不太可能365 天住在一個農場，24 小時都盯著看，所以到時候會變成是一個自我約束，所謂的良心事業啦（乙驗證機構人員）。

處於輔導生產者的農會人員，亦認為有一些農民會有投機心態，認為說我用這個（指農藥或化肥）可能就檢驗不出來，有時候會抱持著說被檢驗出來算倒楣，也會不承認。

有一些農民會投機心態，認為說我用這個他可能就檢驗不出來。但是你輔導單位也要善盡監督。像是農民有時候也會跟你不合作，他遇到沒辦法解決的病蟲害，他也會偷偷灑化學農藥。他們有時候會抱持說被檢驗出來算倒楣，有時候也會不承認（朴子市農會人員 A3）。

就生產者農民本身而言，有受訪者認為種植有機是種農民的尊嚴，對於其他種植有機農民具情感認同、具信任基礎，認為農民都會愛惜自己的羽毛；有機農業完全要仰賴生產者自己的良心，仰賴農民自己為自己建立信任基礎。相反地，亦有受訪者表示，因為目前無處罰規定，所以農民也會有投機的心理。

農友幾乎都會愛惜自己的羽毛啦！
那種榮譽感、有尊嚴……我們乖乖的作，然後又出問題那種，那種很受創。那種失落感就像是從 101 摔下去那種（MOA 驗證農民）。

算是一個良心的事業就對了。不行說晚上去偷放化學肥。一定都要用有機的就對了（朴子農會農民 F1）。

以整體政策社群來說，行動者彼此的信任程度並不一致。大抵來說，政府信任驗證機構，但此信任關係僅單方面的存在。政府與農民之間有信任關係，但此關係是存在通過驗證的農民身上。驗證機構由於無法對農民時時監督，大抵對於農民仍採不信任的態度。

二、議題網絡

此處以議題網絡行動者的受訪資料為基礎，瞭解網絡中行動者對驗證制度的實際執行者——驗證機構與農民的看法，以及對整體政策網絡的信

任程度。

(一)對於驗證機構

主婦聯盟生活消費合作社，每天對自身銷售的產品進行檢驗、自己設立實驗室，並把產品對外送檢。主婦聯盟不信任驗證制度的原因，除了合作社的設立較驗證制度為早的歷史因素外；也因為在與生產者互動的過程中，發現有不誠實的情形，才自己建立檢驗設備確保所販賣的農產品品質，以維護社員權益。本身具有農學背景的受訪者，認為有機農業其實包含很多層面，驗證機構若缺乏實地經驗，其實很容易被蒙蔽，無法真正地落實驗證的把關工作，就連驗證機構彼此間亦有組織資源上的落差。例如雖然機構人力資源豐富，但其驗證能力是否專業？大抵而言，受訪者雖對整體的驗證機構無法建立信任基礎，然就其訪談內容提及 MOA 與慈心（TOAF）還不是那麼功利的團體，可知受訪者對此二家驗證機構心中較具情感認同、較有信任基礎。

> 後來也不太去管有沒有驗證的問題，因為我們有自己一套檢驗的方式（主婦聯盟生活消費合作社產品部主任）。

> 並不是所有驗證機構都會很信任，我還是持著保留的態度……。
> 如果以現在幾個（指驗證機構）來講，他們的人力足不足到可以把所有驗證過的農友作很好的把關？現在比較大的像慈心和 MOA。MOA 的人力很少，慈心的話義工很多。做到後來慈心認證那麼多農友，那它有沒有辦法幫他們銷售，有沒有關懷這部分？……當一個驗證機構其實要很多的人力，而且還要專業的人力。慈心義工很多，但是夠不夠專業……那個東西其實是很深很廣，你如果沒有接觸那麼多實地經驗以上，其實你很容易被矇騙過去……我想還是慈心跟 MOA 比較不是那麼功利的團體（主婦聯盟生活消費合作社理事主席）。

1999 年成立的統一生機股份有限公司，在 2006 年 3 月公布該公司銷

售的有機蔬菜均附有生產履歷系統。統一公司之所以花較高的成本建立品質監測系統，目的即在提升消費者對統一產品的信任程度。受訪者認為，消費者在購買時並不會介意產品是否有經過驗證。因為消費者已經對統一生機的標誌、販賣的商品產生信任，所以對於是哪一家驗證機構的標章並不會有太大的差異。隨著大型銷售管道紛紛建立自己的檢驗系統，顯示出對驗證機構的把關能力，缺乏信任基礎。

> 我們公司成立七年，開始作有機半年之後，發現對在有機農產品的品質上還有些疏漏……。
> 我們用這個品質監測系統，要花更高的成本，像儀器、檢驗師，都要昂貴的價錢。希望能在消費者對產品的信任上，作更好的連結因為我們的消費者其實並不會對驗證機構的單位在購買上有區別，因為消費者已經是對我們公司的標誌、賣的產品已經有信任，所以對哪家驗證機構的標章不會有太大的差異（統一生機公司人員）。

相較於主婦聯盟、統一公司對驗證機構的存疑態度，亦屬大型銷售管道的里仁公司，則對慈心（TOAF）具有特別深厚的信任基礎。對於銷售的蔬果產品，里仁公司有內部的分級標準[8]進行商品的品質管制。里仁的分類標準，係以通過慈心基金會驗證與否為主要的審核標準，並多與慈心驗證的農友進行銷售的合作。里仁公司人員本身，對慈心基金會亦採取相當信任的態度：諸如認為其有較高的標準、把關較為嚴格、執行驗證工作相當落實。如此特殊的信任基礎，在於里仁公司與慈心基金會二者均系出同門，屬於同一個宗教團體。

> 目前我們里仁大多數都是慈心基金會的農友。因為我們跟基金會……算是係出同門……（里仁公司農管人員）。

---

[8] 里仁公司的產品分級，區分為通過慈心驗證與否、非慈心驗證、離地栽培的菇類及芽菜與安全級（如果樹，減少農藥使用）等五大類。

像慈心就作得很落實……。像銀川米要跟國際接軌，因為慈心要求一定的標準，有在作嚴格的把關，所以它會找慈心來作驗證。像慈心門檻比較高，農友也會不敢來參加驗證…。像標章的控管就很重要，像慈心就作得不錯（里仁公司零售處人員 S1）。

(二)對於生產者

主婦聯盟在議題網絡中，屬於較早開發有機農產品的銷售管道。然由於遇過數次農民不老實、農民並未秉持良心進行有機栽種的情形，使得合作社對農民的信任基礎較難建立，轉而信任自己的檢驗系統、自己為產品進行把關。

我們在找農友的時候，遇到好幾個有驗證過的生產者跟他們談，都不夠老實（主婦聯盟生活消費合作社產品部主任）。

現在台灣做有機是比較難，到底有說多少農友可以很誠信的去做有機？
既然你是強調有機又是要沒有農藥，我們也曾發生好幾次出的貨有狀況……
真的是靠良心。以前有幾個生產者後來不合作，就是發現他不是很有良心在做（主婦聯盟生活消費合作社理事主席）。

統一公司亦認為，自己並非驗證機構、也沒有住在田裡，沒辦法 365 天常常去看，無法對農民進行全年監控、瞭解其生產過程，難以建立信任基礎。

我們不是驗證機構、我們也沒有住在田裡，沒辦法 365 天常常去看（統一生機公司人員）。

里仁公司人員雖然認為容易有投機的方式，但除了進行檢測之外，亦可透過與農民的互動，瞭解心態，降低農民的投機風險。

防不慎防，有機事業畢竟是良心事業嘛，他也可以用一些方式來逃避一些評鑑的制度……其實要通過驗證，沒有查到農藥殘留的話，這真的還是比較簡單。最主要是要跟他們互動……要瞭解農友的一些誠信行為跟他的心態問題（里仁公司農管人員）。

在與生產者合作之後，發現有欺騙情形；或是因為無法隨時瞭解農民的生產情形，並藉由熟悉瞭解而產生信任基礎。在前述情形下，國內主要的銷售管道均有各自獨立的產品檢驗系統或分級標準，確保銷售的有機農產品品質。議題網絡中的行動者，對於執行管制政策的政策社群並未建立起信任基礎，紛紛自己尋找農民、自己與其他政策社群的行動者（與所信賴的驗證機構合作；或與國家的檢驗單位合作，確立自己檢驗的公信力）建立關係。這些行動者間的互動關係，在整體政策網絡下，形成一規模較小的驗證與產銷體系，且彼此之間具有非常緊密的合作連結。

例如 2005 年颱風災害，造成農民損失慘重。里仁公司便擬定「里仁合作農友天災救助草案」，縮減自身利潤對合作的農民進行回饋（里仁為美，2006：1）。主婦聯盟合作社亦提供契作農民預付款，使其在經歷風災後具有復耕能力、儘快恢復生產，為合作社供給產品來源，銷售者與生產者形成唇齒相依的關係。

為了保障消費者權益、維護社員利益，大型的銷售通路對驗證業務執行者（驗證機構）持著保留態度，抑或僅對網絡中的特定行動者具有信心。現行驗證制度係由四家驗證機構共同執行，若議題網絡對於政策執行的信任感僅建立在特定的行動者上，則有機驗證制度整體政策網絡的治理連結似乎略顯單薄。

伍、研究發現

從我國有機農產品驗證制度的實際運作情形，可以發現在屬於管制政策性質的驗證制度之下，理應由許多行動者的緊密互動構成政策網絡之運

作。然就實際情形觀之，這些網絡的連結係片段、零散，並未能達到所謂治理的理想型態。而且這些行動者之間的信任僅存於部分行動者之間，並未及於全體。如果我國有機農產品驗證制度僅存於此類片段、零碎的連結，組織團體各自為政，缺乏統整的力量和明確的方向時，著實難帶動整體產業的發展。

由於驗證制度之執行，係由各非營利組織進行輔導與監督。但驗證制度之重心，卻是以有機農產品的驗證管制為主要目標。這種網絡治理體系的運作，與過去單向上對下管制存在多處相異之處：

一、行動者之間的信任關係

行動者彼此的關係連結疏密不一。在政策社群部分，有的生產者與驗證機構呈現出緊密的關係，例如提起某一驗證機構即讚不絕口，認為自己有今日的成績，係由於該機構的輔導與幫助；有的卻不信任自身的驗證機構，認為驗證機構像警察或法官對其進行管制與監督。在議題網絡部分，更可顯示出行動者間的信任落差。大型有機產品銷售管道僅有里仁公司對慈心（TOAF）基於同屬一宗教有特殊的情感認同，並信任其驗證品質。此外，如主婦聯盟與統一公司，對於驗證制度並不信任。

無論是政策社群或是議題網絡的行動者，對於生產者多難以建立信任基礎。雖然生產者是有機農產品的主要貨物來源，但究竟有多少生產者在面臨病蟲害的風險時秉持良心栽種呢？在生產面與銷售面資訊不對稱、又缺乏法律規範的情形下，網絡行動者之間（尤其是對於生產者）難以產生穩固的信任基礎。

二、行動者之間的連結

行動者間能否緊密連結，信任關係往往扮演其中的關鍵。然就前述可以發現，雖然驗證制度之運作係透過由政府、驗證機構、生產者與銷售管道、消費者所組成的政策網絡，但是各行動者在依自身的需求，卻形成了多個次級網絡。這些次級網絡內的行動者，彼此具有緊密的關係連結，但

卻呈現相對封閉的體系，與其他次級網絡行動者的接觸極少。例如銷售管道里仁公司特別信任慈心此驗證機構；里仁公司與主婦聯盟則僅對與其契作的農民提供貸款服務等。

三、政府的領航功能不足

我國有機農業初期係由政府推廣，其後卻是由民間的非營利組織大力的宣導、推廣與從事驗證。在民間實際執行，政府尾隨於後的情形下，對於管制性的驗證制度，能否確切地掌握執行之狀況不無存疑。

四、責任之歸屬不清

2006 年起，對於民間團體成為驗證機構之認證，轉由 TAF 代行。在有機級的農產品標章上，亦須再加上 CAS 標章。隨著參與的行動者越來越多，政策網絡的互動關係將更形複雜。以網絡為治理模式，執行管制政策時，雖可謂行動者彼此互助合作，增進公民參與之精神；但是另一方面，也可以說是行動者的責任模糊。在行動者各有各的利益考量，信任基礎深淺不一的情形下，有可能成為整體有機產業躊躇不前的阻礙。

政府雖將有機農產品的驗證業務委託民間辦理，然其責任該如何劃分？面對公部門，可用民意基礎來加以規範；就市場層面，可用銷售量來進行抵制。然而，對於非營利組織的課責性該如何建立？針對目前驗證制度的發展，受訪者的意見不一，例如應建立具體政策目標、應設立有機農業的專責機構、應建立一適切法律規範等。但是對於不具公權力的民間組織團體而言，無法達成這些要求；僅有公部門才有此權力與資源來回應這些需求。此時，當民間團體成為主要的政策執行者，但又非網絡行動者的課責對象時，該如何對於整體政策的執行發展，進行有效的評估呢？

五、自我運作的網絡欠缺法律規範

整體網絡的運作，仰賴各個行動者的互動來執行整體驗證度的運作。目前有機農業政策欠缺法律的規範，網絡行動者仰賴社會資本，作為各網

絡關係的連結點。但是社會資本難以估計，再加上社會資本是一種抽象的存在概念，抽離了具體的關係網絡，社會資本就無法存在（李英明，2005：95）。社會資本與其他形式資本最大的相異之處，乃是強調關係的重要性。它必須由成員的互動來創造價值，若成員自相互連結的網絡中退出，則既有的社會資本將會化為烏有（Burts, 1992: 58；轉引自陳恆鈞，2002：143）。有機農業強調生產者的良心、行動者之間的連結，亦以信任為主要的互動關鍵。然而在目前網絡行動者之間的互動僅存零散的關係，若沒有一個強勢的力量，實在無法將目前有機產業的發展化零為整，亦無法對此產業的品質為一穩固之監督。

陸、結論

　　社會資本是政府與人民透過制度結構（市場、層級節制或社會網絡），彼此在信任範圍不斷互動下累積政策資源，進而能將政府績效加以提升（謝俊義，2002）。社會資本亦可以透過參與公民社會的活動而累積，當社會需要自發性的行動支持政策時，其亦可作為民眾支持政策的儲藏庫。然而，在此種需要自發性和不具體的連結關係下，在面對需要實施強制手段的管制政策時，治理與社會資本，顯得相形薄弱。故本文以為，治理並非促進公民參與良善的藉口，公部門在面對不同的政策類型時，應適時地拿出公權力，以實踐政策目標。

本章重點
　　1.治理。
　　2.管制政策。
　　3.有機農業。
　　4.有機農產品驗證制度。
　　5.信任。

參考文獻

一、中文部分

江明修、鄭勝分（2002）。＜非營利管理之協力關係＞。載於江明修編，《非營利管理》。台北市：智勝，頁 81-124。

丘昌泰（1995）。《台灣環境管制政策》。台北市：淑馨。

吳英明、張其祿（2005）。《全球化下的公共管理》。台北縣中和市：商鼎。

李允傑、丘昌泰（2003）。《政策執行與評估》。台北市：元照。

里仁事業股份有限公司（2006）。《里仁為美》，創刊號。

林玉華（2002）。＜政策網絡的治理模式：以英國與歐盟為例＞。《行政暨政策學報》，（34），頁 35-55。

胡國堅（1996）。＜政策網絡理論與其應用＞。《空大行政學報》，6，頁 289-302。

許道然（2001）。＜組織信任之研究：一個整合性觀點＞。《空大行政學報》，11，頁 253-96。

陳櫻琴（2001）。＜管制革新之法律基礎與政策調適＞。載於劉孔中、施俊吉主編，《管制革新》。台北市：中研院社科所，頁 1～67。

陳恆鈞（2002）。《治理互賴與政策執行》。台北市：商鼎。

陳姿羽、汪文豪（2005 年 6 月 15 日）。＜綠金起飛＞，《天下雜誌》，第 325 期，頁 136-139。

張世賢、陳恆鈞著（1997）。《公共政策：政府與市場的觀點》。台北縣中和市：商鼎。

趙揚清（1999）。＜競爭政策與解除管制＞。《公平交易季刊》，7（1），頁 137-148。

鄭錫鍇（1999）。《BOT 統理模式的研究：兼論我國興建南北高速鐵路的政策發展》。政治大學公共行政研究所博士論文，台北市。

二、英文部分

Braun, Dietmar (2000). "Territorial Division of Power and Public policy-Making: An Overview," in D. Braun (ed.). *Public Policy and Federalism*, Burlington, USA: Ashgate, pp.1-26.

Meier, Kenneth J. (1985). *Regulation: Politics, Bureaucracy and Economics*. New York: St. Martin's Press.

Jordana, J., & Levi-Faur, D. (2005). *The Poltics of Regulation: examing regulatory institutions and instruments in the age of governance*. Cheltenham: Edward Elgar.

Kohli, A. & V. Shue (1996). "State Power and Social Forces: On Political Contention and Accommodation in the Third World," in J. S. Migdal, A. Kohli and V. Shue (eds.), *State Power and Social Forces: On Political Contention and Accommodation in the Third World*, pp.293-326. New York: Cambridge University Press.

Leana, C. R. & H. J. Van Buren III (1999). "Organizational Social Capital and Employment Practices," *Academy of Management Review*, 24(3): 538-55.

Lowi, T. J. (1972). "Four Systems of Policy, Politics and Choice," *Public Administration Review*, July-August, pp.298-310.

Marks, G. and L. Hooghe (2004). "Contrasting Visions of Multi-Level Governance," in I. Bache and M. Flinders (eds.), *Multi-level Governance*, New York: Oxford University Press, pp.13-30.

Pierre, J. and Peters, G. B. (2000). *Governance, Politics and the State*, London: MacMillian Preess.

Rhodes, R.A. W.(1996). The New Governance: Governing without Government. *Political Studies*, XLIV, 652-667.

Rhodes, R. A. W. (2000). "Governance and Public Administration," in Jon Pierre(Ed.) *Debating Governance*, New York: Oxford University Press, 54-90.

Rosenau, J. N. & E. O. Czempiel (1992). *Governance without Government: Order and Change in World Politics*. Cambridge: Cambridge University Press.

三、相關網頁

有機農業全球資訊網，http://organic.niu.edu.tw/

行政院農業委員委會，http://www.coa.gov.tw/

財團法人消費者文教基金會，http://211.78.163.128/unit110.aspx

國際有機農業運動聯盟，http://www.ifoam.org/

附錄 6-1 　 訪談對象表

類別	受訪者身分	受訪時間	受訪地點	備註
公部門	農委會農糧署農業資材組技正林銘洲	2006.05.16	南投縣中新興村受訪者辦公室	面訪錄音
公部門(檢驗單位)	藥物毒物試驗所人員	2006.05.15		電訪錄音
學者	某大學老師	2006.05.12		電訪錄音
檢驗機構	瑠公農業發展基金會生產組組長汪耀明	2006.05.22	台北市受訪者辦公室	面訪錄音
驗證機構	國際美育自然生態基金會（MOA）檢定組組長楊順弘	2006.05.		由受訪者自行填寫
驗證機構	甲驗證機構人員	2006.05.02	受訪者辦公室	面訪錄音
驗證機構	乙驗證機構人員	2006.05.22	受訪者辦公室	面訪錄音
生產者(MOA驗證)	個人農民	2006.05.04	受訪者家中	面訪錄音
生產者(FOA驗證)	個人農民	2006.05.11		電訪錄音
生產者(TOAF驗證)	太保市農會有機米產銷班班長	2006.05.05	嘉義縣太保市農會	面訪錄音
生產者(TOPA驗證)	朴子市農會有機米產銷班農會人員A1、A2、A3農民F1	2006.05.05	嘉義縣朴子市農會	面訪錄音
共同購買教育訓練	主婦聯盟生活消費合作社理事主席 產品部主任	2006.05.16	主婦聯盟生活消費合作社：台中分社	面訪錄音
銷售管道教育訓練	台中里仁公司零售處人員S1、S2	2006.05.25	受訪者辦公室	面訪

	農產品管理處人員	2006.05.27	受訪者辦公室	面訪錄音
銷售管道	統一生機開發股份有限公司人員	2006.05.10		電訪

王佳煌

桃園縣都市治理模式之分析：以朱立倫政府爲例

◇內容提要◇

　　本文以朱立倫領導之下的桃園縣爲例，透過治理模式的理論架構，探討桃園縣的都市治理策略、機制、過程、成果與問題。本文首先定義治理與都市治理；其次論述朱立倫縣長治理桃園縣的計畫、政策與成果；最後探討桃園縣都市治理的問題與可能的解決方法。

作者：元智大學社會暨政策科學學系教授

壹、前言

為什麼要研究桃園縣的都市治理？這可以從國內都市治理的研究、桃園縣近年來的都市發展，以及國內對桃園縣都市發展的專門研究不足等三方面來看。

首先，繼全球化之後，治理（governance）一詞已成為當今的概念之一。國內外各種向度或空間規模（scale）的治理研究也如雨後春筍，迅速增加。私部門所說的治理以公司治理（corporate governance）為主，空間治理則有不同概念（如善治 good governance）或層級的研究，包括全球治理、跨國區域治理、區域治理、都市治理、社區治理等。國內對公司治理與治理的研究頗多，但治理的相關研究在國內討論都市治理或城市治理的論著並不多見。劉坤億（2002）、紀俊臣（2005）以概念討論為主。林水波、李長晏（2005）雖針對跨域治理，但論述並不限於空間治理（跨域治理、全局治理與都會治理），還含括黨際、對話、選戰與移植等治理議題。史美強（2005）從新制度論與資源依賴的觀點切入，分析台灣府際治理的制度與網絡關係。范錦明與劉麗蓉（2005）從全球化與本土化的概念切入，探討高雄市的都市發展。王文誠（2006）只是略述全球化對高雄市都市治理的挑戰。也就是說，國內對都市治理的理論與經驗性研究還有相當的進步空間。

在相關研究論著之中，紀俊臣（2006）所編之論文集收錄之研討會論文，可謂國內都市治理之研究高峰。該書收錄之論文分成三大主題（都市治理與區域治理、區域發展策略與地方財政、都會區發展與都會區產業），研究之個案以大台中地區（或中台灣）為主，兼及台北市、新竹市、彰化縣。不過，研究桃園縣都市治理的論著，還是不多。本文的研究不只是針對一個案例，更是透過這個研究，建構一個都市治理的模型或概念矩陣，以利日後的比較研究。

本文第二個研究起源是桃園縣近年來的都市發展特別值得注意，也對行政首長與行政機器構成重大的挑戰。這裡摘要說明三點，詳細資料請見

本文第二部分。桃園縣或大桃園地區的人口迅速增加,是 94 年人口增加最多的都會區,都市化程度越來越高。透過國道一號、三號高速公路、省道與空運,桃園縣上承台北都會區,下接中部都會區,已成為臺灣西部走廊重要的都會區連接帶。人口迅速增加,加上桃園地區發展的地理環境與歷史脈絡,大桃園地區的人口結構也隨之呈現多元化的趨勢。除了閩、客漢人之外,尚有將近 5 萬人的原住民。桃園榮民(眷)總數近 15 萬人,為全國榮民(眷)第三大分布區域,僅次於台北市與台北縣。[1]外籍配偶與大陸港澳配偶占該縣結婚登記總對數 22.25%。外籍勞工人數居臺閩各縣市之冠,約 7 萬人。合法在臺外籍配偶數量亦名列前茅,約八千多人,僅次於臺北縣。最後,桃園縣的產業結構近年有重大轉型,二級與三級產業份量相當,且展現其空間分布模式,以桃園市、中壢市為工商綜合樞紐。三級產業則以批發零售、運輸倉儲與工商服務為主。目前工商綜合區申請件數為全國之冠,配合國際航空城、高鐵特定區、捷運系統建設,三級產業之發展將更加迅速完整。換句話說,桃園縣的都市發展已非一般都市理論能夠解釋,需要從都市治理的概念切入,探討桃園縣的行政首長與行政機器如何治理這樣一個迅速異質化、擴大發展的都市空間。

其三,國內對桃園縣都市發展的研究有待增補。國內對桃園縣的各種人文與社會科學研究所在多有,如財政(蔡吉源,2000;蔡吉源,2001;林健次、蔡吉源,2001)、選舉政治(劉佩怡,2005),對桃園縣都市發展、都市化的研究似乎還不夠多。利天龍等(1997)論述桃園縣平鎮市的發展;廖依俐(2002)以巨蛋、景福宮(大廟)為例,詮釋桃園的都市景觀;黃國敏(2005)針對 92 年度所做的「桃園縣政府政策民意與施政滿意度調查」,分析各類縣民對朱立倫縣長、桃園縣政府的施政滿意度,以及選民對航空城、多功能棒球場的支持度;王志弘(2006)針對外籍勞工,研究外籍移工在桃園火車站周圍地區形成的族裔消費地景。學位論文僅有

---

[1]參閱退輔會網站所列統計資料,網址:

http://www.vac.gov.tw/stattab/benefit/bene0.htm。

簡志雄（1985）運用問卷調查與官方資料，研究桃園縣都市體系的發展；賴如崧（1986）對桃園縣與宜蘭縣雙中心發展的政經比較研究；唐菁萍（2005）比較桃園縣與中壢市的都市發展與機能。其他以桃園縣為對象的學位論文則含括各種議題與學科，教育、警政、選舉政治、地方派系、環境政策、經營管理等。由此觀之，桃園縣的都市發展研究，仍為有價值的研究課題。

本文以下依序說明治理與都市治理模式的定義，並依據定義論述桃園縣的都市治理策略與規劃，指出桃園縣都市治理的成果與問題，最後是結論。本文採用的方法以次級資料分析為主，並輔以簡單的訪談，訪談對象包括縣府相關單位的官員。

貳、桃園縣：快速發展的新都會區

統計資料顯示，桃園、中壢地區近年來的都市化程度越來越高。從表7-1 的資料來看，桃園中壢不但是臺灣的大都會區之一，更是民國 95 年人口增加次多的都會區。雖然中壢桃園都會區人口數在大都會區中排名第四，僅高於台南都會區，但從 94 年到 95 年，成長人口數僅次於台北基隆都會區，達 32,000 人，成長率 17.0%，僅次於新竹的 18.4%。

表 7-2 的資料顯示臺閩地區各縣市人口社會增加的概況。從 90 年到 95年（1-10 月），桃園縣每年的人口增加數均名列前茅（如表 7-2A），五年累計下來的人口增加數達 87,985 人，居臺閩地區各縣市之冠。相對而言，鄰近的臺北市人口減少數量為臺閩各縣市之冠，推測可能是向南邊的大桃園地區、新竹縣、臺中市流動。

就社會增加率而言，除了金門縣與連江縣因鄰近大陸與小三通導致社會增加率急升之外，桃園縣近五年的社會增加率亦可謂獨占鰲頭。從 90 年到 94 年，逐年爬升。五年累積的社會增加率為 9.58%，居全台之冠。（如表 7-2B）

表7-1 臺灣都會區人口概況（94-95年度）　　　　　單位：萬

都會區人口數	大都會區					次都會區	
	台北基隆	高雄	台中彰化	中壢桃園	台南	新竹	嘉義
94年底 1,580.3	665.3	276	219.8	187.4	124.9	69.3	37.47
95年底 1,592.7	669.8	276.8	221.9	190.6	125.5	70.6	37.5
增加人口數 12.4	4.5	0.8	2.1	3.2	0.6	1.3	0.03
成長率 7.9%	6.7%	2.7%	9.5%	17.0%	5.0%	18.4%	0.9%

資料來源：行政院主計處，「國情統計通報第021號」，民國95年2月3日。

表7-2A 臺閩地區各縣市人口社會增加概況（91-95年度人口社會增加數）

縣市別	91年度	92年度	93年度	94年度	95(1-10月)	5年累計
臺閩地區	-3,686	-12,497	3,245	14,805	25,892	27,759
臺北縣	9,681	16,916	14,721	13,880	9,462	64,660
宜蘭縣	-3,501	-2,419	-2.266	-1,577	-1,592	-11,355
桃園縣	15,951	17,531	20,210	17,372	16,921	87,985
新竹縣	2,547	3,305	4,948	7,827	24,395	24,395
苗栗縣	-2,892	-2,193	-2,050	-1,847	-1,003	-9,985
臺中縣	-848	77	-1,168	-363	2,033	-269
彰化縣	-5,963	-6,430	-5,614	-5,299	-4,413	-27,719
南投縣	-2,820	-2,517	-3,229	-2,150	-2,148	-2,148
雲林縣	-4,204	-5,261	-5,091	-4,319	-4,171	-4,171
嘉義縣	-3,690	-4,126	-3,721	-1,590	-3,178	-16,305
臺南縣	-3.456	-3.321	-2,858	-574	-467	-10,670
高雄縣	-9,328	-387	-2,112	882	-806	-11,751
屏東縣	-6,324	-4,473	-4,602	-2,335	-4,262	-21,996
臺東縣	-1,351	-1,525	-2,550	-1,382	-2,325	-9,133
花蓮縣	-1,831	-1,455	-2,299	-1,707	-1,704	-1,704
澎湖縣	-147	-470	-543	584	-631	-631

（續）表7-2A　臺閩地區各縣市人口社會增加概況（91-95年度人口社會增加數）

縣市別	91年度	92年度	93年度	94年度	95(1-10月)	5年累計
基隆市	-830	-90	-532	-985	-1,265	-3,702
新竹市	2,485	1,543	1,331	1,349	1,012	7,720
台中市	6,277	7,380	7,265	7,202	6,285	34,409
嘉義市	-1,177	885	120	981	139	948
臺南市	1,363	2,307	3,140	378	1,387	8,575
臺北市	-4,071	-24,252	-12,804	-12,543	5,534	-48,136
高雄市	8,984	-5,183	-676	-5,401	971	-1,305
金門縣	1,605	1,679	3,104	5,489	4,852	16,729
連江縣	-146	-18	521	933	-507	783

資料來源：內政部統計處，民國95年第48週「內政統計通報」，11月30日。

表7-2B　臺閩地區各縣市人口社會增加概況（91-95年度人口社會增加率）

縣市別	91年度	92年度	93年度	94年度	95(1-10月)	5年累計
臺閩地區	-0.16	-0.55	0.14	0.65	1.14	0.24
臺北縣	2.67	4.62	3.99	3.73	2.52	3.51
宜蘭縣	-7.53	-5.22	-4.90	-3.41	-3.45	-4.90
桃園縣	8.97	9.70	11.00	9.31	8.94	9.58
新竹縣	5.67	7.25	10.68	16.57	11.97	10.43
苗栗縣	-5.16	-3.91	-3.66	-3.30	-1.79	-3.56
臺中縣	-0.56	0.05	-0.77	-0.24	1.32	-0.04
彰化縣	-4.53	-4.88	-4.26	-4.03	-3.36	-4.21
南投縣	-5.21	-4.65	-5.99	-4.00	-4.01	-4.77
雲林縣	-5.66	-7.09	-6.89	-5.88	-5.70	-6.24
嘉義縣	-6.56	-7.35	-6.65	-2.85	-5.72	-5.83
臺南縣	-3.12	-3.00	-2.58	-0.52	-0.42	-1.93
高雄縣	-7.55	-0.31	-1.17	0.71	-0.65	-1.90
屏東縣	-6.97	-4.94	-5.10	-2.60	-4.75	-4.87
臺東縣	-5.53	-6.27	-10.55	-5.77	-9.78	-7.58
花蓮縣	-5.19	-4.14	-6.57	-4.90	-4.92	-5.14
澎湖縣	-1.59	-5.09	-5.90	6.34	-6.84	-2.62
基隆市	-2.12	-0.23	-1.36	-2.51	-3.23	-1.89

（續）表7-2B　臺閩地區各縣市人口社會增加概況（91-95年度人口社會增加率）

縣市別	91年度	92年度	93年度	94年度	95(1-10月)	5年累計
新竹市	6.61	4.05	3.46	3.47	2.58	4.03
台中市	6.34	7.36	7.16	7.01	6.06	6.79
嘉義市	-4.39	3.29	0.44	3.62	0.51	0.69
臺南市	1.83	3.09	4.17	0.50	1.83	2.28
臺北市	-1.54	-9.21	-4.88	-4.79	2.11	-3.66
高雄市	5.98	-3.43	-0.45	-3.57	0.64	-0.17
金門縣	27.70	28.00	49.49	81.49	66.63	50.66
連江縣	-16.58	-2.05	57.36	94.70	-50.13	16.66

資料來源：內政部統計處，民國95年第48週「內政統計通報」，11月30日。

　　桃園地區的人口大量增加，都市化程度提高，只是代表桃園這個區域或空間的人口異質性可能提高，社會關係可能更加複雜。可是，桃園的特殊性更在於他的人口增加有相當的數量是外籍配偶、大陸配偶與外籍勞工的貢獻。表7-3的資料顯示，截至95年底，桃園縣的外籍勞工人數最多，達70,925人，遠高於次多的台北縣（45,099人）與台北市（35,627人），占全國總數約五分之一強（見表7-3A）。外籍配偶人數則有8,418人，僅次於台北縣的14,213人，約占全國十分之一強（見表7-3B）。

　　在原住民方面，縣市戶籍登記的現住原住民人口資料顯示，桃園縣原住民人數為全國第四多（51,213人），位在花蓮縣（89,126人）、臺東縣（78,999人）、屏東縣（55,411人）之後，但比台北縣（41,949人）與南投縣（27,187人）多。從原住民占各縣市總人口比例來看，桃園縣的比例（2.68%）就沒那麼高。[2]

---

[2] 內政部內政統計通報「95年底原住民人口結構概況」，民國96年第5週，2月1日。

表7-3A 95年底在台外籍勞工

	印尼	馬來西亞	菲律賓	泰國	越南	蒙古	合計
縣市別	85,223	12	90,054	92,894	70,536	36	338,755
臺北縣	13,847	3	9,935	11,584	9,726	4	45,099
宜蘭縣	2,017	-	1,138	596	1,734	-	5,485
桃園縣	10,271	6	21,470	26,567	12,607	4	70,925
新竹縣	2,585	-	6,807	2,961	2,666	-	15,019
苗栗縣	2,401	-	2,646	2,444	2,160	-	9,651
臺中縣	5,182	-	6,728	9,322	5,154	1	26,387
彰化縣	3,761	-	2,534	8,381	5,241	-	19,917
南投縣	1,713	-	624	1,687	1,698	-	5,722
雲林縣	2,249	-	2,208	4,840	1,727	-	11,024
嘉義縣	1,619	-	824	1,354	1,238	-	5,035
臺南縣	2,534	-	3,392	8,100	3,077	9	17,112
高雄縣	3,187	1	2,849	3,816	2,592	-	12,445
屏東縣	2,674	-	1,115	840	1,524	-	6,153
臺東縣	521	-	209	15	354	-	1,099
花蓮縣	1,129	-	736	628	795	-	3,288
澎湖縣	422	-	83	3	222	-	730
基隆市	1,384	-	498	297	856	1	3,036
新竹市	2,371	1	5,542	657	1,808	-	10,379
台中市	4,341	1	3,267	2,567	3,320	-	13,496
嘉義市	773	-	445	157	531	-	1,906
臺南市	1,831	-	1,135	1,125	1,329	8	5,428
臺北市	15,645	-	9,718	2,710	7,546	8	35,627
高雄市	2,569	-	6,129	2,242	2,498	1	13,439
金門縣	143	-	16	1	106	-	266
連江縣	54	-	6	-	27	-	87

資料來源：內政統計通報，「95年底在臺外籍人士統計」，民國96年第4週，1月25日。

表7-3B　95年底在台外籍配偶

	男	女	合計
縣市別	75,877	7,734	68,143
臺北縣	2,033	12,180	14,213
宜蘭縣	55	1,415	1,470
桃園縣	1,192	7,226	8,418
新竹縣	127	1,913	2,040
苗栗縣	143	2,146	2,289
臺中縣	367	4,446	4,813
彰化縣	231	4,123	4,354
南投縣	87	2,170	2,257
雲林縣	74	2,879	2,953
嘉義縣	56	2,374	2,430
臺南縣	170	3,222	3,392
高雄縣	181	3,847	4,028
屏東縣	128	3,707	3,835
臺東縣	27	758	785
花蓮縣	117	958	1,075
澎湖縣	11	376	387
基隆市	65	1,260	1,325
新竹市	154	1,043	1,197
台中市	530	2,305	2,835
嘉義市	55	623	678
臺南市	203	1,458	1,661
臺北市	1,345	4,391	5,736
高雄市	382	3,229	3,611
金門縣	-	78	78
連江縣	1	16	17

資料來源：內政統計通報，「95年底在臺外籍人士統計」，民國96年第4週，1月25日。

　　表 7-4 是桃園縣眷村數與改建戶數的資料。可以看出眷村在桃園地區的分布集中在都市化程度較高地區。桃園縣政府文化局的網站資料也顯

示，桃園眷村數量之所以較多，與當時政府疏散軍隊人員與家眷的政策有密切關係。

表7-4　桃園縣眷村統計資料

鄉鎮市	原有眷村數	改建戶數
中壢市	13-22之間	5,233
蘆竹鄉	10	1,421
龜山鄉	9	2,172
大溪鎮	8	1,768
桃園市	6	584
平鎮市	6	0
楊梅鎮	6	1,874
八德市	4	1,971
龍潭鄉	3	0
觀音鄉	0	0
復興鄉	0	0
新屋鄉	0	0
大園鄉	6	3,226
總計	71村-80村	18,249戶

資料來源：桃園縣政府文化局，網址：
　　　　　http://www.tycg.gov.tw/cgi-bin/SM_theme?page=3e816b10。

　　上述各項統計資料的主要社會意涵，就是桃園地區近年來不僅是人口急增與都市化較快的地區，更是外籍配偶與大陸港澳配偶數量較高的區域。桃園縣都市化與都市空間的人口異質性將更加顯著，文化樣貌將更豐富多元。[3]但是，高異質性的人口也將為桃園縣等縣市的都市治理帶來許多挑戰與問題，包括社會治安、社會安全、族群關係等。

　　不僅桃園的人口結構、都市發展有其特殊與顯著之處，桃園縣的產業

---

[3]當然，官方的統計資料往往有其誤差或未計入黑數，如非法入境者、假結婚真賣淫者，以及在台北、桃園、新竹、苗栗一帶之間流動的人口。這些流動的外籍或大陸人口數量究竟有多少，估計多寡不一，也難有精準的統計資料。

結構也呈現重大的轉型。圖 7-1 顯示，從民國 80 年到 93 年，一級產業的就業人口有逐年下降的趨勢，二級產業雖逐年成長，但也趨於飽和，三級產業則逐年上升，並在 92 年超越二級產業。圖 7-2 則顯示，一級產業多為負成長、二級產業多為正成長、三級產業則多為正成長。

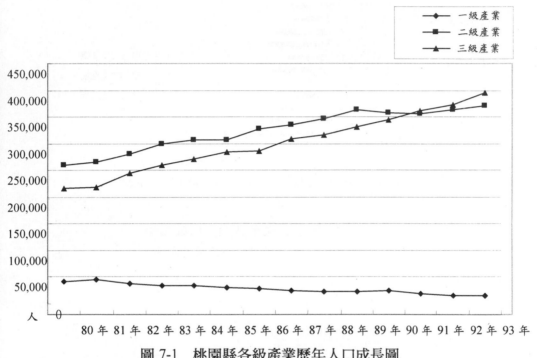

圖 7-1　桃園縣各級產業歷年人口成長圖
資料來源：經建會都市及區域發展統計彙編。

　　圖 7-3 的資料則顯示，從民國 70 年到 93 年，桃園縣一級產業就業人口所占比例逐年下降到 2.30%，二級產業在 75 到 80 年間尚能回升到 71.50% 與 68.90%，但因產業外移、工資上漲等經濟因素與認同政治、勞工權利意識覺醒等非經濟因素，降到 90 年的 53.10%。相對而言，三級產業從 15.20% 逐年增加到 44.60%，其中 80 到 85 年間轉換得更快，幾乎成長一倍。換言之，桃園縣的產業結構已經是二級與三級產業平行並進的二元模式，一級

產業則以農業為主，集中在中壢、新屋、觀音一帶，未來可計畫轉型為觀光農業。

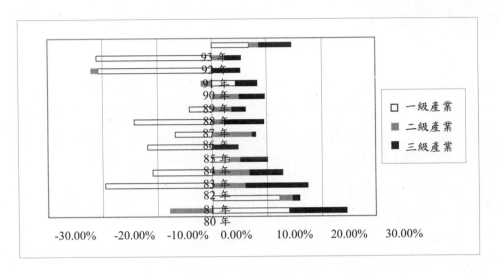

圖 7-2　桃園縣各級產業就業人口成長率

資料來源：經建會《都市及區域發展統計彙編》。

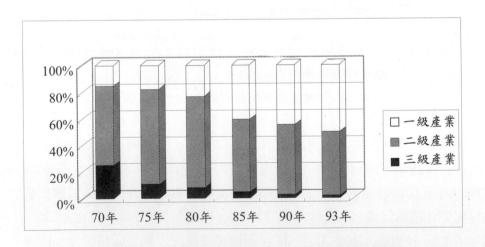

圖 7-3　桃園縣各級產業人口數之結構比變遷

資料來源：經建會《都市及區域發展統計彙編》；《桃園縣綜合發展計畫》。

圖 7-1、圖 7-2、圖 7-3 都是根據縣綜合發展計畫，參考《桃園縣統計要覽》重新繪製。但只看各級產業就業人口數，恐有誤差。這是因為就業人口不一定在桃園縣工作，可能是往北、往南通勤工作。但是，究竟多少人是通勤到外地工作，只能有一個估計值，難以精密計算或作為統計基礎。因此，本文在此依據《桃園縣統計要覽》，依照桃園縣各級產業登記家數另行繪圖。結果發現桃園縣的一級產業固然已無太大幅度的成長，二級產業在 2001 年之後雖比前十年稍多，卻也是起伏波動。三級產業則在 2002、2003 年衝到高峰，之後即下降呈平緩發展。整體而言，桃園縣的企業家數以三級產業為主，二級產業居次，但並不像前三個圖一樣，與三級產業差距那麼近（見圖 7-4）。

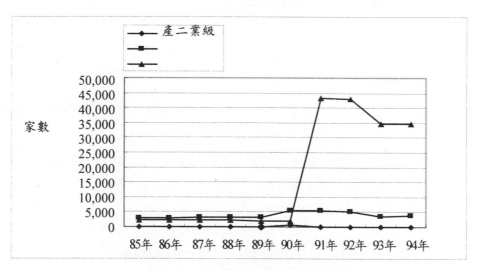

圖 7-4　桃園各級產業登記家數
資料來源：《桃園縣統計要覽》。

　　圖 7-5 的資料更顯示，產業的空間分布有其模式，如二級產業集中在中壢市、龜山鄉、觀音鄉、新屋鄉、大園鄉，三級產業集中在桃園市、中壢市、大園鄉、蘆竹鄉等地區。也就是說，二級產業分布集中在桃園中部

與北部週邊地區，桃園市、中壢市則為桃園都會區工商中心與重鎮，並以蘆竹、大園為商業、服務業之左翼，以新屋、觀音、龜山為工業右翼，龍潭與八德為新興住宅區與高科技產業中心。

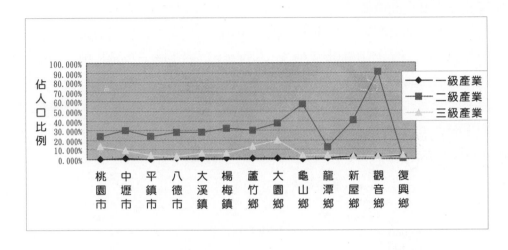

註：根據該計畫所註，二、三級產業原始資料來自主計處工商普查電腦檔，一級產業資料來自《桃園縣政府統計要覽》。

圖 7-5　桃園縣各市區鄉鎮各級產業人口占總人口比例（92 年度）
資料來源：桃園縣政府，「桃園縣綜合發展計畫」

參、桃園縣的都市治理：模式與向度

一、治理與都市治理模式

國內外對治理概念的定義所在多有，眾說紛紜。新自由主義（Neoliberalism）常把治理視為國家機關全面撤退與市場主導，自由化、私有化與全球化則是他們的口號。國家機關不應該干預市場，而是讓市場決定資源的分配。不過，許多學者也指出，這樣的說法太過簡化實際的情況。

各項研究顯示，治理不代表國家機關的撤退或空洞化（hollowing out of the state）。在法國與英國的都市與區域發展中，特別是巴西與倫敦等城市區域（city-regions），中央國家（the central state）仍然扮演重要的角色，包括規劃、補助等（Newman and Thornley, 2005: 261-262; Short, 2004: 11）。Marinetto（2003）即批評 Rod Rhodes 代表的盎格魯治理學派（the Anglo-Governance School）誇大國家機關的撤退與中央國家權力的去中心化，忽視中央國家統治機制的重整。所謂的「新治理」（new governance）並不代表中央國家與地方國家（local state）全面撤退。治理、新治理或「沒有政府形態的治理」（governance without government），應是指新網絡關係、新權力關係、組織間協調的形成、重組，以及公部門、私部門與第三部門之間的互依。許多治理的論述強調政府必須減少它們在都市再生（urban regeneration）與社會服務提供中的角色，讓非國家機關部門與非公部門行動者投入都市治理，許多對英美都市更新的研究卻顯示，中央國家與地方國家在都市再生中始終扮演重要的角色，例如「新都市政策」（new urban policy）（Kearns and Turok, 2000）與「在地策略夥伴關係」（local strategic partnerships）（Bailey, 2003）。換句話說，治理概念的定義應該削弱新自由主義的色彩，重新聚焦於中央國家與地方國家的角色。

據此，本文擬在此提出治理的操作型定義，為都市治理模式（urban mode of governance）的定義奠定基礎，也為經驗研究提供實際的導引。治理與政府這兩個概念常常彼此交替或結合使用，但兩者之間實有差異。Krahman（2003）認為，治理是指政府與非政府行動者試圖協調公共事務，在支離破碎的環境與情況當中處理公共事務，達成共同的目標。政府與治理可在一個七大向度的連續體上互相對比，如地理範圍、功能範圍、資源分配、利益、規範、決策、執行。治理牽涉到政府與「市民社會」之間的關係，特別是協調與合作的關係（Pierre, 2000: 3）。但這種關係的協調並非易事。Ng and Hills（2003: 154）指出，（世界城市的）治理不僅是一種藝術，更會遭遇三種困難：一是市政府再造（reengineer the city government）；二是重新思考市政府與私部門之間的關係；三是前兩者彼

此互連造成的複雜性，以及市政府、私部門；第三部門與明智的社區之間的合作關係。若從空間的層面切入，治理是指「政府」與「市民社會」之間的「行動空間」（action space）（Harpham and Boateng, 1997: 65-66）。Newman and Thornley（2005: 4）則主張，治理必須考量到不同空間規模（scale）之間的關係與互動，包括全球的、跨國區域的、全國的與地方的空間規模。

綜合言之，治理的定義可以從三點來說明：第一，中央國家、地方國家、私部門、非營利組織、社區是主要的行動者。國家機關並未全面撤退或空洞化，而是重組與調適，因應內外挑戰，採取策略與政策，與各個行動者互動；第二，治理是指這些行動者之間的關係，含括連網（networking）、協調、合作、夥伴關係與界限模糊化；第三，空間意涵應納入治理的概念之中。這些行動者調整內部的組織，重整彼此之間的關係，制定並執行其政策與策略之時，他們同時也改變或重塑周遭的空間環境與脈絡。他們的空間環境可以分成不同的空間規模，以便進行更系統性的空間治理。

確定治理的定義之後，治理模式（mode of governance）即可定義為一種複雜的結構性組合，其中包括行動者、制度、過程、關係，共同處理策略擬定與政策執行。從空間的角度切入，治理模式既為中央國家、地方國家的治理能力提供機會，也施加限制。若要探討都市或某個空間規模的治理，就應聚焦於其中的主要行動者、結構動力、演進過程、相互關係與制度能力（Healey et al., 2002: 15），因為它們與一個城市或地方空間中的在地利益與行動者如何掌握、累積資源，同時達成經濟均衡發展、充分的民主參與以及分配的正義息息相關（Newman and Thornley, 2005: 47）。在一個理想的都市治理模式之中，地方國家理應盱衡權力、資源的配置與政治結構、政治關係，嘗試建構其空間規劃體系，調諧府際關係，進行政治領導，帶動官僚體系或行政機器，推動某種夥伴關係，並推動民主參與。[4]以下依據都市空間規劃、府際關係、政治領導與官僚體系、公私夥伴關係、

---

[4]關於都市治理模式的向度或層面所依據的參考文獻，請參閱 Wang（2006）。

民眾參與等向度，論析朱立倫縣長與桃園縣政府形成的都市治理模式。

二、桃園縣的都市治理模式

(一)桃園縣的整合性空間規劃

　　根據朱立倫縣長的施政報告與「桃園縣綜合發展計畫」的說明，桃園縣的治理理念以「成長管理」與「永續發展」為主軸，盱衡桃園縣既有結構性優勢與環境條件，將桃園縣北寬南窄、背山面海的空間切割為五個功能性子空間，並提出五項發展綱領，發展各個子空間的功能：東遊憩、西港產、北運籌、南研發與中政經（參閱圖 7-6）。東遊憩是指桃園縣東南部大溪、復興鄉一帶，以觀光產業、民俗文化產業為主；西港產意在利用竹圍港，發展工商港園區與濱海親水藍帶；北運籌係運用國際機場之現有優勢，建構國際航空城、國際物流中心與國際會議中心；南研發則係以縣內多所大學（中央大學、元智大學、中原大學等）聚集之處，建設高科技教研中心，從工業區為主的城市轉型為科學園區與工業區互補之科技城市（technopolis）；中政經則是以縣政府、桃園市公所、桃園火車站為中心，建立金融中心，推動都市更新。

　　這五個子空間也可以用五項願景含括：「一個海空中心」是指中正國際航空城與桃園國際港；「二個都市中心」是指桃園車站周遭的都市更新與高鐵青埔車站新都心；「三個 T 產業」是指運輸（transportation）、觀光（tourism）與科技（technology）；「四個藝文園區」是指客家文化園區、部落文化園區、文化藝術園區、漁港休閒園區；「五個發展面向」則是指上述五個子空間的功能導向。

　　另一種切割、組合桃園縣空間的方式是依據桃園縣海、田、城、山的自然環境條件，由西至東分出四大發展帶：濱海發展帶、產業發展帶、城市發展帶、觀光發展帶。每個發展帶上又分設 11 類發展核心與 7 個發展軸。發展核心是各個子空間發展的節點，包括各類園區、港區；發展軸則是串聯各個節點的運輸系統與功能區，如空運、鐵路、公路、休閒、觀光、物流等。

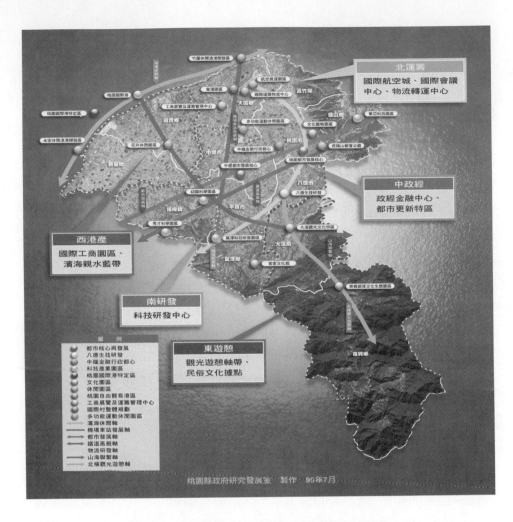

圖 7-6 桃園縣五大空間發展面向示意圖

資料來源：桃園縣政府研究發展室。

(二)桃園縣的府際關係

　　府際關係亦分成狹義與廣義兩種。狹義的府際關係是指水平（地方政府之間或部會、局處之間）與垂直（中央與地方政府之間）的府際關係。廣義的府際關係則以行政技術面、法制面與政治面分析為基礎，依據新制

度論、資源依賴論等觀點，探討府際關係中更複雜的互動、鏈結與因素（歐信宏等，17-25；史美強，2005：5-6）。府際關係構結一個都市治理模式的政治動態與政策協調的方式，制約、連結全國與個別都市、地方的治理模式。權力結構（中央集權或地方分權、聯邦制或中央制、憲政與法制架構等）、黨派政治、意識形態等因素，在在形塑府際關係的結構與動態，包括制度網絡、政策導向、資源分配、合作與協調、競爭與衝突等。

國內外對府際關係的理論與經驗性研究近年來有逐漸增加的趨勢，有理論與整體的研究（張四明，1998；張四明，1999；紀俊臣，1999；紀俊臣，2001；紀俊臣，2003；陳立剛，2001；江大樹，2001；趙永茂，2003；呂育誠，2004；史美強，2005；劉坤億，2006），有個別議題的經驗性研究（曾怡仁、黃競涓，2000；Liao and Tsai, 2001；張四明，2001；張其祿，2001；張瓏、洪鳳儀，2001），也有對台北市（江岷欽等，2004）、高雄市（吳瑟致，2005；范錦明、劉麗蓉，2005）、直轄市（吳重禮、李憲为，2005；吳重禮、許玉芬，2005；孫同文，2005）的經驗性研究，但桃園縣府際關係的專門研究尚有不足之處，以學位論文為主；其中一者聚焦於桃園縣政府的府會關係（劉仁撓，2002），一者則針對桃園縣政府與龜山鄉公所之間的補助關係（曾榮樹，2002），均未討論桃園縣政府的垂直與水平府際關係。

朱立倫雖一向是政治明星，也屬於形象派政治人物，但畢竟不像馬英九那樣，是其他政黨、政治人物競逐總統大位最直接的假想敵或可能的對手，因此在垂直與水平層面的府際關係方面，朱立倫面對的掣肘與競爭，似乎不像台北市政府那麼多。但是，桃園縣與其他台灣省縣市一樣，在精省之後，必須直接面對更加集權的中央政府，爭取更多的財政資源。

在水平的府際關係方面，朱立倫與台北市長馬英九同屬國民黨，亦同屬形象牌政治明星，政治生涯發展的路徑與階段亦有差異，看不出來有黨派或派系之爭。加上都市治理與政務推行確有實際需要與分工考量，因此桃園縣已與北台其他縣市共同簽署「合作發展備忘錄」，更積極參與遠見雜誌與台北市政府合辦的「北台區域整合高峰論壇」，與北台灣其他縣市

（台北縣、新竹市、新竹縣、宜蘭縣、基隆市）針對產業發展、休閒遊憩、交通運輸等主軸議題，討論如何從功能整合切入，推動建構一個準北台區域型都會政府，以期發揮資源整合的綜效，提高北台區域地方政府的競爭力，因應中國崛起與其他東亞國家雙邊、多邊合作造成的競爭壓力。2005年 7 月，桃園縣政府與台北市政府進行雙邊合作，簽訂「北桃一家親」合作備忘錄，在防救災支援合作、捷運系統路網整合、觀光資源整合、農產品產銷合作等四大領域，進行交流合作。2006 年 6 月 26 日，桃園縣也由副縣長廖正井率團參加「北台區域發展推動委員會」首次委員會議（在新竹縣政府召開）。朱立倫也主張，行政區域應該重劃，桃園應該跟大新竹、苗栗合併，以利資源整合與整體發展（李雪莉、汪文豪，2006：132）。

(三)政治領導與官僚體系

在都市治理的研究中，政治領導（political leadership）已有許多理論與經驗性研究。狹義的政治領導是指縣市首長個人的人格特質、領導風格，以及他們與官僚體系的互動及分工。行政首長與官僚體系之間的互動關係有許多經驗研究，但至今尚難有定論。強勢的、積極的行政首長可能帶動官僚體系的運作，組織強大的行政團隊，充分發揮行政機器的效率，發揮行動的效果。但若官僚體系內有其組織文化，或者相關法規制度局限官僚體系的運轉，那麼過度強勢的領導，反而可能造成官僚體系的反彈，或者很難帶動行政機器的運作。反過來說，行事謹慎，中規中矩的行政首長，可能提高官僚體系的自主性，也可能助長官僚體系內不利效率提昇的組織文化，導致行政效率低落，政策效果降低。

廣義的政治領導則包括結構因素與各種利害關係者（stakeholders，包括官僚體系、利益團體、地方派系等）的分析。狹義的與廣義的政治領導兩者並非絕對隔離，彼此之間可以看成兩個同心圓。狹義的政治領導是較小的同心圓，廣義的政治領導則是較大的同心圓。這兩個同心圓與新制度論、都市體制（urban regime）研究息息相關。

限於篇幅與時間，加上廣義的政治領導需要另文處理，這裡的論述比

較集中在狹義的政治領導。朱立倫是形象派的政治人物，具備高學歷，在一般選舉中具有較佳的競爭條件。朱立倫的家族關係與社會網絡也是所謂外省與閩南的結合（朱立倫，2004），這在地方選舉與縣政中也有相當大的助力。朱立倫個人的企圖心與領導風格，更是桃園縣近年來迅速發展的關鍵之一。能夠提出願景與企圖心的行政首長，比較能夠帶動官僚體系或行政機器的運作。朱立倫的行政團隊特色包括年輕化、專業化、重用女性（一級主管女性超過三分之一）、跨族群與跨黨派（李雪莉，2006）。這種行政團隊有相當的社會根基，施政比較容易得到支持。

　　下面有關成果的描述部分，也可以看到朱立倫擔任縣長之後，桃園縣的表現如何迅速提升，社會局、城鄉發展局（2001年成立）、文化局等主要局處的政策制定與執行成果也有相當長足的表現。初步來看，朱立倫縣長與官僚體系之間的互動關係尚稱良好，才能各司其職，發揮綜效。

(四)公私夥伴關係

　　治理的定義已如上述，這裡針對桃園縣政府的行政機器與私部門或第三部門之間合作推動地方建設或特定活動計畫的策略夥伴關係。策略夥伴關係有很多種類，最著名的是興建—經營—移轉（build-operate-transfer），其他尚包括：OT 或委外（operate-transfer）、BOOT（build-operate-own-transfer）、BT（build-transfer）（葛賢鍵，1996：I-14-I-23），以及治理研究文獻中常提及的政策網絡（policy networks）等。桃園縣政府考量財政的負擔與私部門、第三部門的優勢（工作效率），依據現有法規，鼓勵民間參與桃園縣多項公共建設（服務性、經濟性與文化性等）。截至 2005 年11 月，已簽約完成的包括桃園縣政府前地下停車場委外經營案、大溪公會堂及蔣公行館委外經營案、客家文化館委外案、第一柴油車排煙檢測站興建及營運計畫、南區青少年活動中心委外經營案（救國團）、婦女館委外經營案（元智大學）。其他尚有多項委外案正在進行中。

(五)民眾參與

　　在都市治理的模式中，民眾或市民參與是非常重要的面向。市民能否

參與都市空間的規劃，共同塑造都市空間與環境，是一種理所當然的公民權。如果民眾要更追求更理想的都市生活，避免被都市生活邊緣化、異化，甚至拒絕烏托邦式的都市計畫理念，就必須在都市空間的規劃中占有一席之地（Lefebvre, 1996: 155-159, 177-179），否則市民不過是理性計畫中被操縱的因素而已。

然而，市民參與的程度雖可表現都市治理的民主性格與民主化程度，許多經驗研究卻顯示，理想與實際往往有相當的距離。第一，社區與民眾參與都市規劃的程度與習性，受到整體政治文化的制約。如果民眾對政治參與冷漠，或者誤以為投票選舉即等於政治參與，那麼民眾深入或普遍參與的程度就會受到體系性的局限。第二，行政機器的運作是建立在理性化、官僚化的原則之上，需要專業知識、充足的訓練與長期的浸淫，一般民眾各有生計，難有機會與意願全力投入參與。反過來說，專業性也可能或經常成為官僚體系、學者專家制約民眾參與的理由，台北市羅斯福路公車專用道就是一個明顯的例子。儘管用路民眾實際交通碰到困難，市政府的官僚體系與學者專家卻仍以專業知識與數據為由，化解議員、民眾的批評與反對（陳函謙，2006a；陳函謙，2006b；陳洛薇，2006）。

肆、成果與問題

一、成果

根據《天下雜誌》在 2003 年所做的隨機抽樣調查（以各縣市為獨立母體），在全國 25 縣／市長的整體施政滿意度方面，桃園縣排名第 8，表現算是中上。但對地方公務人員的辦事效率滿意度，桃園縣排名卻掉到 15 名；生活品質排名 14；暴力、色情、吸毒問題嚴重程度排名第 5；黑金問題嚴重程度排名第 12；黑金改善程度（與過去三到五年相較），在「沒什麼改變」與「改善」方面，各占 35.3% 與 32.5%。縣／市政府已經在努力創造更多工作機會方面，桃園縣排名第 20 名；縣／市長重視中小學教育的排

名為 22 名；重視民眾文化素養提升的排名為 17 名；重視民眾健康的排名為 21 名；重視環境維護與清潔衛生的排名為 16 名；在最想居住的縣市中，排名第 16（楊瑪利，2003a）；在縣市競爭力方面，桃園縣排名第 5；經濟競爭指標排名第 3；政府效能排名則降到第 13 名；生活品質更降到第 20 名；社會活動則回升到第 8 名（楊瑪利，2003b）。

　　不過，朱立倫於 2002 年就任，2003 年的調查不能反映其治理成績與表現。根據朱立倫 2005 年競選連任時的競選網站所表列的政績與施政表現，有 47 個項目排名為全國（省）第 1，包括招商、失業率與痛苦指數（最低）、研發中心與企業總部數量、原住民文化會館（規模最大）、客家文化館（第一個委外成功）等。[5]《天下雜誌》於 2006 年所做的「幸福縣市調查」，評比各縣市的五大面向，包括經濟力、環境力、廉能力、教育力、社福力等共 40 個指標（包括官方統計數字與問卷調查之指標，問卷調查以各縣市為獨立母體，採隨機抽樣），結果發現前 5 名最高的縣市分別為台北市、新竹市、宜蘭縣、澎湖縣與桃園縣。也就是說，在朱立倫政府的治理之下，桃園縣的表現名列前茅。分開來看，桃園縣的經濟力僅次於台北市、台中市與高雄市，與新竹縣等並列第 4 名（台中市與高雄市並列第 2 名，桃園縣等 3 縣市並列第 4，故無第 3 名）。環境力列第 8 名、廉能力列第 6 名、教育力列第 8 名、社福力列第 14 名（天下雜誌編輯部，2006a）。在施政滿意度方面，朱立倫最高（71.5%），遠高於排名第 8 的馬英九（65.1%）；清廉度方面，朱立倫排名第 5（天下雜誌編輯部，2006b）。

　　不同的數字、基準與調查方法，呈現出的成績也會不同。《遠見雜誌》根據政府公布的統計數字所做的指數分析，評比 2006 年的「縣市總體競爭力」，發現桃園縣的總體表現已躍居全國第 2（前一年為第 4 名）。經濟表現為第 3 名，退步 1 名，落在台北市與新竹市之後。政府效率則從 13 名上升到 11 名。企業效率（工廠家數、高等教育人口比率等）從第 5 名升到第 4 名。基礎建設從第 5 名上升到第 2 名。科技指標仍維持在第 8 名（林

---

[5] 瀏覽該選舉網站：http://www.llchu.org.tw/achievements/ach1.asp。

美姿、江國豪，2006）。至於該刊新創的「創意城市調查」（隨機抽樣電訪），在最有創意的縣市中，桃園縣排名第 12。在最會行銷的縣市中，桃園縣排名第 13。最有創意的縣市長當中，朱立倫排名第 6。最能吸引創意人居住的城市當中，桃園縣排名第 7（林美姿，2006）。

在府際關係方面，桃園縣的垂直面府際關係大致和諧，但在水資源管理與財政方面仍有待進一步協調與合作。在水平面府際關係方面，桃園縣參與「北台一家親」的策略聯盟，在第一階段推動觀光與休閒整合的專案計畫「北台灣七縣市跨域合作計畫提案：休閒主題地區城鎮地貌改造整合計畫」，即得到營建署補助 3,200 萬，建構水岸與陸路的觀光帶。[6]與台北市的雙邊合作項目也在持續進行。

在公私部門夥伴關係方面，婦女館的運作與表現值得一提。依「促進民間參與公共建設法」，婦女館於 2005 年 1 月 1 日正式委由元智大學經營管理之後，即成為桃園火車站後站地區的重要多功能活動中心與據點。婦女館曾舉辦多項藝文活動、招商說明會暨成果展、婦女福利活動、成長學苑、商品展示觀摩、一般社會福利活動、心靈成長活動與婦女館自籌活動（如個人數位資訊展、漫畫與童書展、餐飲服務與生活服務業微型加盟展）等。元智大學也規劃將婦女館作為社區大學之中心，推動終身學習、社區關懷與社區總體營造。總計參與各項活動人數約 3 萬餘人次。婦女館亦設有餐廳，與治平高中建教合作，提供學生實習機會。[7]

文化局舉辦多項文化活動，均與地方團體或社區合作，如舉辦多年的眷村文化節，在 2006 年係與桃籽園文化協會合作，舉辦研討會等一系列活動。復興鄉角板山賓館亦已規劃委外經營。文化局亦推展社區總體營造，

---

[6]參閱桃園縣政府網站新聞稿，網址：

http://www.tycg.gov.tw/cgi-bin/SM_theme?page=4386bea1、

http://ctrl.tycg.gov.tw/cgi-bin/msg_control.cgi?mode=viewnews&ts=438182f0:46

b4&theme=&layout=。

[7]感謝桃園縣婦女館提供相關資料。

建構培力社區、培力潛力點、地方文化館（如眷村故事館與桃籽園文化協會合作，大溪鎮展示館與大料崁文教基金會合作），並組織志工隊（近年有志願服務法與志工章程為依據），推動社區文化資產守護（召募守護員）。

　　在民眾參與方面，桃園縣鼓勵市民參與的方式包括都市計畫、區域計畫依法公開展示、推動社區規劃師制度、縣長信箱等。這裡以動態的社區規劃師為例。桃園縣政府於 92 年度開始，委託都市計畫學會，推動社區規劃師制度，期望結合專業與民眾力量，共同塑造社區景觀，改造社區環境。至 94 年度為止，已辦理三屆，參訓學員數已達 206 人，結業人數 148 人，取得社區規劃師資格者 63 人（參閱表 7-5）。[8]以鄉鎮市分布來看，桃園市得到社區規劃師的人數最多，約占總數三分之一左右。地方工作站有 14 個，桃園市與龍潭鄉最多，各已設立 3 個工作站。各地方工作站的提案包括地方法院正門景觀改造案（桃園市工作站）、桃園市中泰里景觀改造案（桃園市第二工作站）、龍潭鄉三林村景觀改造案（龍潭鄉工作站）。[9]

表7-5　桃園縣政府社區規劃師制度辦理情形（92-94年度）

	參訓人數	結業人數	社區規劃師人數
92年度（第1屆）	63	58	32
93年度（第2屆）	81	57	21
94年度（第3屆）	62	33	10
總計	206	148	63

資料來源：桃園縣政府城鄉發展局景觀工程課。

　　社區規劃師的參與率因專業與誘因問題，參與人數有逐年減少的趨勢，但主管單位已擬定計畫，下一步將邀請社區或大廈管理委員會主委加入，以期推廣地方與民眾對社區規劃的參與。

---

[8]參與學員上完 100 小時的課程之後，個人提案並經專家學者評選通過，即取得結業證書與社區規劃師證書，未通過者則僅取得結業證書。
[9]感謝城鄉發展局景觀工程課提供相關書面資料。

二、問題

在桃園縣的都市治理當中，有些問題是結構性的，有些則是策略性與行動者的問題。

在整體空間規劃方面，桃園縣的縣綜合發展計畫中規中矩，階層分明，完全符合專業要求（鍾起岱，2004），整體的樣貌可說是 Hall（2002: 201-212）所說的主計畫（master plan）與系統規劃（systems planning）的綜合。主計畫是美國 60 年代中期的主流，透過調查、分析、規劃三階段，訂定目標與達成的方法。系統規劃則是依循操控學（cybernetics）的思維模式，控制空間規劃中各種要素與關係。但是，在這兩種計畫模式引導之下縣市的綜合發展計畫往往有諸多局限。

其一，「國土綜合發展計畫法」至今仍未通過立法院審議，注重體系與階層的縣市綜合發展計畫因此缺乏一個明確的依據，也得不到整體國土空間規劃體系的支援與依靠，仍須依據既有之「都市計畫法」與「區域計畫法」等，擬定並執行計畫。儘管宜蘭縣等縣市的綜合發展計畫已依據國土法草案，擬定其綜合發展計畫，但在國土法與相關法令就序定位（「國土復育條例」通過、「區域計畫法」廢止等）之前，縣綜合發展計畫的落實與執行成效仍有待考驗。再者，「國土綜合發展計畫法」將空間規劃權集中在中央政府手上，雖有事權集中之效，卻不一定有利於都市與區域空間的分工與整合，Kantor（2006）的荷蘭經驗研究，即指出中央政府集權對區域空間整合的阻力。

其二，前文所述的縣綜合發展計畫是桃園縣政府委託區域科學學會研擬，94 年度完成，95 年度即公布。該計畫其實是之前綜合發展計畫的通盤檢討與更新，僅具有指引與參考作用，並不具備強制的效力（但可解釋為依「區域計畫法」第 6 條而擬定）。縣綜合發展計畫應已將朱立倫的治理願景融合在內，但都市計畫是長期的、一貫性的工作，依據都市計畫法等相關法令辦理。不論有沒有縣綜合發展計畫，桃園縣的 33 個都市計畫（涵蓋面積約 33,000 公頃）都是一直進行的工作，如桃園站台鐵高架化、信東

藥廠舊址改為住宅區等，都是專業官僚一直在進行的業務。

其三，縣綜合發展計畫的規劃是否能夠落實，更需要中央與水平府際關係的緊密協調與合作。經建會住宅與都市發展處、內政部營建署市鄉局與縣政府城鄉規劃局之間並無直接的隸屬關係，住都處的國土空間規劃頂多是參考作用，市鄉局下所轄各隊則多半是接受地方政府委託，處理測量等業務。縣綜合發展計畫規劃的空間發展橫跨縣府多個局處，彼此之間能否克服法令的拘束，完全依照綜合發展計畫的路徑來走，也是艱鉅的挑戰。

其四，城市的發展不宜只是用簡單的統計分析或模型套用來解釋，而是必須注意到一座城市的地方政治與地緣政治對這座城市發展的助力與阻力。桃園本身雖有永安與竹圍漁港，但受限於地理條件，只能集中在漁業與衍生出來的觀光產業，無法成為國際商港。桃園縣要發展為國際航空城，因有既定的歷史與地理優勢，不是沒有可能。交通部的統計資料也顯示，桃園國際機場（原稱中正國際機場）在 2005 年亞太地區各國際機場的客運量排名第 13，比 2004 年上升 1 名（高雄國際機場則為第 30 名，比 2004年上升 3 名）。全球國際機場貨運量方面，桃園國際機場則維持第 13 名，與前一年相同。但在亞太地區客運量方面，桃園機場在 2005 年排名第 6，比 2004 年下降 1 名，高雄機場則從 2004 年的 35 名下降到第 38 名。在起降架次方面，桃園國際機場在 2000 年到 2005 年之間逐年增加，高雄國際機場則逐年下降。[10]但兩岸長期的政治對立與統獨之爭，造成直航無法正常化，卻已嚴重傷害台灣的競爭力。高雄市就是最直接的受害者，不但起降架次與亞太地區客運量逐年下降，高雄港近兩年的貨櫃裝卸量甚至原地踏步，讓位給中國大陸與東亞其他國家的新興港口，如上海的洋山港，僅維持全球第 6 名。[11]雖然桃園國際機場似乎沒有受到影響，但是從該機場進出

---

[10]參閱交通部網站統計資料（統計專題分析〈我國機場營運及 2005 年全球國際機場排名分析〉）：http://www.motc.gov.tw/hypage.cgi?HYPAGE=stat03.asp、http://www.motc.gov.tw/ana/20060822163428_950822.wdl

[11]參閱主計處國情統計通報（95 年 6 月 3 日），網址：http://www1.stat.gov.tw/public/Data/661410172071.pd。並參閱黃如萍（2006）。

口貨物分類分區統計來看,除了美國與日本之外,香港是最主要的相對進出口對象,其實也是以中國大陸為主。對日本是長期的貿易逆差,對美國則是長期的貿易順差,對香港則是出口大於進口,以二級產業的電力電器、其他製品為主。也就是說,在大東亞地區,除了日本之外,香港以及背後的中國大陸,已經成為桃園國際機場的主要進出口對象。[12]對一個志在成為國際航空城的城市而言,這樣的偏倚短期內可以維持桃園國際機場的競爭力,長期則不見得有利於航空城長遠的、均衡的發展。

在府際關係方面,儘管桃園縣的垂直與水平府際關係尚稱和諧,也有相當的合作成果,但受限於台灣政體制度性的障礙,以及政黨政治與垂直一致式政府、垂直分立式政府交錯所造成的政治矛盾(吳重禮、李憲為,2005),合作或整合的廣度與深度均有相當的局限。從財政資源分配來看,桃園縣與其他縣市同為統籌分配稅款所苦,與台北市、高雄市形成潛在的爭食關係。史美強的研究(文獻分析、郵寄問卷與各縣市財政局長的訪談)也發現,桃園縣與宜蘭縣之間呈現雙向合作的關係,與苗栗縣、台東及雲嘉南等七縣市為單向合作關係,與台中市、南投縣則為單向競爭關係,但並不在相互合作關係最緊密的群體之中(史美強,2005:114、138、160)。

有鑒於此,劉坤億(2006)提出行政法人的概念,主張以此搭配現有夥伴關係的合作模式,去除地方政府間發展合作關係的障礙,增加更多合作的機會。江岷欽等(2004)也針對台北市,主張從策略性夥伴關係出發,提出短、中、長程的縣市合作或整合策略。朱立倫本人受訪時也主張行政區域合併,打造都會區政府,以便統一事權,整體規劃、執行政策。這些建議都是建設性的、結構性的解決方案,但短期內恐難實現或進行。其他國家的經驗也顯示,都市空間的整合牽涉到諸多因素,只看法制面、策略面、經濟面是不夠的,還要看政治面與各個個案的脈絡、環境等因素。Kantor(2006)對荷蘭區域整合失敗經驗的研究,即指出這些結構性的問題(特別是中央集權的政治結構),值得比較分析與實務參考。由此觀之,桃園

---

[12]參閱交通部網站之 94 年度《交通統計要覽》。

縣在短期內只能停留在協調、爭取（垂直面）與合作、共享（水平面）的狀態。國外學者的比較研究不是指出政治因素的重要性（對美國、加拿大的跨國比較研究與美國境內都會區合作的個案分析）（Rothblatt and Sancton, 1998），就是指出美國都會區政府與治理演化軌跡中的實務問題與理論觀點的對比（Stephens and Wikstrom, 2000）。正因為缺乏結構性的解決方案，加上黨派政治、官僚體系運作不佳的問題，才會有諸多問題一再出現，影響到桃園縣都市治理的成果。茲舉兩例說明：

其一，桃園近年來缺水的問題既反映出國土空間規劃體系不夠完備的問題，也突顯出水資源管理的府際合作制度不夠完善，缺乏長遠的規劃與有效的管控。在精省之前，河川管理即呈現多頭馬車的狀態。宋楚瑜擔任省長時期，河川整治稍有改善。但水資源的管理仍傾向靜態的組織管理，缺乏全面的制度改革（包括中央政府的水資源管理事權統一，地方政府行政區域合併或組織都會型、區域型政府）、事權集中與動態的府際關係協調合作（曾怡仁、黃競涓，2000：251-254），才會導致桃園縣近年來缺水事件一再重演。

其二，法令（財政收支劃分法與稅法）、統籌分配稅款的分配方式不利於地方政府充分發揮。精省之前，地方財政捉襟見肘，本就司空見慣。精省之後，「地方制度法」與修正後的「財政收支劃分法」並未全盤改變中央集權的財政結構。許多原省府稅收有大部分改為國稅，如營業稅 60% 劃歸中央。新增稅目亦將多數劃歸中央，如期貨交易稅 100% 與菸酒稅 80% 劃歸中央政府。其他中央補助項目亦多有縮減，甚至較貧瘠地區之補助責任亦交給地方政府，不再全由中央政府負擔，導致地方政府財政負擔加重（張其祿，2001：149-152）。受限於相關法令的規定，儘管桃園縣創稅能力高於許多縣市，大部分稅收卻須上繳，導致財政困窘。依朱立倫的主張，桃園縣若能留下至少三分之一的稅收，許多建設不需要倚賴中央補助，即可直接進行。[13]雖然「公共債務法」、「地方制度法」、「地方稅法通則」、

---

[13]參閱桃園縣政府網站訊息，網址：

「規費法」等法令有助於地方增加財政能力，但受限於中央政府財政集權的結構、地方選舉政治的考量，縣市政府大幅增稅的意願有限，擴大公共支出的壓力（政績與鞏固派系、樁腳的考量）又大，財政紀律不佳，導致地方財政難有結構性的改善，甚至逐年惡化（林健次、蔡吉源，2003；蔡吉源，2006：131-132；蔡吉源、林健次，2006）。在桃園縣，儘管有「桃園縣地方稅自治條例」（2004年10月6日公布），但開徵之地方稅僅限特別稅課與臨時稅課（營建剩餘土石方臨時稅、景觀維護臨時稅、體育發展臨時稅）幫助有限。根據94年度《桃園縣政府統計要覽》，從85年度到94年度，桃園縣對中央補助的依存度本來從85年度的23.90%降到90年度的16.15%，中間雖有起伏，但自91年度起，依存度卻從27.85%逐年上升至92年度的30.65%、93年度的31.24%，94年度降至24.07%，但債務未償餘額比例卻從90年度之前的個位數增加到90年度的22.83%，之後更幾乎是逐年上升至91年度的34.15%、92年度的48.47%、93年度的38.80%、94年度的40.25%。

在政治領導方面，朱立倫任期屆滿之後，繼任者是否能夠懷抱同樣的或更強烈的意志與企圖心，延續朱立倫的治理成績，維持或提高縣政府行政機器的效率，解決朱立倫任內未能解決的結構性問題（包括財政負擔與水資源管理的問題）值得關注。下任縣長的黨籍身分與2008總統大選後中央政府執政黨的相對改變，可能形成另一種垂直分立式政府，或形成新的垂直一致式政府，產生新的府際關係結構與動態。下任縣長的政治資源、地方人脈與府會關係（桃園縣政府與桃園縣議會之間的關係，以及桃園縣議會中政黨席次與地方派系勢力的分布），究竟會成為新任縣長治理桃園縣的助力，還是阻力，也是值得關注的議題。

在策略夥伴關係方面，桃園縣政府多項委外案或OT案雖已完成，但仍有部分計畫因財政問題與中央政府配合度不足，導致計畫未能按進度執

http://ctrl.tycg.gov.tw/cgi-bin/msg_control.cgi?mode=viewnews&ts=453c91d1:d8e&theme=&layout=。

行或實施。例如，桃園縣政府規劃的高鐵青埔站區多功能巨蛋休閒園區已完成招商，但中央政府原來承諾的 33.5 億元補助卻因故拖延。[14]再者，如果中央政府或國家機關無法或不願協助、支持或投入資源，那麼地方政府規劃或進行的策略性夥伴關係就會受到負面影響，進而影響到地方國家空間治理的成效。筆者於 2006 年 11 月 11 日參加桃園縣政府文化局舉辦的眷村研討會，與會即有主講者與官員以眷村保存為例，指出這個政治性與結構性的問題。僅靠地方政府與地方文化團體的合作或夥伴關係，往往很難阻擋中央國家對地方文化保存與社區發展的破壞力，眷村改建就是最明顯的例子之一。

在民眾參與方面，桃園縣政府城鄉發展局委託謝登旺與王佳煌進行都市發展施政滿意度的調查，結果發現受訪民眾滿意度大約在中上程度，對都市發展的施政認知卻極度不足。對市容景觀非常滿意與滿意的比例占 47.3%，對公園管理非常滿意與滿意的占 53.1%，對城鄉局施政非常滿意與滿意的占 31.5%。在認知度方面，不論是中福計畫、13 個鄉鎮市區的都市計畫、都市計畫審議前公布之法令規定，不知道的比例都超過八成。不知道桃園縣正在進行道路景觀改善與推動鄉、鎮、市政府發揮地方創意與地方特色的輔導措施，也有超過七成（70.8%與 73.5%）。桃園縣政府推動的社區規劃師制度，意在以專業輔導社區民眾參與改善社區景觀，受訪者知道有此制度的比例僅占 12.0%，亦即不知道的占 88.0%（謝登旺與王佳煌，2006）。這個調查發現的意涵有四：第一，桃園縣政府鼓勵民眾參與市政的宣導尚有不足之處，需要設計、執行各種宣導策略，才能鼓勵民眾參與，或者至少知道、聽過社區規劃師的方案。只是把靜態的政策資料放在縣政府網站上面，恐怕還是不夠積極。第二，認知度不足影響到滿意度。滿意度的高低都可能是因為認知度不足所致。明明已經在加強推行的政策措

---

[14]根據公共工程委員會網站提供的資料「第九次協調小組會議結論辦理情形表」附表 2「促參案件列管情形及趕辦措施報告案」，該筆預算原定由 2008 台灣博覽會對桃園補助款內額度支應，但預算遭到立法院刪除。《中國時報》許萬達的報導則指稱體委會正式公文不同意補助。

施，卻因為宣導不足，導致民眾認知度與滿意度偏低。反過來說，認知度不足，也可能是因為沒有太明顯的負面印象，或者已經習慣某些不滿意的現象，那麼縣政府也不宜把這種滿意度視為對縣政府施政與公務員行政效率的直接反映。第三，台灣民眾不關心一般政策、自掃門前雪與功利主義等政治文化與社會心理因素，也可能是桃園縣民眾對桃園縣都市發展認知度不高的原因。結構性與環境性的制約造成認知度不高，也不宜完全歸咎於縣政府這種官方行動者毫無作為。第四，縣政府城鄉局官員也指出，地方上各種團體是否支持縣政府相關施政，也值得討論。例如，社區規劃師本是立意良善的制度，但某些相關團體之間的立場與考量互有出入，往往會影響到制度或計畫的實施成效。誘因不足，也不容易吸引社區或民眾參與。

伍、結論

本有的研究動機在於針對桃園縣這個迅速發展的新都市空間，盱衡桃園縣都市發展研究文獻不足之處，指出桃園縣近年來的發展特色，並建構都市治理的模式，檢視桃園縣都市治理的成果與問題。

本文第二部分描述桃園縣近年來快速的發展與特異之處。其一，桃園、中壢是台灣近年來人口成長最快的大都會區之一，五年內人口增加數為臺閩各縣市之冠。外籍配偶、大陸配偶、外籍勞工、持有有效外僑居留證之人數或比例在台灣各縣市中均名列前茅（外勞人數最多）。其二，桃園縣戶籍登記之原住民人數為全國第四多。其三，桃園縣的眷村分布相當密集，近年亦因社會結構改變、政策調整，遭遇拆遷、文化保存與族群互動問題。換句話說，這些人口異質與迅速發展形塑新的都市空間，為桃園縣的都市治理帶來許多挑戰。

本文第二部分也透過各級產業就業人口數、就業人口成長率與產業人口數之結構變遷、產業登記家數之變遷，指出桃園縣產業發展的重心已從二級產業為主，轉向二、三級產業並駕其驅之勢。產業結構重心的轉變，

表示都市空間的治理也需要調整規劃方向、思維、政策、策略與方法。因而問題是桃園縣的都市治理模式能否順勢因應，達成施政目標，處理人口結構變遷與產業結構轉換而產生的問題。

本文第三部分提出治理與都市治理的定義，確立都市治理的模型或概念矩陣，以便描述、檢視桃園縣都市治理的成果與問題，作為未來比較研究的基礎。治理並不表示國家機關全面撤退，治理也不只是公部門、私部門與第三部門彼此組織策略聯盟、政策網絡或委外而已。治理更必須納入空間的考量。準此，筆者提出一個都市治理的模式或概念矩陣，從空間規劃、府際關係、政治領導與官僚體系、公私夥伴關係、民眾參與等向度，論析朱立倫縣長與桃園縣政府治理桃園縣的成果與相關問題。

在成果方面，兩家雜誌連續數年的調查都顯示，朱立倫及其行政團隊的治理成績已有卓著表現。在縣市發展與競爭力、施政滿意度與整體表現上已逐年提昇。垂直面的府際關係尚稱和諧，水平面的府際關係則參與北台各縣市高峰論壇與策略聯盟，並與台北市簽訂雙邊合作協定。在公私部門夥伴關係方面，多項委外案已經完成或持續推動當中。民眾參與方面，社區規劃師是比較值得注意的計畫，也有相當的成果。

不過，桃園縣的都市治理也有結構性與策略方面的問題。縣綜合發展計畫係依都市計畫、區域計畫等相關法規，持續規劃與通盤檢討。在國土綜合發展計畫法通過生效以前，綜合發展計畫只有導引與參考作用。即使不看國土法，縣綜合發展計畫也沒有太大的強制性，而是看行政首長如何帶領，也必須落實到各局處的施政規劃與政策執行。國內政治與地緣政治對桃園縣與台灣其他縣市的發展，也有許多制約或局限的作用。在中央集權的憲政結構、行政體系與資源分配模式全面調整改變之前，府際關係及其背後的體制對桃園縣都市治理的助力還是有限，甚至可能產生牽制作用。在政治領導方面，繼任者的意願、能力、政治—社會關係、行政機器的運作，以及繼任者的黨派、意識形態取向（特別是統獨）和日後中央政府執政者的相對轉換、議會生態與府會關係等，都會影響到政治領導的效率、效能與運作。在策略性夥伴關係方面，多項委外案已完成或正在進行

當中，具有指標意義的多功能巨蛋休閒園區卻因中央補助承諾遲未實現，原地踏步。最後，在民眾參與方面，管道雖多，但受限於專業性（如社區規劃師）、政治文化與宣導不足等因素，一般民眾參與空間治理的程度仍嫌不足。

本文研究桃園縣的都市治理模式，有兩個研究意涵。第一，中央國家機關與地方國家機關扮演的角色仍然非常重要，包括整體都市空間的規劃、府際關係。行政首長的政治領導與行政機器的運作在桃園縣的都市治理中扮演導引與執行的角色。私部門、第三部門與社區則在這種結構與公部門行動者互動所構成的環境當中，參與桃園縣的都市治理，只是一般民眾參與的程度仍有局限。新自由主義的治理概念只重國家機關的撤離與公共建設、公共服務的私有化，實有欠缺之處。

第二，本文所提的都市治理模式或概念矩陣可以作為一國之內或跨國的比較研究的依據，也可以修改增添分析的向度，或是針對某一向度，進行更深入的研究與分析。這個模式當然不可能把所有的層面或因素均包括在內。學者也可以提出其他的或更完整的都市治理模式或概念架構，進行個案研究或比較分析。

本章重點

    1.都市治理。

    2.桃園縣。

    3.府際關係。

    4.夥伴關係。

    5.朱立倫。

參考文獻

一、中文部分

天下雜誌編輯部（2006a），〈幸福城市排行：5 大面向，體檢幸福競爭力〉。
　　《天下雜誌》，354 期，頁 104-111。

天下雜誌編輯部（2006b），〈人民幸福及縣市長滿意度調查〉。《天下雜誌》，
　　354 期，頁 118-123。

王文誠（2006），〈全球化趨勢下的都會治理：高雄的挑戰〉。《環境與世界》，
　　13 期，頁 35-56。

王志弘（2006），〈移／置認同與空間政治：桃園火車站周邊消費族裔地景研
　　究〉。《台灣社會研究季刊》，61 期，頁 149-203。

史美強（2005），《制度、網絡與府際治理》。台北市：元照出版。

江大樹（2001），〈論行政區劃與府際關係〉。《中國地方自治》，54 卷 6
　　期，頁 13-26。

江岷欽、孫本初、劉坤億（2004），〈地方政府間建立策略性夥伴關係之研究：
　　以臺北市及其鄰近縣市為例〉。《行政暨政策學報》，38 期，頁 1-29。

朱立倫（2004），〈台灣性格的再發揮與再創造：從桃園經驗談起〉。《歷史
　　月刊》，201 期，頁 115-121。

李雪莉（2006），〈朱立倫讓桃園改變看得見〉。《天下雜誌》，354 期，頁
　　124-126。

李雪莉、汪文豪（2006），〈城市群合作：才能立足世界版圖〉。《天下雜誌》，
　　354 期，頁 130-132。

利天龍、李宜萍、吳潔冰、顏粕菁（1997），〈桃園縣平鎮市的發展〉。《地
　　理教育》，23 期，頁 113-137。

呂育誠（2004），〈中央與地方夥伴關係的省思與展望〉。《中國行政》，75
　　期，頁 29-56。

林水波、李長晏（2005），《跨域治理》。台北市：五南圖書出版公司。

林美姿、江國豪（2006），〈啟動新一波競爭力：23 縣市大調查〉。《遠見雜誌》，239 期，頁 328-334。

林美姿（2006），〈拼創意，政府還要加把勁：國內首度創意城市調查〉。《遠見雜誌》，239 期，頁 346-355。

林健次、蔡吉源（2001），〈由十年歲出預決算看桃園財政〉。《財稅研究》，33 卷 5 期，頁 20-46。

林健次、蔡吉源（2003），〈地方財政自我負責機制與財政收支劃分〉。《公共行政學報》，9 期，頁 1-33。

吳瑟致（2005），〈從府際關係論高雄市的角色扮演〉。《中山學報》，26 期，頁 119-132。

吳重禮、李憲為（2005），〈政黨政治與府際關係：以 1995 年至 2003 年媒體對中央與北高直轄市政府互動的報導為例〉。《人文及社會科學集刊》，17 卷 1 期，頁 71-102。

吳重禮、許玉芬（2005），〈選民「垂直式分立政府」心理認知與投票行為：2002 年北高市長選舉的實證分析〉。《臺灣民主季刊》，2 卷 2 期，頁 1-30。

紀俊臣（1999），〈地方制度法所設計之府會與府際關係〉。《中國地方自治》，52 卷 10 期，頁 3-12。

紀俊臣（2001），〈臺灣府際關係緊張與解決之評析〉。《中國地方自治》，54 卷 6 期，頁 4-12。

紀俊臣（2003），〈地方制度法所設計之府會與府際關係〉。《中國地方自治》，52 卷 10 期，頁 3-12。

紀俊臣（2005），〈社會科學研究的新趨勢：都市治理的應用〉。《社會科教育研究》，10 期，頁 23-42。

紀俊臣編著（2006），《都市及區域治理》。台北市：五南圖書出版股份有限公司。

范錦明、劉麗蓉（2005），〈全球化或本土化：以高雄市都市發展為例〉。頁

27-37，收入顧長永編之《台灣與世界：地方化與全球化》，高雄市：高雄復文總經銷。

孫同文（2005），〈全球化與都會治理：我國直轄市發展的評估〉。《法政學報》，18 期，49-87。

唐菁萍（2005），〈桃園市與中壢市都市發展及機能的比較〉。國立臺灣師範大學地理學系在職進修碩士班碩士論文。

許萬達（2006），〈中央補助迄無下文，桃園巨蛋園區難產〉。《中國時報》，桃園焦點，C1 版。

陳立剛（2001），〈府際關係研究：區域治理問題及其策略〉。《中國地方自治》，54 卷 1 期，頁 20-29。

陳函謙（2006a），〈交通局：公車速率、運量增　年省 3,927 萬分鐘　民眾吐槽：啟用公車道　羅斯福路常塞〉。《中國時報》，C2 版，6 月 24 日。

陳函謙（2006b），〈官方數據，難以服眾〉。《中國時報》，C2 版，6 月 24 日。

陳洛薇（2006），〈公車專用道肇事高，交局反駁〉。《中國時報》，C2 版，7 月 29 日。

黃如萍（2006），〈運量獨憔悴，高雄港排名倒退〉。《中國時報》，A3 版，10 月 8 日。

黃國敏（2005），〈政策民意與施政滿意度之探討：桃園縣政府個案之研究〉。《空大行政學報》，15 期，頁 1-33。

曾怡仁、黃競涓（2000），〈府際關係研究分析：兼論水資源管理個案〉。《公共行政學報》，4 期，頁 241-257。

曾榮樹（2002），〈府際關係中地方補助制度之研究—以桃園縣政府與龜山鄉公所互動關係為例〉。銘傳大學公共管理與社區發展研究所碩士在職專班碩士論文。

張四明（1998），〈府際間的協調：問題與解決途徑〉。《行政學報》，29 期，頁 213-250。

張四明（1999），〈府際間的協調：問題與策略〉。《中國地方自治》，52

卷 3 期，頁 18-30。

張四明（2001），〈從府際關係運作的觀點探討我國山坡地開發管制政策之執行〉。《行政暨政策學報》，33 期，頁 77-99。

張其祿（2001），〈府際間財政補助政策之經濟效能分析：兼論我國地方補助款之執行與展望〉。《社會文化學報》，12 期，頁 133-157。

張瓏、洪鳳儀（2001），〈由松山菸廠規劃案看中央與地方之互動關係〉。《立法院院聞》，29 卷 6 期，頁 35-51。

趙永茂（2003），〈台灣府際關係與跨域管理的發展策略與途徑〉。《中國地方自治》，56 卷 7 期，頁 21-40。

楊瑪利（2003a），〈願景決定領導價值：二十五縣市長施政滿意度調查〉。《天下雜誌》，280 期，頁 122-134。

楊瑪利（2003b），〈差距極大，特色不明？二十五縣市競爭力排行榜〉。《天下雜誌》，280 期，頁 122-134。

葛賢鍵（1996），《透視民間投資參與公共建設：剖析 BOT／BOO》。自印本。

蔡吉源（2000），〈桃園地方財政（1998-2000）〉。《財稅研究》，32 卷 5 期，頁 1-20。

蔡吉源（2001），〈再論土地稅制改革：兼論桃園經驗〉。《財稅研究》，33 卷 6 期，頁 117-155。

蔡吉源（2006），〈當前地方財政困難及其解決方向〉。《財稅研究》，38 卷 3 期，頁 127-149。

蔡吉源、林健次（2006），〈統籌分配稅款分配公式的研究〉。《財稅研究》，38 卷 1 期，頁 130-155。

歐信宏、史美強、孫同文、鍾起岱合著（2004），《府際關係：政府互動學》。台北縣：國立空中大學。

劉仁撓（2002），〈我國地方府會關係之研究——以第十五屆桃園縣議會與縣政府互動關係為例〉。銘傳大學公共管理與社區發展研究所碩士在職專班碩士論文。

劉佩怡（2005），〈台灣「宗親政治」行程初探：以桃園縣為個案分析〉。《人文學報》，29 期，頁 19-36。

劉坤億（2002），〈全球治理趨勢下的國家定位與城市發展：治理網絡的解構與重組〉。《行政暨政策學報》，34 期，頁 57-83。

劉坤億（2006），〈臺灣地方政府間發展夥伴關係之制度障礙與機會〉。《臺灣民主季刊》，3 卷 3 期，頁 1-33。

賴如崧（1986），〈桃園及宜蘭兩縣雙中心發展之政經比較分析〉。文化大學政治研究所碩士論文。

廖依俐（2002），〈桃園都市景觀的詮釋：以巨蛋、景福宮為例〉。《師大地理研究報告》，37 期，頁 73-94。

鍾起岱（2004），《打造城市夢想：都市規劃與管理》。臺北市：秀威資訊科技。

謝登旺、王佳煌（2006），《桃園縣都市發展施政滿意度調查報告》。桃園縣政府城鄉發展局委託。

簡志雄（1985），〈桃園縣都市體系發展之研究〉，文化大學地學研究所碩士論文。

二、英文部分

Bailey, Nick, 2003, ''Local Strategic Partnerships in England: The Continuing Search for Collaborative Advantage, Leadership and Strategy in Urban Governance.'' *Planning Theory & Practice* 4(4): 443-457.

Hall, Peter, (1975) 2002, *Urban and Regional Planning*. London and New York: Routledge.

Harpham, Trudy and Kwasi A. Boateng, 1999, ''Urban Governance in Relation to the Operation of Urban Services in Developing Countries.'' *Habitat International* 21(1): 65-77.

Healey, P., Goran Cars, Ali Madanipour, and Claudio de Magalhaes, 2002, ''Transforming governance, institutionalist analysis and institutional capacity.'' pp.6-28, in Goran Cars, Patsy Healey, Ali Madanipour and Claudio de Magalhaes, Eds. *Urban Governance, Institutional Capacity and Social Milieux*. Aldershot / Burlington USA / Singapore / Sydney: Ashgate.

Kantor, Paul, 2006, ''Regionalism and Reform: A Comparative Perspective on Dutch Urban Politics.'' *Urban Affairs Review* 800-829.

Kearns, Ade and Ivan Turok, 2000, ''Power, responsibility, and governance in Britain' s New Urban Policy.'' *Journal of Urban Affairs* 22(2): 175-191.

Krahmann, Elke, 2003, ''National, Regional, and Global Governance: One Phenomenon or Many?'' *Global Governance* 9(3): 323-346.

Lefebvre, Henri, 1996, *Writings on Cities*. Selected, translated and introduced by Eleonore Kofman and Elizabeth Lebas, Oxford, UK: Blackwell.

Liao, Da-Chi and Tien-Chu Tsai, 2001, '''Order Beyond Design': Intergovern-mental Relations and the Downsizing of Taiwan's Provincial Government.'' *Issues & Studies* 37(3): 1-31.

Marinetto, Mike, 2003, ''Governing beyond the Centre: A Critique of the Anglo-Governance School.'' *Political Studies* 51(3): 592-608.

Newman, Peter and Andy Thornley, 2005, *Planning World Cities: Globalization and Urban Politics*. Basingstoke / Hampshire/New York, Palgrave Macmillan.

Ng, Mee-Kam and Peter Hills, 2003, ''World Cities or Great Cities? A Comparative Study of Five Asian Metropolises.'' *Cities* 20(3): 151-165.

Pierre, Jon, Ed., 2000, *Debating Governance*. Oxford and New York: Oxford University Press.

Rothblatt, Donald N. and Andrew Sancton, eds., 1998, *Metropolitan Governance Revisited: American/Canadian Intergovernmental Perspectives*. Berkeley, California: University of California.

Short, John Rennie, 2004, *Global Metropolitan: Globalizing Cities in a Capitalist World*. London and New York: Routledge.

Stephens, G. Ross and Nelson Wikstrom, 2000, *Metropolitan Government and*

Governance: Theoretical Perspectives, Empirical Analysis and the Future.
New York and Oxford: Oxford University Press.

Wang, Chia-Huang, 2006, ''Planning Taipei: Nodal Status, Strategic Planning, and Mode of Governance.'' *Town Planning Review* 77(3), forthcoming.

空間重建與城市風格：以高雄市「城市光廊」為例

◇內容提要◇

　　本文以高雄市「城市光廊」為例，說明近年來高雄市政府如何經由文化政策與空間重建來建構新的城市風格。經由政策與歷史文獻的探討、空間文本的分析、參與者的訪談來探索城市風格背後的社會意義，如品味、權力與文化資本等問題。

作者：王俐容　元智大學社會暨政策科學學系副教授
　　　章明會　東方禪設計公司負責人

每件藝術作品都是它那時代的孩子，也是我們感覺的母親。每個文化時期，都有自己的藝術，它無法被重複。

——德國抽象派藝術家 Kandinsky

壹、前言

近年來，文化與藝術在都市發展與更新過程中所扮演的角色與影響，普遍被關注與認知。在許多西方國家，例如歐盟國家、澳洲、美國或加拿大，以都市為基礎的文化方案（cultural programs）[1]成為主要的特色之一，例如「歐洲文化之都」的推出、或是英格蘭、蘇格蘭與威爾斯等地連結「創意產業」（creative industries）、「創意經濟」（creative economy）、甚至「創意階級」（creative class）的概念，強調區域的文化方案與規劃是極為重要的都市發展策略（Deborah Stevenson, 2004）。Graeme Evans 甚至指出，文化的生產與消費已經成為都市發展的新未來，雖然文化藝術作為都市更新的原動力可能帶來未知的社會改變（Evans, 2001: 267-268）。的確，許多都市的經驗都呈現出文化藝術在都市發展過程中的重要性，例如西班牙畢爾包建立古根漢博物館；巴塞隆納、愛丁堡與加拿大蒙特婁都以舉辦各種文化、藝術季作為都市形象的建構與經濟發展的主力；美國密西根州的首府則以「情調咖啡館、嘻哈酒吧、街道上的自動販賣機與特殊風格的公寓」來吸引創意階級的進駐並更新都市形象（Gibson and Stevenson, 2004）。

這樣的發展首先呈現出以文化藝術資源作為促進都市消費的趨勢。在後工業社會中，象徵經濟（symbolic economy）或是文化經濟（cultural economy）的重要性逐漸增加，許多的消費行為建立於符號或是文化意義之上，而產生 Ritzer 所指出的：文化成為都市消費逐漸重要的面向（Ritzer,

---

[1]相類似的辭彙還包括：文化方案（cultural planning）、文化事件（cultural events）、藝術方案（arts programmes）、創意產業（creative industries）、文化產業、藝術相關產業等等。

1999）。S. Zukin 也認為，在逐漸出現的服務經濟型態，文化已經成為都市作為一個新創意力量的再現的婉轉說辭，文化成為都市設施的總合，也成為有利於投資與就業、相對性優勢的因素（Zukin, 1995: 268）雖然在工業社會裡，文化與都市品牌結合的經驗已經存在，但是，連結都市地景的強化，與全球品牌的文化與藝術演出，並將兩者壓縮成為一個「夢幻都市」，確是 80 年代之後的後工業社會的新產物（Richards & Wilson, 2004: 1932）。這種成功的模式馬上就被認知，並開始模仿與複製。

貳、文化、藝術與都市發展

　　都市發展與文化藝術的連結是許多政治、經濟與社會因素交錯的結果。以歐洲的經驗來看，1970 年代之前，這樣的趨勢仍不明顯，直到 80 年代中期。關於這段時期的轉變，Franco Bianchini 與 Michael Parkinson 指出，當時有些因素造成這樣的結果。首先，政治上的「去中心化」——許多政治權力由中央下放到地方成為一種風潮——形成了都市文化政策的成長，特別是義大利、西班牙與法國 （Bianchini & Parkinson, 1993: 6）；再者，都市文化政策的政治化也具有相當影響，當時的文化政策開始與社會運動議題，例如性別、環保運動、社區行動、弱勢族群連結，使得「文化藝術」意涵開始重大轉變（Bianchini & Parkinson, 1993: 9-10）。之後，最主要的影響在於 80 年代新保守主義與新自由主義的勃興，將文化經濟的重要性大為提升；一方面歐洲國家，如英國、愛爾蘭、丹麥、德國對補助文化藝術的意願降低，迫使文化藝術組織為了生存而開始注意經濟面向的重要性；一方面對於文化產業所帶來的豐沛商業價值也不能小覷。因此，直到 80 年代末期，歐洲都市已經發現到文化方案對於都市發展的重要性，特別在於以文化來更新都市形象，吸引更多觀光客、外資的功能（Bianchini & Parkinson, 1993: 13）。

　　90 年代後，後現代社會的消費現象日漸突顯，消費產品所具有象徵符號、概念、形象、知識提供了人們自我認同的素材（Engin & Wood, 1999:

123），消費的重要性不是來自於商品本身，反而是商品所帶來的文化符號意義。這樣的消費趨勢為都市發展帶來兩種不同的影響：首先，在全球化的競爭下，都市之間建立自我鮮明符號形象的競爭更加劇烈，不同的都市紛紛經由文化符號的建構來更新自我的形象，以免消失在全球化的符碼浪潮之中；再者，文化符號的消費也促成文化創意產業的發展。因此，以都市符號形象的建構加上文化創意產業（creative industry）的理想結合，開始從歐洲、美洲、澳洲蔓延到其他地區。隨著成功「創意之都」的例子增加，如格拉斯哥（英國）、巴塞隆納（西班牙）、畢爾包（西班牙）、鹿特丹（荷蘭）、雪梨（澳洲）或是蒙特婁（加拿大）等等，全球多數的都市或地方政府希望追隨這類成功的模式，來增加都市的吸引力，並解決原有的社會問題（Stevenson, 2004: 122）。

在這些不同的歷史與社會背景之下，許多不同的都市文化方案大量出現，可依形式的不同簡單區分為以下幾類：

1. 文化活動的製作：如文化的儀式與事件、土地的使用、文化創意經濟的方案（如 PUB 文化）、及各種藝術節目、展演活動等等。
2. 空間形式的建構：如特殊都市空間的安排、街景的設計、公共空間的規劃、文化藝術建築的興建、歷史古蹟的經營等等。
3. 人文意義的賦予：經由論述、影像符號、民間故事等各種形式的文本來賦予特定的人文意義、生活風格、歷史意識與地方感、都市形象等等用以凝聚地方居民意識或吸引外來者（Montgomery, 2003: 295）。

若從文化方案背後的論述來做區分，大約有都市行銷、地方認同、社區活化、公民參與及解放、美學與藝術、社會融合、生活品味、消費娛樂等等不同面向，這些面向都與城市風格的建構有密切的關係。

參、城市風格的意義與建構

當代的城市就像科特勒所指出，已被視為一種廣義的城市品牌。品牌一詞的英文 brand，原意是在牲口身上烙印做記號和標識，讓人一眼即可辨認出來；而「城市品牌」的課題，就如同一個城市為自己烙上一眼可辨的標誌。特別在於觀光旅遊中，旅遊促銷者利用都市品牌吸引遊客，如：蘇格蘭的格拉斯哥在 1980 年代中期推動改進形象的活動「格拉斯哥邁向更美好」（Glasgow's Miles Better）的促銷活動，包括：使用容易再製的識別圖案（Logo）；在建築物上使用新藝術派以曲線裝飾樣式；設計各種有特色的建築物，並在將建築物印成圖畫或信紙廣為流傳。這種符號策略成功的使觀光客數量在十年間從 70 萬膨脹到 300 萬（Bianchini & Parkinson, 1993）。

但城市風格除了品牌意象之外，如同每個人擁有自己的生活風格，城市也能展現出一種自我的風格。Wirth（1964）指出，城市的特質在於「城市作為一個經濟、政治和文化生活的創造與控制中心，能夠把最邊陲的社區納入其中，並且把不同區域、族群合活動編織成同一個宇宙」（Wirth, 1964: 61）；如同 Simmel 所稱的「共同體的生活風格」，其內容包括：建築、大眾運輸、餐飲、居民活動與互動方式等等（Simmel, 2001: 74）。

消費學者劉維公也指出，當今的社會已經是一種「風格社會」，風格為現代人生活群聚的形塑力量，成為集體歸屬感的基礎（劉維公，2006：26）。而風格也並非只作用於個人之上，風格也成為地方競爭力的優勢所在，包括了空間美學的呈現、獨特的形象與吸引力、文化娛樂的魅力等等。例如：S. Zukin 所描繪紐約曼哈頓地區的變化即可以呈現出城市風格的重要性；曼哈頓從成衣工業血汗工廠地區，經過了去工業化，轉變為波希米亞（Bohemian）藝術家占有工廠廠房空間，而轉成家庭閣樓（lofts）。這些具有波希米亞風格的藝術家為重建工業房地做出某些美學品味的表達方式，使得該地區「有意思」（interesting）了起來，隨之開始開設的藝術畫廊和一些特色專門店，更增加這個區域獨特的吸引力（Zukin, 1995）。

除了波希米亞的藝術家需要居住在有風格的城市之外，Florida 指出，創意階級也喜愛具有城市風格的區域：充滿著咖啡館、街頭音樂家、小畫廊與小酒館的街頭文化（Florida, 2002: 241）。為什麼呢？因為創意階級的生活方式是渴求生活經驗，充分去體驗生活，而城市風格的重要性即在於，讓居民能夠體驗到生活美感與多元經驗：從街道、社區、河岸、夜色、公共藝術、特殊建築等等城市空間之中，領略與經驗到各種美感及韻味，或體會到當地特有的歷史、文化與自然環境等深刻的意義。為了吸引更多創意階級的入駐，許多城市積極的思考如何建構更為鮮明的城市風格。

但是要如何建構城市風格呢？Lynch 曾指出城市實質型態的五種基本形式：通道（街道、鐵道、運河等等）；邊緣（指的是一種界定範圍的線型元素，兩個面之間的交接介面，如圍牆或是柵欄、海岸線等等）、區域（組成城市的小片段部分）、節點（集合匯聚的廠所、交通往返必經之地）與地標（Lynch, 1960）。這五種基本形式的美化可以明顯影響城市風格的形成。除此之外，公共藝術也逐漸在台灣城市風格的發展中受到重視。

公共藝術的概念出現的較遲，大約在 1930 年代的美國，是當時羅斯福總統所提出的新政（New Deal）的項目之一，主要目的在於創造一個公共投資的新市場，以協助藝術家度過經濟蕭條的年代（楊子葆，2005：7）。但遠在公共藝術的名詞出現之前，藝術作品已經在許多的公共空間出現並展示，成為權力的象徵、光榮的紀念與民族認同的元素，多半以尺度宏偉、史詩主題、歌功頌德的紀念碑或雕塑出現（楊子葆，2005：8）。但今日，藝術已經逐漸脫離傳統精英的定義，逐漸走向大眾，為全民所有；公共藝術更是如此，所包含的範圍相當廣泛，除了藝術作品之外，楊子葆指出，當公共藝術被要求切進、融入並直接感染、影響市民的真實生活時，城市裡的街道家具，如柵欄、迴廊、電話亭、郵筒、道路標示、公車亭及座椅等等，其美學造型、顏色、材料、與週遭環境的搭配、創意設計及與市民生活的互動關聯，也成為公共藝術來展現城市風格的重要部分，作為凝聚共同記憶、串聯城市空間結構、塑造城市意象的「微形作品」（楊子葆，2005：26）。同時林燡俊也指出，許多亮眼的新興城市，不約而同地將設

施藝術視為城市建設中重要的一環，公共環境中林立的設施，是構成城市形象的元素，也是詮釋一個特地場域特色的重要語彙（林熺俊，2005）。

除此之外，城市風格的形塑也與行動者（agent）：居民的活動有著重要的關聯，城市居民經由在城市空間中安排各種政治、經濟、文化與社會活動，以其生活方式來表現出特定的生活形式，從而影響了城市風格的展現（石計生，2001）。因此，除了「城市光廊」的空間重建之外，其帶來的「咖啡消費文化」也對高雄城市風格造成新的影響。

肆、「城市光廊」：重建背景與發展過程

高雄市一直予人工業城市的印象，中央政府在高雄市的都市發展面向上，也常以經濟發展為考量，從歷史的脈絡來看，這是從日治時期至國民黨主政時期，一直流傳下來的治理主軸，就連在蘇南成市長、吳敦義市長任內，儘管推動了不少藝文發展空間和展覽，仍擺脫不了「文化沙漠」[2]的窘境；然而，自從 1998 年謝長廷當選市長之後，為了實踐其當年在高雄市長選舉時的訴求之一，就是促進市民藝術文化讓高雄市走出「文化沙漠」的城市印象，而開始有了變化。文化藝術方案似乎慢慢在高雄受到重視；首先，基於某種南北平衡的政治考量，原本長期在台北舉行國慶的煙火，自 2000 年開始移到高雄舉辦；以及接下來 2001 年的元宵燈會也是如此，經由這樣的活動，高雄市政府開始感受到大型活動以行銷與重新建構城市形象的重要性。之後，高雄市政府開始以「行銷高雄」為核心任務，辦理許多挖掘高雄人文故事、展現在地特色的活動，並致力推動高雄文化重建、高雄自尊再造，和行銷高雄價值、創造利益共享的結合，而成為一種都市建設的策略。2001 年 10 月，市政府邀請世界三大男高音之一的卡瑞拉斯

---

[2] 高雄被視為「文化沙漠」往往是相對於台北市藝文活動的發達，而被約定俗成的用法，如 2004 年《聯合報》報導指出，高雄市常被人笑是「文化沙漠」（呂昆樺報導，《聯合報》2004 年 11 月 27 日）。

（Jose Carreras）到高雄為市民開唱，接著推出的城市光廊計畫（2001）與貨櫃藝術節（2001）；並在謝市長尋求連任競選前完成小港花卉市場開幕（2002），與高雄市電影圖書館的設置（2002），這些文化方案受到市民與輿論的歡迎，使得謝長廷連任成功後，繼續文化藝術活動的推廣，如市民藝術大道、高字塔文化園區與駁二藝術特區等地，舉辦貨櫃藝術節（2003）、國際啤酒節（2003，2004）等藝術活動，結合文化藝術推展與市容更新，進一步打造新高雄市的形象。

「城市光廊」可被視為是高雄市一系列開始由文化藝術來推動城市形象更新、凝聚市民認同、創造城市風格的文化政策中一個重要的切點。「城市光廊」雖是一個偶然的開始，但卻出奇的成功，使得公共部門的政策轉向，開始更加注意到城市風格打造的重要性，也發覺結合文化藝術與政治的置入性行銷，的確是一個容易受到矚目的治理方式。

再者，「城市光廊」的位置，地點就在高雄市的市中心，原本是五福路上、從中山路口至中華路口的一條帶狀廊道，位置在高雄市的中央公園，中央公園內有體育場，左側隔一條馬路即是昔日高雄市最具知名度的大統百貨公司，右側臨中華路圓環，中央公園位居高雄市的中心地段五福商圈，1995 年因為受到對面大統百貨公司火災的影響[3]五福商圈頓時失色，商機黯淡，也間接影響了中央公園旁的熱鬧景象，多年來顯得消沉。

2001 年高雄市政府建設局執行了 123 個公車站的改造計畫，當時評審委員之一的林熺俊，經由各評審委員同意後，在委員會中提出了得標廠商應回饋高雄市民的建議，即由公車站改造計畫的得標廠商提撥新台幣 1,000 萬元，委託設計單位及施工廠商於中央公園地點，以美化市容，改善街道

---

[3] 大統百貨民國 64 年開幕時，是台灣最大百貨公司，擁有全台第一部透明電梯，有著許多的光榮歷史，一度成為高雄市地王的寶座。84 年 10 月 30 日凌晨火災過後，卻一直閒置著，百貨公司所在的五福商圈也頓時失色，商機黯淡。民國 94 年 4 月大統百貨公司向建管處申請拆除執照，於民國 94 年 5 月初獲同意發給拆除許可，將原有九樓建物拆除四至九樓，僅保留地上一至三樓及四樓的部分空間。一樓將作為百貨商場、二至四樓作為停車場。

環境；同時並提出提出街道計畫方案並執行完成。完成後，以得標廠商的名義捐贈高雄市政府及高雄市民，這個想法受到支持並執行，也因此林熺俊即成為回饋方案的策劃主持人[4]。林熺俊接手後，積極邀約藝術家與設計家共同打造這條帶狀廊道，並給了一個名字，即為「城市光廊」，他指出：

圖 7-1　城市光廊第一期（研究者拍攝）

圖 7-2　城市光廊第二期（研究者拍攝）

為什麼叫「城市光廊」這個名稱？2000 年的時候剛好是第一年阿扁當選，然後第一次把台北的燈會（過去就都是把全國燈會放在台北）移到給高雄市，所以高雄市第一次辦燈會是在 2000 年，然後那時候主辦的市政府提出一句 Slogan，就是一句文宣口號，除了燈會外，他們有一句口號叫做，「高雄亮起來」。所以我們延續這個概念，希望高雄繼續亮，而有了「城市光廊」的名稱（林熺俊訪談，2005）。

---

[4]林熺俊訪談，2005。

2001 年第一期的成功之後[5]，市政府開始第二期「城市光廊」的規劃，相較於城市光廊的第一期是一條街道的帶狀路徑，第二期仍延續此路徑，設置可聚眾、表演的節點。在設計的元素中，藉著高雄都市環境的特有風貌：水、綠、光、藝術等元素來建構城市光廊的意涵，形成水的延展和展演場所。

伍、「城市光廊」的公共藝術：光、藝術與水

城市光廊將高雄轉化為光之城，讓高雄市中心的夜晚亮了起來。城市光廊運用的空間符號有：「光」、「藝術」、「水」；本節將從城市光廊所延展出的三個主要的符號──「光、藝術、水」來論述。

「城市光廊」第一期由九位高雄在地的藝術家（謝長廷除外）合作規劃[6]，以「光」為主題，結合「高雄為家」的意象，設計出一系列的作品：若以高雄為家，則公共設施等同家中的家具；都市街道（家具）的視覺整合，使很多政府單位的整合在此出現，為了表現都市與街道的關係、街道與街道之間的關係，所有設計都是新的設計（裝潢）形式。因此，五福路邊的人行道，經過藝術家的一番巧思後，使得包括公車亭（圖 7-3）、紅綠燈、電器箱、垃圾桶的街道家具，都增添了一股藝術氣息，呈現出環境藝

---

[5]城市光廊原本只是臨時性的景點，本是高雄捷運的預定地，雖然為了美化公車站而生，但卻要為了高雄捷運地下停車場和地下商店街的營建而結束短暫的生命。但是在第一期「城市光廊」推出廣受市民好評後（數次於市府施政滿意度的民調中居第一名），於是協調捷運的廠商，將原本要銷毀重建、成為高雄捷運的停車場和地下商店街的城市光廊，經廠商更換合約，而保留下來，相關單位將計畫變更，並運用原本要興建地下停車場和商店街的預算約 2 億元，用來建造美化未來的中央公園，並先提撥 2,000 萬來延續施作第二期的城市光廊。

[6]城市光廊的藝術團隊：林熺俊、蘇志徹、林麗華、陳明輝、黃文勇、潘大謙、劉素幸、王國益、陳建明與謝長廷。資料來源：
http://s91.tku.edu.tw/~491090535/kaohsiung/2-11.htm。

圖 7-3　城市光廊公車亭（章明會攝）

術的整體規劃感。九位藝術家的原創作品、加上市長發起的「SMILE—2001
希望之牆」共 10 件藝術品，分散在設計團隊認為它們最適得其所的位置，
讓市民行走在光廊中，可以感受到藝術與生活的融合。

　　「光」為主要的重心，從廊道的開端（中山路端）有一座會發光的玻
璃平台，是由主持規劃光廊的藝術家林熺俊所設計，在搭配各式彩色燈光
的變化之下，更添炫麗。（圖 7-4）

圖 7-4　城市光廊的玻璃平台

資料來源：國立中山大學管理學院

城市光廊的藝術作品每件預算只有１０萬元，這個有限的預算限制了作品的材質，所以，作品背景結構，大多以未經修飾的水泥板模為背景，再加上主題式的材質表現，例如蘇志徹所設計的這件「人、狗、梯、門、窗」（圖7-5，圖左）的創作，簡單的五個符號，引導觀賞者對於「家」的想像空間，在夜晚透過燈光的照射，更是別具風情（圖7-5，圖右）。

圖 7-5　蘇志徹的「人、狗、梯、門、窗」
（圖左，章明會日間攝影；圖右，章明會日間攝影）

　　又如陶藝家林麗華創作的「太陽之頌」（圖7-6），以稍加修飾的水泥材質背景，加上最能表現高雄特色的「金」、「土」、「鐵」的元素，用抽象的符號展現高雄市的陽光、力與萬物共生的包容，以及高雄人的熱情、善良的氣度。

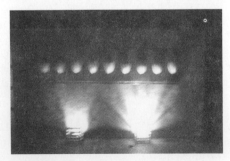

圖 7-6　林麗華的「太陽之頌」
（圖左，章明會日間攝影；圖右，章明會日間攝影）

除了上述兩件作品外，還有「城市光廊」迴廊上的其他作品（圖7-7）。
我們暫且不論其藝術作品的表現意涵，以作品的材質為出發，觀看其本身
的藝術特質；基於有限的成本，創作者運用簡單的處理手法，裸露出水泥
結構的背景材質，呈現出一種粗獷的感受；但在光線的襯托下，另有一種
剔透感。

圖 7-7　城市光廊公共藝術迴廊
（圖左，章明會日間攝影；圖右，章明會日間攝影）

　　城市光廊第二期加入了水岸元素（圖7-8），可被視為一個公園和自然
的結合，城市光廊的人造水流，提供市民與水親近的機會，解開台灣人長
久以來對水懼怕的歷史束縛，為城市光廊添增新的水景意象，拉近市民對
海洋城市訴求的陌生感，親水空間既為象徵符號，也符合自然生態的環境
營造，事實上，高雄形象可以是水岸的，因為高雄有港口和浪漫的愛河，
還有熱情且富人情味的市民。

　　展演場所是第二期城市光廊的重要概念，它提供了當代藝術一個定期
展演的空間場域。當然，代表青少年流行文化的演唱會或簽唱會也不能免
俗的在此展演，形成了流行文化的一環。但是，表演藝術活動卻也令露天
公共空間的管理問題和環境維護問題一一浮現，民眾的行為在公共空間的
隨性表現，可以透過下列四張圖片清楚觀察，從休閒的坐椅與談天的長者

圖 7-8　親水公園（章明會攝影）

（圖 7-9），到推著嬰兒車四處恬遊、不必擔心交通安全的阿嬤（圖 7-10），
還有咖啡座上忙裡偷閒的沉睡者（圖 7-11），和在休息區睡姿交錯的旅人
（圖 7-12），都可以看出市民把城市光廊當成家的延伸；但是城市光廊是
公共空間有其公眾性，所以將城市光廊當做家的概念是精神層面，或是客
廳的概念如（圖 7-9），而不是像臥房或起居室的私密空間（圖 7-10、7-11、
7-12），可見空間的更新與市容的維護或許是比較容易的事情，而市民行
為的改變則需要較長的時間。

圖 7-9　城市光廊一角──休閒坐椅　　圖 7-10　城市光廊一角──推著嬰
　　　　上談天的長者　　　　　　　　　　　　兒車的阿嬤
（章明會攝）　　　　　　　　　　　　（章明會攝）

圖 7-11　城市光廊一角──忙裡偷　　圖 7-12　城市光廊一角──睡姿交
　　　　　閒的沉睡者　　　　　　　　　　　　錯的旅人
（章明會攝）　　　　　　　　　　　（章明會攝）

　　「城市光廊」的這個「光」，劃破了高雄市的夜幕，為更新城市風格
露一曙光，這個「光」也成為城市更新的一個指標，從此「光」的概念不
斷延續與發展，並在高雄市的許多景點一再被複製和強化，使高雄儼然成
為一個光之城。但是接下來的發展，到處都在模仿城市光廊「光」的形式，
高雄市的公共空間，到處都在模仿城市光廊中「光」的形式，無論是人行
道樹、文化中心的藝術大道、愛河兩岸的咖啡座區、高字塔的咖啡館、新
光渡輪站的咖啡座區。太多的公共空間亮起來，雖然真的實現了「高雄亮
起來」的口號，卻也在全球化的消費模式和同質性的視覺場域充斥下，同
時失去了地方的獨特性，並造成環保人士的抗議，認為大量使用燈光造成
能源的浪費等等。如同樹德科大視覺傳達設計系副教授兼系主任蘇志徹所
言：

　　「城市光廊」的效應造成了，因為他的成功，一時之間受到太多的矚
　　目了，結果現在到處都在模仿「城市光廊」，後遺症是，大家都在做
　　這個東西的時候有沒有想到：台灣需不需要這麼多的「城市光廊」？
　　是不是需要這麼多的夜間光源？對環境是好是壞？後來的高雄市人行
　　樹在夜間都打上了光，強烈的光線卻有可能對生態造成傷害，這樣做

適合嗎（蘇志徹訪談，2005）？

所以，「城市光廊」的效應是有其正面與負面的影響，在我們深思未來的發展方向時，這些都是值得我們探討的。

陸、「城市光廊」與新咖啡消費文化

「城市光廊」的確引來人潮後，但如何停留下人潮呢？主要因素在於「城市光廊」設置露天的咖啡座，能使市民在位於車水馬龍的市中心街道上，一邊品嚐咖啡，一邊欣賞光廊裡的藝術作品、或是晚間的藝文活動：如各種音樂表演等等。同時露天的咖啡座也營造出消費和休閒的氣氛，符合了現代的消費模式：市民來到這裡，不只是消費咖啡，也是欣賞藝術作品，得以提升了消費者的品味，形成一種新的「生活風格」。

因此除了「光」之外，結合咖啡消費的「城市光廊」也帶動了高雄市公共空間的「咖啡消費化」，「城市空間咖啡消費」成為都市形象再結構的實體工具，也成為城市文化治理的象徵和物質框架，而支撐了都市文化治理與包裝都市發展更新的空間符號。經濟利益一向是都市文化計畫的重要目的，這是無可避諱的事實，然而在「城市光廊」的經驗裡，消費與文化藝術之間，除了看到了營收，更製造出一個意外的產品：一種新流行生活風格的誕生。

「城市光廊」是高雄市第一個常態在公共空間販售咖啡的例子，所以非常容易引起矚目，首先浮現的問題是如何解決適法性的問題，在「城市光廊」出現以前，公園是不可以有音樂的，所以高雄市府起初受到很多批評，但因為民眾反應很好，為了令「城市光廊」合法化，公共部門訂定了一個叫「高雄市公園自治條例」的法條，來解除在公園裡播放音樂、演唱和販賣咖啡等商業行為的禁令[7]。這是一個關鍵，後來愛河的黃金水岸等等

---

[7]高雄市公園管理自治條例已於 2001 年 11 月 19 日修正公布實施，另於 2002 年 5 月 2 日高市府工都字第一八六七六號函訂定新方案，其中第四項全文：

公共場域，都依照這個條例來執行，這也是讓高雄市許多公共空間都亮起來，也可以販售咖啡的原因（林煒俊的訪談，2005）。

此外，「城市光廊」背後隱含的究竟是誰的想像？其中是否隱含著階級的矛盾？如同 Garcia（2004）對於格拉斯哥文化政策的批評，認為當局在建構都市形象與推動文化藝術活動中，忽略了以工人階級為主的文化主體；學者 Richards 與 Wilson（2004）關注對於都市文化政策導致日漸消費化的結果，或是可能造成對許多當地的原有文化藝術具有潛在地侵蝕、或是變形的效果（Scott, 2000）的問題，也值得在高雄市的經驗中被關注。確實，高雄市的都市文化計畫也逐漸走向中產階級式的消費趨勢，市民在消費餐飲的歷程中，則亦是在消費符號及符號所承載的社會意義。而這些可能是都市所嚮往的美好品質，除卻社會布爾喬亞階級追求菁英文化下的差異消費，無非是全球化資本主義的擴張以及市民對於日常生活文化消費的意識提升，藉以鞏固自我形塑的文化休閒空間所具備的象徵化、美學化，以及正當合法化（王志弘，1997）。換言之，消費已不再單純只是成為實用的價值定論，而是成為一種社會象徵與階級溝通的媒介功能，也是作為社會不同階層的區辨準則，以宣稱自己的休閒消費品味是否具備其優越或正當性，並指涉不同社會階層因其共有的習性所展現出秀異的休閒消費品味（taste），同時也最能表現出自我的社會位置。具體而言，不同階層的個人會運用他們所能掌握經濟資本和文化財、教育資本，展示各自特有的言行，用以將自己從其他低下的文化品味區分出來。藉以排除異己的休閒方式，就好像文化菁英者透過語言企圖建構出一種高雅的休閒活動，以便去除一些低層、草莽、膚俗的休閒文化。這說明了每一個社會階層的人們都積極地想獲取對於自己是最大利益的象徵，具體競爭方式是藉由凝視關係與語言宣稱，以確定自己的休閒品味具有正當性，以及達到區分自我與

依本方案核定之都市計畫園道用地使用空間，得作下列使用：

（一）露天咖啡座。

（二）簡易餐飲設施。

（三）其他依照高雄市公園管理自治條例規定且不影響原設施功能之使用。

異己之階級分隔意識。在「城市光廊」空間與文化消費的召喚下，生活美學也逐漸由過去的草根文化，轉向對於中產階級咖啡文化的追隨，對於傳統文化與價值造成新的衝擊，並使得高雄市工人階級的文化受到忽視。

　　同時，「城市光廊」帶動咖啡消費的流行，也必須放在全球化的脈絡下來看。劉維公（2003）曾指出，消費本身即具備有全球化的時空連結力與文化穿透力；消費商品往往以大量複製的方式將全球與在地連結起來（劉維公，2003：152）。「城市光廊」所包含的光、藝術與咖啡三元素，或許在高雄市（或者台灣）具有開創性，但若放在全球化的背景下來看，卻是許多大城市早已複製過的經驗。為什麼是光、藝術與咖啡？而不是光、藝術與茶或是海鮮攤加上啤酒？除了從階級文化得以解釋之外，全球化的影響也是難以被排除的。無論主事者有意識或是無意識的被影響，「城市光廊」讓高雄市與全球化為範圍發展的消費文化接軌，經由咖啡及其所承載的象徵意義，成為超級語言與風俗習慣等差異的共同文化經驗與體會，加速文化全球化的發展。

　　所以，城市風格往往是文化與經濟的聯繫，表現在消費美學和指引、都市獨特風格、地方感與地方意象，以及直接與藝文活動和產業的聯繫等。從物件本身的商品化、商圈和特色店家消費的描繪，到人文史蹟、自然景觀的遊憩可能性，都在城市記憶書寫的提點下成為文化經濟的一環，牢牢抓住了需要意義，居民得以從消費中獲取新的意義。雖然個人時尚消費的獨特生活風格是一種選擇的過程，但這些個人生活風格所形成的「城市風格」，也是當代認識和體驗城市，產生記憶和認同的基本場域。

柒、「城市光廊」與市民公共參與

　　因此，城市風格是城市文化消費和都市政治運作的重要象徵，市民的消費習慣與市府的治理手段塑造出一個城市的風格，城市風格的場域不僅涵蓋了文化政策的領導權和文化經濟這兩個主要部分，也牽涉到人們對城市生活經驗的詮釋，及市民社會的形構。如同 Evan（2001）指出，文化藝

術作為建構城市風格的工具，卻往往面臨到在地方認同的建構上或是居民意見的凝聚上，可能就比過去還要更為複雜。什麼可以代表這個都市？使用的符號象徵代表哪一階級的文化？是否能夠在這些文化藝術活動中積累出公民意識與公民社會的可能？以格拉斯哥為例，1990 年的歐洲文化之都的活動並沒有擴大居民的文化參與；對於都市邊緣地區的問題沒有改善；也造成當地社區的疏離（Garcia, 2004a: p.108）。

關於市民公共參與的問題，顯然也是「城市光廊」設計者在意的問題，特別對於林熺俊而言，「城市光廊」的重要性不只在於利用城市空間的重建來形塑新的風格，而是在於公共性的表徵。首先，「城市光廊」位處於城市的市中心公園，不單是一般的社區空間，而是一個高雄市「整體」市民都會參與的公共性空間；再者，「城市光廊」在規劃與設計的過程中，藝術家（10 位）受到尊重，將公共藝術的設置意義重新顯示於這個空間之中（林熺俊，2005：65），換言之，「城市光廊」經由這 10 位藝術家的「公共參與」（而非市政府文化行政人員主導）具有深厚的意義，因為他們的參與彰顯了公眾對於公共空間的理想；最後，林熺俊特別以謝長廷市長的作品「SMILE」為例（圖 7-13），這個作品是謝市長號召 2,000 個市民寄來的笑臉照片作為材料製作而成，林熺俊認為，當市民願意繳交照片的同時，即彰顯了共同參與的角色意義，也突出了市民「公共參與」的意義（林熺俊，2005：53）。

圖 7-13
「SMILE—2001 希望之牆」
（章明會攝）

的確，高雄市都市文化方案並不只更新市容、打造都市形象，更進一步結合「市民論述」、「解放」的語言來召喚市民認同。例如市民藝術大道，召喚的是「生活藝術化，藝術生活化」的市民歸屬，高雄市府也多次在廣場和步道上進行文化性的空間活動，如高雄國際鋼雕藝術節、全國鋼板踢踏舞大賽、市民藝術大道──廣州戀人絮語徵文活動等。但是，「市民」的概念顯然具有某種中產階級的性格及國家監控的結果。為了市民大道使用品質的維持，於是利用無所不在的電眼監視系統、定時巡邏的警察、上鎖且稀少的垃圾桶（防止遊民撿垃圾）、精心設計半圓形無法在上躺臥的休閒座椅、裝有夜間自動灑水裝備的草坪（防止遊民睡覺），午夜關閉的公共廁所等空間控制手段，以防止所謂行為不宜的人停留在該「開放空間」內的管理策略。因此，「市民藝術大道」雖隱喻解放城市歷史包袱，但是值得深入思索的，乃是它召喚著什麼樣的市民？誰的文化？誰的藝術？誰的大道？更進一步，市民或是 NGO 團體，在這些都市文化計畫中，又如何去理解與互動？造成哪些緊張關係？這些往往都是文化政策制定者需要更深入探索的。如何建立有效的參與機制，促使社區與市民能更主動參與城市風格的建構，進而提升整體的公民意識，是高雄市政府應該持續強化與關注的問題。

捌、結論：「城市光廊」與高雄市城市風格的建構

　　一個「地方」（place）以及一個「空間」（space）如何能夠被感受到？如何能夠被深刻的記憶？為何某些空間模式能夠被大眾廣泛且深刻的討論著，而某些地方意象則容易被社會所忽略與遺忘？在高度發展的都會中，除了擁擠與雜亂的意象外，所謂的公共藝術對於場所的重新定位，能不能在不著痕跡的設計下，帶來美學的提升？加強人文與環境的關懷？這一切，都需要綿密的思考與謹慎的規劃、設計，因為公共藝術所創造的，不只是停留在藝術品的創造，而是空間氛圍的形塑，也就是「公共藝術的生

產」（production of public art），更是「空間的生產」（production of space）
（陳碧琳，2001）。

　　在都市的空間生產上，「城市光廊」是成功的起點，因為它很明顯就
可以看到的文化建設，一個「城市光廊」，就讓高雄發光起來，使得高雄
人對於城市的認同增加，市民身為高雄人的光榮感增加，這一點從「城市
光廊」屢屢在市府的民調滿意度位居第一上可以看出來。同時，「城市光
廊」讓市民開始注意到美化居住環境和培養美感品味的需要，提升了市民
的視野，厚實了藝術創作的資本，民眾的參與是讓他們了解高雄市環境的
一個新的起步。再者，「城市光廊」更新都市形象，公共藝術成功的介入
空間、提升街道文化環境氛圍的營造，也可視為一種城市集體文化資本的
提升，增加文化藝術活動的生產，刺激藝術家投入更多元的創作，並吸引
了藝術贊助資源，例如第二期「城市光廊」的興建經費即是高雄捷運廠商
贊助的，並於城市光廊形成了一個新的觀光景點，吸引創意階級入駐，如
街頭藝人的主動聚集演出。這些改變都使得高雄市逐漸從灰撲撲的工業城
市慢慢走向新的城市風格：有藝術、有文化活動與文化消費的方向發展。

　　因此，Zukin（1998）對於都市文化的觀察的確適用於高雄的例子。Zukin
指出，從美國的經驗來看，都市消費空間或是都市的生活風格應被視為是
城市建物環境、社會交往與都市居民互動的結果，可以分為三個階段：現
代性階段（1880-1945）；後期現代性階段（1945-1975）、以及後現代性階
段（1975之後）。在後現代性階段城市發展走向對於文化藝術與休閒生活
的重視，包括：劇場與劇院的設置、文化觀光的發展、服務業的興起、追
求美學與品味（如：古蹟保存、生活消費化、形塑新的都市空間等等）（Zukin,
1998）。在這個階段裡，都市的生活空間與消費空間呈現混合狀態，也都
會推廣文化產業；但弔詭的是，這種新的都市消費空間一方面展現了都市
中產階級企圖追求多樣性與品味的差異，卻往往形成同質性的結果，如同
建築環境與社會生活的迪士尼或麥當勞化（王佳煌，2005：122）。

　　「城市光廊」將消費與文化結合，確實影響了市民的生活風格取向，
也影響城市的風格：一種流行文化的「生活風格」風潮開始在高雄市出現，

市民開始講求生活品味的轉變，咖啡香和音樂藝術欣賞等。但「城市光廊」的成功使得許多高雄（甚至台灣）的古蹟與都市空間的經營都走向同質的路線，不斷複製著古蹟、咖啡加上文化藝術活動的模式，這其實也是複製著西方社會經驗（例如巴黎的左岸咖啡文化）的結果。

　　同時，「城市光廊」也由公有的公共空間變成私有的商業空間，空間的異化形成了消費階級走向「中產階級式排斥性」，從而改變了市民的空間感受。這一點與原來設計者的初衷是有相當的出入的。

　　此外，要強化城市風格的「文化性」，也與整體市民文化資本的提升有高度相關，但如同高雄市文化局局長王志誠接受訪談時指出：

> 高雄經過這幾年來，成功的美化都市空間，例如城市光廊、打狗領事館、電影館、整治愛河等等，讓高雄市民提升了自我的認同感，對於身邊的空間滿意度增加，這是第一階段的文化政策，目前則須進入第二階段，培養人文素養，以及創造文化消費的人口。很顯然的，這樣的人大多在台北，藝文活動的生產與消費也集中於台北，高雄如何經營這個部分，提升對於文化的素養，讓他們能夠識貨，去參與文化生活，進而提升市民意識等等，則是打地基的工作（王志誠訪談，2006年1月5日）。

　　一個城市文化的建構，早期的空間規劃與活動舉辦可能是比較容易看到成果的，但接下來卻是要培養出參與藝文活動的人口、以及藝文創作的人才，這些都是需要更長期的時間去經營的，如何經由都市文化政策來加強市民的文化資本，進而影響城市風格的形塑，應該是未來更需要努力的方向。

參考文獻

一、中文部分

王志弘（1997），〈評介《建築與烏托邦：設計與資本主義的發展》〉《城市
　　與設計學報》第一期，頁 209-224。

王佳煌（2005），《都市社會學》，台北，三民書局。

石計生（2001），〈都市與現代生活〉，《當代》，第 168 期，頁 40-53。

呂昆樺（2004），〈管碧玲為城市藝文聚焦，洗刷文化沙漠惡名〉，刊登於《聯
　　合報》，2004 年 11 月 27 日。

林熺俊（2005），《街頭美學：設施公共藝術》，台北：典藏藝術家庭。

齊美爾（G. Simmel）著，顧仁明譯（2001），《金錢、性別、現代生活風格》，
　　台北：聯經。

楊子葆（2005），《街道家具與城市美學》，台北：藝術家。

劉維公（2003），〈文化全球化與新消費工具〉，《東吳社會學報》，第 14
　　期，頁 147 -162。

劉維公（2006），《風格社會》，台北：天下。

陳碧琳（2001），《90 年代台灣公共藝術之研究》，南華大學環境與藝術研
　　究所碩士論文。

二、英文部分

Bianchini F. and Michael Parkinson 1993, *Cultural Policy and Urban Regeneration:
　　the West European Experience*, Manchester and New Youk: Manchester
　　University Press.

Evans, G. 2001, *Cultural Planning: An Urban Renaissance?* London: Routledge.

Florida, R. 2002, *The Rise of the Creative Class: And How It's Transforming
　　Work, Leisure, Community and Everyday Life*, New York: Basic Books, A

Member of the Preseus Books Group.

Garcia, B. 2004a, "Urban Regeneration, Arts Programming and Major Events: Glasgow 1990, Sydney 2000 and Barcelona 2004", *International Journal of Cultural Policy*, Vol.10. No.1, pp.103-116.

---------2004b, "Local-Roots for a Universal Event? Exploring the Value of City-Specific Cultural Policies in the Context of the Forum Barcelona 2004", *the Third International Conference on Cultural Policy Research*, August 25-28, Montreal.

Gibson, L. and Deborah Stevenson 2004, "Urban Space and the Use of Culture", *International Journal of Cultural Policy*, Vol.10. No.1, pp.1-4.

Gould, H. 2001, "Culture and Social Capital" from *Recognizing Culture-A Series of Briefing Papers On Culture and Development* (Grancois Matarasso Eds.), London: Comedia, the Department of Canadian Heritage and UNESCO, pp.85-92.

Landry, C. 2002, *The Creative City: A Toolkit For Urban Innovators*, London: Earthscan Publications Ltd.

Lynch, K. 1960, *The Image of the City*. Cambridge, Mass: MIT Press.

Montgomery, J. 2003, "Cultural Quarters as Mechanisms for Urban Regeneration. Part 1: Conceptualising Cultural Quarters", *Planning, Practice & Research*, Vol.18. No.4, pp.293-306.

Paddison, R. 1993, "City Marketing, Image Reconstruction and Urban Regeneration", *Urban Studies*, Vol.30, No.2, pp.339-350.

Richards G. and Julie Wilson, 2004, "the Impact of Cultural Events on City Image: Rotterdam, Cultural Capital of Europe 2001", *Urban Studies*, Vol. 41, No. 10, pp.1931-1951.

Ritzer, G. 1999, *Enchanting a Disenchanted World: Revolutionizing the Means of Consumption*, CA: Pine Forge Press.

Stevenson, D. 2004, "'Civic Gold' Rush: Cultural Planning and the Politics of the

Third Way", *International Journal of Cultural Policy*, Vol. 10. No.1, pp.119—131.

Scott, A. 2000, *The Cultural Economy of Cities: Essays on the Geography of Image-Producing Industries*, London: Sage.

Scottish Executive 2002, Draft Guidance for Scottish Local Authorities, Available online at: www.scotland.gov.uk.

Wirth, L. 1964, 'Urbanism as a Way of Life', in *On Cities and Social Life, Selected Papers*. IL: Chicago, the University of Chicago Press.

Zukin, S. 1995, *The Cultures of Cities*, Oxford: Blackwell.

------------1998, "Urban Lifestyles: Diversity and Standardisation in Spaces of Consumption", Urban Studies 35(5-6): 825-839.

鈕則謙

政府治理下的城市規劃與實踐：以上海市為例

◇**內容提要**◇

　　全球化時代，各個國家與城市，莫不積極進行政府本身的職能轉型，期從既有的「管理」轉變為「治理」（governance），以更符合國家與城市的發展建設，並與國際接軌。

　　在此前提下，上海市亦成為中國致力發展的重要城市，從1992年中共中央宣佈浦東開放開發以來，在政府治理下進行大規模的城市建設，上個世紀末更提出國際經濟、國際金融、國際貿易與國際航運四個中心的建設目標。其發展至今，已有十六年的歷史，四個中心各自呈現不同的態勢，有些中心建設有成，如國際航運中心，但有些中心的發展仍有相當限制，如國際金融中心。

　　因此，本文將試圖分析上海市在政府治理下的城市建構，特別是四個中心的建設過程與成果。全文將分為四個部分，除前言外，將論述城市治理的概念；其次，則是分析上海市在此一原則下的城市建構，特別是四個中心的建設及其發展成果；最後則是針對其發展現狀提出政府治理存在的限制。

作者：國立政治大學人文社會科學研究所博士
　　　元智大學社會暨政策科學學系兼任助理教授
　　　靜宜大學人文教育中心兼任助理教授

壹、前言

　　1980 年代開始的全球化歷程，使得全球貿易急速發展、跨國投資逐漸增加、全球金融市場開始成形，並顯現出人流、資金流、資訊流的全球擴展（孫群郎、鄭殿娟，2006），在此背景下，各國莫不積極參與全球分工，而為了能夠進一步達到目標，各國與各城市政府，亦積極進行轉型，以期更有效的引導城市融入此一體系。適逢改革開放的中國，亦與此一局勢相互呼應，並著重發展其主要城市，上海便基於其既有之經濟實力，成為中國積極建設的重點，並於 1992 年宣佈浦東開放開發政策，期能藉由四個中心——國際經濟、國際金融、國際貿易、國際航運中心的建設，而有更進一步的發展，並建構理論界所論證之「全球城市」（S. Sassen: 1991; J. Friedmann: 1986; R. B. Cohen: 1981；姚為群，2003；王佳煌，2001）或，其近期所提出之「國際大都市」（左學金、權衡，2006）。

　　故本文擬就上海市城市治理的具體結果，即四大中心，提出論證，並指出在城市政府治理的前提下，四大中心的發展現狀，以及其所面臨的限制。

貳、城市治理的概念

　　對於城市治理，西方特別著重從政治經濟學的脈絡來探討，發展出羅根與莫洛奇（Logan & Molotch）所提出的「成長機器模型」（Logan, J.R. & Molotch, J. L.: 1987），以及史通（Stone）所提出的「城市政體模型」（Stone, C.: 1989）兩種主要理論，前者強調城市發展應該被看作是城市中各個利益主體相互交換利益的結果；此外，城市的經濟發展，也可以被看作是解決城市問題的一個主要辦法。而後者則認為城市的發展，主要在於地方政府與私人部門相互合作的過程，因為兩者都無法完全掌握地方所有的資源與權力，以遂行各自的目的，所以必須建立非正式的合作關係，來謀求互助合作。上述兩者，儘管重點有所差異，但卻都不約而同指出了地方政府的

作用，以及特別指出地方政府在進行城市建設時，必須與私人部門加以合作的必要性。

由於「成長機器理論」（Growth Machine Model）與「城市政體模型」（Urban Regime Model）皆產生自西方資本主義的經濟體制下，因此地方政府本來就具有較強的自主性，在「全球化」脈絡下的合作關係亦屬自然。但是就理論上而言，將這兩組觀念應用於中國，也許並不能夠直接套用，最明顯的原因，在於兩者所發生的脈絡不同，因為在資本主義社會中，民族國家為因應「全球化」脈絡下所出現的管理危機，迫使他們必須採取新的方式來進行治理，因此政府必須與民間企業積極合作，以轉換治理方式。

而社會主義國家本就因為避免資源浪費，而在資源整合與分配中賦予了政府極大的權力，所以並沒有資本主義所面臨的困境。只是，處於「轉型期」的中國，為了積極整合進全球經濟體系而採取了一連串分權措施，不僅造成體制外資金大量湧現，地方政府在獲得足夠財力與權力後，也從執行中央命令的角色轉型為「經營」地方所具有的「企業式經營政府」，這些變化儘管與西方的背景不同，但是面臨的困境卻反而有相似之處，顯示出轉型期中國城市的地方政府也有「治理」觀念適用的情境，特別是「成長機器理論」中所指出的多元利益主體的交換（吳縛龍，2002）。

而上海市，便在改革開放，獲得中央下放權力後，轉向企業式的經營方式，靈活運用中央給予的權限，在財政方面展現自主權，藉由融資、成立開發公司、土地批租，以及房地產市場，積極籌措資金，進行城市建設（鈕則謙，2006）。

參、四個中心的建設發展成果

在上述前提下，獲得財政自主權的上海市，便在市政府規劃下，積極開展城市建設，具體成果表現在下述的四大中心：

一、國際經濟中心

就上海規劃發展的四大中心而言，由於其餘三者皆有明確指涉內容，故經濟中心除具有統籌意義外，亦應指涉重要經濟內容，即產業，故對於經濟中心的討論，將以上海的產業發展為主。

(一)上海產業結構重構階段

改革開放後上海產業重整與發展的前提，主要根據 1985 年由中央批轉的「關於上海經濟發展戰略匯報提綱」進行重建，可以區分成下面幾個階段（陳修穎，2003）：

■初步調整期（1985-1990）

這個時期產業調整的主要目標，以降低二級產業的產值比例，並增加三級產業產值比例為主。就實際的產值分析可知，在 1978 年改革開放時，上海的產業結構中，二、三級產業差距將近 4 倍之多，但至 1990 年時，兩者的比例分別為 63.80%與 31.88%，差距約為 2 倍，顯示產業結構逐漸回到二產為主、三產為輔的情形。

除了產業轉型政策的具體落實需要時間來解釋當中的變化外，另一個因素，則是地方首長要展現政績，必須藉由經濟發展的 GDP 來表示，而工業的發展，可以在較短期之內看出具體成果，使得地方首長在推動產業轉型時，仍會著重工業的發展，這些因素都使得上海的工業發展仍為大宗。

■大調整期（1991-2000）

在此階段，上海提出優先發展第三級產業、積極調整第二級產業、穩定提高第一級產業的「三、二、一產業發展方針」，並突出以城市基礎建設、三級產業與高新技術產業為三大發展的策略，調整的結果可以由表 8-1 看出，當中一級產業所占的比例已逐年下降；到 1999 年，已不足 2%；同年，三級產業所占產值首度超過二級產業，占有 49.59%，顯示出上海在產業結構調整上，已經開始偏重二、三級產業共同發展。

表8-1　上海市各級產業總值與百分比（1991-2000年）　　　　　　單位：億元[*]

年份	國內生產總值	第一級產業		第二級產業		第三級產業	
		生產總值	百分比（%）	生產總值	百分比（%）	生產總值	百分比（%）
1991	893.77	33.36	3.7	551.34	61.7	309.07	34.6
1992	1114.32	34.16	3.1	677.39	60.8	402.77	36.1
1993	1511.61	38.21	2.5	900.33	59.6	573.07	37.9
1994	1971.92	48.59	2.5	1143.24	57.8	780.09	39.6
1995	2462.57	61.68	2.5	1409.85	57.3.	991.04	40.2
1996	2902.20	71.58	2.5	1582.50	54.5	1248.12	43.0
1997	3360.21	75.80	2.3	1754.39	52.2	1530.02	45.5
1998	3688.20	78.50	2.1	1847.20	50.1	1762.50	47.8
1999	4034.96	80.00	1.97	1953.98	48.43	2000.98	49.59
2000	4551.15	83.20	1.82	2163.68	47.54	2304.27	50.63

註：本研究統計單位，除特別註明外，皆以人民幣為計算單位。
資料來源：上海統計局（2003），《上海統計年鑑—2003》，北京：中國統計出
　　　　　版社。網址：www.stats-sh.gov.cn/2003shtj/tjnj/2003tjnj/tables/2_1.htm

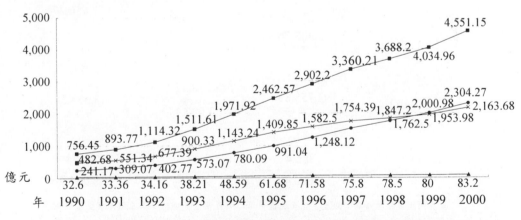

圖 8-1　上海市各級產業總值與百分比（1991-2000 年）
資料來源：本研究整理繪自上海統計局（2003），《上海統計年鑑—2003》，
　　　　　北京：中國統計出版社。網址：
　　　　　http://www.stats-sh.gov.cn/2003shtj/tjnj/2003tjnj/tables/2_1.htm

■新經濟產業發展期（2001~）

　　從 2001 年開始，上海進入十五計畫時期（2001~2005），產業發展也從工業化走向後工業化的結構，上海自此也開始強調「三、二、一的產業發展政策」。在 2001~2004 年中，產業所發展的情形如表 8-2 及圖 8-2 所示：

表8-2　　上海市各級產業總值與百分比（2001~2004年）　　　　單位：億元

年份	國內生產總值	第一級產業		第二級產業		第三級產業	
		生產總值	百分比（%）	生產總值	百分比（%）	生產總值	百分比（%）
2001	4950.84	85.50	1.72	2355.53	47.58	2509.81	50.69
2002	5408.76	88.24	1.63	2564.69	47.42	2755.83	50.95
2003	6250.81	92.98	1.48	3130.72	50.08	3027.11	48.27
2004	7450.27	96.71	1.29	3788.22	50.84	3565.34	47.85

資料來源：上海統計局編（2005），《上海統計年鑑—2005》，北京：中國統計
　　　　　出版社。網址：
　　　　　http://www.stats-sh.gov.cn/2003shtj/tjnj/nj05.htm?d1=2005tjnj/C0405.htm

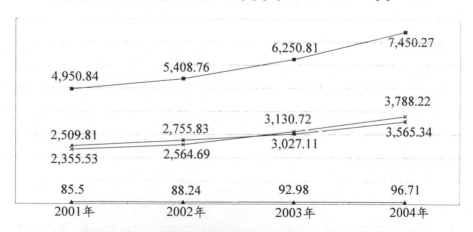

圖 8-2　上海市各級產業總值與百分比（2001~2004 年）
資料來源：本研究整理繪自上海統計局編（2005），《上海統計年鑑—2005》，
　　　　　北京：中國統計出版社。網址：
　　　　　http://www.stats-sh.gov.cn/2003shtj/tjnj/nj05.htm?d1=2005tjnj/C0405.htm

表 8-2 以及圖 8-2 的結果顯示幾個特徵，首先是上一階段趨勢的加強，一級產業產值比重仍不斷下降，但是值得注意的是二、三級產業產值的變化，三產連續四年超過二級產業的情形，在 2003 年開始出現變化，該年二級產業占有 50.08%，三級產業卻只占有 48.27%，2004 年時，這個差距開始增加，二級產業占有 50.84%，三級產業則進一步降低到 47.85%，反映出上海市在產業結構方面，距離以服務業為主的指標，不是在趨近，而是逐漸在遠離。特別是，在吸引外資進駐方面，由於上海市投資的商務成本與生活成本居高不下，導致廠商轉往其周邊的長三角城市進行投資，如蘇州、昆山等，上海為了要吸引外資的進駐，所以又開始強化二級產業，如近年提出的「一七三工程」[1]，導致產值方面，二級產業再度超過三級產業。

除了總體趨勢的變化外，各級產業內部，也有不同的演變情形，特別是二級與三級產業的部分：

■二級產業的變化

上海在積極發展「三、二、一」產業政策的同時，並未忽略二級產業的發展，具體表現在產值數字的變化中，從 1999 年開始，上海產業的貢獻值顯示出三級產業凌駕二級產業的態勢，到 2003 年時，開始再度超越三級產業，2004 年時，此一差距開始擴大，相差近三個百分點，並特別強化其支柱產業（如表 8-3）。

另外，在產業空間佈局方面，上海更於第十個五年經濟計畫（2001-2005年）期間，規劃了「東、南、西、北」四大工業基地配合不同產業的發展，以分別進行投資（陳兆忠，2002），它們分別是：

---

[1]「一七三工程」指的是上海在面對江蘇蘇州、昆山；浙江蕭山、嘉興等地不斷吸引外資的情形所提出的振興上海二級產業的工程建設，在嘉定、青浦、松江三區設立工業園區，並將園區規劃用地範圍從 67 平方公里擴展到 173 平方公里，故稱為「一七三計畫」（其中，嘉定 57 平方公里、青浦 56.2 平方公里、松江 59.89 平方公里）。

表8-3　上海六大支柱產業產值（2000~2004年）　　　　　單位：億元

產業別/年代	電子信息產品	精品鋼材製造業	汽車製造業	成套設備製造業	石油化工與精細化工製造業	生物醫藥製造業
*2000	780.91	486.99	505.60	400.57	603.18	139.41
2001	1013.09	678.00	723.87	558.23	788.86	196.17
2002	1305.24	581.57	942.47	634.27	846.67	207.67
2003	2204.96	796.42	1362.09	915.10	1065.36	215.64
2004	3164.79	1057.92	1249.80	1247.67	1369.23	234.40

註：*2000年數據則根據2001年之增加值計算而得。

資料來源：上海統計局（2002），《上海統計年鑑—2002》，北京：中國統計出
版社。網址：
http://www.stats-sh.gov.cn/2002shtj/tjnj/2002/tables/11_13.htm
上海統計局（2003），《上海統計年鑑—2003》，北京：中國統計出
版社。網址：
http://www.stats-sh.gov.cn/2003shtj/tjnj/2003tjnj/tables/11_13.htm
上海統計局（2004），《上海統計年鑑—2004》，北京：中國統計出
版社。網址：
http://www.stats-sh.gov.cn/2003shtj/tjnj/nj.htm?d1=2004tjnj/C1113.htm
上海統計局（2005），《上海統計年鑑—2005》，北京：中國統計出
版社。網址：
http://www.stats-sh.gov.cn/2003shtj/tjnj/nj05.htm?d1=2005tjnj/C1305.htm

1. 東方的電子業：在東方臨海、臨江地區，以浦東新區為發展的重點，
   著重在微電子業、集成電路與衍生產業為主，包含：
   (1) 張江高科技園區：素來有中國的「硅谷」之稱，目前已經規劃了 6
       平方公里的微電子產業區，包含有微電子研發中心、芯片生產廠
       區、廠封裝測試區、保稅倉儲配套區四大部分，以積極進行「聚
       焦張江」的戰略。
   (2) 金橋開發區：形成以電子電信、汽車零部件、現代家電、生物醫
       藥等四大支柱產業為主的發展區。
2. 南方的石化業：90 年代後半期起，上海便在南邊的金山、奉賢的漕

涇、胡橋等沿著杭州灣北部的地區，興建了上海的化學工業區（江曼琦，2001；曾剛，2001），企圖以產品項目、公用輔助、物流傳輸、環境保護、管理服務等五個一體化來提升石化業的產能。

3.西方的汽車業：上海的汽車產業，以西邊的安亭為主要的發展基地，生產德國大眾汽車（Volkswagen）、美國別克（Buick），考量的重點在於其地理位置，由於安亭與江蘇、浙江較為接近，因此在這裡發展汽車業，可以形成對長江三角洲的輻射作用，提供國內的市場。

4.北方的鋼鐵業：上海在80年代，便建設北方的寶鋼為鋼鐵製造中心，依託寶鋼集團的發展，著眼於製造高檔、特種鋼，並提供境內的重要建設材料，如上海盧浦大橋、磁懸浮列車的鋼板等。同時，相較於國外公司，寶鋼更具有勞動力成本與運輸成本較低、交貨時間短等競爭優勢，使得上海北方成為鋼鐵製造中心。

就空間佈局而言，這些園區的分布地點，便是市政府空間規劃的具體成果，即政府利用「土地級差地租」的方式，促使工廠向外遷移，連帶配合交通路線的發展，將市中心人口向郊區遷移，再利用工業園區的設置，吸引遷移的工廠與人口，以達成產業規劃與空間佈局整合的目的。

■三級產業的變化

從莎珊（Saskia Sassen）「全球城市」的理論觀點、或從「國際大都市」的論點，具有全球聯繫功能的城市，必然包含相當多金融、保險服務業，亦即三級產業具有相當的重要性。而從上海三級產業占GDP的年增率來看，可以看出從80年代開始，上海每年幾乎都有超過10%的增長率，如表8-4所示：

表8-4　上海三級產業GDP年增率（1979~2000年）

年代	GDP年增率（％）
1979~2000	12.01
1991~2000	13.82

資料來源：上海證大研究所（2002），《加入WTO後上海的戰略地位》，頁53。

在此基礎上，進一步分析三級產業內的構成內容，其中較具有重要性的幾項內容構成，分別顯示在**表 8-5**：

表8-5　上海市重要年份三級產業內部重要行業產值　單位：億元

年代/項目	*交通運輸、倉儲、郵政業	**批發、零售、住宿、餐飲業	金融保險業	房地產業	教育
1990	62.44	51.84	71.07	3.75	11.75
1995	169.76	269.49	245.45	91.29	29.98
2000	315.42	485.30	685.03	251.70	100.10
2001	274.36	605.84	619.99	316.85	123.11
2002	294.07	667.48	584.67	373.63	144.71
2003	306.69	708.80	624.74	463.93	161.22
2004	362.44	787.23	741.68	622.59	190.66

註：*1990,1995,2000年三年交通運輸、倉儲、郵政業的統計數字，還包含了通信部分，但從2001年起則不包含。

　　**批發、零售、住宿、餐飲部分，1990、1995、2000三年中並沒有包含住宿部分數值。

資料來源：上海統計局（2003），《上海統計年鑑—2003》，北京：中國統計出版社。網址：

　　　　　http://www.stats-sh.gov.cn/2003shtj/tjnj/2003tjnj/tables/2_6.htm

　　　　　上海統計局（2004），《上海統計年鑑—2004》，北京：中國統計出版社。網址：

　　　　　http://www.stats-sh.gov.cn/2003shtj/tjnj/nj.htm?d1=2004tjnj/C0207.htm

　　　　　上海統計局（2005），《上海統計年鑑—2005》，北京：中國統計出版社。網址：

　　　　　http://www.stats-sh.gov.cn/2003shtj/tjnj/nj05.htm?d1=2005tjnj/C0405.htm

但若就三級產業內容的變化而言（如圖 8-3），特別是具有全球聯繫的金融保險業，從 1990 年的 71.07 億元，發展到 2004 年的 741.68 億元，成長將近 10.5 倍，在很大程度上，這是受到國際金融中心目標設立的貢獻。

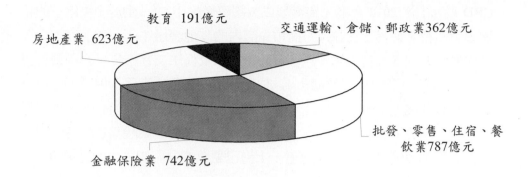

圖 8-3　上海市三級產業各主要行業產值（2004 年）

資料來源：本研究整理繪自上海統計局（2005），《上海統計年鑑—2005》，北
京：中國統計出版社。網址：
http://www.stats-sh.gov.cn/2003shtj/tjnj/nj05.htm?d1=2005tjnj/C0405.htm

　　至於房地產部分，則是持續攀升的狀態，從 1990 年的 3.75 億元，成長到了 2004 年的 622.59 億元，成長近 166 倍，成為上海三級產業中成長最為迅速的行業（范劍勇、桂琦寒、崔英，2003），而房地產業發展的原因，則是由於上海土地批租、級差地租等措施的實施，使得土地使用權成為可以交易的對象（陳蔚鎮，2006），再加上基礎建設陸續完工、其他省分資金與外資的投入，讓上海的房地產市場有相當大的成長空間；同時，一連串政策的優惠、城市化的發展、特別是住房制度的改革，包含了公房租金制度的改革與推動存量住房交易等（陳小紅，1996），這些都加速了上海房地產業的發展，近年更因為世博會的申辦成功，使得上海的房地產市場行情更加看漲，然而上海房地產不斷上升的情勢，也使得許多專家認為有泡沫化現象存在，並採取較為悲觀的看法。

二、國際金融中心

　　改革開放後，上海逐漸恢復既往金融活動，90 年代，中央與上海市政府積極規劃上海在金融方面的發展，並將上海外灘與浦東陸家嘴規劃為

CBD，預計於 2010 年將上海發展成為國際金融中心[2]，由於中央給予的特殊政策支持，使得上海在這方面領先國內的其他金融中心，如上海市具有國內最大的同業拆借市場、證券、外匯，以及保險交易市場、全國銀行發卡中心、黃金交易中心、票據市場、住房抵押市場等。截至 2004 年底為止，上海市有各種外資與中外合資金融機構達 3,000 多家，其中有 15 家外資銀行支行、89 家外資銀行代表處、27 個國家和地區的金融機構在上海設立了代表處[3]。從這些內容與數量來看，上海已儼然成為中國國內的金融中心，並具備如下特徵：

(一)上海金融體制的制度化

改革開放以來，上海在金融方面不斷健全制度化措施，可以粗略分為三個階段（吉曉輝，2003）：

■1978 年底至 1984 年底——上海金融機構體系初步建立

1978 年前的中國只有一家銀行，即中國人民銀行，同時負責貨幣發行與信貸業務，這種狀況直到改革開放後才有所轉變，中央政府逐漸健全中央銀行制度，同時發展各類金融機構。1979 年起，成立中國農民銀行上海分行，並於 1981 年開始行使中央銀行職能，接著中國銀行上海分行、中國人民建設銀行上海分行、中國工商銀行上海分行相繼成立，中國人民保險公司上海分公司重組、上海市投資信託公司成立，使得工、農、中、建四大銀行與保險公司等金融機構體系初步形成，並開始經營銀行外匯業務與同業資金拆借等業務。

■1985 年初至 1991 年底——上海金融調控體系基本形成

此一時期的金融體系，在銀行方面陸續有交通銀行重組、中信實業銀行上海分行成立，並開始出現城市信用合作社，以及證券、信託等非銀行

---

[2]但由於現實發展的困境，上海已重新規劃於 2020 年發展成為國際金融中心。
[3]網址：www.tdctrade.com/report/top/top_050405.htm。

金融機構，同時，外資銀行與金融機構也開始進駐上海。

■1992 年初至 2005 年底──上海形成較完善的金融市場體系，開始浮
　現國際金融中心的功能

在此階段中，除了在 1998 年中國人民銀行上海分行擴大業務範圍，成
為滬、浙、閩地區分行外，主要的發展集中在監管方面，政府金融相關部
門與檢查機構陸續成立，包含 1998 年中國證券監管辦公室、2000 年中國
保險監督委員會上海辦公室、2002 年上海市金融服務辦公室等三大金融監
管部門，使得上海在金融方面的發展有了完整的規範機制。至此階段，上
海的金融產業包含有銀行、保險、證券、基金與信託等產業。

到了 2005 年 8 月 10 日，中國人民銀行上海管理總部成立（或稱「央
行二部」），標誌上海金融中心的地位獲得確認，而支付系統備份中心、
個人徵信系統服務中心、反洗錢監察中心，也將隨上海管理總部遷移至浦
東張江銀行卡產業園區，並藉助浦東功能轉型，將上海建設成中國的資本
市場中心（沈愛華，2005）。

(二)金融中心的發展現狀

就**表 8-5** 的內容而言，從十五年的數值變化來看，上海金融保險業的
發展從 1990 年起，便持續呈現穩定發展的局面，在 1990 年產值占三級產
業的 29.46%，到 2000 年時仍只占有三級產業的產值 29.72%；不過，從 2001
年開始，金融業占有三級產業的比值卻開始下降，到了 2004 年時只占有
20.78%。這個比例的變化，與政策變化息息相關。

2000 年以前的八五（1991~1995）與九五（1996~2000）這十年，可謂
上海金融發展的黃金十年，並呈現出多元化的發展層次（楊咸月、韓漢君，
2002）。然而對國際金融中心而言，重要的是要有外國資金流通，因此吸
引外資銀行進駐成為發展上的重要指標。截至 2000 年為止，中資銀行幾乎
都在上海設立分行，其存款餘額達到 7,312.29 億元，貸款額達到 5,560.9 億
元；另外，在上海營業性外資金融機構也達到了 71 家，當中銀行有 54 家，

保險公司占有 17 家，其中有 24 家可以開辦人民幣業務，當中並有 19 家主報告行[4]設在上海，2004 年底為止，外資銀行營業性機構有 75 家、代表處 89 家，而中資銀行 2,824 家，外資金融機構占總金融機構數量的 5.5%，這些豐碩的成果，顯現上海在金融方面的發展。

可是必須指出的是，從 2001 年到 2004 年的統計數值，也顯示金融保險業發展上的限制，儘管四年中金融保險業的總產值上升，但在三級產業中所占比重卻開始下滑。如前所述，2001 年起的四年，金融業產值分別占有三級產業中的 24.70%、21.21%、20.63%與 20.78%，呈現不斷下滑的趨勢。這當然可以訴諸於國際重大事件的發生，此外，就上海本身的金融現狀而言，房地產價格不斷上升，以及上海生產成本上漲所產生的排擠效應，也造成外資卻步不前，而這些因素共同限制了上海金融業的發展（羅冰，2005）。

因此，筆者擬就上海金融發展業務談起，並進一步分析其限制：

■銀行

除國內各銀行進駐外，上海在發展為國際金融中心的目標上，更積極吸引外資銀行，截至 2004 年底為止，上海共有營業性外資銀行 75 家，資產總額達到 384.8 億美元，當中有 55 家外資銀行獲准經營人民幣業務，10 家銀行獲准經營網上銀行業務，同時在這 75 家當中，已經有 25 家獲得其總行認定為中國境內的主要行庫。而在營業定位上，花旗、匯豐、渣打、華僑等四家銀行將其中國總代表處設在上海。

另外，在銀行不良資產率部分，以 2004 年而言，國有獨資商行為 4.74%、股份制商業銀行為 3.21%、中資銀行平均為 3.96%，遠低於全國 15.62%、5.01%、13.21%的比例，不過，銀行不良資產率又與房地產業相聯繫，當房地產受到宏觀調控後，將使得銀行不良資產率有更進一步下降的空間。

---

[4]主報告行，是指獨資、合資的銀行總行，以及經由外國銀行總行或授權的地區管理部指定，向銀監會派出機構備案的合併財務報表和綜合信息上報機構。

(三)上海市發展國際金融中心的限制因素

就上海金融業的發展現狀來看,上海希望在 2020 年成為國際金融中心仍有不少制度上的限制,存在的主要困境在於(楊再斌、黃運城,2003):

■國民經濟發展水準偏低、經濟國際化的水準不足

就上海的經濟發展而言,2004 年的生產總值已達 7,450.27 億元,比 2003年增長了 13.6%,且達到連續十三年兩位數的成長,就人均 GDP 而言,上海在 2004 年時達到了 55,306 元,約 6,900 美元,但是對比同期的新加坡,人均 GDP 已經達到 42,582 新元(約 25,191 美元),以及香港的 186,267港元(約 23,280 美元),三者之間的差距明顯。

■長三角地區的區域經濟一體化不夠(上海財經大學出版社,2006)

長三角二省一市的行政關係,顯然成為上海在發展上的另一個瓶頸,由於這地區自然條件相仿,因此不僅在產業結構趨同,行政方面各自獨立也為區域經濟一體化造成限制,這些行政區隔所造成的限制,並不利於上海國際金融中心的建立。

■金融市場體系行政化特徵明顯

中央政府對於處理金融開放事務上的謹慎,意味著金融業務受到政府方面的管制遠遠超過其他產業,上海市政府在金融市場的處理方面,也充滿了行政化色彩,在相關的金融法規與監管上,往往缺乏明確的風險預防能力,不同的金融管理部門方面,也沒有作好橫向聯繫工作,這都使得上海在這方面的軟體環境充滿了不確定性。

■金融業務交易規模過小與金融商品種類不足

上海金融體系的構成結構,仍然以銀行業為主,其他金融機構如保險、證券仍屬於次要的部分,清楚顯示出在金融業發展上過於集中的趨勢。

三、國際貿易中心

改革開放以來，特別在 1992 年的浦東開發後，再次證明中央政策的重要，由中央所提出的開發浦東計畫，為上海的發展提供了遠景，從這個時期開始，上海外貿出口開始激增，由 1992 年的 119.64 億美元逐漸增加，到了 2004 年時，已經達到 1,612.68 億美元，為原先的 13 倍之多，每年的增長比率約為 10%左右，並連續八年維持兩位數的增長，成為僅次於廣東的第二大出口地區。與此同時，由於出口企業所有制的多元化，除國有專業外貿公司、三資企業外，更出現了工貿、自營、地方、中央部屬企業、私營企業與科技企業等，共有八種所有制成份的企業形成，為上海的出口貿易提供了多元化來源。歷年的貿易成果，如表 8-6 所顯示：

表8-6　上海歷年貿易進出口商品總額（1990~2004）年　　單位：億美元

年代	進口商品總額	出口商品總額
1990	86.27	86.62
1991	102.58	101.51
1992	131.81	119.64
1993	169.54	139.77
1994	173.08	189.34
1995	225.30	256.07
1996	256.57	272.13
1997	252.32	334.51
1998	261.80	374.58
1999	318.63	442.88
2000	477.39	615.72
2001	524.81	680.07
2002	606.98	818.03
2003	888.95	1123.06
2004	1213.07	1612.68

資料來源：上海統計局編（2005），《上海統計年鑑—2005》，北京：中國統計
　　　　　出版社。網址：
　　　　　http://www.stats-sh.gov.cn/2003shtj/tjnj/nj05.htm?d1=2005tjnj/C0801.htm
　　　　　http://www.stats-sh.gov.cn/2003shtj/tjnj/nj05.htm?d1=2005tjnj/C0802.htm

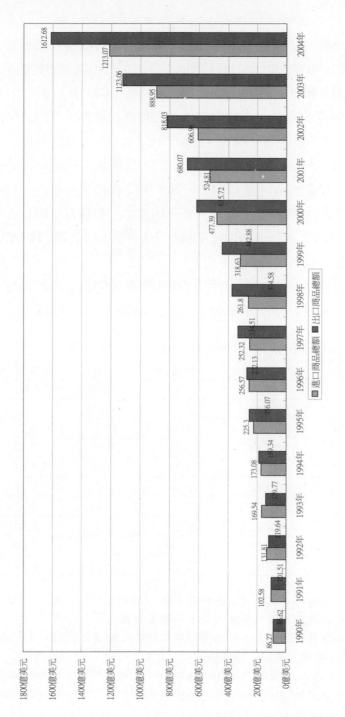

圖 8-4　上海歷年進出口商品總額

資料來源：本研究整理繪製自上海統計局編（2005），《上海統計年鑑－2005》，北京：中國統計出版社。網址：
http://www.stats-sh.gov.cn/2003shtj/tjnj/nj05.htm?d1=2005tjnj/C0801.htm
http://www.stats-sh.gov.cn/2003shtj/tjnj/nj05.htm?d1=2005tjnj/C0802.htm

就以上的統計數字分析，上海市在 1995 年起，其進出口商品貿易總額皆在 200 億美元以上，就 1990 年起的出口貿易額而言，可以看出其增長的情形，每年增長比例皆在兩位數以上。到了 2003 年，更突破 1,000 億，達到 1,123 億元。另外，從 1994 年開始，上海的出口總額超越進口總額，差距逐年拉大，至 2004 年時，此一差距為 399.61 億美元，顯示了上海藉由對外貿易促進經濟成長的成果。若是進一步分析，以出口商品種類來看，則區分為一般貿易、來料加工裝配貿易、進料加工貿易、對外承包工程貨物、出料加工貿易等五類，若是以 2004 年的數據分析，則當中一般貿易（824.92 億元）、進料加工貿易（623.27 億元）所占比例最高，分別為 51.15%與 38.66%，仍意味著二級產業對於貿易的貢獻。

若是要進一步分析這些出口貿易數字背後的含意，則必須指出上海在外貿出口方面的主要貿易對象及貿易成份，這可以藉由表 8-7 來說明：

表8-7　上海市對外出口額的變化（1995~2004年）　　單位：%

年份/地區	日本	美國	歐盟	香港	東南亞**
1995	27.32	15.29	12.52	13.35	8.04
1996	30.67	16.40	12.70	10.60	7.32
1997	28.08	18.24	12.46	10.35	8.33
1998	24.95	22.34	15.34	9.26	7.34
1999	24.41	23.15	15.71	8.56	7.92
2000	23.98	22.18	16.36	9.08	7.32
2001	23.13	21.35	17.56	9.49	5.37
2002*	19.42	18.07	20.24	6.87	5.80
2003*	17.31	22.35	22.48	6.96	5.84
2004*	15.71	22.41	22.06	7.43	6.21

註：*2002~2004年之數據由作者根據《上海統計年鑑—2005》自行計算。
　　**東南亞指的是新加坡、泰國、馬來西亞、菲律賓四國
資料來源：王軍瑋、馬亞華（2002），＜上海外貿出口市場結構淺析＞，《上海綜合經濟》第4期，頁13-16。網址：
　　http://www.stats-sh.gov.cn/2003shtj/tjnj/nj05.htm?d1=2005tjnj/C0807.htm
　　http://www.stats-sh.gov.cn/2003shtj/tjnj/nj05.htm?d1=2005tjnj/C0808.htm

從表 8-7 所顯示的結果來看，上海的外貿對象，主要是以日本、美國、歐盟、香港、東南亞等地區為主，其中日本、美國與歐盟，始終是上海貿易出口的主要對象，以 2004 年的數值而言，三者合計約占有六成以上的比例，僅有的變化是對於歐盟的貿易量逐漸增加，而對於日本的貿易量則相對減少，美國的部分則始終在 20%變化。顯示上海在外貿出口方面，市場過於集中，對於一個逐漸發展為貿易中心的地區而言，這並不是一個必然的現象，同時，從橫向的地區軸分析，發展中國家或地區也會因為貿易的發展，而產生輻射效應，使得外貿範圍增廣，同時降低對固定市場的依存程度（王軍瑋、馬亞華，2002），但從上海的外貿數值來看，卻呈矛盾的局面，顯示在貿易方面過於集中。

另外，若就外資在上海的影響與投資現狀來看，根據寧越敏的分析，上海吸收外資的情形，可以區分為三個時期（寧越敏，2004）：

1. 1984~1991 年：這個時期主要開始於 1984 年上海被列為 14 個沿海開放城市，開始獲得中央優惠政策，使得外資進入上海的數目增加。
2. 1992~1997 年：1992 年中央宣佈開放浦東的具體計畫，使得外資投資量大增，並於 1997 年達到了頂點，實際收吸 48.08 億美元。
3. 1997~2001 年：1997 年的亞洲金融風暴具體影響，表現在中國的經濟是在 1998 年，使得該年實際吸收的外資只有 36.38 億美元，減少近 12 億美元。

在吸收外資方面的成長與變化，可以參考表 8-8 與圖 8-5。如從圖 8-5 的分析中可以看出，從 1990 年開始上海在吸收外資方面，在簽訂的合同數目、簽訂的合同金額與實際吸收外資三方面做分析，都呈現出增加的趨勢，這個狀況直到 1997 年才開始有所減少，主要原因即是亞洲金融風暴所導致的結果。不過同時值得注意的是，從 1997 年開始，簽訂合同的金額與實際吸收金額的差距減少，這也反映出外資在進入上海時，已經在體質方面較為健全，這對於上海的發展是有正面貢獻的，而這種下降的趨勢，從 2000 年開始又恢復原有的局面，三項指標的數值都呈現增長的態勢，不

表8-8　上海市歷年吸收外資狀況（1990~2004年）

年代	簽訂合同數目（個）	簽訂合同金額（億美元）	實際吸收金額（億美元）
1990	203	2.14	1.77
1991	365	2.79	1.75
1992	2012	18.60	12.59
1993	3650	37.57	23.18
1994	3802	53.47	32.31
1995	2845	53.60	32.50
1996	2106	58.08	47.16
1997	1802	53.20	48.08
1998	1490	58.48	36.38
1999	1472	41.04	30.48
2000	1814	63.90	31.60
2001	2458	73.73	43.91
2002	3012	105.76	50.30
2003	4321	110.64	58.50
2004	4334	116.91	65.11

資料來源：上海統計局編（2005），《上海統計年鑑—2005》，北京：中國統計
　　　　　出版社。網址：
　　　　　http://www.stats-sh.gov.cn/2003shtj/tjnj/nj05.htm?d1=2005tjnj/C0812.htm

過值得注意的是，與中國整體情形相同，上海市實際外資的到位率，也在
2000時開始降低，顯示經濟過熱所帶來的負面效應出現，外資投資出現遲
疑的情形。

　　不過，上海對於外商的吸引，仍有一定程度的限制，根據吳雲松（2002）
的分析指出，上海在吸收外資方面仍有著相當的交易成本，如相當多外商
將「政策與行政法規環境」列為首要項目的考量項目，當中政策過多、法
規透明度、政策的穩定度等等都是爭議的內容。

四、國際航運中心

　　綜觀任何著名「全球城市」的發展，無不依靠港口功能的港口城市而

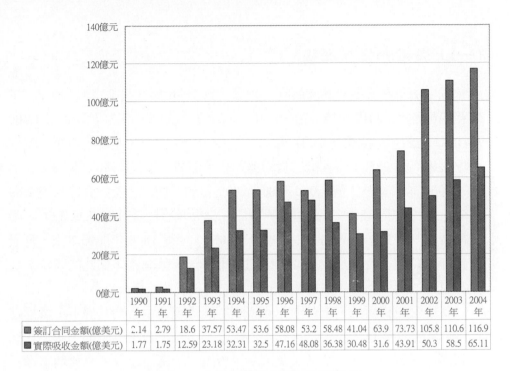

	1990年	1991年	1992年	1993年	1994年	1995年	1996年	1997年	1998年	1999年	2000年	2001年	2002年	2003年	2004年
■ 簽訂合同金額(億美元)	2.14	2.79	18.6	37.57	53.47	53.6	58.08	53.2	58.48	41.04	63.9	73.73	105.8	110.6	116.9
■ 實際吸收金額(億美元)	1.77	1.75	12.59	23.18	32.31	32.5	47.16	48.08	36.38	30.48	31.6	43.91	50.3	58.5	65.11

圖 8-5　上海市歷年吸收外資狀況

資料來源：本研究整理繪自上海統計局編（2005），《上海統計年鑑—2005》，
　　　　北京：中國統計出版社。網址：

形成（陸炳炎，1999）。就上海港本身的條件而言，亦具有相當大的發展
潛能。在上述前提的考量下，上海積極發展航運中心的功能，以建設樞紐
港為目標，並計畫與長江沿岸城市形成運輸網絡，發揮其物流中心的功能
（顧亞竹、袁章新，1995）。另外，在目前的航運發展中，除了海運方面
的強調外，航空與信息的流通，也成為航運中心的發展目標，且上海在發
展上也強調「三港」的建設，即海港、空港、信息港的發展，故對此逐一
介紹：

(一)上海港的發展歷程

　　以上海港在集裝箱的發展歷程而言，在 1978 年 9 月 25 日，第一次集裝箱船停泊，當時僅有幾千箱的吞吐量，2003 年 11 月 13 日則達到了 1,000 萬 TEU 的數量，成長至 2004 年，成為 1,455.40 TEU，其近十年來，年平均增長率高達 28%；而就港口貨物總吞吐量而言，也從 1980 年時 8,483 萬噸，2004 年增加為 3 億 7,000 萬噸，2005 年前八個月，貨物吞吐量達 2.83 億噸，同比增長 13.4%，躍居世界第二，集裝箱吞吐達 1,177 萬 TEU，同比增長 27%，躍居世界第三（左學金，2005）。從 1843 年開埠以來，經過一百多年時間，特別是改革開放後的三十幾年，就達到了如此的成績，足見其良好的發展歷程（如表 8-9 所示）。

　　就硬體設備而言，上海港在強調成為國際航運中心的前提下，積極進行港口的擴建工程，主要是以興建為國際集裝箱樞紐港為原則，鎖定在浦東新區的張軍寶（即張華濱、軍工路、寶山）地區，以及外高橋地區進行建設，其中外高橋港區共分為四期工程：一、二期工程共六個泊位；三、四期工程也建設六個泊位，預計建設 12 個集裝箱泊位的現代化港區以提供專業化設備，此外由於外高橋港區與外高橋保稅區相連，因此也有利於發揮物流的快速功能（陸海祜，2001）。截至 2001 年底為止，總共已經興建了 16 個集裝箱泊位（張華濱、軍工路、寶山地區 10 個，外高橋地區 6 個），預計興建 18 個泊位，以及 28 個集裝箱橋吊。儘管成長的數目增加，但是與香港相比較仍屬落後，香港在 2000 年時，其集裝箱泊位已經有 18 個，集裝箱橋吊也有 63 個，所以若是純就硬體設備而言，上海仍然與香港有一段差距。再者，如就效率而言，香港從集裝箱船到港泊岸，再到裝卸週期只需要 10 個小時，而上海則由於前述泥沙淤積等因素，使得集裝箱船必須等待潮水入港，增加了裝卸貨物的週期，而造成了效率的低落（呂敦益、唐元虎，2002）。不過，由於洋山港區第一期工程已於 2005 年 12 月年底完工，上述困境將可獲得緩解。

表8-9　上海港歷年貨物與集裝箱總吞吐量（1978~2004年）

年代	貨物總吞吐量(萬噸)	國際集裝箱吞吐量(萬TEU)	國際集裝箱吞吐量(萬噸)
1978	7955	--	---
1980	8483	1.5	--
1987	12833	22.4	246.5
1988	13320	31.3	345.1
1989	14604	35.4	351.3
1990	13959	45.6	445.5
1991	14679	57.7	610.5
1992	16297	73.1	715.6
1993	17596	93.5	847.5
1994	16581	119.9	1058.2
1995	16567	152.7	1388.9
1996	16402	197.1	1785.1
1997	16397	252.7	2303.6
1998	16388	306.6	2773.1
1999	18641	421.6	3948.5
2000	20440	561.2	5169.6
2001	22099	634.0	5911.4
2002	26384	861.2	7821.7
2003	31621	1128.3	10225.1
2004	37896	1455.4	13294.0

資料來源：上海統計局編（2005），《上海統計年鑑—2005》，北京：中國統計
　　　　　出版社。網址：
　　　　　http://www.stats-sh.gov.cn/2003shtj/tjnj/nj05.htm?d1=2005tjnj/C1508.htm

　　其次，就軟體部分而言，上海努力提升境外港口資訊化的作業，這方面的努力可從 1996 年看起，當時上海港便開始建設電子數據交換系統（EDI）[5]，在發展的最初階段中，採用市級 EDI 中心與港航、海關、外經

----

[5]這裡所指的「EDI 系統」，係指強調為了增加貨品的報關流程，採取電子傳遞方式，以減少通關的時間。

貿三個行業中心相結合的兩級管理模式，並且在單證開發、市場培育、用戶培訓與政策制定方面處於全國領先地位，同時在設備上也由傳統的 EDI 模式向 WEB EDI 模式過度。然而儘管軟體設備先進，但在確實運作上，卻只有 20%的使用率，同時也由於地域廣闊，再加上中央與地方二級政府體制間的行政協調，使得上海港在與中央機關以及外省市實施 EDI 的情形上，並不如預期的有效果（白文華，2002）。

(二)上海航空港與信息港的發展

■上海航空港

就空間佈局而言，上海擁有浦東國際機場與上海虹橋機場，在 1999 年浦東國際機場運作以前，上海虹橋機場負責國內外班機的起降，之後在功能上進行分工，浦東國際機場負責國外航線，虹橋機場負責國內部分，同時成立了上海機場集團有限公司，負責機場的管理。

在發展的過程中，浦東機場主要負責國際航線，從 2000 年起至 2004 年其運輸起降航次、旅客人次不斷增加，如表 8-10 所示：

表8-10　浦東國際機場吞吐量（2000~2004年）

年代/項目	國際航班 （架次）	國內航班 （架次）	國際航班旅客 （萬人次）	國內航班旅客 （萬人次）
2000	13,341	44,221	184.39	369.75
2001	17,976	58,421	232.08	457.39
2002	31,070	71,206	404.65	650.60
2003	51,455	63,273	606.70	675.91
2004	78,778	71,528	951.76	816.65

資料來源：本研究整理自上海機場集團有限公司。網址：
http://www.shanghaiairport.com。

從表 8-10 的結果來看，從浦東國際機場啟用開始，國際與國內航班旅

客人次同時增加,如國際航班從 2000~2004 年增加了 5.9 倍,旅客人次增加了 5.16 倍,同時期國內航班與人次則分別增加 1.61 與 2.20 倍,相較於其他國際機場,浦東的發展仍然不足,如表 8-11 所顯示:

表8-11　各重要國際機場空運人次（2003~2005年）　　　單位：萬人次

機場/人次	*上海（浦東）	紐約（甘乃迪）（JFK）	倫敦（希斯洛）（LHR）	東京（羽田）（HND）	香港（赤蠟角）（HKG）	新加坡（SIN）
2003	1281	3173	6348	6287	2709	--
2004	1767	3751	6734	6229	3671	3035
2005	--	4058	6792	6328	4028	3243

註：*上海資料來自上海機場集團有限公司。網址：http://www.shanghaiairport.com

資料來源：網址：

http://www.airports.org/cda/aci/display/main/aci_content.jsp?zn=aci&cp=1-2_9_2__

從表 8-11 的數據顯示出,儘管浦東機場的旅客人次不斷增加,但截至 2005 年底為止,仍未登入國際機場協會所列出的前 30 名,若單純以 2004 年的數據來看,上海仍不到紐約甘乃迪機場空運人次的一半,更落後於同屬亞太地區的香港與新加坡機場。

不過,若是從上述的六個機場旅客的增長比例來看,則上海 2003~2004 年之間,旅客成長的比例為 32.9%,僅次於香港的 35.5%,

■上海信息港

上海建構「全球城市」的過程中,藉由級差地租將製造業向郊區遷移,並在產業的空間佈局上,設定東部為電子業的發展基地,規劃張江高科技園區與金橋開發區為發展基地。除了在電子產業的產值上增加外,更強化城市信息方面的具體應用,並強調長途光纜、寬頻等建設。

(三)上海港在發展上的限制

從上面的分析來看，不論是從硬體方面，還是就軟體而言，上海港在發展上，仍然與香港和新加坡有一段距離，主要的弱勢分成下面幾個部分：

■港口條件的限制

以自然環境而言，上海港欲成為國際航運中心，最大的問題在於港口的深度問題，不過在洋山港建設完成後，將可以克服這個困境。

洋山港的發展建設，不僅能夠提供上海港深水港的需求，同時在發展上也能夠帶動南匯地區及蘆潮港的發展，預計興建五十個泊位，集裝箱年吞吐量 2,000 萬 TEU，其主要工程分為三個部分（高汝熹、羅守貴，2003）：

1. 洋山港區：洋山港設計年吞吐量 220 萬標箱，建成五個集裝箱泊位，港區陸地面積有 89 公頃，工程建設 71 億元，已於 2005 年第一期工程完工，規劃至 2012 年，可以形成十幾公里的深水岸線，並設置三十幾個泊位，可通過 1,500 萬 TEU（《上海文匯報》，2005）。

2. 東海大橋：主要用來連接洋山港與蘆潮港，總長有 32 公里，橋寬度為 31.5 公尺，為雙向六車道，投資工程 72 億元，用以連接洋山港與臨港新城，採用綠色環保建材，基準期達到一百年，亦於 2005 年底完工。

3. 蘆潮港地區：在蘆潮港匯角東灘，用圍海造地的方式，預計面積 38.7 平方公里，其人工半島位於長江口與杭州灣交匯處的東南端，2002 年已建成深水泊位三十個。

洋山深水港興建完成後，將可以增加上海航運的腹地，使得原先歐亞大陸橋的出口端，從原來規劃的連雲港市轉變為上海，即藉由京滬鐵路連接徐州，再由徐州連接隴海蘭新鐵路，使得原來的「π」字型架構圖轉變成「K」字型的架構圖，讓上海成為歐亞大陸橋的出海口，使上海的腹地可以進一步延伸至歐亞大陸（高汝熹，2004）。

■作業效率的提升

除了前述港口地理環境的改善外，上海港在發展中，仍須在行政效率方面趕超香港與新加坡，除了在硬體方面，積極建設泊位與發揮橋吊的使用率外，在軟體方面，也需要採用先進的 EDI 技術，與國外港口建立 EDI 聯繫、與承辦手續的國家機關建立 EDI 聯繫，由這六個方面著手，將能夠從港口本身開始，對國內、國外相關港口加強聯繫，提升作業效率。

肆、結論

儘管四個中心的建設有成，但各自仍有欠缺部分，如：

■就經濟中心而言

就經濟中心而言，由於強調的是產業結構，因此，市政府從產業政策的制定上開始著手，強調服務業為主的特徵，但是當市政府警覺到沒有二級產業支撐，三級產業發展勢必碰到瓶頸時，又藉由「一七三工程」，強化上海市的製造業部門，並進一步吸引外商的投資，使得 2003~2004 年間，二級產業的產值貢獻又超過三級產業，且差距還在增加中。

在二級產業內部，分別在東、南、西、北設立了高科技、石化、汽車、鋼鐵等重點產業，更配合著人口與工廠的空間轉移，在郊區設立工業園區以進行產業、空間、人口的結合，不過，在這方面由於規劃內容與實際上的落差，使得工業園區的作用發揮有限。在三級產業內部，也由原先批發、零售、倉儲等傳統服務業為主的形態，轉型為以金融保險業、房地產業為主的產業結構，然而在這樣環境下，卻使得上海的房價居高不下，並造成當地商務成本的上升，使得中央開始採取「宏觀調控」的手段進行控制，已經對上海的房地產業產生不少衝擊。

■就金融中心而言

在金融中心方面，改革開放後吸收外資進駐政策，以及 90 年代以後的國際金融中心遠景，當中特別設定外灘與陸家嘴兩個 CBD，這些過程顯示

政府決策對此所具有的絕對影響力。使得上海在 2004 年底已有 75 家外資銀行進駐，並有 55 家得以經營人民幣業務。但是在金融中心的建構過程中，上海也面臨了許多的挑戰，除了政府的政策外，還必須奠定在國內經濟的發展現狀。

■就貿易中心而言

就貿易中心而言，就上海的進出口貿易對象來看，儘管上海在外貿方面的進出口數值每年都有提升，然而在貿易對象方面卻仍侷限在以日本為主的亞洲國家，以 2004 年的數據而言，進口約占有 60%，出口約占有 40%，這種集中化的現象，對於大國貿易的發展並非有利，且進出口商品與多包含工業項目，亦顯示了貿易與產業的關聯性。

■就航運中心的發展而言

最後則是航運中心的發展，由於上海港得以利用大、小洋山港的地理優勢彌補上海港吃水不足的問題，使上海具有成為國際航運中心的實力。然而，在硬體與軟體設備上，上海港仍然與香港、新加坡有所差距，故也將國際航運中心的目標鎖定為 2020 年，而如何加強硬體設備的健全與軟體部分 EDI 的使用普及率，成為上海在發展航運中心上的一個必要的考量。另外在航空方面，藉由浦東機場興建完成近五年的發展，可以看出上海與國際聯繫的緊密度增加，但是在信息港部分，儘管硬體建設的完善，但是由於信息管制的政策，卻造成信息港發展的桎梏。

綜合而言，上述內容與數據清楚顯示出，上海在產業總體規劃的成果上，2003 年的數值顯示出二級產業的產值比例又高過了三級產業，並在2004 年差距拉大，數值的變化，顯示上海三、二、一產業政策的失敗，這可由「一七三工程」獲得部分解釋，在三級產業內部的發展，批發、零售、餐飲業等傳統商業活動，是三級產業中產值比例最高者，從 1990 年的21.49%到 2002 年的 21.85%，以及 2003 年的 23.4%，2004 年的 22.08%，始終維持著最高的比例。另外，房地產業則屬於成長最快的一個部分，從1990 年占三級產業 1.5%的比例，上升到 2002 年占有 13.55%以及 2003 年

15.32%與 2004 年的 17.46%的比例。不過，除了這兩者之外，比較值得注意的是，在金融保險業的部分，占三級產業的比例，則從 1990 年的 29.73%下降到 2002 年的 21.21%，2004 年的 20.80%，這無異是對國際金融中心的發展所提出的警訊，顯示中央控制導致金融自由化的速度減緩之外，過於對房地產的投資，導致回收時間長，也是一個重要的因素。

因此，四大中心的建設，其中最為重要的金融中心，卻可能由於政策自主性不足，反倒成為遭受最大限制者，然而，這也突顯出社會主義的國家與城市，在進行城市政府「治理」的過程中，並未如西方經驗之得以有相當的民間企業加入，而只能著重在本身的轉型上，這反過來，也進一步限制了城市治理的可能性。

因此，儘管上海已經成為中國發展的重要城市，但是距離之前所設定之「全球城市」與近期所提出之「國際大城市」的目標，仍有一些值得努力的空間，而這些，都將有賴於四個中心的建設完善，以及更重要的城市政府治理職能的完善。

本章重點

　　1.城市治理。

　　2.全球城市。

　　3.上海市。

　　4.四個中心。

參考文獻

一、中文部分

上海統計局（2002），《上海統計年鑑—2002》，北京：中國統計出版社。

上海統計局（2003），《上海統計年鑑—2003》，北京：中國統計出版社。

上海統計局（2004），《上海統計年鑑—2004》，北京：中國統計出版社。

上海統計局（2005），《上海統計年鑑—2005》，北京：中國統計出版社。

上海證大研究所（2002），《加入WTO後上海的戰略地位》，上海：上海證大研究所。

上海財經大學出版社（2006），《上海城市經濟與管理發展報告》，上海：上海財經大學出版社。

王佳煌（2001），＜從全球城市概念論上海的再起與轉型＞，《中山人文社會科學期刊》第9卷第2期，頁91-126。

王軍瑋、馬亞華（2002），＜上海外貿出口市場結構淺析＞，《上海綜合經濟》第4期，頁13-16。

白文華（2002），＜上海國際航運中心的競爭力比較分析＞，收錄於尹繼佐主編，《國際城市競爭力》，上海：上海社會科學出版社，頁169-192。

呂敦益、唐元虎（2002），＜上海發展國際航運中心的比較研究及對策＞，《上海綜合經濟》4月號，頁19-20。

吉曉輝（2003），《上海金融發展報告》，上海：上海人民出版社。

左學金、權衡（2006），《科學發展與城市國際競爭力——上海發展前景與政策選擇研究》，上海：上海社會科學院出版社。

左學金（2005），＜以軟實力打造國際航運中心＞，《上海文匯報》，12月11日，第6版。

江曼琦（2001），《城市空間結構優化的經濟分析》，北京：人民出版社。

范劍勇、桂琦寒、崔英（2003），＜上海市就業結構的產業特徵分析＞，《上

海經濟研究》第 2 期,頁 26-32。

沈愛華(2005),＜金融中心的上海韜略＞,《商務週刊》,網址:
　　http://www.finance.sina.com.cn。

陸炳炎(1999),《長江經濟帶發展戰略研究》,上海:華東師範大學出版社。

高汝熹、羅守貴(2003),＜一子之動、全盤皆活——大小洋山港建設對於上
　　海的戰略意義＞,《上海綜合經濟》第 3 期,頁 69-71。

高汝熹(2004),＜洋山深水港建設對上海的三大意含＞,收錄於高汝熹文集,
　　上海:上海社會科學出版社,頁 112-121。

姚為群(2003),《全球城市的經濟成因》,上海:人民出版社。

陳小紅(1996),《由社會主義經濟轉軌到市場經濟之路——以中共「住房改
　　革」為案例》,行政院國家科學委員會專題研究計畫成果報告。

陳兆忠(2002),＜新世紀申城工業的「東南西北」——上海四大產業基地巡
　　禮＞,《上海財稅》,頁 28-31,45。

陳修穎(2003),＜上海市產業結構重構與轉移＞,收錄於顧朝林等著,《產
　　業結構重構與轉移——長江三角洲地區及主要城市比較研究》,江蘇:江
　　蘇人民出版社,頁 279-336。

陳蔚鎮(2006),＜上海城市空間演化中土地資本的積累與競爭＞,《城市規
　　劃學刊》第 3 期,總第 163 期,頁 69-75,93。

陸海祜(2001),＜上海國際集裝箱樞紐港建設與發展＞,《浦東開發》11
　　月,頁 22。

楊咸月、韓漢君(2002),＜上海國際金融中心發展戰略＞,收錄於尹繼佐主
　　編,《城市國際競爭力》,上海:上海社會科學院出版社,頁 58-84。

楊再斌、黃運城(2003),＜上海建設國際金融中心的模式選擇與約束條件分
　　析＞,《國際金融研究》第 11 期,頁 70-76。

鈕則謙(2006),＜全球網絡中的上海市＞,《人文學報》第 30 期,頁 11-37。

曾剛(2001),＜上海市工業佈局調整初探＞,《地理研究》第 20 卷第 3 期,
　　7 月,頁 330-337。

寧越敏(2004),＜外商直接投資對上海經濟發展影響的分析＞,《經濟地理》

第 24 卷第 3 期，頁 313-317。

孫群郎、鄭殿娟（2006），＜經濟全球化與世界城市發展的新格局＞，收錄於
　　孫遜主編，《都市、帝國與先知》，上海：三聯書店，頁 101-112。

顧亞竹、袁章新（1995），＜加快上海樞紐港建設、促進城市經濟的發展＞，
　　《中國航海》第 1 期，總 36 期，頁 57-62。

羅冰（2005），＜上海出現新危機——貪大求洋滬港攀比幻想破滅＞，《前哨
　　雜誌》8 月，香港。

二、英文部分

Cohen, R. B., 1981, ''The new international division of labor, multinational
corporations and urban hierarchy'', In M. Dear & A Scott (eds). *Urbanization
and Urban Planning in Capitalist Society*. London: Methuen.

Friedmann J., 1986, ''The World City Hypothesis,'' *Development and Change*,
No.17, pp.69-83.

Sassen Saskia, 1991, *The Global City*, Princeton: Princeton University.

Sassen Saskia, 2001, *The Global City*, Princeton: Princeton University.

南京大學　張鎖庚

城市社區治理結構的變遷：權威分配與權利自治的和諧

◇南京市社區發展案例研究內容提要◇

作為政府管理的末梢，單位制與居委會曾是傳統體制下城市基層治理體系的基本主體。此後，城市基層治理的功能和結構不斷隨著社會經濟政治背景的變化而調整。從「拾遺補缺」到「社區」概念的提出，再到「社區居民委員會」對「居民委員會」的替代，社區的功能不斷擴張。同時，中國城市社區治理結構也走向多元化和複雜化，各種類型的組織紛紛進入到城市社區，其中社區居民委員會、社區黨組織和業主委員會構成了社區治理的核心。城市社區職能的變化和治理結構的多元化為人們透視轉型時期中國的國家與社會、公共權力與公民權利的關係提供了很好的視角。

作者：南京大學中美文化中心副教授

城市社區[1]治理結構的變遷發展之研究從屬於國家與社會互動的基本論域，對於自改革開放以來的轉型社會發展過程具有透視其政治發展的典型價值，對於時下構建和諧社會政策的總體目標亦有促進的現實意義。長期以來的路徑依賴，以及社會轉型改革的客觀約束使目前不可能擅離政府主導的基本格局，但經濟的持續增長以及利益群體的同步分化與發展正在不斷激發政治參與意識的成長，並首先充分體現於城市社區的治理過程中。一方面資源的權威分配依然是個體謀取福利的基本路徑之一，或者是更具效率的福利來源，從而權威分配仍然是繼續保持社會系統的基本穩定的主導力量；另一方面權利意識的成長和基層治理結構的變化已經開啟了利益表達與自治的新平臺。

作為政府管理的末梢，單位制與居委會曾是 20 世紀 90 年代以前城市基層治理體系的基本主體。90 年代之後，隨著政府政策的順勢引導，一方面城市社區的治理結構正在發生著顯著的改變，其基本的趨勢是治理主體的多元化，另一方面，社區在城市治理中發揮的職能也日益豐富。那麼這種變化是標識著中國公民社會的逐步發育，還是政府強化基層控制的努力？城市社區職能的變化和治理結構的多元化為人們透視轉型時期中國的國家與社會、公共權力與公民權利的關係提供了很好的視角。

N 市社區發展在中國有著較為典型的意義，近年來很多有關城市街居管理體制的改革都首先在 N 市試點[2]。本文即以近年來的 N 市 G 區社區發展為個案，探討如下三個問題：(1)近年來中國城市社區治理結構發生了哪些變化？(2)在變化的過程中出現了哪些新的值得關注的趨勢？(3)治理結構的變化產生了什麼影響？調查時間是 2006 年的 7~9 月，案例研究中搜集

---

[1] 在中國大陸，「社區」一詞與西方語境中的社區有著很大的區別，不強調其共同體的概念，而一般指一個社區（居民）委會所管轄的地理範圍。

[2] 例如，N 市 B 區率先在 H 街道試點撤銷「街道辦事處」；N 市 G 區率先推行成立「社區服務站」，以實現居民自治功能和政府職能相對剝離等等。

資料的方法主要包括查閱檔案記錄和訪談[3]。

壹、城市社區職能的變化：歷史的敘述

居委會組織是中華人民共和國建國初期在廢除舊的「保甲制」的基礎上創建的。「保甲制」最早起源於北宋王安石變法，據《宋史‧王安石傳》：「保甲之法，籍鄉村之民，二丁取一，十家為保。」1932 年始，國民黨政府在全國城鄉推行「保甲制」，即：十戶為甲，甲設甲長；十甲為保，保設保長；若干保再組成聯保，聯保設主任。「保甲制」 廢除後，借鑒前蘇聯模式，1949 年 12 月杭州市人民政府發出政令《關於取消保甲制度建立居民委員會的指示》，建立新的居民組織。與此同時，上海市黃埔區成立寶興里居民福利委員會（後改為寶興里居民委員會），由此，新中國第一批居委會宣告成立。1954 年 12 月《城市街道辦事處組織條例》和《城市居民委員會組織條例》頒佈，用法律明確規定城市居民委員會是群眾性自治組織，這標誌著中華人民共和國城市基層治理模式的初步形成。此後，城市基層治理的結構和功能不斷隨著社會經濟政治背景的變化而調整，直至今天。這部分將從城市社區職能變化的角度，敘述中國大陸城市社區的變化。

一、「拾遺補缺」階段

20 世紀 50 年代中期，街道辦事處和居民委員會開始在全國範圍內初步建立起來，根據 1954 年的《城市居民委員會組織條例》，居民委員會的主要任務包括：(1)辦理有關居民的公共福利事項；(2)向當地人民委員會或者它的派出機構反映居民的意見和要求；(3)動員居民響應政府號召並遵守法律；(4)領導群眾性的治安保衛工作；(5)調解居民間的糾紛。

---

[3]訪談的對象包括 N 市 G 區組織部、區民政局的工作人員、街道辦事處相關公務員、社區居民委員會主任等。

但是隨著「單位制度」的制度化和強化，居民委員會在城市基層治理中的作用日漸降低。「國家依靠單位體制和對單位的嚴密控制來實現社會和政治的整合。單位是國家政權的一部分，國家通過單位對社會成員進行經濟、政治及思想的管理，進而達到控制社會的目的」[4]。有學者認為，政黨—國家、戶口制度及單位制度是中華人民共和國成立以後城市治理的三個支柱[5]。在這樣一種制度背景下，城市居民委員會的任務主要就是「組織那些沒有被組織起來的人們」[6]，即極少數沒有單位的人們。城市居民委員會僅僅扮演著「拾遺補缺」的角色。

「文革」中，城市居民委員會雖然遭到了某種程度的破壞，但是仍然履行必要社會的職能作用，具體來說，如：「⋯⋯動員知識青年上山下鄉，和辦理下鄉青年病退及安排工作；戶口檢查和外來人員登記、社會治安及必要的社會救助」等[7]。

居委會的「拾遺補缺」狀態一直持續到改革開放的初期，其主要職能可以概括為三點，即政府資訊溝通、政治動員和居民事務（主要是社會治安、社會調節和社會救助）。

二、「社區」概念的提出

20 世紀 80 年代中期，隨著改革開放的逐步推進，居民委員會在城市基層治理中扮演的角色日益重要。首先是企業改制使得大批「單位人」變成「社會人」、「社區人」，政府在計畫經濟時期依託的治理主體——單位

---

[4]顧昕（1998），＜單位福利主義與「中國的制度性」失業＞，《經濟社會體制比較》第 4 期。

[5]Wu Fulong, ''China's Changing Urban Governance In the Transition Towards a More Market-Oriented Economy,'' *Urban Studies* 39, NO.7 (2002): 1071-1093

[6]Linda Wong and Bernard Poon, ''From Serving Neighbors to Recontrolling Urban Society'', *China Information*, Vol. XIX(3), 2005, Sage Publications, p.415.

[7]郭聖莉、王一儂（2004），＜從里委會到革委會——「文革」十年中居委會的考察與思考＞，《廣州大學學報》第 7 期。

逐漸弱化，許多單位不復存在。產權多元化的改革也促生了一大批「沒有單位的人」；其次是開始啟動福利社會化改革，卸掉「單位辦社會」的包袱，如對特殊人員的照顧、養老、兒童看管等等事務都從單位轉移到社區，逐步推行的住房私有化和自有化改革也使「家屬區」逐漸消解，而一些真正意義上的居民社區開始出現，並隨之帶來一系列的管理和服務需求；第三，政府改革的基本方向包括權力重心的下移和「小政府、大社會」，前者使城市街區承擔的任務日益增加，後者則由於我國社會組織、民間組織發育程度較低，而使得大量的社會事務從政府轉移到居委會這一居民自治組織。

1986 年民政部首次提出「開展社區服務」要求，第一次使用了「社區」概念。1989 年，新的《城市居民委員會組織法》頒佈，該法第三條規定，居民委員會的任務包括：

1. 宣傳憲法、法律、法規和國家的政策，維護居民的合法權益，教育居民履行依法應盡的義務，愛護公共財產，開展多種形式的社會主義精神文明建設活動。
2. 辦理本居住地區居民的公共事務和公益事業。
3. 調解民間糾紛。
4. 協助維護社會治安。
5. 協助人民政府或者它的派出機關做好與居民利益有關的公共衛生、計畫生育、優撫救濟、青少年教育等項工作；
6. 向人民政府或者它的派出機關反映居民的意見、要求和提出建議。

從 20 世紀 90 年代初開始，民政部開始借鑒國外社區發展的理念，提出了在中國開展社區服務、推進社區建設的思路，並開始在若干城市進行試點。

在這樣一種背景下，一方面居民委員會承擔的任務日益繁重，除了傳統的社會治安、社會救助、政治動員等，還增加了解決失業問題、直接面向居民提供社會福利、為居民提供日常生活服務等新的任務，從而不再僅

僅是單位的「拾遺補缺」者,而成為城市治理中重要的一極;另一方面,繼上海在 1996 年在城市管理中採用了「兩級政府、三級管理」的管理模式後,北京、南京、天津等地也紛紛效仿,「街道辦事處」的職能大量增加,從而居民委員會的行政化色彩日益濃厚和明顯,居民委員會的「自治」角色與「政府協助者」角色之間的矛盾逐步顯化,居民委員會也面臨日益嚴重的負荷過重問題。

三、從居民委員會到社區居民委員會

2000 年 12 月,中共中央辦公廳、國務院辦公廳轉發了《民政部關於在全國推進城市社區建設的意見》,根據該檔,「社區是指聚居在一定地域範圍內的人們所組成的社會生活共同體」。隨後,城市社區建設在全國進入全面推進階段。2002 年,在全國大部分地區進行了城市社區的重構,即在原有的居民委員會的基礎上進行合併與重構,同時在很多城市,居民委員會更名為「社區居民委員會」,簡稱「社委會」。重構的結果是與原來的居民委員會相比,每一個社區的範圍擴大了,社委會的數量減少了[8]。這可以看作是緩解居委會不斷擴張的職能與有限的資源、能力之間矛盾的一次努力。

重構後的社區居民委員會由於在更大範圍內整合了資源,在一定時期內部分緩解了負荷過重的問題。但是,隨著以市場化為方向的改革持續深入,更多的事務進入社區。例如,隨著老齡化社會的到來及退休管理的社會化,社區中脫離了單位的退休老人、退休黨員日益增多;城市化以及戶籍制度的鬆動,大量的流動人口進入社區;居民居住條件改善,住宅區物業管理中的業主權益維護等問題凸現,要求社區居委會協調、指導和參與業主委員會工作;社區建設的興起與發展,政府部門與社會各界對社區關

---

[8] 以 N 市為例。由於 N 市是社區建設的最早試點城市之一,因此早在 2000 年 N 市就完成了城市社區的重構,全市 6 個城區的 809 個居民委員會劃分為小於街道、大於居委會的 427 個社區。詳細介紹見《瞭望新聞週刊》,2000 年 7 月 17 日第 29 期,第 19 頁。

注有加，爭先恐後地搞「進社區活動」，讓社區居委會應接不暇；社區矯正政策的提出和實施等等。社區委員會承擔的職能日益繁雜，成為城市治理中的焦點。

也恰恰是在這樣一種背景下，一方面為了緩解社委會職能繁雜與資源有限之間的矛盾，緩解社委會在「自治」角色與「政府協助者」角色之間的矛盾，政府產生了進一步推動社區治理結構變遷的動力；另一方面，市場化改革帶來的權利意識的增加、利益的分化，以及政黨和政府對社會控制的放鬆等都為社區治理主體的多元化提供了條件。於是，中國城市社區治理結構在近年來已經並仍正在發生著顯著的變化，其基本的趨勢是主體的多元化和複雜化。

貳、社區治理結構的變遷：多元化、複雜化

2000 年之前，在社區治理中發揮作用的主體主要包括兩大類，即居民委員會和單位。儘管二者在社區治理中的地位經歷了此消彼長的變化，但是不容否認的是，它們仍然是城市基層治理、實現社會整合的主體結構。2000 年以後，其他類型的組織開始紛紛進入到城市社區，例如執政黨組織、基層政府的下延機構、業主委員會以及各種非政府組織等等，社區治理主體日趨多元化和複雜化。有學者認為，在這種多元化的治理結構中，社區居民委員會、業主委員會和物業公司是社區治理中的「三駕馬車」[9]，構成了基層社區管理的決策中心。但是在 N 市的調查結果卻與此不同，雖然物業公司在新型社區的管理中的確扮演著重要的角色，但是從社區層面來說，最重要的治理主體是社區居民委員會、社區黨組織和業主委員會。

---

[9] 如李友梅（2002），＜基層社區組織的實際生活方式＞，《社會學研究》第 4 期。

一、社區居民委員會

社區居民委員會過去是、現在仍然是社區治理中的重要主體。根據《城市居民委員會組織法》的規定：「居民委員會是自我管理、自我教育、自我服務的基層群眾性自治組織。」是城市社區中擁有法定主體地位的治理主體。

根據法律規定的基本職能，社區居民委員會在社區治理中實際扮演著三種不同的角色，即上級政府的「代理人」、公民權利的代言人和社區公益性服務的提供者[10]。但是根據大陸學者在各地進行的相關實證調查，社區居民委員會的大部分工作仍然是完成街道辦事處交辦的各項事務，例如尹海潔在 2003 年對哈爾濱的調查顯示，居委會 70.9%的工作是辦事處安排的工作[11]；張鳴宇對武漢市的調查指出，社區事務有四種類型，即「來自於政府的事務 842 件，占全年總 42.48%；居委會主動做的事務 682 件，占全年總 34.41%；來自於居民的事務 348 件，占全年總 17.56%；來自於其他部門和組織的事務 110 件，占全年總 5.55%」[12]。同時上海市盧灣區對社區居委會和政府行政部門的職責的界定也印證了這一點[13]。

根據《城市居民委員會組織法》，「居民委員會主任、副主任和委員，由本居住地區全體有選舉權的居民或者由每戶派代表選舉產生；根據居民意見，也可以由每個居民小組選舉代表二至三人選舉產生。居民委員會每屆任期三年，其成員可以連選連任。」目前，N 市社區居民委員會的選舉主要採用了第三種方式，即由社區成員代表大會選舉。同時，社區居委會的選舉是在街道辦事處的幫助下進行的，一般由街道黨工委的組織科考察和選定候選人，然後交由社區成員代表大會進行選舉。每個社區居民委員

---

[10]張鳴宇、汪智漢（2005），＜轉型時期居委會的三重角色＞，《社區主義研究》第 4 期。

[11]尹海潔（2003），＜轉型中的社區居委會＞，《社區》，頁 12-23。

[12]張鳴宇（2005），＜社區居委會在為誰忙？＞，《社區》，頁 6-下。

[13]「社區居委會與政府行政部門工作職責界定一覽表」（2002），3-5。

會一般包括主任一人、副主任一人、一名計生專幹、一名勞保協理員及社工若干名。社工一般由街道辦推薦，社區委員會聘用。因此，在人事層面上，社區居委會仍然帶有較強的行政色彩。社區居民委員會的財政收入主要來源於街道辦事處的財政撥款。社區居委會的辦公經費和社區居委會成員的工資都是由財政負擔的，同時社區居委會的支出也受到街道辦事處的控制[14]。社區居委會在財政上幾乎完全依賴於街道辦事處。此外，街道辦事處還定期對社區居委會進行考核和工作檢查，其標準也基本以完成上級政府交辦的事項為主。

因此，無論是從承擔的職能結構，還是從人事、財政的控制權，以及目標設定和考核來看，社區居委會在當前的背景下都仍然帶有強烈的行政化傾向，這一行政化傾向與居委會歷史上在城市社區治理中扮演的角色相結合，使社區居委會在城市社區治理中不容置疑地占據著核心位置，它既是自上而下的壓力型體制的神經末梢、政府的「腿和腳」，也是城市居民進行自我服務、進行利益表達的制度平臺，還是促使社區治理中其他各治理主體走向協調與合作的中間人。

二、社區黨組織

在傳統的計畫經濟──單位制時代，由於絕大部分黨員都隸屬於所在單位黨組織，因此，社區層面的黨組織及其建設並不受人關注。此後，隨著單位制的逐漸式微、流動人口的增多、退休人員管理的社會化，越來越多的黨員進入社區。2000 年《民政部關於在全國推進城市社區建設的意見》中指出，社區黨組織是社區組織的領導核心，在街道黨組織的領導下開展工作。而社區居民委員會的根本性質是黨領導下的社區居民實行自我管理、自我教育、自我服務、自我監督的群眾性自治組織。儘管如此，由於受到傳統機制的影響，社區黨組織在相當長的一段時期處於「若有若無」

---

[14]例如根據 N 市《G 區社區財務、資產管理規定》，社區居委會 2,000 元以上的開支，須經所在街道辦事處備案後，方可實施。

的狀態,滯後於社區建設的發展。「社區黨組織和駐區黨組織有效溝通協調不夠,社區黨組織參與社區建設的管道不多,社區黨組織、黨員在社區的作用發揮還不夠明顯,黨的工作在社區的覆蓋面還不廣」[15]。

最近幾年,社區黨組織逐步健全,不僅一些規模較大的社區由社區黨支部發展為社區黨委,出現社區黨支部(委)書記由社區居委會主任或者副主任兼任的制度安排,而且一些地方還在此基礎上創設出新的社區黨建模式。N市G區的「一會一站」即是其中的一種。

N市G區是市中心城區,素有N市政治、經濟、文化、教育大區之稱,下轄7個街道95個社區居民委員會,常駐人口65萬。隨著社區黨員的不斷增加,從2003年起,G區黨委開始在各個社區普遍推行「社區黨員議事會」和「社區黨員服務站」制度,即「一會一站」。

根據2005年G區的有關文件,「社區黨員議事會」被定義為「社區黨組織整合社區黨建工作資源,民主協商、決策社區事務的議事機構,是凝聚黨的基層組織和黨員力量的重要管道」。議事會一般由社區離退休職工黨員代表、社區成員代表大會中的黨員代表、社區困難群眾中的黨員代表、社區黨組織負責人、駐區單位黨組織代表、社區專職工作者中的黨員、社區居民積極分子等組成,一般在20人左右。「社區黨員服務站」是社區黨組織落實服務群眾各項任務的工作載體,是基層黨組織和廣大黨員為駐區單位、為社區群眾、為黨員服務的視窗,是在「黨員志願者服務」基礎上發展而來的,其工作任務是:服務社區、服務群眾、服務黨員。由此,「社區黨組織與『一會一站』形成『三位一體』的關係:社區黨組織派黨員志願者到社區黨員服務站值班,負責接待來訪,收集整理問題,並將重要問題提交社區黨員議事會討論,並以黨員服務站的名義加以落實,及時將辦理情況在社區內公示。在社區黨組織的領導下,『一會一站』形成了

---

[15]《中共N市G區委關於加強和改進社區黨建工作的意見》,「G區黨建」網站:http://www.gldj.gov.cn/cps/site/gldj/sqdj-mb_a2004021214535.htm

『議行合一』的運行機制」[16]。

社區黨組織的發展在相當大的程度上提升了社區整合資源的能力,尤其是「結對共建」活動的開展,更是為吸納和整合社區內的各種資源提供了便利條件。調查中很多社區居委會主任和社區黨支部書記都提到,透過「一會一站」和「結對共建」解決了社區面臨的資金、場地、人力資源等諸多方面的困難,使得社區範圍內的各種組織──以黨員參與的形式共同進入到社區治理中。

然而,社區黨組織的這種發展必然引發一個值得思考的問題:「一會一站」與「社區成員代表大會」和「社區居民委員會」之間是什麼關係?根據有關規定,社區中解決問題和決策的程式如下[17]:

社區黨組織 → 社區黨員議事會 → 社區成員代表大會 → 社區居民委員會

但是,在實際工作中,由於「社區成員代表大會」一年僅召開兩次,因此這種模式往往不現實,而更多的情況是社區黨員議事會形成決議後,如果是有關社區內具體問題的解決,就由社區黨員服務站直接執行,如果是有關社區內普遍性的問題、重大的問題,則提交社區成員代表大會。社區黨組織憑藉著「一會一站」的制度安排不僅成為城市社區治理中公共服務的重要提供者,而且在某種程度上比社區居民委員會更好地扮演了整合各方資源和力量的角色。

三、業主委員會

業主委員會是指在物業管理區域內代表全體業主對物業實施自治管理的組織,它是「自上個世紀 90 年代以來我國出臺『由國家、集體和個人三方建設住宅以推進住宅商品化,逐步改變我國的單位福利住房體制』的政

---

[16] 中共 G 區委黨校,「關於 G 區社區黨建『議行合一』機制的理性思考」,《「G 區黨建學會」成立大會材料彙編》,第 9 頁。

[17] 中共 G 區委黨校,「關於 G 區社區黨建『議行合一』機制的理性思考」,《「G 區黨建學會」成立大會材料彙編》,第 12 頁。

策，並歷經十餘年改革直至今日的結果」[18]。隨著住房體制改革的推進，我國城市中的房屋產權結構由單一的公房產權逐漸向產權多元化發展。而隨著私人產權的逐漸增加，私人業主勢必對物業管理提出更高的要求，於是專業化的物業管理公司出現，這又進一步引發了成立業主委員會的需要，以代表業主選擇、監督物業管理公司。財產權是業主委員會產生的基礎。

按照《物業管理條例》的規定，業主委員會由業主大會選舉產生，是業主大會的執行機構。由於業主大會召開的成本較大，因此，業主委員會實際上是業主自治的核心機構，作為一種業主自治組織，它擁有對物業管理區域內涉及到業主權益、尤其是與業主財產權相關的各項事務的管理權，而其具體的物業管理則由業主委員會委託專業的物業管理公司進行。因此從理論上來說，業主委員會與物業管理公司是雇傭與被雇傭的契約關係。但是在很多地方的實踐中，由於一般社區都是先有物業管理公司，然後才有業主委員會，因此很多情況下業主委員會反而是在物業管理公司的影響下產生的。例如在 N 市全市範圍內進行的一項調查表明，只有 20.91% 的業主知道「業主委員會」，知道業主委員會並且所居住的社區中已經有業主委員會的被調查者僅占 6.36%[19]。對青島市的研究也證明了這一點[20]。一般說來，在純商品房物業管理區或者私房比重超過一半的混合社區中，業主委員會與物業管理公司之間的關係更可能接近於理論上的雇傭與被雇傭關係。近年來在很多城市中出現的業主委員會「炒掉物業管理公司」[21]的現象說明業主委員會正在逐漸成為城市社區治理中重要的主體。

但是，隨著業主委員會地位的逐漸上升，其與社區居民委員會之間的

---

[18]劉安（2006），＜社區業主委員會的發展與城市社區自治＞，《社會學研究》第 1 期。

[19]陳龍、周彩霞、朱憲辰（2004），＜南京市業主委員會自治制度的調查研究＞，《物業管理》第 4 期。

[20]喬先華、王廣軍（2002），＜如何理順社區居委會、業主委員會、物業管理三者的關係＞，《中國民政》第 2 期。

[21]南京市在 2003 年出現了全國首例「業主委員會炒掉物業管理公司」的事件。

矛盾逐漸顯現出來。社區居民委員會和業主委員會都是居民的自治組織，這樣，「在同一區域或交叉區域出現了兩個能代表居民或稱業主（在居民區內具有自己房屋產權的居民就叫做業主，在房改已接近尾聲的歷史背景下，『居民』與『業主』的身分重疊性越來越高）利益的自治組織，而且兩個自治組織之間沒有任何法律關係，在具體工作中發生矛盾衝突實屬難免」[22]。雖然從理論上來說，業主委員會是以業主的財產權為基礎的，而社區居民委員會以居民的選舉權和被選舉權為基礎，但熟悉現代政治學理論的人都知道，財產權恰恰是一切公民權利的基石。或許恰恰是考慮到這種衝突的可能性，一些地方性法規明確規定了調解這種衝突的機制，如《N市物業管理辦法》規定：「各區（縣）人民政府和街道辦事處（鎮人民政府）負責協調物業管理與社區建設之間的關係」。

這種矛盾將隨著住房產權私有化程度的加深而日益突出。與此同時，由於二者掌握著不同的資源，又促使二者在實際中藉由互惠實現相互合作。相對於業主委員會來說，社區居民委員會不僅具有長期處理社區工作積累的經驗，而且其法定的地位和「行政化」的色彩都使其具有更強的法定權威性，但是居民對其的歸屬感和參與感卻較差。與此相反，業主委員會最大的優勢是因與業主的財產權密切相關，因此往往更能激發起業主的歸屬感和參與感，但是到目前為止，業主委員會並沒有從立法上被確認為獨立法人，也沒有被任何政府機關認可為社團法人，業主委員會還沒有得到法律認同和制度認同，因此在維護業主合法權益過程中往往會遭遇到很多的問題和難題。

四、其他主體——駐區單位、基層政府的下延機構、 NGO、企業等

除了上述三大主體之外，城市社區治理中還包括了駐區單位、基層政

---

[22] 喬先華、王廣軍（2002），〈如何理順社區居委會、業主委員會、物業管理三者的關係〉，《中國民政》第 2 期。

府的下延機構、NGO、企業、社區志願者等主體。由於篇幅有限，在此僅作簡單介紹。

駐區單位一般擁有城市社區治理中必須的財力、人力、物力和智力資源，因此雖然一段時期內駐區單位曾經相對逐漸淡出城市社區治理，把大量的社會性事務轉交給社區，但是近年來，越來越多的城市社區——尤其是那些駐有較多的黨政機關、學校、大型企業的社區——開始重新尋求與駐區單位的合作，希望借助於駐區單位擁有的豐富資源改善社區治理，解決諸如再就業、扶貧幫困、社區矯正、運作資金緊張等實際問題。在 N 市，這種合作基本是以社區黨組織與駐區單位黨組織「結對共建」的形式實現的。

傳統的基層政府下延機構主要指社區警務室。2006 年起，為了解決社區居民委員會在「居民自治」和「政府協助者」之間的角色衝突，N 市 G 區在全國率先開始一項新的試點，即在社區中除社區居民委員會外，另設立「社區事務服務站」，並明確規定後者是政府職能的承擔者，從而弱化社區居民委員會的「行政化」傾向。

此外，在 N 市的城市社區治理中也出現了 NGO 的身影，如 G 區在 87 個社區組織成立老年協會，結合社區老年福利「星光計畫」的實施，要求所有的社區老年活動站（室）由老年協會管理運行，社區居委會不再直接插手，只對其指導和監督。再如專門以幫助困難學生為宗旨的「陽光家園」等。此外在各個社區中還普遍存在著各種以娛樂休閒、體育鍛煉為目的的自發性的文體團隊和各種志願者組織。志願者組織以退休人員和社區黨員為主，主要承擔著養綠護綠、義務巡邏、法制宣傳、社區矯正、青少年教育等工作。

根據「社會福利社會化」的政策要求，在政府的扶持下，一批民營的福利服務機構開始出現並服務於社區。如 N 市 G 區現有「心貼心老年服務活動中心」、「寧海資訊化社區網路服務中心」、「期頤托老院」、「愛心托殘院」、「愛德慈佑院」等一批民營福利機構。

參、城市社區空間下的公共權力與公民權利

城市社區職能的變化和治理結構的多元化為人們透視轉型時期中國的國家與社會、公共權力與公民權利的關係提供了很好的視角。以前面兩部分的敘述和分析為基礎，可以歸納出如下幾點初步的結論：

首先，國家對基層社會的控制方式由單位制向社區制過渡。在「國家—單位—個人」的城市治理模式中，所有的資源和權力都掌握在國家手中，並通過單位——都是國有單位，因而本質上也是國家的一部分——分配給個人，同時單位也成為國家實現社會整合和社會控制的主要機制。隨著單位制的逐漸消解，越來越多的城市居民成為社區人、社會人，這促使國家調整對城市基層社會的控制方式。城市社區一方面承接了日益繁重的政府職能，另一方面又面臨著權利意識逐漸增強的居民進行利益表達和參與的壓力和要求。社區逐漸成為國家在城市中實現社會整合和社會調控的新機制。「社區與單位組織的最基本差別是：前者是『居住單位』，而後者是一個『生產單位』。更為重要的是，這種『居住單位』是人們自由選擇的結果，是基於一定的產權、契約和利益關係而形成的，是一種權利的空間；而傳統的『單位組織』作為『生產單位』，是權力與計畫安排的結果，是基於一定的制度、組織和使命而形成的，是一種權力空間」[23]。從「單位」到「社區」本身就意味著公民權利空間的成長。

其次，社區中市民社會的力量處於逐步成長之中。由於國家控制的放鬆以及政府權力向社會的轉讓，公民權利的空間在逐步擴大，社會自組織的能力在逐步增強。業主委員會的出現、業主對業主委員會較高的認同度、業主委員會在維護業主權益方面的突出表現、民營福利機構、NGO 和志願者對社區治理的參與等都說明在中國城市社區中，權利自治的需求和能力都處於成長之中。然而無論是社區委員會的雙重角色、還是社區委員會與

---

[23] 林尚立（2003），《社區民主與治理：案例研究》，社會科學文獻出版社，第 313 頁。

業主委員會之間的矛盾、或者社區居民參與社區公共生活的意願都表明以公民權利自治和公民參與為主要特徵的基層政治民主都剛剛起步。如何實現國家對民間社會的再造？民間社會的成長需要政府、公共權力的退場以提供充分的發育空間，但是在民間力量尚未發育成型之前，政府和公共權力的退出又會帶來失控和過分的「公民原子化」。解決這一兩難選擇的可能路徑之一即是充分發揮社區黨組織的作用。

第三，執政黨逐漸成為社區建設的核心力量。與國家對基層社會的控制方式由單位制向社區制過渡相伴隨的是執政黨藉由社區黨建立加強對城市社區的服務。透過「社區黨委（支部）──黨員議事會──黨員服務站」的「三位一體」化，執政黨成功地進入社區治理中，並成為社區治理的領導核心和樞紐以及各種治理主體之間的協調者。社區居委會雖然是法定的居民自治組織，但是在現實背景下，它更多地代表了外在於社區的公共權力。社區黨組織雖然也受街道黨工委的領導，但是社區黨組織基本是內在於社區的，其成員都是社區內的黨員，社區黨組織對社區公共事務的介入也意味著社區居民對社區公共事務的參與。因此執政黨藉由豐富的組織資源參與社區治理，透過社區黨員和駐區單位黨組織的積極參與帶動普通居民對社區公共事務的參與，將在促進民間力量成長、發展基層政治民主的同時，起到引導和調控的作用。

本章重點

1.社區。

2.治理結構。

3.多元化。

4.國家與社會。

呂理德・許哲彥

臺灣永續社區發展情況初探：以國家社區永續發展獎得獎社區為例

◇內容提要◇

　　社區是人類居住與發展的基本單位，也是邁向永續發展的基礎。台灣行政院自2004年起連續三年舉辦行政院國家永續社區發展獎，獎勵社區投入推動永續發展工作，共計有台南市金華社區、宜蘭縣冬山鄉大進社區、彰化縣埔鹽鄉永樂社區、嘉義縣民雄鄉三興社區、台南縣後壁鄉長安社區、台北縣中和市世紀皇家社區、嘉義縣竹崎鄉紫雲社區發展協會、花蓮縣光復鄉大馬太鞍社區、嘉義市東區王田里社區等九個社區獲獎。本研究探討上述九個社區，了解台灣推動永續社區發展情形。

作者：呂理德　時報文教基金會執行祕書、中國時報主筆
　　　許哲彥　中國時報副總編輯

壹、前言

　　自 1992 里約會議中「21 世紀議程」的提出，「永續發展」的廣泛性定義已為各國所接受，永續發展是三個發展目標的交集：經濟、社會、環境。例如，一個健康繁榮的社會仰賴健康的環境提供其住民食物、資源、安全的飲用水、潔淨的空氣。永續性的典範排斥所謂的「經濟發展勢必會以環境和社會的部分傷害為代價」的概念。也因此，永續發展可以說是對於一個經濟、社會、環境三個領域平衡發展以提升整體生活品質的人類未來之思考典型。

　　社區是人類居住與發展的基本單位，也是邁向永續發展的基礎。在全球永續發展 21 世紀議程中曾提出：「任何為達成永續的作為皆必須包含在地居民及他們對於未來的擔憂、期望和需求。居民的參與及行動是當地、國家以致全球欲達成永續的核心」。因此，永續發展的理想需來自於社區的環境覺知、參與及行動；而近年來，各級政府也已開始致力於推動地方永續發展，並期望由社區的願景與行動做起。

　　行政院國家永續發展委員會從2004年開始舉辦的永續發展獎——社區獎，每年選拔 3 個永續社區，三年來共計有 9 個社區得獎，它們分別是：台南市金華社區、宜蘭縣冬山鄉大進社區、彰化縣埔鹽鄉永樂社、嘉義縣民雄鄉三興社區、台南縣後壁鄉長安社區、台北縣中和市世紀皇家社區、嘉義縣竹崎鄉紫雲社區發展協會、花蓮縣光復鄉大馬太鞍社區、嘉義市東區王田里社區。將得獎的社區分類，可以概分為社區發展協會、村里暨公寓大廈等三大類社區。

　　本文乃以社區設立法令依據及時間順序，針對村里、社區發展協會、以及公寓大廈等三大類別社區，以國家永續社區獎社區為個案，探討國內永續社區發展情形。

貳、國內社區發展情形

台灣近代社區發展相當早，其中又以村里最早，從日據時代農業社會時代就有設置村里的組織，其次是社區發展協會，最後才是隨著都市化發展，一直到 1995 年完成公寓大廈管理條例立法，公寓大廈型社區才紛紛成立。茲分述如后：

一、村里社區

村里制度乃我國傳統的制度，始於周朝已存在二千多年，古時是以宗長及地方仕紳來擔任，而目前是以人民直接選舉產生（趙永茂，2004）。

台灣在日據時期就有所謂保甲制度，就是現在村里制度，這項制度一直被沿襲下來，現行的地方制度法將村里納入地方基層實務之運作成為最基層社區，截至 2003 年底，台灣地區（含金門、馬祖）的村里數 7,810 個，其中村 2,991 個、里 4,819 個。村里數最少的是連江縣 22 村；台灣本島則數嘉義市最少，110 里。每一村里平均人口數是 2,905.14 人。

按地方制度法之規定，里、鄰為鄉鎮市區以內的編組。而所謂「編組」係指地域性的非法人團體；換言之，里鄰乃里民、鄰戶在特定區域範圍內的社團，惟卻未被賦予法律人格，故稱為「地域性的非法人團體」（陳朝健， 2004）。

又按地方制度法之規定或地方自治實務運作之理解，里鄰的法定組織主要為「村里辦公處」（並設村里幹事協助村里長辦理相關公務），係定位為「辦公處所」而非「行政官署」，亦非「內部單位」或「行政機關」。村里長並領有村里事務輔助費用，每月約在 5 萬元左右。

二、社區發展協會

台灣在 1968 年頒布「社區發展工作綱要」，開始推動台灣的社區發展，社區發展協會初期是以幾個村里共同成立一個社區發展協會，但實際運作後，也有的是一個村里成立一個社區發展協會。

這項工作係由內政部社會司主政。當時每一個社區發展協會由政府補助 100 萬元基金，作為開辦費，同時依不同計畫，在社區中設立社區活動中心，作為社區發展之場所。歷經三十六年之推展，迄 2004 年底止，臺灣地區已成立社區發展協會計 6,043 個，推行社區公共設施、生產福利、精神倫理等三大建設及實施福利社區化。擴大照顧社區兒童、少年、婦女、老人、身心障礙者及低收入者，並加強居民守望相助，改善社區居民生活品質，建立安樂祥和的社會。

內政部為配合挑戰 2008 國家發展重點計畫，並研擬「社區人力資源開發計畫」，研擬「社區營造條例（草案）」保障社區民眾公共事務的參與權；調訓基層行政人員及社區幹部宣導社造理念；辦理社區評鑑及績優社區觀摩等，增加互動學習的機會；補助社區互助服務方案，鼓勵居民參與，培養社會責任感、建立互信合作關係、形塑公民意識與價值觀。

三、公寓大廈社區

隨著經濟的成長、社會的變遷，人的生活型態也逐漸在轉變。綜觀台灣 75%人口集中在各大都會區，而都會區內又以公寓大廈的集合式住宅為主要的住宅類型，然而此類相對封閉的公寓大廈，其社區型態與一般開放型鄰里社區之環境管理方式、住戶互動型態均不相同。

根據內部營建署的統計，2004 年台灣地區建築物就有 1,994,009 棟，台灣地區建築物總面積高達 386,272,190 平方尺，依法可以成立的公寓大廈管理組織超過萬家。台灣在 1995 年通過「公寓大廈管理條例」，讓公寓大廈管理委員會成為都會地區最基層且經由住民選舉產生的制度性自治組織，也讓公寓大廈管理服務人員及公司（樓管及保全公司為主）可依法從事公寓大廈社區管理維護工作，截至 2006 年 6 月底台灣地區共有 20,418 個公寓大廈成立管理委員會。這種由住民自行選舉代理的管理者與執行者，並可依此條例來訂定「社區生活公約」，對強調人際網絡營造及住民由下而上組織建立的「社區營造」工作而言，無疑是提供了有利的制度性組織基礎。

參、永續社區介紹

為鼓勵民間參與永續發展工作，行政院國家永續發展委員會自 2004 年開始舉辦國家永續發展獎——永續社區獎，每年從參賽社區中選拔 3 個優良社區，由行政院長頒獎表揚。

永續社區評審共分社會（占 50%）、環境（占 30%）及經濟（占 20%）等三大層面。

社會層面上評選標準包括：

1.建構社區組織及人才並結合地方團體、學校，朝向自給自足。
2.社區產業利潤能達到公平分配或建立完善之社會福利機制。
3.能建立社區事物認養機制並有效執行管理維護。
4.重視區域連結並能在和外來參訪者互動與尊重下帶動社區成長。
5.成功凝聚社區意識，形成自發性永續耕耘地方的力量。
6.透過社會安全保障與住居品質改善，住民的滿意度與尊榮感顯著提升。
7.建立蒐集地方鄉土文化史料事蹟並予發揚之機制。
8.應用社區特色建立聚落自明性。
9.其他得以促成在地社會永續公平正義的措施。

環境層面評選標準包括：

1.注重復育，建構原生物種之棲地環境。
2.增加綠地空間，綠美化社區空間，提升景觀品質。
3.能避免過度開發或執行良好的承載量管制。
4.重視維護古厝、老街、聚落等古樸具地方特色之設施。
5.確實採用生態工法、環保建材或綠建築。
6.動員清除垃圾、廢棄物，以維護環境清潔。
7.有效施行資源節約、廢棄物回收再利用或發展再生能源。

8.建立地方生物資料庫及教育地方居民環境保護之機制。

9.其他有益於社區環境永續維護的措施。

經濟層面評選標準：

1.能在地方產業基礎上建立綠色生產及消費機制並發揮創意，落實產業的永續發展。

2.能以創造就業機會作為「在地植根」的介面與基礎。

3.有效將閒業空間活化再利用。

4.善於運用各方補助改善利於當地產業發展的基礎建設。

5.善於運用現代資訊技術，提升社區數位化程度。

6.其他足以有效推動當地經濟永續發展的措施。

　　凡社區居民至少達 20 戶以上，近三年在社區永續發展方面成效優良者。三年內未曾獲頒「國家永續發展績優獎」者。可以由各直轄市或縣（市）政府或相關部會推薦一至二個永續發展績優社區報名參與評選；或由三位以上永續會委員連署推薦參與評選永續社區獎。相關永續社區得獎簡介，詳見表 10-1，並分述於后：

一、台南市金華社區（都市型社區）

　　金華社區未發展前原係一片荒廢鹽田，為配合安平工業區開發及台南市第三期都市計畫，後經規劃為國民住宅區，但伴隨著台南市政經中心往南區移轉，金華社區已屬高密度人口集結的住宅與經貿社區，新興人口與公司行號匯合的精華地段；由於發展迅速，於 1988 年 7 月奉臺灣省政府核准成立新社區，取名「金華社區」，有金碧輝煌之意涵，象徵社區會務推動蒸蒸日上。社區位於高密度人口集結地區，面積約 0.2796 平方公里，人口有 1,987 戶、6,476 人。

　　社區發展協會和里辦公處在體認社區營造精神的基礎上，積極創新各項社區環境的改造作為，不管是開闢認養金華公園、停車空間規劃、示範

表10-1　行政院國家永續發展社區獎得獎社區基本資料

社　　區	成立日期	獲國家永續獎日期	類別	社區人數	社區固定收入
台南市金華社區	1993	2004	都市	6476	無
宜蘭縣大進社區	1994	2004	鄉村	1,086人	無
彰化縣永樂社區	1997	2004	鄉村	1,062人	無
嘉義縣民雄鄉三興社區	2004	2005	鄉村	1,199人	無
台南縣後壁鄉長安社區	1992	2005	鄉村	1,800人	無
台北縣中和市世紀皇家社區	2001	2005	都市	3,000人	175萬／月
嘉義縣竹崎鄉紫雲社區發展協會	1995	2006	鄉村	1,848人	無
花蓮縣光復鄉大馬太鞍社區	2003	2006	鄉村（原住民）	6,500人	無
嘉義市東區王田里社區	1993（社區）	2006	都市	3,154人	無（里長每月約5萬元事務費）

商店街改造、建築空地轉換為鄉土文物館、角落造景與街道綠美化等，甚至推廣其社區經驗，也是 921 重建區的認養社區。

　　社區民眾自力開闢占地 1,600 坪的金華公園，並建立認養制度，公園內的每一棵樹都是社區居民認捐栽植，各項設備由使用團隊分工維護，環保義工隊負責整潔維護，84 年起從「基礎環境景觀」的改造，以「企業經管」，高層次的理念，解決了社區表相髒亂景象，徹底整頓社區全部髒亂，公、私有大小空地三十餘處，自行規劃出大小停車空間可供停車 700 餘輛，並加以綠美化，徹底的改善交通和社區觀瞻，營造出健康、安全、舒適的生活環境，整體的營造過程凝聚了社區居民的社區意識，因此榮膺了全國十大環保模範社區，台灣省祥和社會模範社區，更成為行政院環保署指定全國示範觀摩社區。

金華社區以「生活環境總體改造」為主軸所營造，是希望強化全民的環保行動，發揮整體的力量，從點、線、面、空間著手，推動清淨家園工作，確實改善生活環境，引導居民開創「利多」的空間，讓我們的民眾充滿有勁的活力，充滿活潑的朝氣，凝聚共識有計畫改善共同期望的問題，制定新的制度大家共同依循，目前已有良好的成效，我們啟發民眾將認同與關心的對象放在所住的地方來做起，也得到民眾的共鳴與回響。

金華社區的營造和環境改造一向都是以「自助而後人助」的精神來推動，各項軟硬體建設以成人學習計畫、戶長會議、公聽會、說明會等方式，引導居民漸進參與社區的各項公共事務，以造就許多績效，「公園認養」、「空地代管」、「閒置空間活化再利用」、「角落造景」、「社區培力」……對鄰里、社區永續發展有重大的突破與貢獻，一步一腳印，以企業化的精神來營造出感覺「健康、安全、舒適的生活環境」，在一群熱心有理念的幹部領導下，化腐朽為神奇，創造為台南市社區發展工作上的標竿社區。

二、宜蘭縣冬山鄉大進社區發展協會（鄉村型社區）

大進社區發展協會成立於 1994 年 5 月 18 日，協會與大進村係屬同一行政區，面積 16.84 平方公里，位於宜蘭平原西南邊陲全村共計有 16 鄰 265 戶，1,086 人。透過社區總體營造，結合轄區內「茶葉產銷班」、「綜合果樹班」辦理產業文化活動，結合社區特色與觀光休閒，使在地農產業轉型。該地特有的石板屋，目前正轉型將石板彩繪發展為本地特色，並有開辦石頭彩繪班。開辦社區婦女「吧檯經營管理班」、「婦女餐飲班」，培養農村婦女第二專長，創造農村就業機會。

推廣有機栽培，提昇農產品品質，增加遊客到園採果的意願；並與農會合作，建立產業行銷合作、技術服務等。

在環境保護方面，結合社區民眾、守望相助隊、義工隊，保護並注重生態保育，避免人為破壞。動員社區民眾，共同維護社區環境；利用閒置空地，進行植哉綠美化，並推廣家戶綠美化。

透過社區鄉土史料蒐集，編輯大進村誌（民國 92 年 11 月出版），以

凝聚社區意識。並結合學校辦理學童「家鄉守護地圖繪製活動」，培養小小解說員，使學童更加認識自己居住的社區，從小培養愛鄉的情操。

三、社團法人彰化縣埔鹽鄉永樂社區發展協會（鄉村型社區）

永樂村位於彰化平原西側，由牛埔厝、竹仔腳及埔心仔三個聚落形成一個村莊，土地肥沃，田畝相連，遍野碧綠，全村面積 21.5 平方公里，永樂村包括 8 鄰，246 戶，共 1062 人。永樂社區包括牛埔厝、埔心仔、竹仔腳等三個聚落。位於彰化縣埔鹽鄉的西陲，是埔鹽鄉最西的村庄。埔鹽鄉在還未開發之前是一片滿目荒野的草地，是「巴布薩」（Babuza）平埔族的狩獵區。我們的祖先在明末清初渡過台灣海峽（黑水溝）到鹿港來開墾，沿著鹿港溪往內陸開墾，隨著已開發的土地越多，聚落也越多

在明鄭時期，彰化縣屬天興縣，滿清康熙時期，把台灣設一府三縣，彰化縣屬諸羅管轄，清雍正 2 年（西元 1724 年），割諸羅中間的範圍設置彰化縣，北到大甲南至虎尾，這是彰化縣設縣沿革之始。當時，埔鹽鄉在東螺溪（今日的濁水溪）之北的埔鹽好修教化區屬馬芝遴堡，以南的新水教化區屬二林堡。

日據時期明治 30 年（西元 1897 年）11 月 1 日改台中縣鹿港辦務署時，將埔鹽好修教化區、三塊厝和四塊厝（溪湖）及新水教化區合併為埔鹽區，埔鹽鄉設置從此開始，役場設於三塊厝。

日據時期大正 9 年（西元 1920 年）將三塊厝、四塊厝化為溪湖庄，並改名為「台中州員林郡埔鹽庄」。民國 13 年才把役場（鄉址）遷至好修村 。

光復後，改名為「台中縣員林區埔鹽鄉」。1950 年，把原來台中縣的彰化、員林、北斗三區廢除，合併為彰化縣，改署為彰化縣埔鹽鄉起至今，永樂村也是在這個時候正式命名。

牛埔厝和埔心仔都在道光 12 年（西元 1832 年）修募「彰化縣志」馬芝遴堡二十八庄出現，可見聚落的形成可能在更早的 170 年前。當時的牛埔厝包括番同埔及外崙仔腳。在日據時期屬於台中州，員林郡，埔鹽庄，

番同埔自牛埔厝。台灣光復後成立永樂村，永樂之名包含著永久安樂之意，因第二次世界大戰期間，居民飽受苦難，台灣光復後，期望過著永久快樂安定的日子，因此取名為永樂村。

永樂社區於 86 年 1 月成立發展協會，以促進社區發展、增進居民福利，建設安和融洽、團結互助之現代化社區為宗旨，早期以「社會福利社區化」及「社區環境改造」為營造面向，並結合行政部門資源及社區總體發展規劃團隊構想，期能活化與振興地方文化產業，共同打造美麗風貌、文化地景、優質生活的新社區，並朝永續發展的目標來推動。

在地方產業基礎上更發揮創意，成立「產業部」落實產業的活化與振興，整體而言，永樂社區在經濟發展、環境保護及社會公平正義等三大要項係採取共生共榮的關係。希望營造符合社區居民幸福生活的環境，在人性的尺度下做適度的發展，雖然不大卻可以永續經營永樂其中。

在社區主體建設方面的工作由點而線而面陸續完成了埔心驛站、社區工作坊、永樂親境大道、竹仔腳公園、八方湧樂亭、三角公園、草地學堂、生態農學步道、村民廣埕、常民文物館、產業小舖文化園區及牛埔厝祭祀廣埕等景點，近年來推動地方文化產業振興更不遺餘力，採取地方文化產業資源開發與整合，文化產業傳承及研習與文化產業之創意及行銷計畫，透過社區總體營造之機制來組成自主性、自發性之社區互助之組織，結合社會資源之支持網路，盼能活化與振興地方文化產業；永樂社區另於 93 年底經彰化縣府推薦參選交通部觀光局「美麗台灣」競賽，獲選全國前五大最具觀光旅潛力社區之一，農村觀光旅遊休閒產業將是永樂社區重點發展目標之一。

四、嘉義縣民雄鄉三興社區（鄉村型社區）

三興村，地處民雄東邊，與東興、豐收、松山村為界，村民大都從事農業種植柑橘，早期以種原料甘蔗、麻竹為主；自 1991 年 9 月國立中正大學陸續完工啟用後，逐漸擺脫了鄉民「狗（勿會）臭」的刻板邊緣地帶印象。隨著時代社會快速變遷，如今的三興村除了外來人口逐年漸加外，在

地人口也有老化與活力不足的現象；在舊與新、老與少的矛盾共存之下，當地珍貴的人文地史景觀等各項優質資源，正慢慢消逝當中；所幸，由於村內數位關心此問題的熱心村民，全力投入保存與發揚工作，讓在地珍寶不至消失得更加快速。

三興社區營造元年的起點～陳氏家廟，以及其後的龍泉溪整治，不管是營造的過程社區居民聚沙成塔、集腋成裘，戮力以赴的參與過程或以生態及永續發展的成果，都是學生環境學習的重要教材。

嘉義縣民雄鄉三興村龍泉溪旁的陳氏家廟附近，因疏於管理，週遭雜草叢生，變成居民丟棄垃圾的地方，經三興社區發展協會成員及村民自動自發的努力，目前不僅成為美侖美奐的公園，協會總幹事陳文取表示，未來將龍泉溪整治為生態教育的野溪生態區，並將綠地延伸至 700 公尺外的中正大學寧靜湖，真正成為校外教學的生態區。

陳氏家廟為三興村陳氏宗親為祭祖所需興建，宗祠前廣場，2003 年 9 月起三興社區進行「戀戀舊風情」三興社區營造活動，社區居民著手進行整頓，村民及義工在不到一個月的時間，將社區最髒亂的地方，搖身一變成綠樹成蔭的公園。

三興社區發展協會總幹事陳文取指出，進行社區營造激發更多村民自動自發關心自己的社區，為尋回鄉村應有的田園野趣，2004 年 10 月向嘉義縣政府提出城鄉風貌計畫，整治陳氏家廟旁的龍泉溪，也就是中正大學寧靜湖上游，希望規劃為生態教育及親水區的野溪生態區。

經過二個多月的努力，陳氏家廟旁的龍泉溪已煥然一新，走入公園映入眼簾則是一座村民自行搭建的六角亭，材料為居民拆房屋所丟棄的木材，再來是橫渡龍泉溪的橋樑，皆由村民撿拾堅固的樹木所搭建所成。

走過橋樑的另一邊，可看到一顆超過一百五十年的楓樹，社區發展協會為保護楓樹的根不受民眾踐踏，根的上方特地搭建一座觀景平台。

龍泉溪整治是環境保護與生態復育的重點工作。讓原本已成為廢棄物堆放處，甚至被小朋友戲稱為「髒溪溪」的龍泉溪，在眾志工的努力之下，遵循生態工法，用砌石的方式堆築護堤、疏濬堆積的泥沙、並在溪道中挖

掘人工小水池以蓄水並種植原生種的水生植物，以過濾來自溪岸附近鄰家排放的廢水，同時也提供水中生物棲息的場所。

2004 年 2 月成立發展協會的三興社區，基於愛鄉土愛社區的心理，動員起來為家鄉規劃一系列的文化、環境整潔與綠美化活動，將幾處原已荒廢或髒亂不堪的地點，利用最不破壞自然的生態工法或綠美化方法，整理成人人可親近的公園綠地與休憩場所，同時也保留了社區的產業與文化。例如鳳梨示範公園、溪底部菸樓、陳氏宗祠綠美化與龍泉溪整治等。讓社區居民沐浴在芬多精之中，因此，在 2005 年獲得社區永續發展大獎。

五、台南縣後壁鄉長安社區（鄉村型社區）

長安社區位於台南縣後壁鄉，社區人口數 1,868 人，經常參與社區工作人數約有 150 人，主要族群是閩南人。社區原為安溪寮之中寮，「中安」取台語諧音名為「長安」乃長久平安之意。居民祖籍大部分來自福建省泉州安溪縣，以從事耕農為主，社區民風純樸、保守、勤奮節儉。1974 年政府改造農村環境，實施社區建設，本地先後完成社區活動中心及老人活動中心，歷經村長、社區理事長等的努力，於 1993 年當選全國十大環保模範社區，並成為台南縣社區營造示範觀摩社區。90 年代社區隨工商交替，雖戮力於追求現代化之各項硬體建設，但漸漸忽略環境保護及生態保育，致使生活環境品質逐漸降低，至 1991 年社區民眾有鑑於生活中環境、資源、人文、藝術及安全對社區發展之重要性，於是成立「社區營造推動小組」、「社區環保義工隊」、「祥和志工隊」，凝聚社區人力並對於社區環境生活品質展開評估規劃、資源調查、古蹟保存，並加強環保意識及生態生物多樣復育共融工作，因而奠立社區總體改造的基礎。2003 年再度當選全國十大模範社區，2003 年台南縣「親善社區」獎，2004 年榮獲台南縣「新大同世界」社區評選特優獎。2005 年獲國家永續社區獎，台灣省政府村里服務品質績優社區。

社區發展重點：產業發展、社福醫療、社區治安、人文教育、環境景觀、環保生態。在社會層面方面：依台南縣「新大同社會」計畫案建立社

區安全、健康、環境、文化社造等相關措施，逐一完成；活化社區發展協
會社團組織與村辦公處之間的合作關係；運用當地現有人力資源投入社區
基礎建設，以永續發展為方向；成立社區關懷中心，以老人照顧服務老人
（本社區老人占 20%以上）方式，組織祥和志工隊，定期探望獨居老人或
弱勢家族；加速社區資訊數位網路化，透過網路期使與世界接軌；辦理研
習教育提升居民生活品質觀念，並養成「愛我社區」之優越感；開放並鼓
勵社區公共設施或道路認養減輕公部門之負擔。

在環境層面上：區域溼地（埤塘、農田、田渠、人工溼地）之維護與
再造；嘉南平原溼地植物之維護與建檔；避免使用農藥污染土地，並宣揚
生態自然耕作法；社區井水之調查與水質檢測（現存約 32 口井）鄉廢棄物
再利用，枯木或修剪枝葉——木屑步道舖設；社區營造以生態工法及利用當
地資材。

在經濟層面：原有地方產業基礎上建立綠色生產及消費機制；提升農
村傳統產業結構，利用現代資訊架構網路數位化；成立農業產銷班並且教
育研習，提升農產品品質。

本區地處嘉南平原，環境氣候及水利便利，適合農產業發展，其中以
水稻為大宗，目前發展有後壁鄉「蘭麗米」——咱ㄟ米、「上水米」——最
美米，除了稻米外，響應政府推行稻作轉作政策，本區農產漸漸朝向多樣
種植，其中以「安溪寮芭樂」品質深獲農產界肯定。因應台灣加入國際世
貿組織，本區農業發展更朝向精緻及有機農業化發展，此外，長安社區「營
造推動小組」依農村環境風貌特色及連結附近景觀特色（如關子嶺溫泉、
白河蓮花季、烏樹林蘭花科技園區……）規劃「農村知性旅遊」，企圖使
社區產業活絡，以達到永續發展之境地。

六、臺北縣中和市世紀皇家公寓大廈社區（都市型社區）

世紀皇家社區座落於台北縣中和市連勝街，位居雙和地區的核心，與
台北市、台北縣各鄉鎮脈絡相連，全社區共 574 戶，社區人口數 3,000 人，
社區面積僅 16,991.93 平方公尺，目前經常參與社區工作人數約 100 人，

主要族群為閩南人。為一 14 棟地下 3 層、地上 14 層之集合式住宅，全社區計 574 戶，進駐率為 100％，住戶約三千餘人。社區管理委員會於 2001 年 11 月 12 日獲准報備成立。

　　社區曾榮獲 92 年臺北縣公寓大廈及國民住宅管理維護優良社區評選「綠美化特別績優獎」及 93 年評選第一名。並經縣政府推薦，代表本縣參加行政院國家永續發展委員會主辦 94 年國家永續發展獎之「社區永續發展獎」，經主辦單位於各縣市推薦單位評選結果，世紀皇家區獲全國 3 個優勝績優單位之一。

　　社區營造應以永續發展為主要目的，然而社區要永續經營發展，唯有激發出住戶對社區的認同與愛，認同社區為自己的新故鄉，進而將對故鄉天生的愛灌注於社區、地方。為建立「人文社區」為推動社區營造主軸，對內倡導「故鄉愛　社區情　世紀皇家是我家」理念，藉由「重大議題專案組」及「委員有約」座談召開，提昇住戶公共事務參與力及學習民主意涵；透過各類社團、義工團隊籌組，凝聚住戶及建立自發性組織，並推展環境生態維護與資源回收工作；建立社區化社會福利，降低老人長期照護成本或延緩住進機構時間，落實在地老化，並使小孩於社區內共同學習成長，培養情感落實永續經營發展之效，以使住戶無後顧之憂，專心致力工作及事業發展。對外主動敞開大門，結合慈濟基金會等各界支援，辦理健康諮詢、檢查，並藉由舉辦各類地方公益活動，闡揚「咱的中和　咱得庄頭」及社區總體營造所要建立「共同體」之理念，增進社區間彼此相互交流、融合，使地方整體社區均能永續經營發展。

　　因目前住宅多以封閉式集合住宅方式興建，公寓大廈已成為最廣大及基本之社區單元，且社區總體營造所強調的是由下而上自發性運作，唯有將社區營造、永續發展理念深植基本單元，才能擴大參與層面及落實成效；且我們深知，榮譽的背後蘊含無限的期許，因此，社區業已籌組「社區營造永續發展推動組」，除負責社區文史蒐整、環境保護、社會福利等長期、延續性工作研究執行外，並期使以己淺薄經驗，協助推展公寓大廈管理維護及社區總體營造相關事務，為社區永續發展共同努力。

七、嘉義縣紫雲社區發展協會（鄉村型社區）

　　紫雲社區人口數 1,848 人，經常參與社區工作人數 30 人，主要族群為粵籍閩南人。1978 年由鹿滿、紫雲兩村合組「鹿紫社區理事會」，新建平房一座作為社區活動中心兼村辦公室，理事長為林松山先生；八年後鹿滿移出，始正名「紫雲社區理事會」。1989 年在現址新建如今二樓活動中心一座，將原有舊活動中心變更為社區托兒所；1995 年社區改制為「紫雲社區發展協會」，選任理事長莊文忠先生、聘任總幹事林文雄先生，協會草創，起步艱辛；四年後，第二屆協會理事長改由楊淑文女士擔任，總幹事林愈恆先生，四年努力經營，穩紮穩打，奠定良基；如今進入第三屆第三年，由退休老師蕭瑞呈任理事長、潘崑山為總幹事，整個社區也正在穩健地成長中。

　　社區發展重點：社福醫療、社區治安、人文教育、環境景觀、環保生態、綜合類。紫雲社區南邊接一條東西走向的無名淺山和溪水清如明鏡的清水溪，北邊卻是連綿丘陵和一條常年混濁的濁水溪，一清一濁，一南一北，同時出現在同一社區，寧不妙哉，巧哉！清水、濁水之間剛好是一片面積約 3 平方公里的廣大平洋，這正是紫雲早期名「田洋」的最佳註解。

　　紫雲絲瓜產銷班的絲瓜，早已得到「吉園圃」標章的認證，並屢獲農政單位的獎勵表揚。目前正積極研發副產品──絲瓜水，大家皆寄以厚望。「紫羅蔔」是新品種，外皮頭段呈紫色，清煮香甜可口，醃漬清脆耐儲存，具深厚的發展潛力；又與紫雲的紫同顏色，大家有意選為社區象徵的吉祥物，頃正尋求居民的共識中。

　　紫雲社區的老人，清晨早起到社區廣場練外丹功，保健兼養生；用過早餐後，和愛孫一起出門，孫子到學校，自己則到社區老人日照中心接受社區服務天使無微不至的照護；晚上 7 點有社區長青學苑的歌唱班，可以舒心暢懷。難怪有不少人說：「我要在紫雲養老！」

八、花蓮縣光復鄉馬太鞍社區（鄉村型社區）

馬太鞍社區位在花蓮縣光復鄉，社區人口數 6,500 人，經常參與社區，工作人數 65 人，主要族群是阿美族。馬太鞍部落含括現在光復鄉大平、大馬、大同、大華四村，現在部落活動大部分由大馬太鞍社區發展協會辦理，近年來極力發展部落人文生態旅遊，稍有績效。社區自 2003 年 10 月起，成立馬太鞍部落工作團隊，共有 52 位成員，依個人興趣、專長及工作崗位，分為經濟發展組、文化傳承組、自然資源組、活動組四大組。2004 年 11 月成立生態保育隊，成員 60 人，以推動部落生態環境及部落事務、認養馬太鞍濕地、芙登溪環境為己任。

在文化傳承方面，馬太鞍傳統歌舞以豐富華麗著稱，社區婦女自發性組成舞蹈團，保存記錄傳統歌舞、研編符合時代脈動的新歌舞，除在社區表演之外，更因響譽而應邀多處表演，形成新的表演事業。而傳承也益見成效，馬太鞍美少女隊於 2004 年成軍，年齡層也於今年下降至國小。馬太鞍部落是個人文發展與大自然共榮共存的生態部落，地方耆老以口述傳承部落文化，以部落生態專才、及人文資料彙編專才，與光復國小合作彙整編印學習手冊，應用於學校環境教育課程，並將馬太鞍獨一特色傳統捕魚，發展成畢業體驗活動，實施至今已邁入第 6 屆。

在環境保育方面：馬太鞍溼地是馬太鞍部落傳統農耕之地，位於中央山脈集水區山腳下，芙登溪蜿蜒貫穿，湧泉處處，生態相當豐富，尤以水生植物著稱，都由部落專才紀錄建立生態資料庫。因芙登溪水泥化而消失的馬藻，不但以多年的時間復育成功，因 90 年底桃芝颱風危害，原有之水生螢火蟲黃緣螢也因之消失，於 94 年黃緣螢能於野地自行繁殖，復育成功。馬太鞍的活古蹟，satack（很冰涼之意）環山湧泉，具有汲水敬老的文化意義，由拉福樂年齡階層認養以山上平整的石頭砌出取水平台，造福取水民眾。馬太鞍古屋，是最能展現馬太鞍住的文化的古屋，至今已有八十二年的歷史，仍保存完好，於 2004 年 3 月由花蓮縣謝縣長深山命名為馬太鞍古屋。因之凝聚了部落共識，以 13 棟屋齡五十年以上的古屋為點，串聯

成馬太鞍古屋群，並以部落工作室所在較多、及馬太鞍古屋所在之武昌街為文化造街之據點，以連接武昌街街尾之軍營（豐年祭會場）、花蓮縣原住民族文化資產推展中心等地，營造老部落新風貌、並推動部落經濟產業。由天主教及基督教會多年來在部落推動資源回收，已有成效，教友將可回收品集中於教會，再請專人回收，94 年配合花蓮縣無毒政策，推廣廚餘堆肥，由 10 戶示範戶使用廚餘桶、並規劃有機蔬菜試作區，2006 年將擴大試作。

在經濟產業方面：推展樹豆產業已邁入第五年，結合商家及部落，多元發展樹豆產業，如：馬太鞍一口酥、馬太鞍豆酥、樹豆創意美食、樹豆簡餐等等；編印樹豆美食食譜，供應民眾食用樹豆能料理得更美味。2005 年 3 月於預約黃金花海活動時，與宗泰食品產業結盟，期以與大企業的攜手合作為部落帶來新的商機。

九、王田里辦公處（都市型社區）

王田里社區位於嘉義市東區，有座雕刻鯉魚路標，象徵年年有餘，吉祥如意。社區東側與農業試驗所為鄰，南側與嘉義公園及植物園毗鄰，從自家遠眺一片綠色草皮及大樹，視野景觀非常好，是個得天獨厚的好社區。社區北側有興華中學及林森國小，中心點有嘉義國中及佛光山圓福寺，是一文風鼎盛之文教氣息良好居住環境的社區。社區是透天型住家，所以家家戶戶皆有花台，陽光普照，可植花草，終年花木扶疏綠意盎然。居民計有 993 戶，3,067 人，由於大家深感環保之重要，故凝聚共識，共同推展環境教育工作，為家園打造一個高品質生活環境，希望營造出清新、舒適、祥和、健康、安全的社區風貌。

「資源回收做得好，青山綠水常圍繞」，王田里是一個有活力、魅力的社區，不但空間有魅力，社區工作幹部本身對社區工作就充滿了熱誠與活力，會主動去發現問題、探討如何解決問題，擬出改善的辦法，再由上而下與義工、居民一起 DIY 來完成各項改善的工作，充分發揮公民社區的草根精神，自立、自主、自發性永續來經營社區的發展工作。

王田社區居民以公、軍、教為多，人文素質相當高，生活習性很有規律，人與人之間相處很和諧，能守望相助，敦親睦鄰，對生活周遭的凝聚力與互動很強，人人以住在王田里為榮，是個得天獨厚，享天時、地利、人和的可愛社區，對社區的認同與歸屬感很強。現在又有王田里集會所的場地，各項集會、活動可以提供居民多方面選擇參加，以組織社團化，凝聚居民環保意識，配合社區推動生活環境改造。

　　社區於 80 年首開嘉義市垃圾不落地的先鋒，社區內不放子車，晚上集中垃圾運走，白天看不到垃圾，除夕到年初四垃圾收集場亦沒有堆置垃圾。資源回收方面：王田里設立三個資源回收站，一個在大同新村、一個在綠庭公園大廈、一個在里的中心點，是最大的集中區。放置 13 個回收桶，分類有綠色玻璃、褐色玻璃，透明玻璃、鐵罐、鋁罐、鋁箔包、保特瓶、塑膠瓶、紙類……。回收點的人力，大同新村由張太太在自宅負責；綠庭公園大廈由管理員負責；里的中心點由陳育秀與環保義工共同負責。垃圾資源每天都可以拿出來放置，當回收桶滿時，用大的塑膠袋綑裝置於牆角排列放好，非常的整齊清潔，不會再製造第二個污染點。 每個星期一、五是回收日，由環保局資源回收車固定來運走。回收量非常的多，沒有金錢的交易，由環保局直接處理，最重要是要教育我們的下一代，垃圾還可以當資源再利用，延長焚化爐的壽命。

　　社區在重陽節舉行「敬老年會」，招待王田爺爺、奶奶們。為凝聚社區居民的情誼，同時舉辦「社區成長教室」——日文、烹飪、插花、座談……，在社區舉辦藝文活動，社區音樂會有國樂、管樂演奏，社區媽媽們準備餐點招待居民品嚐美食、聆賞音樂會，亦設計與環保相關之節目，寓教於樂，及社區兒童讀書會，讓環保無形中與生活緊密結合。同時配合環保局各項清潔環境活動，如清淨公園、環保局舉辦的反菸、反毒及為清潔員募款園遊會……，並積極參加環保座談，增廣見聞，提升層次。

肆、問題與討論

　　三年來 9 家獲得行政院國家永續社區發展獎中社區發展協會型式有 7 家、里辦公室有 1 家，公寓大廈管理組織有 1 家。社區發展協會顯然在現階段永續社區上扮演重要角色。

　　7 家獲獎的社區發展協會，幾乎都與其村里社區有良好的互動關係，社區發展協會理事長與村里長不是同一社區，就是屬於同一政治派系，因此雙方的領導者互動，攸關村里與社區發展之良窳。

　　永續發展強調社會、經濟與環境三大面向。在環境面向方面，得獎社區無論在社區綠美化、資源回收、垃圾減量、環保志工制度建立等都有很好的表現，但在經濟方面，除了公寓大廈型社區有固定收入外，其餘社區管理組織都缺乏大筆固定收入，對建立社區永續經濟條件，仍有一條很長的路要走，也是他們的努力目標；例如永樂社區發展協會、紫雲社區發展協會、長安社區發展協會、以及大進社區發展協會等結合當地農業發展，馬太鞍社區發展生態旅遊，都是這些社區努力的方向。在社會方面，多數得獎社區則在社區福利方面，尤其是老人福利以及當地文史資料建立方面著墨較多，相關結果分析請見**表 10-2**，並詳述如后：

表10-2　永續社區在環境、社會、經濟方面表現摘要表

社　區	環　境	社　會	經　濟
金華社區	認養金華公園、停車空間規劃、示範商店街改造、建築空地轉換為鄉土文物館、角落造景與街道的綠美化等等。	推廣其社區經驗，為921重建區的認養社區。	無。
大進社區	維護社區環境；利用閒置空地，進行植栽綠美化，並推廣家戶綠美化。	社區裡鄉土史料的蒐集，編輯大進村誌。	結合轄區內「茶葉產銷班」、「綜合果樹班」辦理產業文化活動，結合社

			區特色以及觀光休閒。
永樂社區	完成埔心驛站、社區工作坊、竹仔腳公園、草地學堂、村民廣埕暨牛埔厝常民祭祀廣埕等社區景點環境改造。	社會福利社區化。	農村觀光旅遊休閒產業將是永樂社區重點發展的目標之一。
長安社區	區域溼地（埤塘、農田、田渠、人工溼地）之維護與再造。	成立「長安社區關懷中心」，以照顧老人服務老人。	在原有地方產業基礎上建立綠色生產及消費機制。
世紀皇家社區	推展環境生態維護與資源回收工作。	建立社區化社會福利，結合慈濟基金會等各界支援，辦理健康諮詢、檢查，落實在地資源化，並使小孩於社區內共同學習成長。	無。
紫雲社區	結合清水溪與濁水溪改造當地環境。	紫雲社區的老人，清晨早起到社區廣場練外丹功，保健兼養生；晚上7點有社區長青學苑的歌唱班。	紫雲絲瓜產業。
大馬太鞍社區	推動部落生態環境及部落事務、認養馬太鞍濕地、芙登溪環境為己任。	馬太鞍部落是個人文發展與大自然共榮共存的生態部落，地方耆老以口述傳承部落文化，以部落生態專才、及人文資料彙編專才，與光復國小合作彙整編印學習手冊，應用於學校環境教育。	推展樹豆產業。
三興社區	環境整潔、綠美化，龍泉溪整治。	保留社區產業與文化（鳳梨示範公園、	推展鳳梨產業。

		菸樓、陳氏宗祠）。	
王田里	資源回收做得好，青山綠水常圍繞。	舉辦「社區成長教室」——日文、烹飪、插花、座談……，在社區舉辦藝文活動，社區音樂會有國樂、管樂演奏，社區媽媽們準備餐點招待居民品嚐美食、聆賞音樂會	無。

一、村里社區的問題探討

　　村里是目前台灣地方自治最基層的自治組織，所謂自治組織，是由人民自己組織起來，管理自己的事務，而不是事事靠政府。村里長為直接民選，四年改選一次，村里長領有村里事務輔助費用，每月約在五萬元左右，村里辦公處會設在村里長的家。村長、里長，甚至於包括鄰長，過去也都不支薪。但是，村里長為公眾服務，所以過去由政府提供一隻電話、一份報紙（高永光，2003）。

　　村里長也常常是由村里中最富人望的長輩來擔任，「里長伯」的稱呼，好像就是村里中的長老，專門為村里民來排難解紛的。不過，曾幾何時，村里長慢慢演變成政治人物在地方的樁腳，選舉時不免成為買票的代理人，村里長選舉也成為地方政治勢力，介入角逐的職位。因此，村里制度的存廢，一直成為台灣社會探討的問題。全國有近 1 萬個村里，各各都有一小股勢力，沒有哪一個政黨得罪得起（高永光，2003）。

　　村里組織是「開放系統」性質的法定組織，在「村里分權制度」的發展趨勢中，另已面臨其他法定或非法定組織的挑戰，例如：社區發展協會、公寓大廈管理委員會之功能競合的問題，如何進行資源整合、組織整併，終將是未來的挑戰（陳朝健，2004）。

　　和公寓大廈社區以及社區發展協會相比較，村里與鄉鎮市是真正地方

自治最基層組織，因此村里長也取得社區發展正統地位，然而，村里社區除了每月村里長約 5 萬元村里事務輔助費用外，幾乎完全沒有任何費用收入，多數村里辦公室還多設在村里長辦公室，因此過去的經驗，村里長想要做一些事情，根本就是巧婦難為無米之炊，這也是村里社區逐漸沒落另一個重要的原因。

二、公寓大廈社區問題探討

隨著經濟的成長，社會的變遷，人的生活型態也逐漸在轉變。綜觀台灣有 75%人口集中在各大都會區，而都會區內又以公寓大廈的集合式住宅為主要的住宅類型，然而此類相對封閉的公寓大廈，其社區型態與一般鄉村開放型鄰里社區之環境管理方式、住戶互動型態均不相同。尤其是受限於封閉型公寓大廈自我獨立的社區特性，也形成了現今許多公寓大廈與公部門在施政配合、行政資源接軌上脫勾的遺憾，例如環保工作來說，許多社區環保政策便未能有效地在公寓大廈社區落實，既使是行政系統的村里長，也常常覺得不易進入較封閉型公寓大廈來推動相關社區行政工作。

面對都市冷陌環境的形成，居民開始對優質生活環境的渴望。台灣在1995 年通過「公寓大廈管理條例」，讓公寓大廈管理委員會成為都會地區最基層且經由住民選舉產生的制度性自治組織，也讓公寓大廈管理服務人員及公司（樓管及保全公司為主）可依法從事公寓大廈社區管理維護工作。這種由住民自行選舉代理的管理者與執行者，並可依此條例來訂定「社區生活公約」，對強調人際網絡營造及住民由下而上組織建立的「社區營造」工作而言，無疑是提供了有利的制度性組織基礎。

然而，在訂立制度性安排後，卻又缺乏相對應的行政及政策資源的投入（大部分的行政資源主要係透過村里辦公處、社協、社區文史團體等），因此幾乎所有的公寓大廈社區僅能各顯神通與自力救濟。再加上，台灣大部分公寓大廈社區的規模不大，多數的樓管業者也屬於中小型的業者、且所提供的是單一服務功能（如保全、清潔、公寓大廈公共管理、水電維修等）為主， 缺乏類似先進國家已相當盛行的全方位物業管理服務業，也就

是沒有結合科技、管理與勞動力，提供人們包括建築物管理維護、生活服務及休閒遊憩之諮詢代辦等全方位的服務，使生活於其中的人們獲得清潔、健康、舒適、方便又能兼顧環境保育的生活空間。以致這個有利於都會區社區營造工作開展制度性安排，同時也衍生出諸多公寓大廈社區管理的問題，例如催繳管理費、機電維修、清潔管理等等吃力不討好的日常事務工作，使得多數住民對管委會組織興趣缺缺，樓管公司也不易提升其相關管理服務及效率。

　　儘管大多數台灣的公寓大廈社區仍處在自顧不暇的情況，慶幸的是，仍有少許（甚或是屈指可數）公寓大廈社區在熱心的住民、管委會及優質樓管公司的奔走及推動下，不僅是自立自強，甚至獲得部分行政資源的挹注，得以逐步跨越日常事務的牽絆，邁向創造一個優質社區生活環境的「公寓大廈社區營造」方向開展，就如同中和世紀皇家社區在 2005 年甫獲行政院國家永續發展委員會「第二屆國家永續發展獎（都會型社區）」之首例。顯見，如果我們能善用公寓大廈管理委員會這個社造的制度性利基，同時透過行政資源及政策，協助管委會超越日常事務的牽絆，並導引樓管業者邁向全方位物管業者發展，將可以為都會區公寓大廈的社區營造工作奠立良好的整體環境。不過，這個首例也告訴我們，台灣都市地區公寓大廈的社區營造工作尚處在啟始階段，也顯示了公寓大廈是過去十餘年社區推動過程中力有未逮的留白處（林德福、呂秉怡，2005）。

　　和村里以及社區發展協會相比較，公寓大廈社區最大的優點是有固定的經費收入，一個社區少則每月數十萬元管理費收入，多則超過百萬元，一年預算高達千萬元以上的也不在少數。不過在現行相關法令制度上，並未讓公寓大廈社區扮演積極角色，導致讓公寓大廈社區工作，多數停留在公寓大廈內部管理工作上，相當可惜。

三、社區發展協會問題探討

　　社區發展協會在三大社區中最大的優勢是每一社區幾乎都有政府補助設置的社區活動中心。有了社區活動中心，可以推動社區發展工作，加上

目前各部會開始重視社區總體改造工作，一些社區開始申請經費補助，才得以做了一些社區工作。這也是目前永續社區獎中，社區發展協會囊括了高達 76%獎項比例的原因之一。

不過和其它社區相比較，社區發展協會只有創會 100 萬元基金，就再沒有固定收入，即使有會費的固定收入，但也只是象徵性質，根本無法解決其日常開銷問題，這也是目前多數社區發展協會的課題。

此外，目前社區發展協會與村里區域與人口幾乎重疊，協會負責人與村里長如為同一人，其推展情況就相當良好，但如不是同一人，或是不同派系，整個社區發展工作，就會受到影響。

根據過去的研究發現，我國社區發展工作有許多問題存在。本研究的訪問調查結果顯示，當前的主要問題包括：社區和村里不分或功能重疊、社區發展協會自主性和自發性不足、部分社區缺乏辦公場所和活動中心、財源缺乏獨立自主、社區發展協會不能代表社區居民、社區範圍狹小以致部分社區內沒有機構或社團及社區功能羸弱等（林瑞穗等人，1996）。

伍、結論與建議

由於永續發展含括經濟、環境、社會三大層面，因此就建立永續社區而言，村里與社區發展協會的區域以及人口，才足以適合推動，而公寓大廈社區範圍仍嫌狹小，僅能在環境面向達到永續社區標準，在社會與經濟層面上，有其先天限制。

目前有關基層組織除了行政體系之下的村里之外，尚有社政體系在各地成立民間性質的社區發展協會及公寓大廈管理委員會，三者組織及功能重疊性頗高，資源的浪費不在話下，如何整併，應該是社區發展未來首要課題。

本章重點

1. 永續發展。
2. 社區。
3. 生態城市。

參考文獻

高永光（2003），「村里長改成有給職之探討」，憲政（評）092-230 號。

陳朝建（2004），「地方制度法專題：里鄰組織運作的實務解析」。

林德福、呂秉怡（2005 ），「公寓大廈推動社區營造的經驗與機制初探」，
　　國際社區規劃論壇，台北市政府都市發展局主辦。

林瑞穗、林萬億、陳東升、黃錦堂、楊茹憶、宋賢儀、謝宜君等人（1996），
　　「社區發展與村里組織功能問題之探討」，行政院研考會，研考Ⅱ-1277。

趙永茂（2004），「里的定位以及與區、社區發展協會的關係」，政治大學，
　　台灣研究中心舉辦，「臺北市里及里長功能定位」學術研討會，頁 1-15。

行政院環境保護署（2007），95 年度國家永續發展獎專案工作計畫。

行政院環境保護署（2007），95 年度國家永續發展獎專案工作計畫。

行政院環境保護署（2007），95 年度國家永續發展獎專案工作計畫。

王本壯・周芳怡

深耕社區、永續建設：台中市城鎮地貌改造之運作模式與行動策略

◇內容提要◇

　「文化、經濟、國際城」為台中市市政發展的重要願景，而「立足本土、放眼國際」則為其落實的主要方式。台中市都市發展的願景與行政院提倡之「社區總體營造」的內涵有著相當程度的相映；兩者皆從關照地方特色、社區民眾自主能力提升等由下而上的力量出發，進而啟動整體、國際化、系統面的發展。台灣進行都市建設與發展相關工作時，運作的主體（政府、第三部門、專業團隊與社區民眾）常處於「由上而下」及「由下而上」的兩種關係中；這種「上下依賴關係」，常使得都市發展工作的推動是在溝通不良、資源分配不均、民眾過度依賴政府與專家的情境中進行，連帶的影響到計畫執行成效。

　為深入瞭解及建立台中市都市地貌改造與都市建設進行的模式，本研究透過對於台中市都市建設現況、參與式規劃、公私部門共同治理與社區總體營造相關文獻探討，重新檢視相關計畫執行過程中，三主體間的互動關係、角色定位與運作模式等三項課題。研究結果發現：(1) 政府、第三部門（專業組織）及社區民眾應屏除傳統的「垂直單向的都市建設模式」，且在形成理想的「三角互補關係」前應先漸進的發展出「水平互動關係」方能有效推動都市建設與發展工作；(2) 第三部門應具備「中介、潤滑與形塑」、「提升社區民眾公共參與層級」及「權力轉移與資源整合」的能力，以促成「水平互動關係」的建立；(3) 在不同階段的都市發展與建設運作過程中，都市建設相關主體皆有不同的任務與角色定位；其目的是從深耕社區出發，進而促進建設永續化的落實。

作者：王本壯　國立聯合大學建築學系副教授
　　　周芳怡　國立聯合大學專任研究助理

壹、研究動機與目的：深耕社區、永續建設

從孔恩「典範轉移」（paradigm shift）觀點檢視台灣城鎮地貌改造之進程，可以發現，不同的社會發展與時代脈絡，深深影響並引導出不同的都市建設典範。戒嚴時期，台灣發展著重政治、政府、政黨層面的重整與重組；解嚴（1987年）後初期，政府掌握大部分都市規劃與工程建設的權力，以「由上而下」（top-down process）的模式（圖11-1）從事都市改善之工程。在1991年開始執行的「國家建設六年計畫」中，台灣發展側重建設一個共存共榮的國家環境；舉凡規劃環島高速公路、興建東西向十二條快速道路、擴建機場、港口、鐵路等皆屬之。在「國家建設六年計畫」中，台灣地區劃分為兩類生活圈（都會生活圈與一般生活圈）、十八個生活圈[1]，台中則屬於都會生活圈。解嚴初期的台灣社會面臨快速的社會變遷，對於

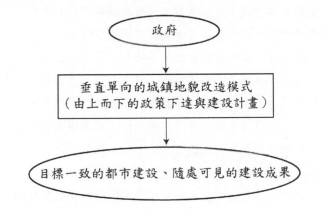

圖 11-1　垂直單向的都市建設模式
資料來源：作者自繪

---

[1] 在「國家建設六年計畫」中，台灣地區劃分為十八個生活圈，其中台北、桃園、新竹、台中、台南、高雄六個屬「都會生活圈」；基隆、苗栗、彰化、南投、雲林、嘉義、新營、屏東、台東、花蓮、宜蘭、馬公十二個生活圈屬「一般生活圈」。

國家發展而言，科技進步，標準化與科學化的要求逐漸提升，因此，當時台中市的都市建設應配合國家發展目標，並與其他屬都會行生活圈一般，有著類似的都市建設樣貌。

　　從台灣社會的發展來看台中市地貌改造縱向歷程，正如研究典範由科學實證典範轉向至詮釋典範一般；過去由上而下的垂直城鎮地貌改造模式（圖 11-1），忽略台中市在地的人文精神、抽離台中市的環境脈絡，而自1994 年社區總體營造概念興起，乃至行政院於謝揆時期提出的健康社區六星計畫，皆在致力喚起社區民眾及民間「由下而上」（bottom-up）的在地力量，如今，台中市推展城鎮地貌改造時，大多會以政府、第三部門、社區民眾三大部門共同協力為計畫執行模式（圖 11-2）。在較其他縣市擁有相對多的經濟發展條件、城鄉地貌改造專業人才等都市發展資源的台中市中，第三部門及專家團體涉入模式，讓台中市都市發展成績有目共睹；由重劃區（都市中心轉移）、社區規劃師計畫等稠密的都市發展計畫中皆可發現台中市的地貌正在進步與改善。

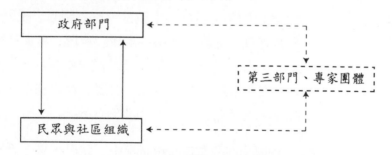

圖 11-2　第三部門及專家團體涉入模式
資料來源：作者自繪

　　推動都市地貌發展，主要工作的重點在於建立公、私部門間溝通與合作機制，並強調由下而上參與改造自身的生活居住環境，然而，此一工作方向卻暴露出許多存在已久的問題，諸如：(1)都市計畫相關法令的不完備，

造成私部門及社區民眾參與都市地貌改善實質環境窒礙難行；(2)現行建管法令缺乏人性化及地域性的考量；以及(3)一般民眾，甚至專業者缺乏社區生活的共同意識和都市地貌改造的正確觀念，導致土地使用規劃與環境資源運用不良等，上述都使台中市都市環境空間改造的工作有著較難永續經營的隱憂。總總的社會變遷，是否會促使政府機關或民間團體反思現有台中市都市地貌改造運作模式與行動策略，以因應整體環境轉變後的需求，為本研究一開始所思考的面向。

研究者長期觀察台灣城鎮地貌改造發覺，常以菁英主導為主要運作模式；這是因為，多數人認為都市建設或建築設計是屬於專業度極高且複雜的系統，是以，都市改造常以「由上而下的垂直城鎮地貌改造模式」為主。在菁英式的由上而下都市建設模式中，常將自身的經驗法則投注於各個具有個別差異的社區生活形態中。因此，本研究的問題意識將聚焦於：(1)城鎮地貌改造是否應跳脫現有由上而下的垂直都市建設模式、第三部門與專業團體涉入模式，以因應整體社會環境的發展趨勢；(2)在台中市都市建設過程中，政府（公部門）、第三部門（非政府、非營利組織）、專業團體（私部門）、社區民眾，各自的角色扮演與定位是否應有新的思維與轉變。

綜上所述，本研究希望藉由檢視台中市都市建設現況、參與式規劃、公私部門共同治理（governance）與社區總體營造相關文獻探討，進而尋求發展一套能配合台中市「文化、經濟、國際城」發展目標之都市建設與地貌改造之運作模式；因此，本研究之研究目的如下：

1. 探討台中市都市建設與地貌改造規劃歷程中，政府、第三部門（專業團隊）、社區民眾三者間應建立的互動模式。
2. 建構台中市都市建設與地貌改造規劃的可行運作模式。
3. 提出契合台中市都市建設與地貌改造規劃之行動策略。

貳、文獻探討

台中市政府於 2001 年依據「創造台灣城鄉風貌示範計畫」作業要點之鼓勵申請重點項目,考量市政發展的優先需要,辦理全市性的社區規劃師培訓計畫,以為有效推動「創造台灣城鄉風貌示範計畫」。其中重點在於藉由鼓勵民眾積極參與,充分溝通協調以凝聚共識;並採用都市設計的手法,發掘地方特色,進而展現地區空間結構與活動模式,達到建立都市新風貌之最終目標。五年來,台中市都市發展局帶領專家學者、專業團隊與社區民眾,於北區、中區、南區、東區、西區、北屯、西屯、南屯,各分區建立了西屯老街、台中酒廠周邊、水源地周邊⋯⋯,民眾參與城鎮地貌改造規劃之成果。

本研究試圖由相關文獻、技術報告、計畫書去探究造成由下而上與由上而下力量重新整合的因素;本研究發現,其原因在於大環境的法令制度與民眾參與機制未因由下而上力量興起而有因應的調整。本研究於文獻探討與回顧部分,首先由社會變遷面說明於知識經濟與全球資訊化社會中,都市建設規劃決策者應廣納建言並廣徵賢良,保持適當建設運作彈性、廣度與深度,以便符應時代趨勢。再者,由公共行政面探討,政府、第三部門與社區民眾三者協力,建立「參與式都市建設模式」之可行性,以便再建構都市地貌改造之行政資源架構與環境。

一、知識經濟、全球資訊化與都市建設規劃

全球正興起知識社會及全球資訊化的浪潮,台灣在面對上述的變遷亦須加快調整步伐以避免落後。過去的都市規劃與建築設計,往往因為都市規劃屬於高度專業的領域,是以都市規劃歷程中常採用菁英主導模式;在都市規劃的過程中,常落於都市規劃決策者或專業工作者「黑箱作業」的設計模式(圖 11-3)。然因知識快速變遷、知識廣博無邊、民眾需求應被滿足及萬能政府不敷時效等時代趨勢的興起,造成都市規劃應儘量避免黑箱式的都市計畫模式。

透過相關文獻分析，本研究認為，城鎮改造計畫並非單純的「黑箱式的都市計畫模式」，亦即由專業工作者透過內在心理想像建構而成的黑箱過程；而是專業工作者與知識經濟、全球資訊化社會進行雙向互動後所形成的（圖 11-4）。換句話說，在專業工作者形成城鎮改造計畫的過程中，除了本身應進行思考與啟發創意（內在心理思維的運作）外，還應與知識經濟、全球資訊化社會間形成良好的互動關係。

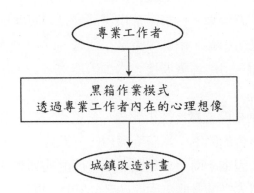

圖 11-3　黑箱式的都市計畫模式

資料來源：作者自繪

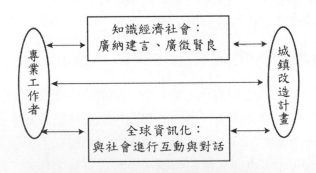

圖 11-4　互動多元的都市規劃模式

資料來源：作者自繪

(一)知識經濟與都市建設規劃

　　知識社會的快速形成使得全球興起一波波革新運動，在資訊爆炸的知識社會裡，各種不同的新知識不斷地被創造、學習與傳播；知識可以說是一日千里，瞬息萬變。知識一詞所包含的範圍十分的廣泛，舉凡科技、經濟、文化、社會等層面皆屬之；在知識經濟的社會中，個體因為知識的快速產出形成了莫大的壓力，是以，個體需要去了解及吸收知識，使自己能適應知識社會並持續生存。

■知識社會的特性

　　在知識社會中，個體終其一生需要不斷的進行自主性學習，以滿足日常生活中各類行為的需求，主要因為知識社會具有如下特性（張榮發，2001；黃富順，2004）：

1. 知識的快速生產與更迭：在資訊爆炸的知識社會裡，各種不同的新知識不斷的被創造與生產，知識可以說是一日千里，瞬息萬變；是以，個體需不斷去了解及吸收知識，使自己能適應知識社會並持續生存。由於知識的快速生產，自然造成知識的快速更迭，而求知速度決定個體與組織的生存優勢與競爭力。知識社會中個體的生存發展是建構在「學習」的能力與速度上，而非同以往所說的「經驗」基礎，亦即在知識社會中，個體需進行終身學習以符合社會變遷。

2. 知識的傳輸迅速，取得容易，儲存方便：由於電腦科技及網際網路的發展，使得知識傳輸十分迅速，且個體要取得及儲存知識也極為便利；知識的資源可以無限繁衍伸展，並具有互補性、共享性（非敵對性）以及無匱乏性。

3. 知識成為經濟發展的重要因素且知識勞工主導生產：美國經濟學家 Paul Romer 在 1980 年代（引自黃富順，2004）提出「經濟發展的四要素」（人力資本、新的思維、資本與非技術勞動力），其認為知識可以提高投資效益，且知識是需要投資的；換句話說，投資促進

知識生產，知識促進投資發展。在傳統物質生產過程中，人類社會主要是利用自然資源來發展經濟，而自然資源的特點是越用越少；但在知識經濟的社會中，人類創造財富的資源是知識，而知識的特點是愈用愈多。

■專業工作者的因應之道

在知識社會的時代，專業工作者應在知識洪流中持續收集有關城鎮地貌改造計畫（行動目標）的相關知識，透過知識的處理形成實際的行動，進而完成改造計畫。以下分而述之：

1. 專業工作者知識的涉獵應兼具顯性知識與隱性知識：經濟與合作發展組織（OECD，1996）將知識分為兩大類；首先為「顯性知識」，此指對於事物的本質與特性的了解及認識，並能掌握其產生或發生的規則，而「事實的知識」（know-what）及「原理的知識」（know-why）均屬此類；另一類為「隱性知識」，其指知道來源和如何做的知識，包括「技能知識」（know-how）與「人力知識」（know-who）兩種。專業工作者面對知識多元及快速更迭的社會，其學習的內涵應兼具顯性及隱性知識。

2. 專業工作者應保持自主且持續的終身學習：Jones 在 *Design Methods*（《設計方法》）一書提到，一個設計過程的結束，往往會讓設計者有「假如一開始我知道某一狀況或條件，我就不會做出像這樣的設計」（張建成譯，1994）的感觸；而其認為持續學習新的知識與方法將能避免上述情況的發生。申言之，在知識爆炸的時代中，維持自主學習動力獲取符合時代趨勢及環境需求的知識，將有助於專業工作者奠定設計的基礎。

(二)全球資訊化與城鎮地貌規劃

知識社會從經濟、資產面說明專業工作者需透過持續的學習以增加行

動所需的知識;而在全球資訊化社會中,夏鑄九(2001)則強調設計者應具有了解及思索「空間意義」(contesting space)的能力;舉凡分析城市與區域脈絡中的具體問題、掌握資訊流動及面對參與式決策的能力皆屬之。

■全球資訊化的特性

全球城市與其中的菁英因為擁有資訊主導權及傳播權,是以其在無形之中,為世界上的多數人建構了「被視為理所當然」(taken for granted)的真實。個體從生活經驗及其他管道中學習並透過學習建構「真實」(reality);真實的建構可能是全盤複製的結果,也可能是經過批判與反思之後所得到的概念與論點。然而,在全球資訊化的社會中,個體僅具備複製知識、資訊的能力與溝通、傳達的技術是不夠的,因為現存的知識與資訊可能不合時宜。個體除了學習既有的原理原則及理論觀點(知識及技能)外,還要學習在全球資訊化社會中分析知識與區域脈絡之間的關係,並培養自主性研究問題及自發性解決問題的能力。

■專業工作者面臨全球資訊化影響的因應之道

台灣的專業工作者身處於全球資訊化社會中,常無法避免接觸全球都市及菁英建構的真實與意義,甚至將之視為理所當然而在不適當的文化脈絡中應用。尤其是台灣的專業工作者多為承襲前述知識社會體系的菁英份子,在進行地貌改造計畫的過程中,一方面會陷入從全球性思考轉換為在地化行動的實踐困境,另一方面也容易落入前述在無形中所建構之理所當然的真實情境。

二、政府、第三部門與社區民眾形成之參與式城鎮地貌改造模式

首先,從「政府行政面」來看,民眾參與都市改造多以「計畫」(新故鄉社區營造計畫、台灣新社區六星計畫等)的方式推動,是以在計畫執行時較缺乏規範且無法(法律)可依循。再者,從「參與者部分」來看,社區民眾在社區意識未完全展開,且缺乏社區自主經營能力及專業組織協

助下，民眾參與城鎮改造計畫常會出現見樹不見林及缺乏永續發展的執行成果。最後，從「資源整合及網絡」的觀點來看台灣社區民眾參與城鎮改造計畫，可以發現在缺乏公共對話機制及水平溝通管道下，常會造成資源浪費及部分社區民眾需求無法滿足的現象。換句話說，社區民眾、第三部門及政府之間應透過心態的調整及共同治理能力的學習，並了解社區民眾參與都市改造執行的意涵，進而在「三角互補關係」（圖 11-5）中建立具國際觀、在地特色的城鎮改造計畫。

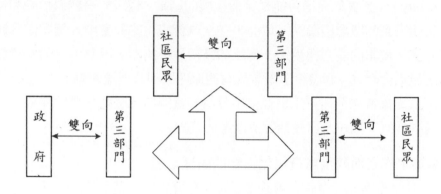

圖 11-5　政府、第三部門與社區民眾之三角互補關係圖
資料來源：作者自繪

(一)政府與社區民眾在社區總體營造計畫下之互補關係

台灣從 1994 年推動社區總體營造開始，行政部門逐步將城鎮地貌改造的權力下放給社區民眾，民眾開始知道自己擁有改善社區生活環境的權力，社區營造也成為政府及民眾「共同的事」。當政府將社造權力歸還於民時，民眾卻出現「知」與「行」之間偌大的斷層；其包括下述兩方面。首先為「知多行少」的斷層，亦即知道生態工法、社區總體營造及國家永續發展觀念的民眾並非少數，但能具體實踐及行動的人卻不多。再者為「知

後該如何行？」的問題，此即民眾了解自己在社區營造的角色定位，卻不知該如何執行之（how to do）（圖 11-6）（王本壯，2000、1995）。申言之，強化社區民眾具體的行動能力為推動社造的當務之急。

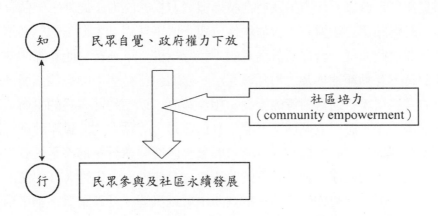

圖 11-6　民眾參與都市規劃知行合一示意圖
資料來源：本研究整理

　　另外，從「片面權力」的觀點亦可知悉何以台灣政府需促發民眾參與政策執行。過往台灣政治體系屬政府集權，單一個體或少數人所形成的團體握有權力，而其對權力的觀點抱持著「零和」（zero sum）的理念，也就是權力是不可分享的，因為分享會造成固定的權力流失（McNeil, 1995）。在上述「片面權力」的政治理念下，台灣社區民眾習慣消極、被動的面對公共事務，也將政府與民眾間不對等的權力關係視為理所當然，進而使得台灣社會出現消極自保及一盤散沙的混亂民主情況。然而，權力的總量並非固定不變的（Dubois and Miley, 1996），集權政府如能將權力移轉給社區進行社區培力（empowerment），將能有助於民眾參與公共事務，並協助政府治理，達成以民為主的理念。

　　林水波及王崇斌（1999）則認為，民眾參與是有效政策執行與國家走向民主社會的條件。林水波及王崇斌（1999）認為，建立或組成「具有治

理能力的機關」、得到健全「公民社會」的支撐，及形塑和諧感通的「執行結構」為有效政策執行的三大條件，而「民眾參與」在三個條件中，各扮演著不同的角色同時也提供不同的功能。一個「具有治理能力的機關」需具備訂定機關運作方向及整合發揮機關力量的能力；此外，一個有治理能力的機關還必須擁有「管理理性」與「情境理性」。政策執行必須要在成員間彼此信任、合作及具共識的「執行結構」下進行；而和諧的執行結構需具「互動理性」及「對話理性」，亦即執行結構下的每個個體，在開放的言談情境中進行對等的互動、相互尊重，以達到聽與說的平衡，在不斷的說、聽、思考的循環下，產生具創造力、行動力的知識與理念。民眾在執行結構下，如能擁有平等的參與機會，得使執行結構不至落於官僚的封閉環境，而能達到執行結構的開放性、合作性與互動性（林水波、王崇斌，1999）。在有效政策執行的圖陣中可以了解，社區民眾在都市環境改造相關計畫執行過程中扮演的角色；民眾不僅是計畫的接受者，也是計畫的促動者、執行者與督促者。

過去都市發展與環境改造相關計畫執行總是在政府扮演「施」及民眾扮演「受」的結構下進行，政府常會感覺權力與資源似乎減少了；而另一方面，民眾也會覺得自己在被動或受限制的環境中進行城鎮地貌改造。要讓政府轉化零和的權力觀與促使社區民眾在社造的過程中扮演主動的角色，可以從「施與受」的關係，逐漸轉變成理想的「互補關係」；在「互補關係」發展過程中，社區與政府應互相補足對方的空缺，並在具有彈性的機制中產生「水平互動」，進而使參與者在平等互惠及公開信任的情境下產生積極的行動。

(二)政府與第三部門在治理觀點下的互補關係

統整 Powell（1987）、顧忠華（2001）及鄭讚源（2001）等文獻後發現，第三部門崛起之因素可歸納為「福利國家危機」、「失靈論」與「公民權的伸張」三類。活躍於公共領域的第三部門，時時在實踐及履行草根

性的「社會自治」（social self-governance），可以被視為現代公民社會中的中流砥柱；就角色及功能來看，第三部門，此名稱闡述的意涵則為「第一、二部門『殘』，第三部門『補』的『殘補』（residual）角色」（顧忠華，2001；鄭讚源，2001）。

福利國家危機、市場及政府的失靈與公民權的伸張，除了可以視為第三部門崛起的因素，亦可從中看出在公共行政中由「統治」到「治理」的歷程（from government to governance）。當國家面臨公民自覺、福利國家危機與失靈現象時，走向「治理」是趨勢也是解決現存問題的較佳方法。民眾參與政策執行時，需要一個能移轉資源、溝通協調、教育訓練與培力的機制，以使民眾參與政策執行更有效（effectiveness）及具效率（efficiency）；此機制可由具公共性、自主性的第三部門提供。換句話說，第三部門在民眾參與政策執行過程中可扮演「中介、潤滑、移轉、形塑」的角色，上述四個角色不得偏廢，應隨社會脈絡、參與者素質、資源多寡的轉變來採行適當的執行模式，進而避免發生 Salamon（引自鄭讚源，2001）所言之「志願失靈」（voluntary failure；第三部門運作失靈）現象。

三、台中市都市建設現況分析

台中市[2]之發展歷經明清、日據及光復三時期，今已有 300 餘年歷史；300 年來，台中市由最初之農村聚落，逐漸演變至今日之都市規模。近年來，台中市隨著都市機能動態發展，力求國際化並試圖躋身 21 世紀高度競爭力都市，將「文化、經濟、國際城」為市政發展的重要目標。

現行台中市都市發展相關計畫，力行上述台中市市政發展目標，其於進行都市更新時，先就都市整體環境進行系統分析與評估，而後以環境改善手段、居民參與方式及社會政策等多方面進行更新作業。綜合上述，台中市都市發展與都市建設現況，已將「公、私部門協力」、「社區民眾參

---

[2]參考自台中市都市發展局官方網站：
http://work.tccg.gov.tw/develop/develop01_10.htm。

與」、「全方面診斷、評估」及「在地化與國際化並行」列為計畫進行的重要精神。

　　經由分析台中市都市建設與發展相關計畫、文獻資料後，本研究由下列數點出發，深入探討台中市都市建設的可行策略與運作模式。

1. 跨部門治理機制的缺乏：台中市政府發展都市建設的過程中，雖將政府、第三部門（專業團體）、社區民眾，皆納入計畫成為執行的主要行動者。然而，在過程中，由於溝通橋樑不易建立且由上而下的官僚體制依然堅固，使得都市建設時而面臨執行上的困難。此部分，所指的跨部門治理機制為，政府政策或計畫執行的相關主體，應先進行相互的了解，並以同理心出發，以有效建立溝通機制，進而避免因各部門認知的不一致，造成政策執行的障礙。另一關於建立跨部門治理機制的關鍵為，不僅各主體間需相互了解、溝通，主體內亦要充分互動；舉例來說：第三部門及專業團體內部，亦要透過有效的對話，以便建立共同願景，避免執行面多頭馬車疏失的出現。

2. 台中市都市重劃與優渥建設資源：在科技、交通、經濟快速發展的脈絡下，台中市區域規劃的現況漸漸不符合時代與民眾的需求，是以從整治舊市區與進行都市重劃出發，台中市漸漸將都市改造納入重要施政重點。另外，也由於台中市地理位置的優越，使得許多實驗型的計畫（如：歌劇院）及兩岸小三通的資源，逐漸引進台中市。上述幾點使得台中市都市建設的過程更站穩腳步，也代表台中市能透過都市建設的發展，使台中市邁向「文化、經濟、國際城」之目標。

3. 區級公所參與度：此部分延續跨部門治理機制建立的脈絡。由於台中市級下為區級公所層級，然因種種因素，使得區級公所較少投入都市建設與發展的執行；此也造成，雖然都市建設三大主體間已逐漸建立溝通互動模式，但政府內部任務分配或層級間溝通機制的缺

乏，卻可能造成都市建設頭重腳輕的危險結構。

4. 南北資訊與潮流的衝擊：台中市立處台灣中間位置，取得許多交通、地利之便，但同時也面臨南北資訊與潮流的衝擊。台中市雖同時面臨台灣南、北潮流的衝突，使其需花費更多時間重整相關資訊，但也因此使得台中市能有機會整合相關價值與策略，進而型塑適合台中市都市建設之執行模式。

參、資料分析與研究發現

經由文獻資料的整理，本研究以政府、第三部門（專業團隊）與社區民眾間的「三角互補關係」為城鎮地貌改造的理想運作模式。然而，要能從早期的「垂直單向的城鎮地貌改造模式」達成前述的三角互補理想模式，勢必經過一定的轉換過程，茲敘述如下：

一、在都市建設歷程中，政府、第三部門（專業團隊）與社區的關係

隨著社會、經濟、政治等公共領域的轉型，台灣政府行政取向逐漸朝向去片面權力化前進；政府透過權力下放與權力分享的機制，促使民眾及第三部門參與政府的政策推動與相關計畫的執行，進而使政府與民間協力以達共同治理的民主目標。

從 1994 年行政院推動的社區總體營造與城鄉風貌改造計畫，或是台中市都市發展與建設相關計畫，都可以發現政府、第三部門（專業團隊）及社區民間之間的關係從由上而下的科層模式逐漸轉向以互補關係為主的網絡模式。在台中市推動民眾參與城鎮地貌改造相關計畫初期，政府及計畫承辦單位提供了許多誘因（社區再造補助、專業規劃者服務津貼等）促使社區民眾及專業團體加入都市建設的工作，除此之外，政府及計畫承辦單位也扮演著監督的角色，在社區無法順利達成預期目標時收回原有的補助。在如上的政策執行關係中，以「獎懲制度」為維繫關係的基礎，而政

府及第三部門（專業團隊）屬於「雇傭關係」，政策執行的參與者（政府、第三部門、社區民眾）在「垂直依賴」、「低彈性」且「疏離」的關係中，進行「低自由度」的都市建設工作。相對於都市改造融入治理機制初期，台中市在近幾年的都市建設相關計畫中逐漸著重「社區培力」與「人才培訓」機制；希望透過都市建設三主體間「三角的互補關係」，促進社區民眾以「積極」的態度參與政策執行，並在「高彈性」與「信任」的基礎上，讓社區民眾發揮具有文化性及在地性的思考模式，以使都市建設具有社區自主性及保存社區固有的特色。

重要的是，在上述的發展脈絡下，台中市都市建設參與者之間從前述圖 11-1 的「垂直單向關係」逐漸形成「水平互動」關係，在其中第三部門（專業團隊）為「中介者」，在政府缺乏與民間接觸的機制時進行居中的溝通、協調及資訊交換的工作（圖 11-7）。

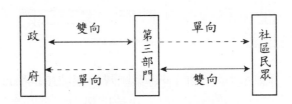

圖 11-7　政府、第三部門（專業團隊）及社區民眾水平互賴關係示意圖
資料來源：作者自繪

綜合上述，在都市建設過程中，政府所扮演的角色從「由上而下的監督與命令」，轉向與計畫執行者一同合作、協力的「水平互動關係」。在都市建設歷程中，政府因為需要深入社區及了解社區之需求，是以需要一具在地性的第三部門（專業團隊）作為中介，以推動政策執行及進行資源的整合（政府與第三部門進行雙向互動後，再將力量推向社區民眾）。而社區民眾在都市建設的過程中，也需要一個能夠「對權」（power to）（引自羅秀華，2003）及提供專業協助的第三部門來促使社區民眾進行實質的

行動；除此之外，透過第三部門與民間的集體力量也能將社區的在地需求傳達給政府，以使都市建設在水平互動及公開對話中有效的進行（社區民眾與第三部門進行雙向互動後，再將力量推向政府）（如圖 11-7）。亦即在都市建設政策下，台中市的都市建設行政體系從過去的科層逐漸邁入網絡模式，在此過渡期中，每個參與者都需進行一連串的學習；學習的內涵不僅只於工具性技能及立即可用策略的學習，還包括從權力的解構、重組與再建構過程中的學習。

二、第三部門（專業團隊）在城鎮地貌改造過程中所扮演的角色

透過上述文獻分析發現，政府在都市建設執行過程中，因社區民眾公民權的揚升、政府及市場的失靈（由於政府必須處理龐大的公務又缺乏有效運作機制而產生政府失靈；因都市建設工作屬公共財的設立而造成市場失靈）、公共領域結構的轉變及需在地性中介組織的協力等因素，而需要一第三部門協助推動相關計畫；也因上述四項造成政府需要第三部門介入的原因，促成第三部門（專業團隊）在都市建設相關計畫中發揮其角色與功能；以下分別敘述第三部門（專業團隊）在城鎮地貌改造計畫中的角色與功能。

(一)從「三角互補關係」及「水平互動關係」看第三部門（專業團隊）的角色與功能：中介、潤滑與形塑

因為政府失靈、市場失靈及公共領域結構的轉變，造成城鎮地貌改造計畫執行過程中，政府、第三部門與社區民眾形成「三角互補關係」（圖11-5）及「水平互動關係」（圖 11-7）兩種模式。在三角互補關係中，第三部門扮演著「殘補」的角色；而在「水平互動關係」中，第三部門在公部門、私部門及社區民眾間扮演著「中介與潤滑」的角色。鄭讚源（2000）認為第三部門在扮演中介與潤滑的角色時，需發揮下列三種功能：第一，第三部門需反應其他部門對於公共事務之需求與特性；第二，第三部門需

負責調節部門間的關係；第三，第三部門可以形塑其他部門的特質與走向。

(二)第三部門在社區民眾參與的不同層級中扮演適當的角色及提升公民參與層級

台灣在歷經解嚴之後，民眾開始擁有集會與結社的自由；透過民意的集合及發聲，台灣人民開始民主自覺並希望透過民主自決來參與國家行政、政策制訂與執行。在公民權抬頭時，民眾參與政策執行便成為政府行政的新趨勢；Arnstein（1969）曾提出公民參與的三個階層（無參與、象徵性參與、完全參與）及八個階段（政府掌控、治療、告知、諮商、安撫、伙伴、授權於民及市民主控）。

在上述階段中，民眾參與的程度有高低之分，在無參與的階層中，民眾處於被動、消極及無知的狀態中，第三部門在其中較難激發民眾參與的意願；在象徵性參與階層中，民眾雖具有知的權利，但常在政府安撫後消除了雜音與不同的意見，是以第三部門在此階段扮演著促進有效溝通的角色，使政府與民眾間存有雙向的溝通關係；而在完全參與的階層中，政府透過建立伙伴關係與授權，讓民眾參與獲得落實，並真正達成市民主控的目標，此時第三部門即可扮演形塑及培力的角色，以提升民眾參與的層級。

在都市建設執行過程中，面對社區民眾公民權提升時，第三部門得扮演「提升公民參與層級」的角色；政府透過授權，而第三部門透過使能與培力提高民眾參與政策執行的層級。正如 Arnstein（1969）提出的民眾參與層級一般，民眾參與都市建設相關計畫執行的程度亦有深淺之分；而第三部門在城鎮地貌改造計畫中，則能透過教育機制、建立學習型組織及培力機制，使社區民眾提升參與的層級，以便達到市民主控的目的。

(三)從政府需要在地性中介組織的協力看第三部門的角色與功能：權力轉移者及資源的統整者

前述都市建設過程中，政府需要一適切的第三部門（專業團隊）居中進行有效的資源、權力之轉移與統整。因此，一個了解在地特色、文化資

源及人才所在的第三部門，比起位居中央及層級節制的地方政府機關來說，更能有效促動社區內發的行動力。理由在於，在地的第三部門（專業團隊）與社區民眾間的距離較近且較了解在地社區民眾的心理與需求，此層關係能避免社區民眾求助無門或需透過冗長的行政層級獲得資源及提出需求。是以第三部門在城鎮地貌改造計畫執行過程中，必須扮演權力轉移者及資源統整者的角色。

同樣的，前述轉移權力與資源統整的工作並非一蹴可幾，其需透過一段溝通、協商的過程才得以完成。是以，第三部門在扮演轉移者角色時，還要進行「輔導與管考」的工作，讓社區民眾在遇到困難或執行方向錯誤時得以彌補，進而往更適當的方向進行。

綜合上述，第三部門在扮演轉移者及資源統整者角色時，應輔以管考的機制，以便使都市建設的相關資源能物盡其用，相關的人力能人盡其才，而進行再造的社區皆能地盡其利。

三、創造政府、NGO 及社區民眾的三贏：政府、NGO 與社區民眾的階段任務與角色

綜合以上分析結果，本文認為在城鎮地貌改造計畫下，一個第三部門（專業團隊）應具備下列條件：首先應擁有「中介、潤滑與形塑」之能力；再者應具備「提升社區民眾公共參與層級」之能力；最後，在社區總體營造執行與行動階段中，能進行「權力轉移與資源整合」的工作。政府在選擇推動都市建設的合作者（第三部門、專業團隊）時，可以上述三個條件為選擇的指標；另外，在評鑑第三部門（專業團隊）協力執行都市建設的績效時，亦可以上述三大指標作為基礎，以了解第三部門（專業團隊）在都市建設過程中缺乏或需要增加的功能與角色為何？

質言之，在都市建設過程中，第三部門（專業團隊）扮演著重要的角色，也提供許多的功能；然而，在都市建設的過程中，並非依靠一個有能力的第三部門（專業團隊）即可執行完成，還需政府與社區民眾共同協力與合作以達成政府、第三部門（專業團隊）與社區民眾的三贏，以下分別

敘述在「三角互補關係」及「水平互動關係」中，都市建設的三個主體在各執行階段中的角色與任務（表11-1）。

表11-1　政府、第三部門（專業團隊）與社區民眾在都市建設階段中的任務與角色

執行階段		政府	第三部門（專業團隊）	社區民眾
第一階段	上下互賴關係	主導掌控	行政服務	被動配合
第二階段	水平互動關係	建立機制	溝通協調	平等參與
第三階段	三角互補關係	行政支援	創新研發	自主運作

資料來源：作者自繪

　　根據資料收集與分析結果，本文將都市改造與建設的過程分為三個階段：第一階段為「上下互賴關係」期；第二階段為「水平互動關係」期；而第三階段為「三角互補關係」期，在各階段中，都市建設三主體皆有不同的任務與角色定位。

　　在上下互賴關係時期中，都市建設與改造的執行相較其他階段較屬於

「由上而下」的推動。政府藉由政策或計畫的訂立來促成都市改造與建設工作的執行；而第三部門（專業團隊）經由政府委託或與政府合作進行都市建設、環境改造理念的推動與觀念的建立；在社區民眾的部分，則透過宣導與學習管道來進行對都市建設與改造概念的認知。理念的宣導與觀念的建立為影響都市建設、環境改造是否能向下紮根與能否激發社區草根動力的決定因素；在宣導政策的過程中，如使社區民眾形成偏差或錯誤的都市建設認知時，都市建設將難以在正確或理想的執行過程中完成。

　　而在第二階段水平互動關係時期中，政府透過適當的授權並配合第三部門的「使能」與「培力」使社區民眾在學習中了解自己的能力、角色、功能及社區的資源、發展特色等。之後，經由第三部門的穿針引線、中介與協調溝通，促使社區民眾透過社區組織或專業團隊來參與城鎮改造計畫。

　　到了第三期三角互補關係時期，政府及第三部門（專業團隊）的角色與功能為都市改造深耕化的支持者與催化者；此時期的主角為社區民眾，社區民眾經由學習、資源整合、溝通協調後，在社區民眾的共識下進行都市改造的行動。在社區民眾參與都市改造行動時，政府與第三部門即要扮演一輔導、管考及評鑑的角色，在社區民眾遇到困難與挫折時，即時進行診斷與評判，以便使都市改造的行動順利進行。

　　綜合上述，都市環境改造與都市建設是一項必須長期進行且需要多方配合的環境空間與社會人文改造工程，是以都市建設工作唯有透過政府、第三部門（專業團隊）與社區民眾協力使得完成。政府單位所扮演的角色是除了提供各種誘因（如計畫經費的支援、技術規範的提供和理念推廣、經驗交流等）外，還要以水平互補的行政理念進行都市建設與環境改造的工作，以便使社區民眾在受尊重、平等、合作、和諧的環境中進行有效的環境再造。除此之外，都市建設永續化的，一定要從在地社區民眾的本身做起，對於大多數的縣市或鄉鎮社區而言，它是一個絕佳的機會，可以使自身的居住環境藉由眾人之力朝向更高的生活品質邁進，達到都市建設永續化發展的願景。除政府與社區民眾外，在都市建設過程之中，第三部門（專業團隊）在從「上下依賴關係」轉換到「水平互動關係」的過程中扮

演著中介、潤滑、轉移、形塑的角色；在社區民眾素質發展趨於成熟且與政府之間的溝通平台建立時，第三部門（專業團隊）即可「退場」，而理想的「三角互補關係」也就成形。

肆、結論與建議

在目前的民主制度中，社會大眾透過公共事務的參與，固然能累積經驗，提昇視野，但也容易陷入短視膚淺與局部化的褊狹思考。因此，宏觀而長遠的批判思考訓練不容忽視，也唯有讓人民普遍接觸當代思潮、涉獵現代知識及參與公共事務，才能養成從社會整體利益福祉來思考的能力與態度；換句話說，在都市環境改造或都市建設歷程中，唯有透過社區的深耕，才能達成都市建設永續化之願景。

綜合本研究資料的分析與結果，本研究認為「三角的互補關係」（開放的公共領域），有助於社會生命力的復甦，進而凝聚社區意識、健全現代社會的民主機制，促成都市建設永續化在正確的理念中落實與執行。然而，為達成前述理想的三角互補關係則必須先行建構「水平的互動關係」（開放的社區參與），使得社區民眾擁有公共事務的決策權力，並有助於社區民眾學習民主的運作，在漸進的過程中逐步培力學習成長，如此方能有效的從上下依賴的關係轉化過渡到三角互補的關係。

本章重點

1.永續發展。
2.都市建設。
3.社區總體營造。
4.社區培力。
5.民眾參與。

參考文獻

一、中文部分

OECD（經濟與合作發展組織）（1996）。「科學、技術與產業展望報告書」。
未出版。

王本壯（2000）。<從社區總體營造推動地方特色產業振興的策略：以三義木
雕為例>。《聯合學報》第 17 期，頁 125-134。

王本壯（1995）。<社區總體營造過程中衝突管理模式之研究：以三義神雕藝
術造街為例>。《聯合學報》第 13 期，頁 107-133。

張建成譯（1994），Jones J. C.著。《設計方法》（*Design methods*）。台北：
六合出版社。

張榮發（2001）。<知識經濟時代下知識管理與知識創造理論初探>。《公共
行政學報》第 5 期，頁 145-178。

夏鑄九（2001）。<全球資訊化社會的建築教育趨勢>（上、下）。《逢甲人
月刊》第 108、109 期，逢甲大學出版，台中。

黃富順（2004）。<以終身學習迎接知識社會的挑戰>。《生命成長與愛》，
頁 51-80。

鄭讚源（2001）。<台灣非政府組織在國際社會所扮演的角色與功能：一個策
略定位的觀點>。收錄於吳英明、林德昌主編，《非政府組織》，頁 95-120，
台北：商鼎文化。

鄭讚源（2000）。「既公又私、不公不私？從非營利部門的特性談非營利管理
研究的方向」，發表於「第一屆非營利組織管理研討會」，國立中正大學、
嘉義大學合辦。

羅秀華（2003）。《文山社區由充權到治理的發展歷程》。國立台灣大學建築
與城鄉研究所博士學位論文。

顧忠華（2001）。<二十一世紀非營利與非政府組織的全球化>。收錄於吳英

明、林德昌主編，《非政府組織》，頁 12-24，台北：商鼎文化。

二、英文部分

Arnstein S. R. 1969, A ladder of citizen participation. Journal of the American Institute of Planner, 35:216-224.

Dubois, B. & Miley K. K.1996, *Social work: an empowering profession (2nd ed.).* Boston: Allyn & Bacon.

McNeil, L. B. 1995, The soft arts of organizing. *Social policy, Winter*: 16-22.

Powell, W. W. (Eds.) 1987, *The nonprofit sector: a research handbook.* New Haven: Yale University Press.

廖俊松・張文昌

社區防災之研究：
南投縣案例分析

◇内容提要◇

　　近年來，國內陸續發生了數起的重大天然災害，如納利颱風、敏督利颱風及部分豪雨事件，每次皆造成重大損失：關鍵在於民眾過度依賴政府萬能心態，而忽視「社區」才是整個災害防救工作中最重要的一環。社區防災工作若能落實執行，對於災害防救功效助益極大，除能提升一般民眾的防災意識，導正「自己的家園、自己保護」的觀念外，更能減少政府災害應變及重建所投入的成本，並彌補公部門災害防救體系本身的弱點。

　　南投縣地處台灣地理中心，境內多山，每逢雨季，不時侵襲而過的豪大雨與颱風經常造成山石崩落、土石流沖刷等災情，危害居民生命財產安全甚鉅。特別是九二一大地震之後，地質脆弱、土地鬆軟、山形地表嚴重裸露，更導致連年重大災害的產生，社區防災之觀念與行動需求更殷。故近年來全國新成立的109個防災社區之中，南投縣即有高達74個（68%）之多。本文因此選擇以南投縣為例，以立意抽樣深度訪談方法來進行社區防災相關議題之分析，期能深入瞭解現階段社區防災營造之實際效能與功能發揮，及其需要面對突破之困難與瓶頸，而有助於全國防災社區之營造。

作者：廖俊松　國立暨南大學公共行政與政策學系副教授
　　　張文昌　南投縣政府消防局車輛保養場場長

台灣地處地震頻繁的環太平洋地震帶上，又位於梅雨前線及西太平洋颱風路徑要衝，震災、風災、水災等天然災害因此遠較其他國家發生機率來得高；加上經濟發達，都市地區成長飽和，人口產業逐漸向山區、河邊及海邊等災害敏感地區發展之趨勢，致使山坡地、林地等過度開發使用，因此而引發的洪水、山崩、土石流等災害亦逐年增加。根據消防署之統計，從 1958 年至 2003 年底止，天然災害共發生 217 次，平均每年發生 4.8 次[1]；每 5 年平均發生次數，自 1983 年起逐次攀升，最近五年颱風與地震災害尤其嚴重，顯示地球環境變遷所造成之天然災害有愈來愈頻繁的趨勢。此外，火災及各種化學工廠、爆竹工廠等意外爆炸事故亦經常發生，威脅人民生命財產安全至鉅。這林林總總的現象，不斷點出我國社會面對天然與人為災害時，除了平時就要積極養成人民正確的防救災理念與行為之外，周全的防救災體系之建立更屬必要。

　　政府有鑑於防災救災之重要性，特於 1995 年 3 月將消防業務從警政系統獨立出來，成立內政部消防署，專司災害預防、搶救及緊急救護等工作；並積極參照國外相關經驗與制度，力圖建構一功能周全完整之災害防救體系。惟此一現行災害防救體系過於強調政府層級體系與消防救災專業組織功能之發揮，對於局部與小範圍之災害防救雖然能夠有效因應，但如遇到較大規模，甚至如九二一大地震之重大災害，除了緊急救災之外，實無餘力發揮協調照顧災民之功能；因此社區防救災之觀念因應而起，並在社區總體營造運動的推波助瀾之下，防災社區之營造蔚為流行。如行政院 2002 年 1 月核定「社區防救災總體營造實施計畫」，由立案的民間團體或鄉鎮公所結合義警、義消、義交、民防和社區守望相助隊、民間團體及醫療院所規劃辦理九二一重建社區防災、減災實施計畫；並籌組社區防災、減災組織，教育民眾災前減災整備、災時應變及災後復原重建的知識；並由行

---

[1]發生次數依序為：颱風 155 次（72%、人員傷亡 13,891 人、房屋倒塌 341,992 間）、重大水災 35 次（16%、人員傷亡 2,388 人、房屋倒塌 49,626 間）、嚴重地震 18 次（8%、人員傷亡 15,357 人、房屋倒塌 149,659 間）、其他災害 9 次（4%、人員傷亡 201 人、房屋倒塌 194 間）。

政院九二一震災災後重建委員會結合相關部會，透過各鄉鎮市公所、民間團體及學術機構的執行，九二一重建基金會以及各縣市政府的協助，以推動結合社區防救災體系，運用社區工作專業方法，整合社區內外資源，建立社區防救災輸送網路，凝聚防災共識，激發社區居民建立自救人救的觀念，使社區有能力進行自我抗災、避災、減災等行動。

　　南投縣地處台灣地理中心，境內多山，每逢雨季，不時侵襲而過的豪大雨與颱風經常造成山石崩落、土石流沖刷等災情，危害居民生命財產安全甚鉅。特別是九二一大地震之後，地質脆弱、土地鬆軟、山形地表嚴重裸露，更導致連年重大災害的產生，社區防災之觀念與行動需求更殷。此或許是近年來全國新成立的 109 個防災社區之中，南投縣即有高達 74 個（68%）之多。本文因此選擇以南投縣為例，以立意抽樣深度訪談方法來進行社區防災相關議題之分析，期能深入瞭解現階段社區防災營造之實際效能與功能發揮及其需要面對突破之困難與瓶頸，期能有助於全國防災社區之營造。

壹、社區防災之意涵：美國經驗

　　近十餘年來，由於氣候與地理環境的變遷，或是因為板塊、斷層的錯動，超乎想像的颱風、地震與海嘯頻仍而生。此外，因為人口成長、都市擴張、土地不當開發等原因，導致全球大規模的自然與人為災害層出不窮。一旦災害規模過大或受災範圍過廣，如我國 1999 年之九二一大地震與 2004 年 12 月之南海海嘯，外來的援救援助力量有時很難在短時間內進到各個受災社區進行救助行動，災情就會不斷擴大。此時，如果社區居民能在危急的第一時間情況下相互救助，彼此幫忙，則損失必能減輕許多；而如果社區居民更能早有認知，平時即留意並減少或消除可能導致災害擴大之因素，則災害將更不易發生，即便發生，災情也能大幅降低。

　　此種倡導以社區為基礎，平時即應透過居民的參與和學習來瞭解社區環境、居民以及財物特性，並分析掌握社區安全與防救災上的優先次序問

題，積極進行防災整備演練與減災行動，以便萬一遭逢大規模的災害發生時，能依事先規劃的整備、演練等計畫對策，在第一時間進行自救互救，以減輕災害損失的一連串過程與方法即稱之為社區防災（行政院災害防救委員會網站）。換句話說，社區防災是建立在鄰里社區居民為基礎的災害防救組織，加強輔導訓練民眾自救能力與知識，透過居民的組織參與、掌握社區安全與防救災問題，使位於第一線之居民本身，在災害發生時，能立即發揮所學防禦災害損失，避免因等待政府救援而失去良機（林俊、沈子勝、鄧子正，2003）。

一、Project Impact 計畫

首先倡導社區防災觀念與行動的是美國的 FEMA（Federal Emergency Management Agency，聯邦緊急事務管理總署），其有鑑於美國的災害規模逐年擴大，所導致的傷亡損失不斷增加，因此重新檢討災害計畫，由以往強調災時與災後的應變與重建，轉為重視地方社區的災前防災準備工作，以增加地方社區的抗災能力，使災害損失降至最小；故自 1997 年 9 月起推動「Project Impact」計畫，期待透過社區結合地方資源與人力技術，建立居民和各種公私團體間的良好夥伴關係，推動社區防災之工作，減少各種可能導致社區災害損失擴大相關因素，最終達到建立防災社區（Disaster Resistant Community）的目的（Witt, 1997: 1）。

Project Impact 計畫的實施，主要行動可以概分為四個階段（Nigg, 1998: 3-7）：

1. 建立社區合作夥伴關係：當災害發生時，社區裡的居民、企業、公共設施、政府部門等都難以避免災害的衝擊。因此，社區必須要能夠利用相關的資源與人力，從事災前減災工作，以降低災害的損失。所以，社區範圍內的居民和團體可以共同籌組「防災社區規劃委員會」（Disaster Resilient Community Planning Committee），發展出合作夥伴關係。

2.進行社區災害評估：社區災害評估意在確認社區可能會發生的災害與社區環境的易致災性（vulnerability）何在。為了要降低社區暴露於災害危機中的風險，首要步驟為確認社區災害的可能範圍，其次尋找出社區易發生災害的可能建築結構及區域，並製作社區地圖以了解整個社區面臨災害時的威脅點。

3.依優先順序進行減災行動：即確認社區可能面臨的災害風險，並排出減災活動之優先順序，依序進行減災行動。但要排出或決定社區減災活動的優先順序並不容易，只有廣泛性的邀請社區居民參與，並從居民參與的意見中尋求可資運用的可能資源投入與共識，方能協商取得最後結論，研擬出社區短、中、長期的減災策略及其優先順序，具體落實減災行動。

4.減災行動經驗分享，營造防災社區：每當有一減災行動告一段落，有相當工作成果可以公開分享時，還要積極與社區進行訊息交流，例如展開媒體宣傳、展示、說明、教育等工作，以分享防災計畫與減災行動之執行經驗，一方面激勵社區居民與團體持續努力減災行動，建立防災社區，同時也積極拉攏其他尚未參與夥伴的加入。

二、CERT 方案

除了 Project Impact 計畫外，另一個有關於社區防災的行動是 FEMA 早先推動的 CERT（Community Emergency Response Team）方案。該方案旨在組織社區緊急救援隊，並透過一連串有關災前整備與災害應變技巧的教育訓練課程，如災前整備、災害滅火、基礎醫療救護、簡易搜救等等；協助訓練社區提昇防災、救災的基本能力（CERT 網站）。

CERT 此一方案之推動，一方面能讓社區在訓練的過程中了解到為災害作準備是社區的責任，另一方面，在社區訓練後，能增加他們於災時安全救助受災者的能力。故 CERT 的訓練課程能使社區個人學習在災前將防災準備做好，並且學會處理災後工作。只要社區有意加強災時的應變能力，社區可以透過招募自願者的方式，訓練人員成為社區、企業或政府的防救

災團隊。這些受過訓練的人員將於災時對受災者提供即時協助、組織未受訓的社區自願者參與救災，並且收集災害情報以作為資源與任務分派的參考。CERT 的訓練課程多是由具有防救災知識及技能的緊急救援隊，開課指導欲參與 CERT 訓練的社區，此課程通常為期一週。當社區自願者接受了整套的訓練課程後，社區仍須持續涉入、不斷練習所學的防救災技能。CERT 的團隊可透過後續的訓練課程或社區大掃除、災害教育等方式，讓社區的防救災訓練持續進行（CERT 網站）。而在資源方面，則以 FEMA 的支持為主。

三、小結

觀察 Project Impact 計畫與 CERT 方案，可以發現社區防災之工作如要順利推動並獲得實際成效，實需要以下幾個條件之配合方能竟事（陳亮全，2001：45-46；魏雅蘭，2001：3-11-3-12）：

1. 公部門政策的一致性支持：當 FEMA 提出防災社區構成後，其相關公部門單位，上至中央，下至地方政府，皆是積極研擬相關計畫及運作指南與標準作業程序，並以落實「防災社區」政策為其目標，利用社區防災為基礎構想，並整合各單位公部門之防災計畫，使其有一致性與配合性，藉以能夠實際運行相關計畫及操作，作為後續各個社區推廣的基礎，如此一來社區不但可以獲得資源，也完成社區防災之整建。

2. 社區意識的凝聚、建立及提昇：社區防災之推動強調災前整備、準備工作及確認社區易致災性與災害潛勢之風險，而經由上述各步驟來強調社區災害意識，並將社區災害意識能予凝聚、提昇及建立，因此災害意識也視為促成防災社區形成的重要因素之一。

3. 社區自主性參與：社區防災十分強調社區參與的重要性，因為挑選出社區優先處置之災害風險，是必須由社區每個人共同的思維去擬定相關減災計畫，如此才能找出迫切解決問題及降低社區內為災害

減除所產生個人與社區的利益衝突所產生異議的輿論。

4. 社區組織之整合與夥伴關係建立：建構一防災社區，社區本身需提出適當適切之社區防災計畫及需求，而如此之工作若僅以社區隨性之會議進行，易流於紙上談兵之功能，故上述災害風險評估及擬定社區防災計畫等，皆需社區居民組織之整合，積極溝通協調，建立夥伴關係，並整合內外資源，共同制定各項防救災決策。

5. 建立社區生命共同體的關係：社區居民如有生命共同體的觀念，將有助於將社區與公部門、私人企業、學校及居民們之夥伴關係建立與資源整合，讓社區內每一份子自主性的負起保護社區安全的責任，進行長期之減災行動。

6. 防救災技能及知識的教育：防救災技能及知識的教育，首先應從災害潛勢圖、災害防救專家諮詢等方式，進行資料庫建立。如此能有利於預估災害規模，於事前做出相關損害評估，讓社區有充分做減災之準備。其次將災害潛勢及災害規模等相關資料，透過防救災的課程訓練及教育，提昇社區組織參與人員防救災觀念及技能，除可達到社區災變應變管理的能力，並可將災害因子加以消除。成功的防災社區，便是建立在充分透明的資訊獲得的基礎上與完整的災害防救教育，因為如此才能使防災社區形成過程，適時發現問題解決問題。

7. 其他民間專業團體的協助：民間團體的協助，在社區災害防救上有著舉足輕重的角色，因此一團體多半平時即深入社區從事服務工作，了解鄰里之狀況及環境，即時的提供適當的協助，並且深受社區的信賴，如此十分有利於災害防治及社區居民的共同參與，足見民間私人團體的協助，也是一項防災社區構成要素之一。

　　整體看來，社區防災之推動一方面除了需要社區防救災專業知能與技術的充實及提升之外，另一方面也需要公部門、社區，以及其他民間團體合作與夥伴協力才能有實際的成效顯現。

貳、國內之社區防災行動

　　我國社區防災觀念緣起於 1999 年的九二一大地震。由於政府鑑於過去缺乏大規模重大災害之搶救經驗，面對九二一此種大災難時，無法有效發揮協調及照顧災區居民的功能，遂感到社區防災之重要性，以為如果社區能夠透過社區居民參與，規劃出整體的防救災計畫，充實災害防救的相關知識與技術，發揮團隊合作精神，必能減輕災害可能的損失與傷害的精神下，故於當年 12 月訂頒「凝結民力參與緊急災害救援工作──睦鄰計畫」，依計畫推動地方社區「睦鄰救援隊」（Neighbourhood Rescue Team，簡稱 NRT）之成立。

　　睦鄰救援隊性質類似美國之 CERT，係指於重大災害發生後，在救災人員尚未抵達前，或災區過於廣泛，政府救災單位一時尚無足夠人力進行救援前，由經過適當訓練且具備自救救人基本技能的社區居民，發揮敦親睦鄰、守望相助的精神，自動、自發運用簡易搜救工具來協助親友或鄰居脫離緊急困境、降低災害損失的一種社區型自救組織。其籌組係以社區為核心，在考量具備生活共同圈（諸如服務輸送可近性、社區居民參與性及社會資源完整性）之便利條件下，結合社區或聯合鄰近社區內的居民、社區發展協會、救難團體、義消、義警、義交、民防、社區巡守隊、鳳凰志工隊、慈濟工作隊、民間醫療院所以及其他志願服務團隊等人力，如有 40 人以上即可成立（惟籌組之前務須先與當地消防機關聯繫洽辦，經由縣、市消防局輔導、訓練、編組，並經內政部消防署授旗成立後，由消防局發給證書，正式納入消防機關的救援團隊。）參與的成員均是秉持「助人最樂、服務最榮」理念，願意透過自救救人的成長學習課程來協助社區應付突發災害的的社區居民。目前全國共有 109 個社區成立睦鄰救援隊，成員總計 4,609 人。

　　除了社區睦鄰救援隊之外，國科會（國家型災害科技計畫辦公室）同時也研擬了「社區防災與防災社區」推動計畫，期待社區防災工作做到災前減災及整備、災時應變、災後重建等三階段工作，落實社區防災工作。

之後連續幾年，每年都因為颱風過境造成的土石流危機導致民眾居家性命的嚴重威脅，更促使政府不得不採取進一步的實際行動來面對災害的威脅與挑戰，於 2002 年 1 月通過「社區防救災總體營造實施計畫」，配合社區總體營造之推行，積極推動社區防災工作。

　　可惜的是，社區防災與防災社區計畫以及社區防救災總體營造實施計畫等兩計畫的實施都只有一年的壽命。社區防災與防災社區計畫本質上是一個實務型的實驗研究計畫，選擇台北市興家、明興兩個具有潛在災害之山坡地社區，進行防救災教育推廣之實驗工作；並冀望結合災害防救科技與公私部門力量之方式，來增強該兩社區在減災、整備、應變、重建之災害管理技術，進而達到社區永續發展之目的。該計畫雖然展現不少實驗性成果，惟卻未顯見後續社區防災工作的積累效果。

　　社區防救災總體營造計畫也是一個實務型的實驗研究計畫，希望藉由計畫之推動，能夠有效地動員社區防救災組織，並結合相防救災技術、社區工作知識以及鄰里網絡系統，讓 921 重建社區以及其它易致災社區之民間與政府，共同致力於災害防治之工作，進而加強社區自救而後人救之能力，培育起救災要由防災做起的觀念，最終以達社區防救災能力之提升。因此該計畫選定台北縣汐止鎮城中城社區、花蓮縣光復鄉大興村、萬榮鄉見晴村、鳳村鎮鳳義里社區、南投縣信義鄉豐丘村、地利村、古坑鄉華山社區、東勢鎮慶福社區、鹿谷鄉內湖村及水里鄉上安村、竹山鎮木屐寮社區等 10 個在九二一大地震、桃芝颱風以及納莉颱風中之嚴重受災地區，分別委託台灣大學建築與城鄉研究所、中興大學水土保持學系、中央警察大學消防學系與行政管理學系、東華大學英美教育學系以及成功大學防災研究中心等單位進行社區防救災之訓練。

　　大體來說，相較於社區防災與防災社區計畫，社區防救災總體營造計畫更擴大社區參與的層面，諸如社區內各種民間團體、消防救難團隊、義警、後備軍人組織、民防、社區守望相助隊、志工團隊，以及醫療院所等人力、物力資源都有較規模與積極的參與，比較具體的呈現出社區防災的實質效果，也累積更多實務推動的經驗。然而，也由於僅有短短一年的實

驗期，計畫中所呈現出來的公私部門夥伴間的網絡合作關係、專業團隊協助所應發揮的角色定位，以及社區本身的防救災能力之持續提升等操作性議題並未能見持續有效的改善，社區防災工作的積累效果也令人懷疑。

　　由於社區防災與防災社區計畫，以及社區防救災總體營造實施計畫等兩計畫的實施都未能見持續性的效果（雖然政府現今施行的健康社區六星計畫中有列入「推動防災示範社區三年工作計畫」，可視為前述兩計畫的經驗延伸，但由於係從今年度開始，效果仍有待評估），因此我國現階段社區防災的工作幾乎完全是以社區睦鄰救援隊為主。

參、南投縣經驗分析

　　自 1999 年底至今，我國推動社區防災已將近六年，以睦鄰救援隊為主體的社區防災數也已成長至 109 個社區，但社區防災的實際成效如何呢？這是本文想要探討的主題。因此，本節以南投縣為範圍，從消防系統、社區，以及專家學者中立意抽樣 14 位進行深度訪談，期能透過質化訪談資料中了解社區防災的可能效果及其難題。

　　又如美國 Project Impact 計畫與 CERT 方案之經驗顯示，社區防災之成效也需要防救災專業與公私夥伴協力兩方面的助力方能有預期成果之產出。因此，本文訪談的內容也集中在專業與夥伴關係兩個面向，並整理分析出以下幾個要點：

一、有關於防救災專業角色方面

　　1.政府部門之角色：
　　　(1)政府部門推動社區防災之方向與政策是適當且正確的。
　　　(2)政府部門在推動社區防災工作中扮演的角色是積極的：各政府部門均依相關法令積極推動權責業務，主動辦理社區防災工作。
　　2.社區睦鄰救援隊之角色：

(1)社區睦鄰救援隊之救災功能極為多元化：主要救災功能並不侷限於單一災害，舉凡颱風、豪雨山崩、土石流、震災等任何自然或人為災害，都積極投入。

(2)社區睦鄰救援隊成員身分的重疊性是一正面的幫助：社區睦鄰救援隊成員都是平常較為熱心公益的社區人士，會積極參與各種社區團體，故其身分多有重疊。也因為身分上的重疊，資源網絡較為寬廣，對社區防災工作是一個正面的幫助。

(3)社區睦鄰救援隊的成員都有強烈的責任心與榮譽感，會積極參與教育訓練機會，充分瞭解災害發生時應如何運作。

(4)社區睦鄰救援隊期望納入政府正式救災編制，不但感覺比較會受到重視，也比較會有歸屬感。

(5)社區睦鄰救援隊感覺缺乏政府的照顧與保障、運作經費亦不足，也缺乏夜間訓練經驗。

3.社區防災訓練：

(1)政府部門對社區防災提供之專業訓練及師資不足，需要強化。

(2)政府部門對社區防災提供之專業訓練技能雖可對災害作初步應變，惟專業訓練救災方式未能符實際救災模式，應可再予活化應用。

4.防災資源投入：

(1)社區防災推動，如組織運作、器材裝備、訓練、演習及救災活動等，經費全靠政府補助，錢多做多、錢少做少。

(2)明星社區防災補助經費及配置器材遠較其他社區為多。

(3)社區睦鄰救援隊執行救災任務或參加教育訓練勤務，公部門未予投保意外險，有不受重視的感覺。

5.社區防災推動成效：

(1)社區防災的真正困難在於推動人才不足，以及地方政府首長的不重視。

(2)社區睦鄰救援隊個人裝備不足且陳舊，裝備汰換經費不足，社區民眾之危機意識也仍不足。

(3)公所功能僅止於公文轉陳及提供防救災資訊，未能發揮積極協助效用，也無實質執行成效。

(4)縣政府對於社區防災工作非常支持，推動成效最為關鍵。

二、有關於夥伴關係方面

1.縣政府觀點：

(1)縣政府對推動社區防災的態度是積極而正面的，惟仍需要公所與村里的配合與執行。

(2)在推動社區防災工作上，縣政府與公所的關係是屬上對下指導與輔導的關係，角色並無重複，且無相輔相成之效果。

(3)縣政府推動社區防災工作最大的困難在於「消防同仁」與「社區民眾」觀念與共識的建立。

2.公所觀點：

(1)社區防災政策之推動，是各個政府機關的責任，其中又以公所與村里層級推動效果最為直接而實際。

(2)公所與縣政府推動社區防災的夥伴關係僅止於業務上的聯繫。惟期盼縣政府將睦鄰救援隊納編為正式救災組織，並提供好的政策指導及支援各項福利與裝備。

(3)公所與縣政府在社區防災的推動上，理念是一致的，但執行系統並不一致：公所循民政系統，僅為宣導角色；縣政府則透過消防系統宣導並直接執行防救災工作。

(4)公所是以「支援協助」的角色與社區作為夥伴關係。社區防災之關鍵仍在於社區民眾願意對防災工作自動自發的配合付出程度。

(5)公所與社區的夥伴關係是建立在行政與實務資源方面的相互配合與滿足，並具體宣導正確的防災觀念。

(6)公所是由民防業務人員與社區「防災專員」作為聯繫的配合機制。

(7)公所是利用村辦事處廣播系統以及無線電機呼籲民眾作好防災準備來啟動社區防災機制。

3.社區觀點：

(1)社區睦鄰救援隊成員間「生命共同體」之夥伴關係：社區睦鄰救援隊成員的組成是以鄰為單位，相互間因為工作、親戚以及生活周遭環境之緊密關係，組成生命共同體的夥伴關係。

(2)社區與縣政府間「教育訓練」之夥伴關係：社區與縣政府在推動防災工作「訓練方面」的夥伴關係較為密切，除每半年的專業技能複訓外，還有平時的防災備災教育訓練；期盼縣政府在訓練外，平時能多方位重視社區防災組織的存在價值，災害發生時能指定一單位作為單一窗口負責聯繫。

(3)社區與其他政府部門間「多頭馬車」之夥伴關係：社區有發生災害之虞或發生災害時，除縣政府消防、警察單位外，行政院農委會水土保持局也會在第一時間以電話聯繫提醒做好防災準備。但平時，社區睦鄰救援隊只接受縣政府消防局的考核。

(4)社區與公所間「虛設配合」之夥伴關係：社區與公所在推動防災工作上，平時僅止於「公文行政程序」來往，災時則是「通報防範」的夥伴關係。實際上各項防救災訓練或演習工作，都是配合縣政府消防系統辦理，不受公所的考核。

綜觀前述訪談內容之重點，可以輔導單位〔行政院農委會水土保持局、內政部消防署、縣（市）政府（消防局）、鄉鎮市公所〕及執行單位（社區睦鄰救援隊）的推動認知、推動內容及執行成效而言，雖然受到本身業務專長與特質之影響而有所差異，但大體而言，輔導單位給予防災社區的協助，均是從社區營造、防災工程與應變救災等角度來推動災前整備與災時應變工作，仍可滿足居民對於社區防災工作的基本需求。而輔導單位在協助推動社區防災的過程中，協助居民進行防災組織整合、爭取政府資源補助、甚至是建立社區協力網絡等等，對於社區防災也具實質上之貢獻。

訪談中也發現，雖然社區睦鄰救援隊所接受之專業訓練技能雖能提供面對災害時的初步應變，其方式卻未能符合實際救災模式；所接受的資源分配因參與社區的明星化與非明星化，所受待遇亦有所不同；各層級政府間之資源關係方面也呈現出中央有經費（錢）卻無人力（兵）、縣（市）政府有人力（兵）卻經費（錢）有限、地方鄉鎮市公所是無人力（兵）亦無經費（錢）的情形；這種無法有效整合各專業與資源，導致目前這種有點各自為政之窘境；如此帶給社區的參與空間、甚至推動成效不但有限，也讓社區參與居民對整體政府部門的行政體系多所質疑。因此，政府部門應思考上級輔導單位在推動防災社區時，是否應先求整合專業、資源從上而下逐級輔導辦理，並就執行單位執行上的專業、資源需求，從下而上的儘量予以滿足，而達到一個良好的夥伴關係，以引導社區居民投入長期社區防災的推動。

　　社區睦鄰救援隊對推動社區防災工作的定位，與政府單位推動的定位也有一定落差。社區睦鄰救援隊明確指出推動定位的困境，認為一樣是協助政府執行救災任務，為何就救災專業、救災經費資源及福利方面不能比照其他民力志工團體；而政府單位推動社區防災的宗旨，是希望運用社區營造的模式，輔導社區民眾於災害發生後，政府救災單位調派不出足夠人力進行救援前，由經過適當訓練且具備自救救人的基本技能者，能踴躍參與自我保護工作，其基本精神是建立在社區自動自發、主動參與的原則上，故僅編列有限預算予以支持性的協助與補助。這種矛盾顯然說明了，我國社區自主自發的自立精神仍有不足，政府欲期待以社區營造的方式來推動社區防災之理想固然可貴，惟於實際作為上，現階段政府仍須提供較為充足的資源方能進一步落實社區防災之工作與理想；甚至應可思考有限度的將社區睦鄰救援隊納入地方正式救災體系一環的可能性。

　　最後，依據筆者親自接觸社區與訪談的整體觀察，本文另有以下幾點之發現：

　　1.社區產業困境窒礙社區防災發展：本文發現南投縣推動社區防災工

作的社區，大多屬偏遠地區或鄉村型態者，而由於些社區在產業發展與人力條件上原屬弱勢，因此造成居民對於社區議題的關注，較傾向聚焦於社區產業開發，對於社區防災工作議題，仍迫於生計壓力而無法做出較長期的關注與配合。

2. 災害安全管理與組織經營影響社區防災運作：社區間資源分配不均的情形說明目前政府部門對於社區防災組織資源的分配管理仍舊欠缺一套妥善的輔導管理規則。形式過於分歧的社區防災組織，諸如睦鄰救援隊、義消、義警、鳳凰志工等，也讓社區本身條件不佳者產生組織管理之困境。而目前的社區防災工作實際上僅只於應變工作，仍欠缺積極的災前減災、整備與災後重建工作之訓練參與。因此，目前南投縣各社區的防救災組織，在操作議題上仍欠缺災害管理概念，社區防救災組織也尚未具備法治化的組織章程，缺乏足夠的法定權力來執行社區防災工作。

3. 政府部門之輔導貢獻在於社區應變能力之提升：依觀察，接受協助與輔導後，各實施社區目前均具有防救災害意識，並於颱風、豪雨期間亦致力於災害預警與人員疏散工作，顯見對於社區應變能力的培育極具正面價值。但以災害管理的觀點來看，應變訓練或許能滿足社區災時的第一線需求，亦能減低居民災害損失程度，但就社區發展的角色而言，由於應變訓練無法喚起居民推動減災、整備之意願，終將無法消除災害威脅，也不利於社區安全環境之長期發展。

4. 政府單位推動內容缺乏實際救災模式操作之考量：雖然政府部門與學術機構在推動輔導社區防災工作上，試圖藉由社區防災計畫、避難演練手冊或防災地圖等內容，建立起社區防災運作基礎，但並未真正依災害特性之實際救災模式操作，並缺乏夜間實際救災操作之訓練模式。

5. 基層地方首長普遍不重視，公所未能發揮積極功能：在社區防災的社區推動體制上，中央政府乃居主導角色，惜並未適當整合地方政府合力推動，反應出政策在執行上，目前仍處於「由上而下」的態

勢，同時也突顯出縣政府與公所間執行定位不明之問題。而公所又限於人力、專業知識不足、以及地方首長的不重視，對於社區防災工作僅止於公文轉陳及防救災資訊之提供，並未設專人負責承辦執行業務，因此對於社區防災工作的推行並無實質功能上的發揮。

6. 一般社區居民欠缺社區防災意識與缺乏對防災團體的認知：南投縣的一般社區民眾，一般都認為出現在周遭的救災團體均為政府消防或警察單位人員，執行防救災任務是他們的職責與義務，比較上較為缺乏防救災意識，更不知災前、災時及災後應如何作好減災、防災及災後復原的自我防護概念，可說是社區內災害最高的風險群。

肆、結論

近年來，許多學者對國內外防災社區之推動政策與營造成果進行了諸多的研究，例如美國 Project Impact 計畫、日本神戶防災福祉社區育成事業計畫、以及國內社區防救災總體營造計畫，從中發現國內在推動防災社區時，參與組織與美日兩國社區最大的差異點，在於缺乏多元之協力夥伴與經營管理觀念。關於計畫的政府補助經費，美國和台灣異於日本具有固定預算之情形，並且國內防災社區由於缺乏商業型態的參與夥伴，因此在經費的籌措上面臨了比美國社區更大的困境。在社區災害管理的教育訓練上，由於美國 Project Impact 計畫主要是為了達到社區減災的目的，因此在操作辦法中便明確規定出建立夥伴關係、鑑定災害類型、進行易致災評估與成功經驗分享等工作。而日本與台灣則是利用社區夥伴關係來輔助災害整備、應變時之訓練。

觀察南投地區推動社區防災目前面臨之問題大約有經費資源的進入分散居民關注焦點、防救災組織未能整合既有社區組織、災後生計問題易排擠居民對公共事務參與、居民對災害防救的了解仍集中於應變階段、社區防救災議題的限制與政府部門對防災社區共識未形成等等。但南投近年來卻又是災害受創最嚴重的地區，故如何讓社區居民具有一定程度的災害意

識，對社區災害防救議題主動關心是一嚴肅課題；而政府公部門亦應對社區居民持續透過定期的宣導及教育訓練，透過學習的過程，提高其自發性的學習以及對防災事務的參與意願，增加社區居民對於安全居住環境的決策能力，以能以更高的自主性關心社區居住安全品質的維護。

最後，台灣近年來都市型社區在颱風季節裡仍無法免除水災威脅，而中部、東部偏遠村落與重建社區，至今也依舊位於土石流災害潛勢地區。有鑑於目前社區防災之運作困境，以及地區災害防救工作推動的重要性，未來國內需儘速研擬出社區防災與社區營造整合發展之辦法，才能讓居民在不斷的災害侵襲中，找尋到社區發展的新出路。

參考文獻

一、中文部分

行政院災害防救委員會網站，網址：http://www.ndppc.nat.gov.tw/。

林俊、沈子勝、鄧子正（2003），＜美國與台灣地區社區防災工作發展之分析與比較：對我國消防行政之啟示＞，《中央警察大學災害防救學報》第 4 期，頁 67-105。

陳亮全（2001），「永續發展式的災後重建：921 災區重發展之研究（I）—子計畫六：永續防災社區建構之研究（I）」，國科會專題研究計畫成果報告。

魏雅蘭（2001），《本土性防災社區形成要素之探討——以長青、龍安・蜈蚣社區為例》，台灣大學建築與城鄉研究所碩士論文。

二、英文部分

CERT 網站，https://www.citizencorps.gov/cert/。

Witt, James L., 1997. ''FEMA Unveils Project Impact: Building A Disaster Resistant Community,'' NFIP Watermark, Fall/Winter (1997), pp.1-3.

Nigg, Joanne M., 1998. Disaster Resistant Communities Initiative: Evaluation of the Pilot Phase-Executive Summary. Disaster Research Center, University of Delaware.

譚偉倫

中國的鄉村宗教與永續社會

◇內容提要◇

　　本文所關心的是中國社會。中國社會有兩個明顯的特色：一是以鄉村社會為主。到目前為止，中國13億的人口當中，共有 9億農民。儘管都市化的進展在中國亦非常迅速，現時仍有69%的中國人居於農村，足見農村在中國社會中的重要性；二是中國社會是「宗教」的社會（Faure 1999 & 2007）。社會一詞原來就指「春秋社日迎賽土神的集會」（漢語1991）。中國傳統的鄉村社會是以宗族祠堂和跨越宗族的地方廟宇為中心而建造的。本文嘗試以地方宗教來看地方社會的永續發展，目的在論證地方宗教的維護能對地方社會的持續發展，帶來莫大的貢獻。

作者：香港中文大學文化及宗教研究系教授

壹、前言

關心永續社會發展之課題必然涉及如何在都市化的過程中保存以致創發地方文化的特色，從而達致文化保存及其多樣性的維護。這是因為社會的持續發展其中一個重要條件是維持與不斷開發社會上的創造性思維。創造性思維是社會持續發展的生命力所在。創造性思維的基礎之一正是社會的多樣性之存在。社會的多樣性帶來靈感的啟發，為創造性思維製造條件。這是設計家與創作家要常常到處遊歷、增廣見聞以開發自己的創作靈感之原因。因此打造有地方特色、品味與風格的地方社會之目的，除了可帶來透過開發文化旅遊而獲得之經濟利益以外，更重要的是在於維護社會文化的多樣性，為社會的創造思維製造條件，從而裝備下一代持續地發展社會。本土文化之多樣化維護同時也是對抗全球化所帶來文化上的單一化之憑據。這是本文寫作的一個前提。[1]

長久以來，中國宗教被理解為「三教」：儒教、道教和佛教。但三教的正式信仰成員，並不占中國人口的大多數。根據 1997 年 10 月北京政府公布的宗教信仰自由白皮書，12 億中國人中有 1 億宗教信仰者，這裡的宗教是指官方承認的宗教，即佛教、道教、天主教、基督新教和伊斯蘭教。似乎由此我們可以得出結論，絕大部分的中國人沒有宗教信仰。但這個結論跟眼前的事實相抵觸——每個村莊都有廟宇，儀式活動在中國的鄉村尤其重要。即便在文化大革命那個喧囂的年代（1966-1976），數不清的人繼續去那些並不能歸入「三教」的廟宇參拜。在鄉村，村民們參與無數的宗教節日和儀式活動。當然，這些活動並不能被官方的意識形態認算作「宗教」，而只能是「封建」與「迷信」。這裡顯然有兩個有問題的定義：一個是官方意識形態將宗教僅僅限制為五個建立組織的宗教，其目的是方便

[1] 本文為香港特別行政區研究資助局之甄選撥款支持計畫「中國東南的地方宗教與社會」（CUHK4116/03H）的部分成果，謹此致謝。

控制和管理；另一個則是將中國宗教看成是「三教」。這兩個概念都是有缺陷的，它們遺忘了占中國人口絕大多數比例的普通人的宗教信仰。

據美國普林斯頓大學的太史文教授，最早提到「三教」這個術語的人是六世紀一位重要的中國學者李士謙（522~588 年），他曾經寫道：「佛日也，道月也，儒五星也。」（Teiser, 1996: 3）任繼愈先生則認為「三教」這個術語產生於北周，流行於唐。任先生的觀點，基本沿襲於陳寅恪先生，他說：

> 南北朝時，即有儒、釋、道三教之目。至李唐之世，遂成固定之制度。如國家有慶典，則召三教之學士，講論於殿庭，是其一例。故自晉至今，言中國之思想，可以儒、釋、道三教代表之。此雖通俗之談，然稽之舊史之事實，驗以今世之人情，則是三教之說，要為不易之論。（陳寅恪, 2001）

陳寅恪之根據是北周衛元嵩所撰《齊三教論》(見《舊唐書》47《經籍志》下）。不過，將中國宗教視為三教，應該是受到西方的刺激。在中國的語言傳統中，沒有跟「宗教」（Religion）相對應的詞語。「宗教」作為英文術語 "Religion" 標準的中文翻譯，是在 20 世紀初借用 19 世紀日本傳教士的翻譯。16 世紀晚期到 17 世紀，三教的概念支配了西方人對中國宗教的看法，耶穌會傳教士在此基礎上，產生出一個對中國宗教的想像。正如多倫多約克大學的琵琶教授注意到的，將中國宗教描繪為三教，其更深層次的暗含是把中國宗教以西方人的宗教模式——歐洲中心論的基督教去理解它；並使它適合歐洲中心論的諸多價值。這些價值包括把宗教的重點放在經典文獻、一個核心信仰、宗教的智力活動例如哲學；並把宗教的終極關懷看成至高無上（Paper, 1991: 76-77）。沿著這樣一個狹隘的歐洲基督教的觀念前進，將會導致對包括中國宗教在內的非西方宗教的錯誤理解。因此，我們建議另一種可行的理解方法，即擺脫「三教」的框架，在中國宗教固有的脈絡中去研究它。

威爾斯亞伯大學的蓋文忽伐教授指出，宗教不能從它的文化母體中抽

象出來；對宗教的學術研究，必須考察宗教所處的政治、文化和社會環境（Flood, 1999: 2-3）。由於認識到包括宗教在內的所有文化實踐活動的相互關聯性，本文將在中國宗教所處的主要地方，即鄉村的環境去考察它。因為在傳統社會中有 95%的中國人口居住在鄉村──儘管有高速的城市化進程，現在這個比例仍然高達 69%。這表明任何試圖對中國宗教背景的考察，都會將我們帶到鄉村。（Lagerwey, 1966: 2-3）

貳、中國南方的鄉村宗教

跟許多亞洲宗教一樣，在中國宗教中，宗教與習俗或者宗教與文化之間的界限並不明顯。例如舞獅和遊龍，在中國是兩個十分有名的習俗。它們在現代都市中慶典裡的使用，似乎模糊了它們與驅邪密切相關的原始宗教內涵。在中國的象徵體系中，獅和龍是吉祥而又神秘的動物。下面我們將表明，在處理中國宗教問題時，我們不得不拓寬我們的宗教概念，將諸如舞獅、遊龍這些風俗囊括進去。在給出更多的事例之前，我們將會描繪出一個處在中國鄉村中的宗教的整體圖景。

一、宗族活動與廟會

許烺光教授（Francis Hsu）恰當地將中國南方的生活描述為活在「祖先的蔭庇下」（Hsu, 1967）。他的觀點是宗族構成了中國社會生活架構的核心。宗族活動，即將家庭成員與祖先聯繫起來的儀式，這跟所謂的「祖先崇拜」關係密切，顯然是中國宗教最重要的方面。

和英文 "society" 對應的中文詞語是「社會」，它提醒我們中國社會的另一方面。如前所述，「社會」這個詞語的本意是「春秋社日迎賽土神的集會」（漢語，1991），中國人接受這樣的節慶去表達現代意義上的「社會」，並不是偶然的。在傳統中國社會中，最複雜的宗教活動就是迎神和遊神，一般在神明生日時舉行。這些活動是具有高度組織結構性的。因此對許烺光所觀察到的祖先宗族系統進行補充是：廟會慶典也是中國傳統社

會重要的組織方式。如果法國巴黎高等實驗學院的勞格文（John Lagerwey）是正確的，我們宣稱中國人生活在「祖先的蔭庇下」，那麼我們要同時宣稱，祖先接下來就是生活在「神明的蔭庇下」。這些神明代表了生活的公眾向度，這種公眾向度，規範和提升了宗族的私有生活向度。（Lagerwey, 2000: 4-5）。因此，為了表述中國普通人的宗教，考慮到私有的宗族活動，和圍繞當地寺廟的公眾儀式活動這兩方面，是十分重要的。中國鄉村宗教的這兩方面內容，也許應該更好地定性為「風俗習慣」或者「民俗宗教」，而不是西方帶有制度化特性和基督新教特徵的「宗教」。

二、多樣性和多元化

在宗族活動和廟會的框架結構中，勢必會接觸到數不勝數、無窮無盡的各種中國鄉村宗教形式。由於地理上的多樣性，中國被分割出無數的地域分野，並各自有著眾多不同的方言、風俗和族群。這些巨大的差異性和多樣性，讓學者提出關於中國的任何簡單一元的假設都成為不可能。但是在中國過去大約一千年來的歷史上，人們生活的中心，由內地向南方沿海地區逐漸發生遷移。（Yang and Zheng, 2001: 33）在中國歷史上，由於戰亂發生了兩次向南方的重要移民。一次是在西元 5 世紀的六朝時期；另一次是在 10 世紀的南宋時期。在廣州的珠江三角洲和在上海的長江三角洲，現在成為重要的經濟馬達，香港和上海被看成是中國經濟在這兩個地區的舵手和發動機。最近的發展，加劇了經濟的不平等，擴大了中國內地和沿海地區的文化差異。既然對中國地方宗教活動進行全面的描述幾乎是不可能的事情，本章將重點放在中國南方，特指東南沿海的兩個省份——廣東和福建。它們是當代中國最具活力的兩個地區。

三、傳統的延續與斷裂

在正式開始之前，我們必須處理中國鄉村的變化問題——這不僅是經濟發展的結果，同時也是現代政治運動的結果。這種變化開始於 1900~1930 年各種反宗教運動，在這個時期許多寺廟被改為學校，寺廟的地產被沒收

充作教育經費。第一個階段，從 1900 開始到 1915 年，這與北方的軍閥袁世凱相聯繫，他是現代化改革的推動者，決心消除所謂的「迷信」，讓寺廟及其財產支持建設一個現代社會。第二個階段，從 1915 年開始到 1930 年，由日後退守臺灣的國民黨發動。在這個時期在長江下游省份有龐大的反封建攻勢，逮捕了許多寺廟職業人員並抄沒他們的土地。（Duara, 1991）

接下來一輪的反宗教運動是 1949 年以後由共產黨發動的。中國當代史可以大致分為兩個時期：革命時期是從 1949 年到 1976 年；改革和現代化時期是從 1976 年至今（Mackerras, 2001: 3）。第一時期中的土地改革，從 1950 年到 1953 年，目的在於透過合作化運動和公有化運動，來消滅富農。所有宗族和寺廟的土地被分配給了無土地的農民。同時也取締了各種形形式式有組織的賭博，這本是鄉村公眾信仰最重要的資金來源。在大躍進運動（1958~1961）中，這些變化更為深遠；大躍進是由毛澤東發動的在經濟上實現社會主義的群眾運動（這個運動帶來了大範圍的公社這一組織形式），用集體化組織拆散了舊有的社會結構。農民上繳了他們的土地、牲畜及大型農具，進入公有制；合作社根據政府下達的指標來安排生產。在這個時期，一個公社包括了 6 萬農戶，若干自然村。寺廟的儀式活動在破四舊運動中幾乎完全停止，宗教「迷信」被認為是四毒之一，它阻礙中國社會主義的發展。

對宗教的迫害在文化大革命（1966~1976）中進一步升級，文革是毛澤東發動的，旨在加速中國革命的第二次重要嘗試。寺廟和祠堂被紅衛兵搗毀，紅衛兵是相應毛澤東號召加速中國革命的年輕人。不過，通常寺廟和祠堂並不是完全搗毀，而是被改成手工作坊、倉庫或是工廠。搗毀的個案中，被搗毀的寺廟、祠堂的原址還保留著，作為空地。關於神明報應懲罰那些參與毀廟的人的故事，在村中廣泛流傳，這間接幫助了對遺址空地的保護，為日後的重建提供了可能。神像和供桌通常被藏在私人家裡。

1976 年 10 月四人幫（支持文革的四個重要人物）的倒臺，標誌著文革的結束。一個改革和現代化的新時期在 1976 年開始。鄧小平用冠以「中國特色社會主義」的意識形態推動了改革。1978 年引入了聯產承包。1983

年，改革廢除了公社系統，隨之更多的傳統構架被重新建立。一個理性的系統被採納，農戶再度成為生產的單位。（Aijmer & Ho, 2000: 21）根據長期或短期的合同，土地被分配給個體農戶。農戶上繳一定數量的糧食和其他產品給國家，剩下的部分留給自己。中央集權和集體化的衰落導致了新的情況，每個家庭必須建立他們自己的關係網絡，恢復舊的，建立新的。

這個新的經濟和政治環境，為復興廟會這樣的傳統公眾儀式活動，提供了方便。儀式用品，香和紙錢再度在市場上出售。這種情況在 1979 年廣東和福建建立的四個經濟特區中發展得更為顯著。接下來是 1984 年規劃的十四個沿海開放城市，1985 年的沿海經濟開發帶。1990 年，上海被賦予了一個機會去開發浦東，浦東是上海東部的一個新地區（Yang & Zheng, 2001: 35）珠江三角洲和長江三角洲成為了中國經濟最重要的馬達，傳統在這些地區復興是十分驚人的。定居在香港和澳門的以前中國農村村民，積極出資支持寺廟和祠堂在原有的遺址上重建。不過人們往往不得不以特定的方式或嘗試的風格去重新設計和實行這些儀式活動，因為在中斷的年代裡有太多的東西被遺忘了。因此今天寺廟崇拜團體所實行的是老傳統和新革新拼湊起來的混合物（Aijmer & Ho, 2000: 202）。如是，傳統以一種混合的方式再度被發明、再度被演繹、再度被復原，因此一些學者稱這種傳統活動的再度復興為一種「新」的傳統（Aijmer & Ho, 2000: 203）。

參、中國南方的村莊和宗族

今天，在中國鄉村有兩種村莊被劃分出來：(1)行政村——由中國現代政府設計出來，一般管轄兩個以上的自然村；(2)自然村——是在歷史上自然發展起來的農村。通常每個自然村都有一個或更多的宗族。在過去，一組村莊形成一保（堡），這有時可以對應今天的行政村；所有這些名稱，在中國歷史上變換了很多次。不管怎麼說，最基本的單位是一組自然村，它通常占據了一個山谷。重要溪流在山谷的出口處通常有一座土地神的臺子或小廟，它保護著水口。作為一種規律，中國南方所有宗族都是從北方

遷徙過來的。大多數都可以追溯到宋代 10 世紀的南方移民，但是他們的族譜的記載，最早通常只能推到 13 世紀的明代。

每個宗族都有一個這村莊是如何被建立起來的神話故事或傳說。典型的傳說都會有一部分涉及到當地的風水。在一些傳說中，宗族的始祖通常是文官，在一次去往南方的公差中路過這個地方，被當地良好的地理環境所吸引，決定定居下來。在其他的傳說中，當移民的宗族進入這個地方時，扁擔斷了，這是要定居下來的好兆頭。在另外一些個案中，宗族的始祖在夢中得到當地神明的指示而定居下來。如果一個宗族到達時已經有其他宗族定居在這裡了，那麼這個宗族的創始傳說通常採取趕鴨子的形式。一個宗族的始祖成為已經定居的宗族的僕人，被允許在鴨子下蛋的地方（通常連續下兩個，暗示風水好）蓋起第一間茅棚，從這裡起步，這個宗族就發展壯大了。這個地方也就成為日後這個宗族的祠堂。另一個經常遇到的故事，會講述一個宗族的始祖，是一個合同工，經常遭到主人的侮辱，因此得到一位風水先生的同情，他會告訴這位始祖那裡是最好的位置去建立自己第一間茅棚。由於風水好，這個宗族後來就變得強大而富有。為始祖和其他祖先建立的祠堂是中國鄉村宗教文化一個重點。

一、村神

當我們進入鄉村的宗教，那裡是地方神明佔據的地方。（Shahar & Weller, 1996）根據田野調查，勞格文曾將村神分成三個等級：(1)既沒有露天祭壇，也沒有廟宇的；(2)有露天祭壇的；(3)有廟宇的。（Lagerwey, 1997: 7）。土地社神（通常以石頭代表）、田頭伯公、樹木或是橋樑神屬於第一個等級。 兒女有病，會寫契約將他們「賣」給樹木或石頭神（有的甚至還根據樹木或石頭的特點給孩子起名字）。此外，兒女也會許給觀音、慈悲的佛教菩薩，或者其他當地神明。這些契約寫在紅紙上，通常會貼在當地寺廟的牆上。這些孩子的父母通常不得不定期來參拜孩子神聖的乾親。到了孩子 16 歲的時候，還要把孩子贖回來。

有露天祭壇的神明，經常被稱為「公王」或「大王」。通常他們是村

莊的保護者，他們祭壇的位置保衛著水口。新年伊始，村民們會來上供。在冬至，他們要感謝神明。小孩子們被許給神明時，也許還會有一個充當中介的儀式專家，神明會在他身上附體。

有廟宇的神明，一般來說是高等級的神。廟宇主要有兩類：壇廟和寺觀。不同地方略有差異，但大體上是相同的。對廟宇不同的稱呼，很好地說明了「三教」和地方崇拜團體相互滲透。在當地的地名志中，一般都會記在壇廟和寺觀的章節中。前一種類型壇廟，包括三個種類：壇、廟和祠。壇是地方神明的祭壇；廟一般是供奉城隍、天后、關帝這類神明，這些高等級的廟一般建在市鎮而不是鄉村；祠是為歷史上有德行、有功勳，體現公正、忠誠等這些儒教提倡的意識形態的官員們設立的。

第二個種類寺觀，大體是指道觀和佛寺，它們通常是建立在被山嶺包圍的地方，由和尚、尼姑或齋嬤（一群吃素的老年婦女）住持。他們負責村莊的葬禮和被稱為醮的公眾獻祭儀式。不過更常見的是，由另外一批不出家的儀式專家或當地道士，負責建醮。醮是中國鄉村最重要、最隆重的宗教儀式，後文將詳細分析。

二、鬼

介紹了村神，而不講到他們的靈界對手——鬼或者被稱為魔，那將是不完整的。雖然神占據了村莊中各種重要的位置，但他們的對手——鬼，也並不局限於一隅。鬼四處遊蕩，在偏遠的地方作祟。若要為鬼下一個定義，鬼是非祖先的魂靈，他們沒有後代，死於非命，不能得到後人的祭祀。（Yu, 1990; Wolf, 1974）。建醮最重要的一個目的就是鎮住這一地區的遊魂野鬼。一般會先獻上祭品，然後趕走任何不肯合作的鬼，實行先禮而後兵。

三、鄉村之間的聯繫

雖然中國農民通常被說成是生活在一個自我封閉的世界中，但這個世界事實上是延伸到了村莊之外，包括標準的市鎮範圍。農民在廣大的市場內交換商品和勞力（Skinner, 1964: 32）。斯金納用一個標準的市鎮範圍代

替中國農民生活的村莊，這是有啟發性的。但中國農民生活的世界遠比斯金納的標準市鎮範圍大得多。中國的地方社會並不是一個封閉的社會，而是一個流動的社會，基本的商品和人員，沿著原始的道路和河流，在市場之間漫長得驚人的路途上長途跋涉地流通著。在現代全球化興起之前，有這樣的貿易往來發生，是中國東南沿海一個十分獨特的現象。船工、挑夫、車夫都在不停地流動，傳遞著新聞和各種傳聞，包括地方神明及其相關儀式的神話傳說。

　　這種情況提醒我們，在研究中國鄉村宗教時要覆蓋一個更加寬泛的範圍，但是中國地域寬廣，文化差異巨大，不允許我們對整個國家進行研究；較小範圍的研究，例如由勞格文（John Lagerwey）所策劃、筆者參與其中的中國東南地區客家傳統社會研究是可行的。下文是建立在廣東和福建兩省四次田野調查基礎上，調查了兩個宗族、一次廟會和一次醮儀。雖然它們並不能代表全部中國鄉村宗教，但它們確實能說明在中國當代鄉村宗教的重要性。

肆、當代的情況

一、舞獅和在廣東省東南部的宗族活動

　　2002 年 4 月 24 日，我們在陽山李姓祠堂參加了一次春祭。它由李姓宗族組織。最近的調查顯示，李姓是中國最大的姓氏。李姓宗族活動的中心是在黎埠鎮的祠堂，這個祠堂是 90 年代重建的。主要的組織者是一個退休的幹部，他的兒子也是縣政府的幹部。這加強了他在宗族中的領袖地位。為了保護研究對象的私隱，我們稱他為李公。李公的基本策略是將宗族活動和寺廟活動區別開來。他根據官方的意識形態，將寺廟活動歸於「迷信」的範圍，而宗族活動則不屬於這個範圍。李公認為他所做的就是在推廣孝道，從而帶來家庭和睦（安定團結是經濟發展的基礎，這是官方意識形態中最重要的價值觀）。李公特別強調他不讓道士在他的祠堂中做法事，因

此宗族活動不是「迷信」活動。實際上，我們在考察陽山地區重要的地方寺廟時，李公是最重要的當地嚮導之一。他以個人的身分，參加一些在當地寺廟中進行的法事活動。

宗族活動的管理委員會是由宗族內一些退休的男仕組成。宗族內不同的房和支派成員，加上生活在縣裡其他地方以及周邊三個縣的李姓人士，會以房為單位來這個祠堂參與活動。我們知道在一個祠堂中容納這麼多房是一個新的組織形式。在 1949 年以前，一個祠堂通常只包括一個地區第一代定居者的後代。但是由於在文革中詳細的族譜紀錄丟失，沒有他們共同祖先的文字記錄，李姓不得不依靠口頭傳說，因此有許多重新塑造傳統的空間。李姓宣稱他們是福建一位叫火德公（1206~1992）的官員的後代。相傳，李火德原名炳鳳，號閩海，別號伯莊。他是宋朝舉人，壬辰科進士，與妻由甯化遷上杭縣勝運里豐朗村開基。據不完全統計，至今將李火德認為祖先的李姓後裔分布福建二十八個縣市、江西二十七個縣市、廣東二十四個縣市、廣西二十三個縣市、四川（含重慶）十一個縣市、臺灣八個縣市，以及湖南、浙江、河南、山西、貴州、湖北、雲南、海南、香港、澳門等省區，新加坡（李光耀也將其認為祖先）等十三個國家。李火德有「李氏入閩始祖」、「臺灣李氏始祖」、「南國客家李氏之祖」等多種稱號，民間更有李火德文化研討會（各地有分會）等組織。在我們研究的陽山縣裡，火德公鬆散地鄰近聯繫著四個縣的李姓。最有意思的一房，是由少數瑤族人組成的一房，他們宣稱自己是李姓與瑤族人結親的後代。由少數瑤族和大多數漢族人建立起來的聯盟，實際上是一個李姓人為了贏得地方政府支持，至少是默許他們宗族活動，而建立起來的沙龍。這一努力還包括另一個少數民族——壯族，他們也宣稱自己是李性與壯族連親的後代。2003年我們被告知壯族人參加了李氏的秋祭。

除了瑤族，各房都恢復了舊有的傳統獅團。在廣東獅團有著悠久的傳統，它從農曆 11 月開始到來年的 4 月，在農閒的時候（基本上包括了整個冬季和春季），每天晚上將青年人聚集在祠堂裡，跟隨他們的前輩練武。獅團中並為全體成員會設立一個特殊的祭壇，供奉華光神。據明代余象斗

《南遊記》（又名《五顯靈官大帝華光王傳》）記載，華光神原是靈山如來佛前妙吉祥童子，後被貶下凡，為救生母，大鬧三界，最終歸依佛門，被玉皇大帝封為「玉封佛中上善王顯頭官大帝」。容肇祖先生（1897~　）認為華光神就是王靈官（容，1929）。華光神還是一位火神，被陶瓷業、粵劇演員、彈唱（八音）藝人奉為行業保護神，還是一些商人供奉的財神；關於華光神的各種傳說很多，農曆 9 月 28 為華光誕。宗族的每一房，通常構成了宗族的一支，都有一個堂號。練武的主要內容是學習舞獅。整個活動被稱作「吃夜粥」，因為每個練習者都會在晚上練習完畢後，吃上米粥。這樣做有兩個作用：一是為宗族訓練在應付糾紛的保安力量；也為節慶活動訓練獅團。現在夜間習武已經改在週末進行。獅團的關鍵人物是帶隊的，他拿著一個裝有紅紙的木盒子舞蹈，這種紅紙上寫著吉祥話和這一房的堂號。舞獅完畢後，這張紅紙會貼到祠堂的牆上。

　　獅子可以一個人舞，也可以兩個人舞。獅子的打扮在各房彼此都不同。獅團由鑼鼓伴奏。每一房到達後都由拿盒子的人帶領，在祖宗面前舞獅。舞獅的高潮是獅子「採青」，去摘一個由生菜所作的東西，裡面會有一個包著錢的紅信封。「青」一般會掛得很高，以此來試探獅團的水平。獅子摘到「青」之後，會拿走紅包和裡面的錢，而把菜吐出來，這時會放鞭炮。獅團的帶頭人會即興賦詩來歌頌這個過程。在過去，獅團之間或者獅團和主人之間會對詩。有時對詩之後跟著比武。現今比武已經被當地政府禁止了，我們只看到在舞獅之後，一小部分獅團賦詩。

　　每一個舞獅代表團都會去上香，在祭壇上放上酒、豬肉和水果。在過去，當兩個獅團彼此相遇時，如果拿盒子的帶隊人願意，兩個獅團會有一種儀式性的比武。大房在中午之前上供，那時絕大部分的獅團都已經到達。祭奠的文字寫在紅紙上，宣讀後燒掉，然後各房再次上香、供酒。瑤族這一房最後到達，所有人都穿著傳統民族服裝，他們沒有獅團，但會表演一組兩人舞蹈，舞蹈的人脖子上掛著一種特製的長鼓。整個祭祖過程在三掛長長的鞭炮聲中宣告結束，接下來是在祠堂裡開席。因為人太多，不得不分批吃飯。

我們發現，儘管族田被剝奪了，但宗族活動在當代中國還是復興了。在我們所考察的中國南部鄉村中大部分地方，重印族譜和每年祭祀祖先，是兩項最為重要的宗族活動。

二、遊龍和福建西部的宗族活動

在福建省西部連城縣姑田鎮，宗族活動採取遊龍的形式。2002 年 2 月 24 日至 27 日，我們參加了為期兩天的遊龍活動。這個活動是每年的 1 月 15 日舉行。現在遊龍由華姓和江姓輪流主持。過去，許多較小的宗族也一起參加這個活動，所以每年有 10 條龍之多。華姓是當地的大宗族，2002 年華氏宗族有一千多人參加了這遊龍活動。每戶都要求用竹竿和彩紙作"Ω"形狀的一節龍身。大約有 5 米長，由兩個男人用長杆支撐。由於活動要持續兩天，因此需要五、六個人輪流支撐一段龍身。龍頭的準備和保管都由祠堂負責。

遊龍是從在祠堂上供開始的。殺一頭豬，豬血用來祭龍。當地神明東山福主會被用轎椅抬著在鎮上遊神，最後到達祠堂，來事先保佑遊龍成功。這向我們提供了一個絕好的視角來考察祖先與鄉村社會中的神明之間的關係。東山福主來自龍陽市的一個村子，連城縣也屬於龍陽市管轄。根據傳說，一位元朝皇帝在 1505 至 1521 年間的某個時間，微服私訪了這個村子，但遭遇強盜。據我們估計，可能與正德 14 年（1519 年）甯王朱宸濠造反有關，當時武宗以「威武大將軍朱壽」的名義御駕親征南方，該次叛亂實際由王守仁平息。正德 14 年，因群臣諫阻南巡，武宗廷杖大臣一百餘人，死 11 人。民間傳說中，演繹出來的明武宗朱厚照南巡故事很多。東山福主保護了這位皇帝並護送他回到皇宮，皇帝御賜封號「東山福主」。現在允許將遊神工作下放給十幾歲的少年和小孩去做。顯然這是當地人的一項策略之一，為了淡化遊神的宗教內容（由小孩負責暗示當地人不重視），也將其表現成是為當地政府吸引遊客。

整個宗族分為龍的十個部分。還有人專門負責龍頭和龍尾，均為最重要的部分。當東山福主到達祠堂，他會被請進祠堂，接受宗族代表的參拜。

然後龍頭被拿到祠堂露天的院子裡，那裡會立起一個小的祭台，有一個祭祀儀式。殺一頭豬來啟動龍，宣讀祭文然後燒掉，接著是宗族中的三位老人來上香、供酒。大約下午 3 時，龍頭被拿到附近的山上，在那裡各節龍身被連接起來。按照當地風水的說法，在山上舞龍的作用是啟動山上這個村龍脈中的「氣」（宇宙的力量）。遊龍活動由超過 1,000 人的大場面開始。龍有 236 節。龍的前面有 250 顆用竹棍和紙作成的龍蛋，由宗族內 15 歲以下的小孩拿著。他們共同代表了宗族的財運。

遊行持續到天黑，每節龍身裡的蠟燭會點亮，成為一個連一個的燈籠。高潮發生在鄉政府的辦公大樓前。村民不停地燃放鞭炮和煙花。原本的計畫是在鄉政府辦公大樓前盤龍，但由於地方太小不可能實現；所以只是每節龍穿過樓前，然後人們各自將自己的那節龍身帶回家。

第二天上午 9 時，在江姓祠堂前完成一個小的崇拜活動後，遊龍再次開始。整條龍遊行到地方神東山福主的廟宇。龍在廟前盤起來，然後，它的身子被打碎，堆成一座小山。當每一部分都完全搗爛後，就在廟前以一把火燒掉。

遊龍在連城每年吸引數以百計的當地旅遊者，他們當中大部分是華姓和江姓的親戚朋友。這也是姑田政府同意恢復遊龍活動的一個重要原因。很難計算出到底有多少人前來這裡觀看遊龍，但是我們發現遊龍的整個晚上都不能打通手機——網路超負荷了。

三、五公佛廟會

2002 年 7 月 4 日，我們在廣東西北部清遠市連山縣楊梅鎮參加了一次廟會。它的組織者也是位退休幹部，當時 74 歲，姓文。廟會在一座山的頂峰上遊行，如果最近沒有修路的話，我們就必須花二個半小時，才能爬到山頂到達那座廟宇。廟宇裡供奉的主神是五公佛。這座廟是 1986 年重建的，但在 1988 年被政府關閉，神像被沒收。到 1991 年時，公開的禮拜活動又被允許，神像被歸還到廟裡，並打了一次規模很大的醮。2002 年修建了通向山頂的路。此後每年神誕都有廟會。五公佛是志公、朗公、唐公、

寶公、化公。五公佛信仰對中國民間教門中有很深遠的影響。相傳《轉天圖經》（《五公經》）是五代時吳越錢鏐在唐昭宗乾寧 4 年（897 年）命令手下所造，假藉天臺山五公菩薩之名造作讖語，以拯救處於末劫之人，因而元代五公佛信仰即被政府禁止，《大元通制條格》卷二十八載：

至元 18 年（1281）3 月，中書省御史台呈：江南行省咨都昌縣賊首杜萬一等，指白蓮教會為名作亂。照得江南現有白蓮會等名目，《五公符》、《推背圖》、《血盆》及應合禁斷，天文圖書，一切左道亂世之術，擬合禁斷。送刑部與秘書監一同議得，擬合照依聖旨禁斷拘收，都省准擬。

不過五公佛信仰一直沒有斷絕，如《大聖五公救劫經》民國時尚有刊本。根據當地傳說，五公佛在清光緒年間即 1875~1909 年時出現在楊梅鎮金雞山上。有村民看見五個身穿白衣，手拿紙扇的人，但爬上山後卻發現一個人也沒有。於是村民決定在山上建一座廟，後來這座廟非常靈驗。它的名聲很快傳遍了包括懷集、清遠、廣寧在內的附近幾個縣。有一本被認為是浙江天臺山五公佛宣講的經書，現存的是 1913 年的版本，經書後面還有 80 道符。這本經書預言將會有大災難發生，它建議人們書寫經書上的符，吃素，在神前燒香，每天讀頌經文。在後面，它還提倡觀音信仰，每天早上讀經七次，燒香，上供水果、茶，念神和菩薩的名字。它也提倡佩符、念佛。我們不能確定這些個人的宗教活動是否一直堅持未被中斷，但公開的信仰活動從 1991 年開始每年進行。五公佛以送子和香灰治病最為著名。2002 年，有六位道士被請來主持神誕儀式。

巫婆也前來參加廟會。她們是做完日常家務後前來參與活動的家庭主婦。她們在道教儀式的間歇時刻又唱又跳，並彼此分享各自的體驗，討論跳神。她們跳神時候，就是神明附體，有時她們的跳神會持續到道教儀式開始，或兩者同時進行。我們不清楚 1949 年以前，是否也是這樣。如果跳神的時間太長久，其他的巫婆會燒香和紙錢，請求神明讓這個巫婆休息一會。有一次，道士們不得不衝著巫婆大喊，讓神明離開，他們好繼續他們

的道教儀式。

在兩天的活動中，人來了又走，通常不會待超過半個小時。他們獻上一老式籃子的香和供品，並放鞭炮。有些人還搖簽，搖動一個裝有一百個竹簽的竹筒，直到有一支竹簽超過其他竹簽，最終掉到地上。兩片半圓的月亮形狀的木塊（筊或筶），一面平、一面凸，這是用來檢驗所搖出來的竹簽是否準確的。如果一個平面向上，一個凸面向上，那就指示正確（稱為勝筊）。廟中還有人負責解簽，收取一點小錢。其他人可能會去祭壇的另一邊求「白花」，這是當地人用來求子的。一個道士會舉行一個簡單的儀式，只是一邊擊鈸一邊唱出祈求者所求，一般是婦女的願望。婦女會給「紅包錢」，並許諾如果她們生了兒子會還願。這個要求也透過投月亮形狀的筊來檢驗。如果結果是不同意，祈求者會許諾送更貴重的禮物，並在紅包中加錢，直到出現肯定的答覆為止。

朝拜者也許會結成一大隊而來，還有一個小型的樂隊伴奏。他們通常是一個大村落的成員。他們上供的供品中會有兩大根香，有 3 到 4 米長。

道士們提供的一整套儀式要持續二天。大多數人並不明白道士們的活動，他們只參與其中的一部分。人們來來往往，大部分時間他們會參與或圍觀；組織管理委員會輪流參加。

四、廣東西北部七拱的建醮儀式

建醮當地稱作「打醮」，無疑是中國鄉村社會中最重要的宗教活動之一。醮的字義是上供，但它被用來特指由代表一個地方村社民眾的道士們主持，持續數日的大型慶典。安徒生稱為「下定義的慶典」（Andersen, 1995: 87）。他的意思是說，一個中國村社透過打醮活動，利用宗教來作自身界定，並更新與神明的關係。打醮被視為週期性地重申村社的這種身分。

典型的打醮儀式被視為發源於江西龍虎山的道教儀式，被請來主持法事的道士屬於道教正一派（Lagerwey, 1987; passim; Schipper, 1995），但我們在廣東西北部陽山縣七拱鎮合上村所做的田野調查，挑戰了這個觀點。我們觀察到在當地醮不是一個純粹的道教儀式，而是佛教與道教傳統的混

合體。

2003 年 10 月 30 日到 11 月 3 日，我們在合上村參加了一次為期五天的打醮儀式。飛鳳廟的名字是由它所在的山的名字而來，這個廟是四個村子共同建的：單督坑、神功坑、羊皮坑和合上村。打醮儀式由這四個村（大概 1,000 人）出資。廟裡的主神是五公佛，香客們相信寫著「五公佛」字樣的神像是從福建省南嶽飛到這座山上來的。廟宇是在後來 1940 年時所建。當時決定每兩年打醮一次，但在文革時中斷了，90 年代再恢復。直到 2003 年四個村子才組織起一次有道士「上刀山」（攀爬刀梯）的打醮儀式。做這個法事的道士姓李，住在新墟村。他有一個助手，姓邱，兩個年輕的徒弟均姓黃，三十多歲。另一組佛教儀式專家，由一個姓謝的人帶領，他 76 歲，有兩個姓唐的合作者，均七十多歲。在廟前面搭起三個棚。中間的一個放神像，廟裡神像要搬走，要為打醮儀式空出地方。左邊的棚是道壇，右邊的是戲臺。佛教的壇設在廟裡空出來的位置。左邊還有一個辦公室，右邊是廚房。

(一)第一天

儀式晚上 9 時開始。第一夜主要是邀請諸神參加法事，給神像上供、開光。佛教和道教的儀式專家，都把蠟燭綁在長棍上，在神像前面晃動。道教的舞蹈中會有吹號角和許多身體動作，其中部分舞蹈是再現道教閭山派陳、林、李三夫人的故事。陳夫人為了打敗邪惡的地方神，決定去學習法術。她在路上遇到了林夫人和李夫人，她們成為了結拜姐妹。她們最後去閭山學法術。成功學得法術之後，她們第一次使用法術，讓一個死人復活，但卻被指控是她們造成了那人的死亡。另外一次，她們用法術救活了一條奄奄一息的狗，但這條狗一旦活過來，就兇相畢露，要咬三夫人。因此三夫人決定再也不在死者身上施展法術。這個故事說明了在鄉村中，佛教和道教儀式專家在工作分工上的不同。道士在當地話中是專門「調」鬼的，「調」有戲弄、安定、懲戒的意思。道士從來不為死人做法事活動，那是留給佛教的。因此有一句話，「佛教管死（喪事），道教管生（驅邪）」。

在舞蹈中，有一個道士必須自己穿上女人的衣服，為的是演出三夫人的故事。有時法事活動會變成一場文化演出，甚至是有趣的喜劇。道士扮演成女人，會吸引很多觀眾，大部分是老人和小孩。佛教的法事基本上都是在打擊樂器的伴奏下唱誦經文，他們在大部分時間裡不能吸引觀眾。

第一天的法事活動中，還有一項重要的內容是宣讀施主的名字。這些名字寫在一張紅紙上，貼在廟外面的牆上。

(二)第二天

第二天法事活動由上章開始，即向上天報告這次打醮儀式的舉行。同時還有一個公布所有施主的名單和祝福他們的儀式。第二天另一項重要的活動是為神明招天兵，由許多舞蹈構成，舞蹈時拿著兩面三角旗。不過，第二天的重點是準備刀山，這個儀式叫「封刀」。道士向每一把刀噴法水，並用類似中國傳統衙門裡用的驚堂木在空中畫上符。紙符也會準備，貼在刀上。道士戴上紅頭巾，用「師刀」（道士的一種匕首形狀的法器）完成這些儀式過程。佛教的壇中也同時進行懺儀，但幾乎沒有人看。每天還向立在廟外的幡旗和看管鬼的山大人舉行祭祀。這些儀式佛教和道教並排舉行。夜裡，道士們先用一些宗教術語和法事活動為元素表演引人發笑的喜劇，然後向發笑的觀眾解釋它們的意義。這顯然有宗教教育的價值。道士們總是用月亮形狀的木塊來檢驗他們所做的一切是否正確。

(三)第三天

第三天的重頭戲是村民和道士們一起製作刀山。這在 1949 年以後就再也沒有舉行過了。一根大概二十英尺長的樹幹被豎立起來，木頭平滑的一面觸地。樹幹由四根繩子固定，綁繩子的地方由大塊夯入地下。樹幹從底到頂都打入刀，構成一個梯子。在接近頂部的時候，由兩根六英尺長的木棍組成的一個小平臺。道士戴著紅頭巾和紅腰帶，小心翼翼地爬到刀山的平臺上。刀山地下旁邊地上設一張桌子，那是為了「破六甲」這個儀式用的。有兩個巫婆來幫忙完成這個儀式。有一包小孩衣服被帶來，用其中一件裹住一個蛋。在蠟燭和香火上搖晃一會，然後用做法事用的刀把蛋打碎。

這包衣服都會被蓋上道士的法印。這包衣服會用滑輪送到刀山頂上，道士在刀山頂上吹完號角後，衣服再被放下來。

超過 1,000 人贊助了這場長期中斷的法事活動，但只有兩百人參加了這次活動。我們被告知，因為大部分家庭成員都到了珠江三角洲去打工。而且，道士上刀山的活動只有一個半小時。甚至在沒有道士在刀山頂上作法事的時候，小孩的衣服還被吊到刀山上，我們知道這在過去是不會發生的。現在道士不是待在刀山上，而是下來幫忙巫婆「破六甲」。

在佛教的壇，佛教儀式專家在拜二十四諸天。夜裡由道士祭五猖。我們知道這在過去是非常重要的驅魔大法事，但這次大大的簡化了。顯然是因為上了年紀的老道士需要休息，而他的徒弟還不能獨自完成這一項儀式。

(四)第四天

第四天是對第二天的重複。進行「破六甲」的儀式，小孩的衣服被吊到刀山上去。佛教的壇，舉行進十供的儀式。下午的重點是佛教做的「開天門」。開天門就是向上天陳述要賜福村民的要求。在一張大桌上架起一張小桌，這是一個特殊的祭壇。五公佛中的一位被從佛壇上拿出來，放到桌子的頂部。佛教儀式專家爬上第一張桌子，跪在那裡舉行儀式。之後，道教和佛教儀式專家，以及所有人群都會來到河邊放河燈。這個儀式是幫助超度淹死在河裡的遊魂野鬼。夜裡，道士給神明的天兵發錢。

(五)第五天

第五天是向神明告別並護送神明回廟，並須宰殺一頭豬，豬肉分給眾人，豬頭放在神前的祭壇上。所有活動在中午之前結束，村民們紛紛各自回家。

伍、結論

生活在中國南部的鄉村，經歷著一年兩次的農業週期：水稻春天播種在稻田裡，初夏收割，緊接著是第二季水稻的播種，初冬再次收割。也就

是說，冬天是中國農民休息的時間。因此，幾乎所有的廟會或者打醮儀式都在冬天舉行。中國傳統社會的全部生活節奏被分為一年中的「常日」——以經濟生產和交換為中心，以及「節日」——社會交流成為最重要的事情。不像西方對「聖」與「俗」的區分，在中國「常日」的重要性從來沒有被認為低於「節日」，中國人從來沒有厚此薄彼。

節日有很多重要的功能，吳振漢列舉了廟會節慶的五個方面：政治、社會、經濟、文化和宗教（Wu, 1988）。節日，首先是不用工作、享受閒暇的日子，但它也是進行宗教活動的時間。換句話說，宗教節慶在中國總是有娛樂的方面。因此，打醮儀式總是有既娛神也娛人的戲劇表演。就像我們在上文中看到的，許多儀式都有娛樂的內容。

宗教儀式的娛樂功能，在中國已經有很長時間歷史了。孔子在《禮記》中說到「一張一弛」的哲學。子貢觀於腊。孔子曰：「賜也樂乎？」對曰：「一國之人皆若狂，賜未知其樂也！」子曰：「百日之腊，一日之澤，非爾所知也。張而不弛，文武弗能也；弛而不張，文武弗為也。一張一弛，文武之道也。」（Legge, 1967: 167）

節日是放鬆的時間，是「弛」。一位宗教學者甚至將中國的宗教節慶定義為「狂歡文化」。中國的節日包含競技活動，比如舞獅，給參與者帶來刺激。它是讓村民離開農業勞動，帶來放鬆和娛樂的時間。它還是刻板、壓抑、帶操控性的官方儒家文化的安全閥。（李，1993：141）中國的節慶，作為一種自治活動，凝聚了村社的精神。（趙，2002：135）

本文討論中國地方節日是根據兩類基本的村社活動：宗族活動和村社廟會儀式。我們給出的上述例子並不是孤立的。過去十年的田野調查證明，從 80 年代初期的改革開放以來，中國南方類似的活動得到了復興。這些活動的活躍程度像是與活動跟當地政府的密切關係成反比。政府控制的原則是，只要沒有混亂和糾紛，沒有火警，像宗族祭祀和廟會這樣的活動，在偏遠的地區是被容忍的。中國政府對傳統法事活動的控制，在市、縣很緊，在鄉村則相對寬鬆。在縣和鎮重修祠堂即使不是全無可能的，也是困難重重，除非是有歷史意義、能吸引遊客的廟宇才能作為例外。在縣城或鄉政

府所在地以外、位於不顯眼地方的鄉村裡，重建一個地方廟宇或祠堂，現在是被允許的。

宗族活動和廟會儀式活動體現著傳統文化。村民們用吸引旅遊或保存傳統文化，為他們的儀式活動合法化。我們在廣東所見到的舞獅，和福建見到的遊龍，說明了宗教活動不能同其他民俗活動分開。民俗活動和宗教活動界限的模糊性，並不僅僅是為了在共產主義的意識形態中生存下來的策略。對於村民來說，舞獅是對神靈和祖先一種嚴肅的祭祀。遊龍與驅邪相關。

有時很難得到關於一個對儀式活動當代特性的說明。村子在公開和私下的討論常存在不一致。（Aijmer & Ho, 2000: 239）人們在公開場合採取一種不可知論或反宗教的立場，這是一種策略，避免被指控為保守主義或封建迷信，因此他們公開的立場並不能當真；我們必須小心地考察他們個人實際的行動。有學者觀察到，在後毛澤東時代，儘管 80 年代還在重複各種運動，用社會主義精神文明建設對抗精神污染和資產階級自由化，但大部分人表現為玩世不恭，對官方意識形態和共產主義教條失去了信仰。（Brugger, 2001: 15）

在集體化時代結束之後，人們開始尋找為自己的社會生活定位的方式。有時儀式活動的復興，標誌著一種探索，探索共產主義觀念的替代品。現在與建國前舉行儀式的年代已經有了時間跨度，這意味著鄉村已經忘記了自己的本來面目，這迫使它們發展了一種融合的策略，自由地融合或借鑒不同的宗教體系和地方崇拜團體（Aijmer & Ho, 2000: 244）。艾吉莫稱其為一種權宜（Aijmer & Ho, 2000: 246）。但這不是後毛澤東時代唯一的特性。道士、佛教儀式專家和巫師的合作，挑戰了以往我們對佛教和道教截然分開的觀念，這種合作無疑是新的特點。例如，將打醮儀式誤認為單是道教儀式，而忽略了佛教和地方崇拜團體的因素，這是由於田野調查所覆蓋的範圍太狹窄和不充分。（Lagerwey, 1998: 38）不同儀式傳統的混合可能不是一種「權宜」，用一個更加貼切的比喻，也許是中醫師的配藥，他從不同匣子裡拿出來的草藥配成了一味新藥。他從不拒絕一種潛在有效

的草藥，而且用什麼藥，用多少，這裡有更深層次的見機行事。這說明中醫不是按自己的喜好行事，也不是按照一個武斷的規則行事。

不過，再度出現的傳統，在很多方面跟老傳統有區別。由於時間跨度，必須重新組合各種元素，重新聚合遺跡。蕭鳳霞（Helen Siu）宣稱，儀式以新的狀態再度復活，體現了文化元素在新環境下的變化。它們是再造的新傳統（Siu, 1989: 123-134）。今天地方寺廟和宗族祠堂，既沒有土地，也沒有金融產業；所有的活動都靠捐獻。海外華人是一個重要的資金來源，但不是所有的寺廟，特別是小廟，都利用了這種資料。當地的施主依然很重要。每一項活動的收入和支出，都寫在紅紙上，貼在寺廟或祠堂的外牆上。

雖然經歷了一個有計畫的破壞，地方宗教卻依然存在，這算是一個奇蹟！也許，時間已經讓我們改變了對中國地方宗教的看法——它不是阻礙經濟發展的封建迷信，而是一種重要的本土傳統文化資源（Dean, 2003: 353），它一點也不妨礙全球化、現代化和資本主義，保護它還能維護社會文化的多樣性，為社會的創造思維製造條件，從而裝備下一代持續地發展社會。

參考文獻

一、中文部分

李豐楙（1993），＜由常入非常：中國節日慶典中的狂文化＞，《中外文學》，
　　1993 年 8 月，頁 117-150。

漢語大詞典編輯委員會編（1991，1994 三版），《漢語大詞典》冊七，上海：
　　漢語大詞典出版社，頁 833。

陳寅恪（2001），〈馮友蘭中國哲學史下冊審查報告〉，收入陳寅恪著，陳美
　　延編，《陳寅恪集：金明館叢稿》二編，北京：三聯書店，頁 285。

容肇祖（1929），＜五顯華光大帝＞，載於國立中山大學語言歷史學研究所編
　　《民俗》第 41、42 期合刊〈神的專號〉(一)。

趙世瑜（2002），《狂歡與日常：明清以來的廟會與民間社會》，北京：三聯
　　書局。

二、英文部分

Aijmer, Goran and Virgil Ho. 2000. *Cantonese Society in a Time of Change*. Hong
　　Kong: Chinese University Press.

Ahern, Emily M. 1973. *The Cult of the Dead in a Chinese Village*. Stanford,
　　California: Stanford University Press.

Andersen, Poul 1995. 'The Transformation of the Body in Taoist Ritual' in
　　Religious Reflections on the Human Body edited by Jane Marie Law, 186-208.
　　Bloomington and Indianapolis: Indiana University Press.

Dean, Kenneth. 2003. 'Local Communal Religion in Contemporary South-east
　　China.' *The China Quarterly* 174 (June): 338-358.

DeGroot, J. J. M. 1910. *The Religion of the Chinese*. New York: Macmillan.

Duara, Prasenjit. 1991. 'Knowledge and Power in the Discourse of Modernity: The

Campaigns against Popular Religion in Early Twentieth-Century China.'
Journal of Asian Studies 50.1 (February): 67-83.

Faure, David 1999. ''The Chinese Emperor's Informal Empire: Religion and the Incorporation of Local Society in the Ming'' in Shu-min Huang & Cheng-Kuang Hsu ed. *Imagining China: Regional Division and National Unity* (Taipei: Institute of Ethnology, Academia Sinica), pp.21-42.

Faure, David. 2007. ''China as Religion'', paper presented in International Conference Religion and Social Integration in Chinese Societies Exploring Sociological Approaches to the Study of Religion in the Chinese World organized by the Chinese University of Hong Kong in June 28-30, 2007

Flood, Gavin. 1999. *Beyond Phenomenology: Rethinking the Study of Religion.* London and New York: Cassell.

Hsu, Francis L. K. 1967(1948). *Under the Ancestors' Shadow: Kinship, Personality and Social Mobility in China.* Stanford University Press.

Lagerwey, John. 1966. 'Preface' in 《梅州地區的廟會與宗族》Meizhou diqu de miaohui yu zongzu (Temple Festivals and Lineages in Meizhou) edited by Fang Xuejia. Hong Kong: International Hakka Studies Association, Overseas Chinese Archives and Ecole Francaise d'extreme-Orient: 1-14.

Lagerwey, John. 1987. *Taoist Ritual in Chinese Society and History.* New York: Macmillan Publishing Company.

Lagerwey, John. 1997. 'The Rational Character of Chinese Religion', Public lecture on Chinese Religion, organized by The Centre for the Study of Religion and Chinese Society, Chung Chi College, The Chinese University of Hong Kong, September 19.

Lagerwey, John. 1998. 'Introduction' in 《汀州府的宗族、廟會與經濟》(Lineage, Festivals, and the Economy in Tingzhou Prefecture) edited by Yang Yanjie,1-41. Hong Kong: International Hakka Studies Association, Overseas Chinese Archives, Ecole Francaise D'Extreme-orient.

Lagerwey, John. 2000. 'The Structure and Dynamics of Chinese Rural Society' in *History and Socio-economy: Proceedings of International Conference on Hakkaology* edited by Cheng-Kuang Hsu, 1-43. Taipei: Institute of Ethnology, Academia Sinica.

Lagerwey, John. 2002 . 'Introduction' in 《長汀縣的宗族、經濟與民俗》(Lineage, the Economy, and Customs in Changting County) edited by YangYanjie,1-45. Hong Kong: International Hakka Studies Association, Overseas Chinese Archives and Ecole Francaise d'Extreme-Orient.

Legge, James trans. Ch'u chai & Winberg Chai ed. 1967. *Li Chi: Book of Rites*. Vol. II New York: University Book.

Mackerras, Colin. 2001. 'Overview History of the People's Republic of China' in *Dictionary of the Politics of the People's Republic of China* edited by Colin Mackerras, Donald H. McMillen and Andrew Watson, 1-8. London and New York: Routledge.

Paper, Jordan. 1995. 'Religious Studies: Time to move from a Eurocentric Bias?' in *Religious Studies: Issues, Prospects and Proposals* edited by Klaus K. Klostermaier and Larry W. Hurtado, 75-84. Atlanta, Georgia: Scholars Press, 1991.

Schipper, Kristofer M. 1995. 'An Outline of Taoist Ritual' in *Essais Sur Le Rituel III* edited by Anne-Marie Blondeau et Kristofer Schipper, 97-126. Louvain-Paris: Peeters.

Shahar, Meir and Robert P. Weller, 1996. *Unruly Gods: Divinity and Society in China* Honolulu: University of Hawaii Press.

Siu, Helen F. 1989. 'Recycling Rituals: Politics and Popular Culture in Contemporary Rural China' in *Unofficial China: Popular Culture and Thought in the People's Republic* edited by Perry Link, Richard Madsen and Paul Pickowicz, 139-185.

Boulder: Westview Press.

Skinner, G. William. 1964. 'Marketing and Social Structure in Rural China, Part I.' *Journal of Asian Studies* XXIV: no. 1 (Nov): 32-42.

Teiser, Stephen F. 1996. 'The Spirits of Chinese Religion' in *Religions of China in Practice* edited by Donald S. Lopez Jr., 3-37. Princeton: Princeton University Press, 1996,

Wolf, Arthur. 1988. 'God, Ghosts and Ancestors' in Religion and Ritual in Chinese Society edited by Arthur P. Wolf, 131-182. Stanford: Stanford University Press.

Wu, Chenghan. 1988. 'The Temple Fairs in Late Imperial China.' Ph.D. Dissertation, Princeton University.

Yang, Dali L. and Zheng Yongnian. 2001. 'Regional China' in *Dictionary of the Politics of the People's Republic of China* edited by Colin Mackerras, Donald H. McMillen and Andrew Watson, 33-37. London and New York: Routledge.

Yu, Kuang-hong, 1990. 'Making a Malefactor a Benefactor: Ghost Worship in Taiwan.' *Bulletin of the Institute of Ethnology Academia Sinica* No, 70 (Autumn): 39-65.

祁慶富

多元文化視野中的中國少數民族非物質文化遺產保護

◇內容提要◇

　　文化多樣性為世界文化遺產保護提供了理論支柱。

　　文化多樣性，是中國少數民族傳統文化的基本特徵。在普遍信仰某種宗教的少數民族中，宗教信仰「民間化」是一個重要特點。「民間信仰」是大多數少數民族非物質文化精神支柱，是民族傳統文化之「魂」。搶救、保護少數民族非物質文化遺產，必須充分認識少數民族「民間信仰」的「精神內核」價值。

　　尊重各民族的民間信仰價值，就是尊重中國少數民族的文化多樣性。把「民間信仰」等同「封建迷信」是個故步自封的、應當破除的「誤區」。非物質文化遺產保護，既要注重傳承人的保護，也要重視傳承物的搶救。防止民族文物消失和「流失」是刻不容緩的當務之急。

作者：中央民族大學中國少數民族研究中心教授兼主任

壹、文化多樣性是少數民族非物質文化遺產保護的出發點

人類文化遺產和自然遺產造就了人類豐富多樣的生存形式，構成了人類文明的完整性。由於近代工業化的迅速發展、全球經濟一體化的劇烈衝擊，以及自然災害、戰爭威脅等因素，世界許多地區的文化和自然遺產受到不同程度的破壞。從多元文化視野出發，繼承和保護世界各地的「具有突出普遍價值」的文化遺產和世界遺產，是聯合國教科文組織的一項基本目標。

聯合國教科文組織以「公約」形式確立的世界文化遺產、自然遺產和非物資遺產保護規則，有效地推動了世界範圍的遺產保護，得到世界各國的認同和回應，在全球形成聲勢浩大的世界遺產保護浪潮。

經濟全球化的衝擊是提出世界遺產保護的背景，而保護文化多樣性是世界遺產保護行動的理論基礎。

2001 年 11 月聯合國教科文組織通過《世界文化多樣性宣言》。聯合國大會隨即在其 57/249 號決議中歡迎這一宣言，還歡迎其所附的執行宣言的《行動計畫》要點，並宣布 5 月 21 日為世界文化多樣性促進對話和發展日。《世界文化多樣性宣言》包括特性、多樣性和多元化、文化多樣性與人權、文化多樣性與創作、文化多樣性與國際團結等五部分，共十二條。《宣言》強調指出，文化在不同的時代和不同的地方具有各種不同的現形式。這種多樣性的具體表現是構成人類的各群體和各社會的特性所具有的獨特性和多樣化。文化多樣性是交流、革新和創作的源泉，對人類來講就像生物多樣性對維持生物平衡那樣必不可少，從這個意義上講，文化多樣性是人類的共同遺產，應當從當代人和子孫後代的利益考量予以承認和肯定。

文化多樣性也為世界文化遺產保護提供了理論支柱。

中國是一個多民族國家，除了人口最多的漢族，還有五十五個少數民族。自古以來，居住在中華大地上的各族人民共同締造了歷史悠久、絢麗

多彩的中華文化。文化多樣性,是中國少數民族傳統文化的基本特徵。

中國古代文化的起源是多元的。由於各民族、各地區的具體條件不同,文化的發生或早或遲,文化的發展或快或慢,各有所長又各有所缺。歷代各民族之間雖然相互影響、相互碰撞和相互交流,但是每一民族都是依靠自身的力量存在和發展著,都獨立創造了自己賴以生存的特色文化並歸屬於中華大文化中的一個組成部分。中華文化正因為是由多個民族建立和發展起來的文化而呈現出多元性。

費孝通先生提出「多元一體的中華民族格局」理論[1]得到廣泛認同。「你中有我,我中有你」,中華民族在長期的歷史發展過程中結成了誰也離不開誰的一個整體。在這個整體裡,各民族又有自己的獨特文化特點,相互包容,和諧發展。文化多樣性,是中國民族傳統文化的基本特徵。少數民族非物質文化遺產是少數民族文化多樣性的集中體現。保護好少數民族非物質文化遺產,是守護住中華民族文化多樣性精神家園的歷史使命。

中國改革開放以來,特別是實施西部大開發戰略,少數民族地區正處於傳統社會向現代化社會轉型的歷史階段。在這歷史性的文化變遷過程中,中國少數民族傳統文化面臨前所未有的巨大衝擊。傳統文化負載一個民族的價值取向,影響著一個民族的生活方式,攏聚著一個民族自我認同的凝聚力。傳統文化是一個民族的歷史生命在現實社會中的延續。這種傳統文化,既具有歷史性,又具有現實性。

在經濟全球化的大背景下,中國的現代化進程日新月異。西部大開發展戰略的實施,使少數民族地區的經濟得到較快的發展。大力發展經濟,儘快擺脫貧窮和落後,跟上現代化的腳步,已成為少數民族的共識。然而在發展過程中,許多少數民族都面臨著傳統與現代的兩難選擇:一方面渴求經濟上高速發展,儘快實現現代化;另一方面又希望長久保留本民族的傳統文化,擔憂以至恐懼傳統文化很快消失。這個問題在人口較少民族中

---

[1] 費孝通主編(1999),《中華民族多元一體格局》(修訂本),北京:中央民族大學出版社。

尤為突出。

　　當今中國少數民族正在進行中的文化變遷與現代化密不可分，由傳統社會向現代化社會轉型，是這一文化變遷的主題。中國的現代化是各民族人民的共同現代化。在實現社會主義現代化的宏偉目標下，少數民族地區進入了向現代化轉型的新時期。西部大開發為少數民族地區加速實現現代化提供了前所未有的歷史機遇。在現代化進程中，文化變遷不可阻擋，傳統文化轉型也是勢在必然。因而，少數民族面臨著傳統文化與現代化衝突、調適的重大問題。在這種歷史性的文化變遷大潮中，少數民族傳統文化如何適應現代化進程就成為一道歷史性的難題。如何傳承少數民族優秀的傳統文化？最重要的是搶救和保護少數民族文化遺產。

　　少數民族非物質文化遺產豐富多彩，是少數民族文化多樣性的集中體現。在「轉型」大潮中，少數民族非物質文化遺產普遍面臨「瀕危」的危機。認清少數民族文化遺產的普遍價值和瀕危的特別境況，採取有力措施，最大限度地保護好少數民族的非物質文化遺產，是時代賦予我們守護住中華民族文化多樣性精神家園的歷史使命。傳承中華民族優秀的多樣性傳統文化，必須大力搶救與保護少數民族非物質文化遺產。

貳、民間信仰是少數民族文化多樣性價值的集中體現

　　當前在少數民族非物質文化保護工作中，不可避免地面臨如何正確對待「民間信仰」的理論與實踐的重大問題。

　　2006 年 2 月 12 日在國家博物館舉辦的「中國非物質文化遺產保護成果展」開幕，便在社會上引起強烈回響。2 月 17 日，《中國民族報》頭版發表一篇報導：「熱展中的冰點」。該報記者以少數民族文化的視角為出發點，提及的「冰點」是指「涉及宗教文化」的展覽內容受到「冷落」。他提出了非物質文化遺產保護中一個非常有思考價值的問題。

　　在中國少數民族文化中，宗教信仰占有特別重要的份量。某種意義上

說在少數民族中，「民族問題」和「宗教問題」經常交織在一起，因而人們常說「民族宗教問題」。所謂「問題」是指如何正確對待、處理有民族和宗教所關涉的各種社會現象，並不是說民族和宗教本身是問題。對於宗教，我們必須看到，它的本質是一種文化現象。這種宗教文化現象，在中國少數民族中表現尤為突出。

宗教集中地體現出人們的信仰價值觀。宗教一般由共同的信仰、道德規範、儀禮、教團組織等要素所構成，是一種信仰文化體系，對每個民族的哲學精神、社會生活、政治結構、文化風尚、道德倫理、文學藝術、建築工藝等都有著重要影響。在我國少數民族中，影響較大的世界性宗教有佛教和伊斯蘭教，地區性宗教則主要有道教。

在普遍信仰某種宗教少數民族中，宗教信仰「民間化」是一個重要特點，例如藏族普遍信仰藏傳佛教，傣族普遍信仰小乘佛教。「普遍信仰」就是說，宗教文化滲透在這些民族的傳統文化的方方面面，除了正規的宗教活動外，其他社會文化也往往與信仰有密切關聯。宗教活動不在非物質文化遺產保護範疇，但已經「民間化」的、與宗教關聯的文化表現形式卻不能排除在非物質文化遺產的行列。如首批國家級非物質文化遺產名錄中的「傣族潑水節」是起源於佛教節日；「塔爾寺酥油花」是一種藏傳佛藝術；「藏族唐卡」原本是「流動的佛像、佛寺」……。這些文化表現形式離開宗教信仰就無法解釋其源頭和內涵，但它們已經「民間化」，成為一種民間文化表現形式，儘管仍然不同程度地負載著「信仰」價值。

在中國少數民族中，還存在大量習稱的「原始宗教」，指處於初期狀態的宗教，主要存在於社會發展比較緩慢的民族中，如鄂溫克族的薩滿教、納西族的東巴教。巫術是一種重要的准宗教現象，幻想依靠超自然力對客體施加影響或控制，與宗教不同之處在於尚不涉及神靈觀念，並非對客體加以神化、向其敬拜求告，而是力圖影響或控制客體。各種宗教產生後，巫術在有些宗教中仍繼續流行，特別是在原始宗教中，巫術是宗教活動的主要形式，巫師占據核心位置（如彝族的畢摩），因而有人把存在於現代民族中的巫術看作「巫教」。「原始宗教」和「巫術」是存在於少數民族

中的重要的「信仰文化」，是特別值得關注的「民間信仰文化」。這些民間信仰集中地體現了信仰主體的價值觀，也強烈地表現出文化生命力。列入首批國家級非物質文化遺產名錄中的「白族繞三靈」既滲透著佛教、道教等「宗教文化現象」，也寓含著許多「原始宗教」的「信仰」成分，但本質不是「宗教現象」，而是「民間信仰」支配價值取向的「民俗文化」現象。

中國是一個多民族和多宗教的國家，從世界宗教到原始宗教同時並存。道教作為中國固有的宗教也有很大影響。但歷史上沒有一種宗教曾占據「國教」地位，也就是說，沒有一種中華民族全民信仰的宗教。就少數民族而言，有許多民族長期存在本民族普遍信仰的宗教，既有本民族土生土長的原始宗教，也有吸收的外來宗教，包括世界上的三大宗教及漢族的道教。因而，宗教與少數民族的傳統文化有著更緊密的聯繫。在許多少數民族中，宗教的習俗性特點十分突出，形成本民族傳統的宗教文化，如彝族的畢摩文化、納西族的東巴文化、傣族的佛教貝葉文化、回—維吾爾等民族的伊斯蘭文化。在現代社會中，作為一種文化現象，少數民族傳統宗教文化主要表現為民間性，本質上屬於非主流文化。[2]「民間信仰」是大多數少數民族非物質文化精神支柱，體現出中華各民族「生生不息的」堅韌、頑強的生命精神，是民族傳統文化之「魂」。搶救、保護少數民族非物質文化遺產，必須充分認識少數民族「民間信仰」的「精神內核」價值。尊重各民族的民間信仰價值，就是尊重中國少數民族的文化多樣性。

非物質文化遺產的「價值」尺度不是單一的，而是綜合的。少數民族非物質文化遺產表現出突出的藝術性、技藝性，在已列入首批國家級非物質文化遺產名錄中已經較好地展現出來。同時我們應當認識到，「民間信仰性」集中地展現出人類的生命力，是文化多樣性的活態表現形式，具有不可低估的突出價值。由於各種複雜原因，在首批國家級非物質文化遺產

---

[2] 宋蜀華（2001），陳克進主編，《中國民族概論》，北京：中央民族大學出版社，頁：182。

名錄中，對於少數民族民間信仰關係密切、價值突出的少數民族非物質文化遺產「冷落」，在某種意義上來說，是對中國少數民族文化多樣性的「忽視」。例如，除了「藏傳文化」外，在全球文化視野中已被關注的納西族「東巴文化」、彝族「畢摩文化」、傣族「貝葉文化」、滿—通古斯語族的「薩滿文化」相關涉的大量有突出價值非物質文化遺產，沒有得到應有的重視，是一個遺憾。

　　一個民族文化的核心是本族認同的文化價值觀。每一種文化都提供一系列估價人類行為的範疇和標準。文化作為人類行為選擇的標準體系，既是人類行為的直接結果，又是人類行為的指標。一個民族所共有的選擇標準，就是這一民族的價值觀。每個民族的價值觀，決定這一民族的價值取向。價值觀念和價值取向集中地反映出民族意識和民族心理，攏聚著民族的凝聚力，因而占據著民族文化的核心組成部分。由於少數民族傳統文化具有多樣性的特點，其文化價值觀及價值取向既有中華民族價值觀的共性，又有每一個民族的個性。「信仰」是少數民族價值觀的核心組成部分、是文化多樣性的集中體現。尊重少數民族「民間信仰」，是保護文化多樣性的前提。

　　把「民間信仰」等同「封建迷信」，在民族學、人類學界早已被顛覆，可是在社會上，還是個故步自封的、沒有徹底破除的「誤區」。從社會發展史的視角出發，中國許多少數民族在 20 世紀 50 年代還沒進入「封建社會」階段，「封建」不適於許多「民間信仰」表現濃厚的少數民族。至於「迷信」，不是「信仰」主體的「意義」，而是「局外人」給出的「界定」。對於在昔日「語境」生成的「話語」，在今日「語境」中，應當進行「價值重估」。「迷信」是在特殊語境中人為地貼上去的強加的「標籤」，不利於少數民族多樣性的非物質文化遺產的傳承保護，理所當然應當破除。價值觀是不能強加的，文化多樣性保護前提是尊重傳承文化的主體價值，而不是以「客體」的價值尺度去強加的「同一性」，如果這樣看待民間信仰遺產，恰恰違背了非物質文化遺產保護文化多樣性的根本宗旨。

　　我們還必須看到：少數民族傳統價值觀屬於「非主流文化」，表現出

「文化性」而非「政治性」，與我們國家主流的政治價值觀沒有衝突。少數民族「民間信仰」中有許多在現代社會有積極意義的內容，還沒有很好發掘。例如，在「神山」信仰中，傣族的「壟林」，[3]彝族的「祭密枝」，[4]都形成生態環境保護的重要儀式規範。「壟林」、「祭密枝」在昔日都被打成過「封建迷信」，經過學者們負責任的「價值評估」，今天我們已重新體認「人與自然」和諧的新的意義，作為遺產，應當保護。發現搶救、保護少數民族多樣性的非物質文化遺產，不但不能排除掉「民間信仰」層面的文化現象，而應當給予更多的尊重和更積極的關注。尊重少數民族民間信仰的價值，就是尊重文化的多樣性。

參、既要注重傳承人的保護，也要重視傳承物的搶救

國務院《關於加強文化遺產保護的通知》文件中規定：「非物質文化遺產保護要貫徹『保護為主、搶救第一、合理利用、傳承發展』的方針。」

「傳承」是非物質文化遺產保護的核心概念，指明「保護」的根本目的就是讓有價值的人類非物質文化遺產持久地延續下去。

當前，非物質文化遺產保護的任務繁多，迫在眉睫的保護重點在哪裡？

我們現在關注的「非物質文化遺產」，雖然稱為「非物資」，但與「物」又密不可分。非物質文化遺產的本質不在於「物」與「非物」，而在於文化的「傳承」，其核心是傳承文化的人。物質文化遺產與非物質文化遺產保護的差異在於，前者傳承過程不存在「傳承人」，而後者的存在與傳承離不開傳承人。也就是說，傳承人消失，原形態的非物質文化遺產也就不復存在。因而，非物質文化遺產保護的重點是傳承人。

---

[3]參見周鴻、趙德光、呂彙慧（2002），＜神山森林文化傳統的生態倫理學意義＞，《生態學雜誌》21 (4)：60-44。

[4]參見高立士（1999），《西雙版納傳統灌溉與環保研究》，昆明：雲南民族出版社。

傳承人是非物質文化遺產中的「自在」，但「傳承人」概念並不是非物質文化遺產「自生」。確切地說，「傳承人」是「保護」生成的意義。在聯合國教科文組織文件及國家有關文件中涉及「傳承人」的內容大多出現在「保護」條款中。有人撰文從「法律地位」關注傳承人，抓住了非物質文化遺產傳承人保護的核心。[5]只有從立法上給予傳承人合法保護，才是從根本上確立傳承人受到保護的權益。非物質文化遺產傳承人應是：在有重要價值的非物質文化遺產傳承過程中，代表某項遺產深厚的民族民間文化傳統，掌握傑出的技術、技藝、技能，為社區、群體、族群所公認的有影響力的人物。傳承人要受相關法律保護。

少數民族非物質文化遺產的傳承人「危機」：一是表現在年高體衰，後繼無人；二是表現在經濟境況窘迫，困難無助；三是表現在臨時性「效應」，只是充當「外來者」資料提供者，卻不能成為「傳承」的真正主體，享有合法權益。因而，搶救、保護少數民族非物質文化遺產傳承人，更具有立法的緊迫性。必須透過明確法規，給他們合法的「身分保障」、「物質保障」和「精神保障」。有了可靠的「保障」，才有切實的保護。

保護傳承人，是傳承機制的一個方面。「使非物質文化遺產代表作的傳承後繼有人」也就是培養「傳習人」是傳承機制的另一個方面。通過傳承人的傳授，習得、接受、掌握某項遺產的技術、技能，並有可能成為新的傳承骨幹的人，一般被稱作「繼承人」、「接班人」，可以統稱為「傳習人」。今天的「傳習人」有可能成為明天的「傳承人」。聯合國《保護非物質文化遺產公約》在「保護措施」條款中對「傳承」加上「特別是通過正規和非正規教育」（transmission, particularly through formal and non formal education）的說明，意味著「教育」是「傳承機制」的重要手段。[6]在少數民族地區，由於急劇的社會文化轉型，特別是許多民族的本民族語言

---

[5]田文英（2002），<民間文學藝術傳承人的法律地位>，《中國知識產權報》，7月5日。

[6]鄒啟山主編（2005），《聯合國教科文組織　人類口頭和非物質遺產代表作申報指南》，北京：文化藝術出版社，頁41、195。

的日趨消失，既重視「傳承人」的搶救，又加強「傳習人」的培養，才有可能使非物質文化遺產「世代相傳」下去。搶救、保護傳承人、大力培養傳習人，是少數民族非物質文化遺產傳承的關鍵所在。

非物質文化遺產保護的核心是傳承人，但也離不開「物」。「物質」文化遺產和「非物質」文化遺產之間沒有一個截然分割的「邊界」。我們現在關注的「非物質文化遺產」，雖然稱為「非物資」，但與「物」又密不可分。非物資文化遺產的本質不在於「物」與「非物」，而在於文化的「傳承」。

物質文化遺產和非物質文化遺產負載的「意義」價值是同一的、相通的、共生的。物質文化遺產與非物質文化遺產具有你中有我、我中有你的、不可割裂的「文本間性」。非物質文化遺產中，包含著物質文化遺產因素，既有「可移動文物」，如服飾、圖書、樂器等等」；又有離不開的不可移動文物，如「戲臺」、文化空間場景等等。

非物質文化遺產是傳承文化形態，在非物質文化保護中，「傳承」是核心、是靈魂。傳承除了重要的「傳承人」概念，還有「傳承物」也不容忽視。幾年前，筆者曾提出「傳承物」概念並發表一得之見。[7]「民族文物」以及目前仍然存留的「生產生活傳承物」中保留大量非物質文化遺產的物質載體，應當加緊搜集和妥善保護。

「文物」是被「確認的」，即「意義生成」。我們應當看到少數民族非物質文化遺產相關的生產生活傳承物，雖不是文物，但具有「文物性」，因為隨著「非物質文化遺產」被確認，其相關的傳承物「意義」發生重大轉換，已進入保護之列，生成了博物館「收藏」、展示、研究價值。因而，對非物質文化遺產的傳承物應採取與「可移動文物」相類比的保護措施。

已被確定的非民族文物是非物質文化遺產的相關「傳承物」，應被視為「民族文物」或「文物等價物」，應受國家文物法規保護。

---

[7] 參見宋蜀華（2001），陳克進主編，《中國民族概論》，北京：中央民族大學出版社，頁：183-187。

非物質文化遺產中的文物和傳承物，伴隨傳承的是「活態保護」。但我們還應看到，有些有高度價值的非物質文化遺產，由於社會變遷而不可能繼續活態保護，例如傣族、黎族紋身紋面，赫哲族魚皮衣，鄂倫春、鄂溫克族的氈皮帽、樺樹皮製品等等，只能進行「靜態保護」，就是留存各種記錄資料和實物，進入博物館！

收藏、展示、保護非物質文化遺產中的「可移動文物」及有重大價值的「傳承物」，應是民族博物館的一項重要職能。民族博物館建設應當大力加強這一職能。

在當前少數民族社會文化急劇變遷的形勢下，具有民族文物性的民族傳承物消失的速度最快，特別是生產生活傳承物，隨著生計方式和生活方式的改變，轉瞬即逝，失不再現。特別值得注意的是，文物販子以其敏銳的嗅覺已盯上「民族文物」、「傳承物」進行非法「走私」活動，對待民族文物、傳承物的流失絕不能麻木不仁，置若罔聞。國家要立法、博物館要搶救，保留下這類傳承物，就是保留住一大批民族文物，就是保護了非物質文化遺產的「傳承」。

採取有效措施，減少少數民族非物質文化遺產傳承物（民族文物）的消失，堵住少數民族非物質文化遺產傳承物（民族文物）的「流失」，是刻不容緩的當務之急！

本章重點

1.文化多樣性。
2.少數民族非物質文化遺產。
3.民間信仰。
4.傳承人。
5.傳承物。

劉阿榮

少數民族的永續發展：生態保育與經濟發展之競合

◇內容提要◇

永續（可持續）發展係指：「滿足當代之需要，而不損及未來世代滿足其需求與發展的機會」（WCED, 1987）。簡言之，人類需求必須滿足，當然不能忽略經濟發展，但自然資源有限；環境承載（容受）污染的能力亦有其極限，如何使生態保育、環境保護與經濟發展兼籌並顧，實為當前重要的課題。

首先，人類與自然相處基本上涉及三層次的環境倫理：人類中心主義、生命中心主義、生態中心主義。三種思想各有立論基礎，也都存在著難以圓說或克服的困境。本文探討「少數民族的永續發展：經濟與環境的競合」，基本上偏重於「人類中心主義」的關懷（關懷少數民族），但因論述經濟與環境之「競合」，勢必將視野擴及生命中心及生態中心主義的若干觀點。

其次，本文對文獻進行檢視，並對主要概念加以釐清（名詞釋義）。因此，第二節分別討論了：一、少數民族可否等同於原住民？二、少數民族的永續發展概念；三、經濟發展與環境保護之競爭矛盾或合作並存的「競合關係」。

作者：元智大學社會暨政策科學學系教授兼人文社會學院院長

◇續內容提要◇

　　在第三節的理論探討方面，主要援引了「永續（可持續）發展經濟學」
的皮古稅及寇斯定理；和「生態人類學」的人類與生態和諧，必須考量生
態系統的「負載（負荷）概念」，耐性定律、最小量原則及各種複雜因素
的相互影響，最後提出中國儒家「致中和」的宇宙觀，作為生態系統和諧
的基礎。

　　第四節是少數民族永續發展的新思維，本文從多元文化主義去思考不同
族群的平等尊重、肯認差異；並從族群夥伴關係的「資源平等主義」和「
原住民權利主義」，去推衍族群平等對待的精義。進而提出生態中心主義
下的適存邏輯，以生態足跡的概念，闡述區分「禁止開發區」、「低開發
區」、「專業開發區」的必要，有些地區應維持生存淨土，而由國家對少
數民族區的生計補貼（負稅率）或輔導就業；有些以適應少數民族地區特
色，發展生態休閒觀光及文化產業或各式「專業區」，來鼓勵少數民族從
事其「適存」的永續社會與經濟發展。

　　最後，本文提出若干結論及討論，包括觀念層面、制度層面、行為層面
等。

壹、前言

　　美國環境歷史學家納許（Roderick. F Nash）在其名著《自然的權利》
（*The Rights of Nature-A History of Environmental Ethics*）一書中認為，在歷
史的發展上，人類權利除了奴隸、婦女、勞工、種族的解放之外，還需進
一步將「自然的權利」還諸天地（Nash, 1989），換言之，「自然」也該擁
有它自己的權利，而不像「人類中心主義」（Anthropocentrism）者，把人
類視為宇宙萬物的主宰，把人類和其他生命及宇宙自然對立起來。人類是
大自然的一部分，而不是超越、脫離自然的群體。

　　人類、生命、自然三個層次的存在，構成當代環境主義的三種哲學觀
或倫理觀：第一種是人類中心主義，以人類尊嚴（human dignity）、人類

權利（human rights）、人類利益（human interests）為首要，其他物種生命或自然環境，皆因為人類存在而彰顯其意義與價值；第二種是生命中心主義（Biocentrism），強調各種有生命的動物、植物，應受到人類的重視、平等對待；第三種是「生態中心主義」（Ecocentrism）從整個生態系統或整體環境去思考，不論人類或各物種生命，乃至無生命的自然物質、空氣都應受到尊重保護（Olen and Barry, 1992；楊冠政，1996：7）。這三種環境倫理觀所探討的範圍、層次乃至主體性都有其差別（莊慶信，2002：185-367），但共同關心的議題仍以人類、生命、自然之間的相互對待，如何者優位？（例如：人類是否有優先或主宰的權利？）、如何可能？（例如：批評生命平等觀的人認為細菌、蛔蟲也都有生命，人類是不是也不能消滅牠們？）、是否公平正義？（例如：狗咬了人一口，是否人也可以反咬回去？人類開發自然，自然災害反噬人類……）上述議題固然重要，但迄今仍是眾說紛紜，無法獲得普遍的共識。

本文將討論層次聚焦並落實於「少數民族的永續發展」，基本上涉及上述人類（不同族群間的生存競爭與公平合理問題）、生命（生物多樣性的維持與永續問題）、自然（自然資源開發與生態保育、環境保護問題）三個層次的核心問題，又能避開不同中心主義的糾葛，具體的以少數民族之生存發展權與生態環境權如何「競爭互斥」，或「調和共榮」之「競合」為論述主題。

從概念上歸類，本文（少數民族的永續發展）比較傾向於「人類中心主義」的「人類優先」，但也沒忽略了「生態中心主義」的生態保育。而在學理上，探討永續發展的族群經濟與環境保護，至少涉及「環境經濟學」、「環境社會學」、「生態人類學」、「經濟人類學」、「政治哲學」（少數族群權利）與「環境倫理學」……各學門範疇，本文比較偏重在環境經濟學、環境社會學、生態人類學與多元文化主義的少數族群權利。至於研究方法，主要透過文獻探討與若干案例引述，比較偏重於規範性的內容分析與詮釋性的脈絡分析，又因筆者較熟悉少數民族及其環境，筆者經常參訪踏察台灣地區的原住民和原住民部落環境，因此論述案例以台灣原住民

經濟及環境的競合較多。

本文共分五節，除第一節引言外，第二節為文獻回顧與概念界定（或名詞釋義），對於本文所謂之少數民族、永續發展、經濟與環境之競合⋯⋯各項概念及相關文獻做一析理；第三節為理論探討，針對少數民族的兩難（經濟發展與生態保育）困境，在學理上有無相關論述依據？拍賣「環境權」能否換來經濟發展？還是失去了生存環境，也失去了文化存在，終究失去了族群特色；第四節是從多元文化與夥伴關係的新思維、生態中心主義的適存邏輯，去思考少數民族的永續發展；第五節為結論。

貳、文獻回顧與概念界定

從各個角度探討原住民的權益，或探討「永續發展」的文獻極為豐富，然而專就少數民族的永續發展，尤其是少數民族經濟發展與環境生態問題的文獻就比較少見。本節先將少數民族、永續發展、生態環境相關概念加以界定，並引述若干文獻說明之。

一、少數民族可否等同原住民？

少數民族（minority nation 或 minority group）的意涵，應從其所處的時空環境去界定。例如：美洲的印地安人在白人還未大量移入之前，不僅不是少數民族，還可稱為多數民族，白人的移入掠奪使其失去廣大的生活空間，也影響其族裔的繁衍。台灣的「原住民」，在 16、17 世紀以前，漢人尚未大量移民，原住民各族在本島是主體民族，不是少數民族。

其次，少數民族「並非完全以人口比例多寡而論，而同時也會有文化的意義，也就是凡在優勢文化支配下的族群，或者生活水準較低落、經濟技藝較落後的群體，都被稱為少數民族；在我國因此類族群多居住於國境邊界，故通稱為邊疆民族。」（李亦園，2004a：220）在 1947 年公布實施的《中華民國憲法》第十三章第六節亦以「邊疆地區」稱之，其中有兩條明定：國家對於邊疆地區各民族之地位應予合法之保障，並於其地方自治

事業特別予以扶植（第一百六十八條）。國家對於邊疆地區各民族之教育、文化、交通水利、衛生及其他經濟、社會事業應積極舉辦，並扶助其發展……（第一百六十九條）。此一精神到了 1991 年「中國民國憲法增修條文」就縮限為「國家對於自由地區原住民之地位及政治參與應予保障……。」很明顯的，台灣地區「原住民」在台灣島上不應被視為「邊疆民族」，但卻是「少數民族」。至於《中華人民共和國憲法》第四條則稱「國家根據各少數民族的特點和需要，幫助各少數民族地區加速經濟和文化的發展」；「各少數民族聚居的地方實行區域自治。」（法律出版社，1986：7）《中華人民共和國憲法》所稱「少數民族」大致是漢族以外的其他民族，因為憲法「序言」中有言：「在維護民族團結的鬥爭中，要反對大民族主義，主要是大漢族主義……」由此可知，與「大漢族」相對的是少數民族。

事實上，台灣的「原住民」是「少數民族」，但台灣的「少數族群」卻非專指原住民，因為近年來「外籍勞工」、「外籍配偶」等國際人口流動所形成的「新移民」，剛開始人數不多，也只是一些「少數族群」。而中國大陸憲法所指稱的少數民族，有些固然是邊疆或各民族地區的「原住民」，有些則遷徙或移居內地，在都會區的少數民族。根據 1988 年聯合國「原住民工作小組」（Working Group on Indigenous Peoples）負責草擬：「聯合國原住民權利宣言」，主張「原住民擁有自決的權利」、「原住民有不遭受種族與文化滅絕之集體與個人權利」……（孫大川，2000：140）這些權利對於少數民族或原住民都應該是適用的。

然而，加拿大籍的政治思想家 W. Kymlicka 卻把少數民族和原住民的意涵做了區分，他說：

> 在我看來，少數民族是這樣一些群體，他們在一片被視為自己家園的土地上，定居了幾個世紀；或者他們把自己看作獨立的「民族」或「人民」，但是卻被併入一個更大的國家（經常並非出於自願）。少數民族（有些人稱之為「故土少數群體」）不僅包括原住居民，像加拿大的伊努伊特人或者斯堪的納維亞的薩米人，而且也包括其他一些被歸

併的民族群體，像西班牙的加泰羅尼亞人、英國的蘇格蘭人，或者加拿大的魁北克人。為了區別於原住居民，後者有時也被稱為「無國家民族」或「族裔文化群體」。（Kymlicka, 2001: 122；鄧紅鳳譯，2005：122）

Kymlicka 顯然把「少數民族」擴大到了國家範圍以外的「國際少數民族」，而這些國際少數民族有的尚未建立國家，因此被稱為「無國家民族」。因為 Kymlicka 的論述顯然是針對 James Anaya 的《國際法中的原住居民》而立論，Anaya 是積極推動國際法以保障原住民權利的人。（Anaya, 1996）

本文在討論少數民族時，由於較常引述台灣原住民的例子，因此，雖然此兩者概念內涵有所差異，但運用於台灣原住民則大體能共用。

二、少數民族的永續發展

永續發展（sustainable development）的概念，可遠溯古代我國孔子所謂：「釣而不綱，弋不射宿。」（《論語・述而篇》）釣魚打獵不一網打盡，留下生生不息的資源。近代西方學者也有類似的主張，1713 年 Carlowitz 在論及林業時就提出了：「木材的年採伐量，在木材質量相等的條件下，不應該大於爾後木材的生長數量。」（陶在樸，1998：103）簡言之，木材的採伐量，不應該大於新生長的數量，這樣才不會日漸枯竭。盧誌銘指出：永續（sustain）一詞來自於拉丁語 "sustenere"，意思是「維持下去」或「保持繼續提高」。針對資源與環境，則應該理解為保持或延長資源的生產使用性和資源基礎的完整性，意味著使自然資源能夠永遠為人類所利用，不致於因其耗竭而影響後代人的生產與生活（李公哲主編，1998：18）。一般而言，「永續發展」很難有一致的定義，目前大家所熟悉並為「各領域大致上達成共識的定義」厥為 1987 年，聯合國「世界環境與發展委員會」（World Commission on Environment and Development, WECD）在挪威總理布蘭蓮女士（Gro Harlem Brundland）的領導下，會議完成一份報告——《我們共同的未來》（*Our Common Future*）詳析全球經濟和生態環境的現狀與

未來，正式將「永續發展」觀念帶入世界論辯的主流。其中將永續發展定義為：

「滿足目前需求的發展，而不損及未來世代滿足他們那時之需求的能力。」（Sustainable development is development that meets of the present without compromising the ability of future generations to meet their own needs.）（WCED, 1987: 43；王之佳、柯金良等譯，1992：52；林文政譯，1995：6；曹定人，1997：130；陶在樸，1998：103）。此一定義包括了兩個重要的概念，一方面是人類的「需要」；另一方面是環境的「限制」，這兩者必須由衝突對立而予以調適：

(一)「需要」（needs）的概念，尤其是世界上貧窮人民的基本需要，應放在特別優先的地位來考慮。

(二)「限制」（limitations）的概念，技術狀況和社會組織，對環境滿足眼前和將來需要的能力上施加的限制（WCED, 1987: 13；王之佳、柯金良等譯，1992：52）。

上述定義陳述了人類的「需要」和環境資源的「限制」兩種由相衝突導向相調適的發展方式。簡言之，永續發展涉及兩個最主要的面向：一個是「環境」；另一個是「發展」。兩者是不可分的，只有「環境」而無發展，全體人類生活將無以增進；只有「發展」而無視於環境，則生活品質將更形惡化。因此「環境」是人類生存之根基，「發展」是謀求生活之改善，兩者不可分離，前者尤為後者之本源（劉阿榮，1998：10）。

也有學者從近期目標和終極目標兩方面來說明永續發展：近期目標，是要提昇貧窮落後地區的發展，均衡區域、城鄉之間的生活公平，促使各地區人類的發展機會公平（世代公平）；其終極目標則是「世間公平」與「物種公平」（李永展，1999：7）。永續發展的目標與綜合概念除經濟、社會、生態三個主要的目標外，尚有所謂「3E」之理想與三個綜合概念的協調統一。「3E」亦即建構經濟（Economic）、生態（Ecology）、公平（Equity）之間關係的發展選擇（葉俊榮、柳中明、駱尚廉，1997：8）。日人岩佐茂

認為，永續發展是兩個概念的協調統一問題：第一個概念是「如何滿足人類基本需要的開發」；第二個概念是「為未來人類生存保全地球的自然環境──生態系」，兩者之協調統合（韓立新、張桂權、劉榮華譯，1997：57；Schnailberg and Gould, 1994）。另外，大陸學者認為，從綜合概念觀之：永續發展包括需要、限制、平等三方面：「需要即指發展的目標是要滿足人類需要」、「限制的概念包括技術狀況和社會組織對環境滿足眼前和將來需要能力施加的限制，主要限制因素有人口數量、環境、資源。」、「平等的概念即指各代之間的平等，當代不同地區、不同人群之間的平等。」（劉東輝，1996：34；劉阿榮，2002：27-31）因此，少數民族的永續發展不僅涉及生存需要，也需要考量環境的永續和社會文化的維持。

　　李亦園在 1984 年論述台灣的山地社會問題時，雖未提出「山地永續發展」的概念，但在該文第三部分論及「山地經濟與土地問題」（李亦園，2004a：224-238），及第六部分「文化變遷與文化認同」（前揭書，頁259-264），已注意到台灣原住民（當時仍稱山胞）在「面臨傳統文化喪失的過程中，自然有很大的焦慮……所以其言行思慮失去導向，許多失調的現象也因之而發生。」

　　紀駿傑、王俊秀（1995）在論述〈環境正義：原住民與國家公園衝突的分析〉的一文中，認為原住民若「不以市場交易之目的而開發，數量仍屬有限，應給予適度生存權，不應迫其離開原鄉流離失所。而筆者在探討〈後工業轉型中台灣原住民經濟發展的方向〉一文（劉阿榮，1996：294-349）雖提出原住民應揚棄「資源競爭邏輯」，改採後工業、後現代著重個人品味（民族文化特色）與休閒旅遊（自然資源）的「適存邏輯」，此文已有經濟與環境並重的想法，但仍未提出「永續發展」的概念。一直到 2000 年「少數民族問題與政策」研討會，筆者提出：〈永續發展與族群正義──台灣原住民的「環境正義」分析〉（劉阿榮、史慧玲，2002：231-260），正式以「永續發展」的生存權與環境權相提並論。而 2005 年更提出〈永續發展與族群夥伴關係〉，擴大視野於主體民族和少數民族，不是優勝劣敗的「競存邏輯」，而是夥伴關係的「和諧互利」共存共榮（劉阿榮，2005：

97-98）。

三、經濟與環境之競合

　　眾所皆知，經濟發展必須運用自然資源、勞力、資本及技術等等要素（Kindleberger, 1965: 62），但自然資源並非取之不盡、用之不竭；自然環境也非能無限涵容承受污染能力，如俄國科學家普里戈金（Ilya Prigogine）所指陳的一種非守恆的、不可逆的「耗散結構」（沈力譯，1990：44-45、316）。由此可推知，宇宙自然有許多物質會因時空條件變化而消失滅種，環境惡化也會不可逆的難以復原。因此，經濟的過度開發必然損及資源的供應循環，也會破壞生存環境，出現了「不永續」的情況。就此而言，經濟發展與生態保育、環境保護是很難並存的。而且，近代資本主義的邏輯是人定勝天、開物成務，追求利潤極大化，終究造成資源短缺、環境惡化的結果。如果運用這種模式作為少數民族的發展之道，必然使經濟發展與生態環境形成矛盾對立，難以兼顧。

　　然而，如果理解少數民族的地理環境特色（好山好水）、文化特色（原住民的特殊文化、民族工藝……），在後工業、後現代講求「歸真返璞」、「重返自然」、追求個人品味……的社會經濟氛圍，少數民族的經濟發展遵循的「適存邏輯」，則經濟發展以休閒旅遊、渡假觀光、文化創意產業……為主軸，不但不會過度開發自然資源或污染環境，還可在適當、合理的「生態足跡」條件下，藉由經濟發展的收益，作為維護、美化自然環境，保存民族文化的重要財政來源，如此，經濟與環境不是矛盾對立，而是轉化為可「合作」相輔相成的，此即本文所謂之「競合」，取決於發展模式與心態。

參、理論探討

　　少數民族的永續發展，基本理論應從「永續（可持續）發展經濟學」去思考。永續經濟學比傳統經濟發展觀更有寬廣的視域，學者指出（劉思

華主編，1997：13-14）：

> 可持續發展觀是在批判以單純 GNP 為中心的傳統經濟學發展觀中萌芽與產生的。認為經濟增長已臨近自然生態極限的理論，它把影響現代經濟增長的主要決定因素移轉到環境因素及生態發展的軌道上來，宣告了以生態與經濟相脫離為特徵的傳統經濟增長與發展觀，已使現代經濟發展走入絕境。其次，可持續發展觀的形成與確立，是建立在生態與經濟相協調的基礎之上的。第三，可持續發展觀是在根本否定非持續經濟發展模式中進一步發展而完善的，聯合國環境與發展大會的一個重要歷史功績，就是使環境保護與經濟發展相互依存和不可分割的發展思想被入會各國所接受，使工業革命以來那種高消耗、高消費、高污染的、不能持續的生產方式和消費方式遭到否定；大會要求世界各國必須放棄傳統的經濟發展模式，建立經濟與生態環境相協調的可持續的經濟發展模式。

如何使永續（可持續）發展的經濟活動運行下去呢？基本觀念是使「經濟發展的生態代價和社會成本最低」，此種經濟原理就是揚棄表面上或純粹的經濟「利潤極大化」，而需減除生態成本與社會成本。因為近代工業文明的人類經濟活動與發展行為，一味追求物質財富的無限增加，就必然使經濟增長的生態代價和社會成本遠遠超過人們從中得到的正效益，而付出極高的代價。正如一位西方學者的分析資本主義制度下人們經濟活動時所指出的：「經濟學家是受雇於私營利益集團來進行成本／收益分析，因而常常有嚴重的偏見，一味支持雇主的方案。私人利潤的日益增長，是以公共環境和生活總質量的惡化為代價。」（劉思華，1997：18）

晚近資本主義的法律規範，也開始思考如何把經濟效益與生態成本／社會成本一併思考，因此有所謂污染管制與課稅／補貼等方式，使資源配置與發展達到更佳境界；使公共財的個人利益與社會成本取得更合理的均衡。例如，英國福利經濟學家皮古（Arthur C. Pigou）主張對「負的外部性」，如污染等予以課稅；而對「正的外部性」予以補貼，俾將產量誘導至社會

最適水準。但法律經濟學大師寇斯（Ronald H. Coase）則主張僅需將財產權界定清楚，市場機能自然會將損害與補償計算出來；而在交易成本為零的前提下，無論財產權的歸屬為何？市場運作會將資源配置達到柏萊圖最適（Pareto Optimal）的境界。（洪德生主編，1998：127）

一、以皮古稅誘導產量達最適水準

在典型的「負外部性」案例——如對公共環境的污染，邊際社會成本（Marginal Social Cost, MSC）包含生產投入的邊際私人成本（Marginal Private Cost, MPC）與污染帶來的邊際損害（Marginal Damage, MD）。此時，生產者將污染引起的損害轉嫁給居民：生產者的私人最適產量（Q1）將定在使邊際私人成本等於邊際收益（Marginal Benefit, MB）的數量上（MPC 與 MB 的交會點 E），以使私人利潤極大。但社會最適產量（Q2）則發生在使邊際收益等於邊際社會成本的產量上（MSC 與 MB 的交會點 F），以極大化社會福利。在具有「負外部性」的情形下，私人最適產量（0Q1）高於社會最適產量（0Q2），發生生產過剩（Q2Q1）的情形如圖 16-1：

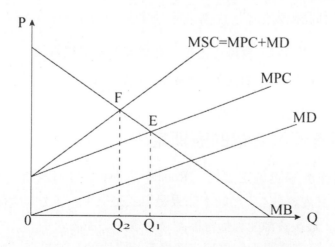

圖 16-1　典型負外部性：導致生產過剩

資料來源：Rosen, 1995；轉引自洪德生主編，1998：129。

要引導產量到最適的水準，則課以皮古稅，皮古稅率的大小，等於社會最適生產量上的邊際損害——此時在社會最適產量 Q2 上，私人邊際成本（MPC）加上皮古稅率（cd）等於社會邊際成本（MSC），也等於邊際收益（MSC 與 MB 交會點），參見圖 16-2，此時達到適量生產，可避免浪費資源又污染環境。但皮古稅在實施上的必要條件為管制者必須能區分污染源並衡量其排放量大小。（洪德生主編，1998：128-130）

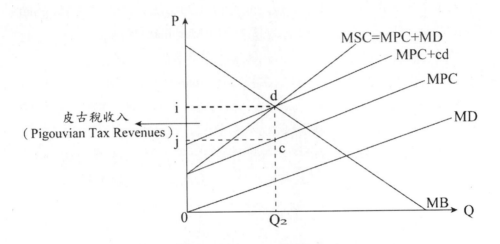

圖 16-2　實施皮古稅：誘導產量至最適水準

資料來源：同圖16-1，頁 130。

二、強調資源財產權的寇斯定理

諾貝爾經濟學獎得主寇斯（Ronald Coase）提出寇斯定理（Coase Theorem），其內容是：交易成本如果是零或是很小，那麼財產權不管一開始如何分配，最後資源配置都會掉到最有效率的那個人手上。所以某種程度來說，Coase 定理跟兩個福利定理是互相呼應的，如果交易可以順利進行、財產權可以有效率的移轉，政府就沒必要存在了。舉例言之，大學生

住宿舍時好幾人同住一間，學長可能會帶他的女朋友回來，他們需要一個安靜獨處的空間；學弟在宿舍裡面讀書，他也需要一個安靜的空間。所以此處雙方對一個沒有被定義為「單獨使用宿舍空間的權利」的財產權，產生了使用上的衝突。如果規定女生都不能進男生宿舍，那就是把使清靜宿舍空間的財產權分配給那個在宿舍唸書的學弟；反之則是分配給那個交女友的學長。Coase 定理說，不管你一開始財產權分配給誰，最後清靜宿舍空間的使用都會掉到最有效率的那個人手上，在這個例子中最有效率的使用者是誰？這就要看學弟跟學長各願意付出多少錢，來買「單獨使用宿舍空間」的權利。假設學長不使用寢室與女友獨處，他可能要花 2,000 元到外面賓館去；而學弟不使用寢室，他可能要花 500 元到 K 書中心去。這時候自願交易就會產生，學長會和學弟商議：「我給你 1,000 元，你去 K 書中心，順便買杯飲料，三個小時後再回來。」（林明仁，2005：92-93）

從寇斯定理來看，兩個單位（不論是兩個人，如學長／學弟；或兩個廠商……）之間，其中之一使用公共財（如學長占用了宿舍與女朋友獨處，妨害了學弟；或某一廠商所產生的污染，妨害了別家廠商的環境、原料……）而導致另一方之損害，在理性原則下，雙方會衡量得失，使一方的邊際損害（MD）獲得補償（如學弟花 500 元去 K 書中心而讓出宿舍 3 小時），而另一方的邊際支出成本（MC）又能降低（如學長花 1,000 元而有宿舍獨處權，比去賓館花 2,000 元還省 1,000 元），雙方的協商契約就會成立，而且資源獲得有效配置（各取所需，各付所值）。不過這是假設在單純的兩造之間，但如果協商群體是多數且不確定的情況下，「資源財產權的所有者無法區分造成損害的來源，且合法的避免損害時，寇斯定理就不適用。」（洪德生主編，1998：130-131）

上述皮古稅（Pigouvian Tax）和寇斯定理，是資本主義法律經濟學對財產權與資源運用進行最適水準的配置，不論對生產者課以污染成本、社會成本的稅；或在自由市場下，移轉性支付的邊際成本降低，且足以補償另一方的邊際損害，就會使資源獲得最適運用。其實，更具體地說，就是償付「污染稅」或拍賣「環境權」，這些觀念比起傳統經濟學已有進步了，

不再把環境視為「公共財」，且等於免成本的「自由財」，人人自由取得；家家可以任意污染。透過「污染稅」使污染者付出成本，知所警惕而降低污染，確實是「可持續經濟發展」的觀點。

然而，污染稅和出賣環境權的觀念，還是從成本／效益的經濟邏輯出發，追求較佳利潤（未必是利潤極大化）。可是面對「群體環境權」如本文所論述之少數民族地區之資源保育與環境污染，就不容易透過上述方式解決，因為：

(一)群體不確定

污染者的廠商或許可以查出來（但通常盜伐、盜採或污染者未必容易被逮到，甚或以賄賂方式被不肖官員包庇），但受害之群體是分散的或無組織的，乃至是「公有林地」、「公共財」……，不易確定對象，寇斯定理的協商對象就難以確定。

(二)有利可圖不怕罰

污染付費或課徵「污染稅」，固然是目前各國所實行的法律經濟學或財政學基礎，但有些廠商「財大氣粗」，有利可圖不怕罰、不怕繳稅。例如許多國家對大排氣量汽車（油耗較多）訂定更高倍率稅負，但大老闆為顯示財富身分，不在乎稅負。又如許多民族地區的開發，雖然廠商也會付若干稅（或繳付開發許可之費用），但龐大利益阻止不了濫伐、濫墾、污染的劣行。

(三)拍賣環境權爭議不斷

近幾十年來各國開發所引起的環境浩劫爭議不斷，尤其環境社會學所指陳的「環境階級化」：富裕者的「奢侈消費」與「奢侈排放」是為了其更舒適的生活而浪費資源、污染環境；貧窮者的「基本生存消費與排放」往往是生存之所迫而影響環境，結果造成的環境負荷不斷惡化，「金錢往上流；污染往下流」（while money moves upward, pollution moves downward）的不公正現象。（王俊秀，1999：179-254）美國印地安納大學人類學教授

Richard R. Wilk 指出：「不平等是有關全球環境的討論和可持續發展的辯論之各個方面的關鍵問題（Timmerman, 1996: 228）。從經濟學家和西方的觀點來看，消費反映了社會的繁榮和生產力，而對於發展中國家來說，高消費代表著肆意揮霍、奢侈和對有價值的共同資源的破壞。」（黃娟譯，2005：36）而且，當社區居民對於不受歡迎的公共設施或污染在住家附近，通常會強烈的反抗，此即所謂「鄰避現象」（Not in My Back Yard, NIMBY），而在爭取「環境權」與「補償金」問題上紛爭不已。（劉阿榮、石慧瑩，2004：1-32）

(四)生態環境是不可逆的

最令人憂心的是生態環境往往是「不可逆」的。人類經濟活動必須將可用的能質（energy），包括自然及生物資源、能量「投入」（input）經濟活動的過程中，維持生存的需要，而將污染與廢棄物「排出」（output）。前者（可投入）的生態資源有其極限，而後者（排放出）的污染及廢棄物是無窮的累積，整個環境資源及經濟體系運行是一種「耗散結構」（dissipative structure），亦即「投入有極限，排出無止境」，終究造成生態紊亂失序；（Schnaiberg and Gould, 1994；劉阿榮，2002：25）而且生態環境往往是「不可逆的」，「良田」成為「都市」後，都市很難再回復（restoration）為良田，物種滅絕後很難再復育重生。

基於以上思考，少數民族的永續發展應從「永續經濟學」的經濟思考，轉化到「經濟人類學」、「生態人類學」的人類學視角。

三、經濟人類學及生態人類學的視角

經濟人類學是跨領域整合的學科，R. Wilk 指出經濟人類學與經濟學、社會學、歷史學、人類學均有深厚的理論淵源（引自施琳，2005：5），而且學說發展也經歷幾波高峰（施琳，2005：5-7），其中，特別值得注意的是被稱為經濟人類學一個特殊的「博蘭尼典範」（Polanyian Paradigm），此一典範不僅有別於資本主義強調經濟運行的獨立性，也抵觸了馬克思主

義和實質論（substantivist）的傳統。（石佳音譯，2002：3）Karl Polanyi 出生於匈牙利布達佩斯，青年時期活躍於維也納，與自由主義經濟學者海耶克（Friedrich A. Hayek）交往，其後前往英國、加拿大，最後定居於美國。他的名著 *The Great Transformation: The Political and Economic Origins of Our Time.*（中文譯為《鉅變》或《大轉型》），影響極為深遠，他認為資本主義的市場經濟體系，不是放諸四海而皆準的普遍原理，只是某些獨特的現象，其目的是把社會屈服於市場經濟的規律。Polanyi 反對把經濟視為獨立的領域，而須將經濟納入整體的社會中觀照，因此他提出著名的「整體性」（totality）概念，認為社會整體是我們掌握某些特定社會變動所不可或缺的背景條件。Polanyi 特別對四個主要問題進行討論：(1)社會與經濟的關係；(2)市場社會的本質；(3)社會階級的角色；(4)國家在社會中的地位。（石佳音譯，2002：26-34）在社會與經濟的關係方面，他認為沒有一個社會能不具有某種形態的經濟制度而長期地生活下去；但是在我們這個時代之前沒有一個經濟是受市場控制（即使是大體上的）而存在的。最近歷史學及人類學研究的重要發現是，就一般而言，人類的經濟是附屬於其社會關係之下的。他不會因要取得物質財貨以保障個人利益而行動；他的行動是要保障他的社會地位、社會權力及社會資產。（黃樹民等譯，2002：111-115）簡言之，社會關係「嵌入」經濟體系中運作，而經濟也與社會歷史發展「鑲嵌」在共同的脈絡中。他以西美拉尼西亞的「超布連島民」（Trobriand Islanders）為例，透過互惠（reciprocity）和再分配（redistribution）的法則，來使該地區的社會組織與經濟順利運作（黃樹民等譯，2002：117）

　　Polanyi 在《鉅變》（*The Great Transformation*）一書第十一章討論〈人、自然與生產組織〉，特別強調：「生產是人與自然之間的互動，如果這一個過程是經由以物易物及交換的自律性機制所組織起來的，則人與自然都要納入其軌道，他們都要受到供給與需求之支配。」而在社會經濟方面，「在一整個世紀之內，現代社會的原動力是由一雙重傾向支配著：一方面是市場不斷的擴張，另一方面是這個傾向遭到一個相反的傾向——把市場之擴張侷限到一個特定的方向——的對抗。這個對抗是社會之構造被破壞

以後所產生的反應，並且這個反應必然會摧毀隨市場機制產生的生產組織。」（黃樹民等譯，2002：227-228）在半個多世紀以前他已洞燭機先，看到資本主義的經濟開發將破壞自然、破壞社會構造，且必然引起反撲，Polanyi 把這個資本主義開發觀點稱為「唯經濟論的謬誤」（the economistic fallacy）（石佳音譯，2002：27）。

1980、1990 年代，美國人類學家薩林斯（Marshall David Sahlins）用後現代的「隱喻」方式，詮釋歷史與神話，他的〈歷史的隱喻與神話的現實〉（1981），借用庫克船長與夏威夷土著的歷史故事，隱喻歷史與文化結構的互存關係，歷史來自文化結構，也修正了文化結構，使若干「禁忌」隨歷史文化而修正。而《甜蜜的悲哀》（1996）更從歷史考掘西方經濟學起於人類慾望，從亞當墮落以後，人注定要在滿足自己身體的需求的無謂努力中耗盡自己的體能，因為人類在遵從自己願望的同時，人業已冒犯了上帝。由於人把自己的愛放在唯一能滿足人之需要的上帝面前，人成了自己需求的奴隸。對肉體需求的追求，最終導致西方經濟學以「需求」為起點，在 Sahlins 看來，經濟學的創立就是關於《舊約》創世紀本身的經濟學，到亞當斯密（Adam Smith）時代，人的需求滿足終於轉變為一門經濟科學，探討人的永恆不足，追求自利，獲得社會公益的滿足。《甜蜜的悲哀》藉由隱喻的方式，把西方人對加勒比海蔗糖的需求，與西方消費社會的關係聯結起來，做了深刻的比喻：

> 西方人之所以迷戀於「糖」，他們在茶、咖啡、巧克力等飲料中加入糖，是為了學會讓工業革命變得可以忍受。「甜蜜」成為一種「隱喻」的質料，這些飲料在產地沒有哪一種是加糖的；然而，一旦引入西方後就要加糖飲用。茶、咖啡等加糖之後甜中帶著的苦澀味道，似乎也在人們感官中創造出一種歷史的道德變遷的意味，人們在對甜蜜的追求中逃脫現實的悲哀。確實，在這個意義上，西方作為消費社會，至今仍然沒有逃脫〈創世紀〉的罪孽，資本主義體系在由新教倫理生產出來的同時，也由此再生產了〈創世紀〉中的「物質主義」。（王銘

銘，胡宗澤譯，2000）

　　經濟人類學的探討，其實在反思人類需求的滿足，不僅陷於「商品拜物教」的迷思，終究會在甜蜜中飲啜著苦澀的悲哀，因而合理的節制欲望，也許是對症的良藥，間接亦可減輕生態環境的負荷。

　　至於「生態人類學」（Ecological Anthropology）是研究人類與環境之間的關係，「環境」包括自然環境（物理、化學、生物環境）與人造環境（社會文化環境）。生態人類學的理論大致分為決定論（determinism）和互動觀點（interactional views），「決定論」又分兩個極端「文化決定論」與「環境決定論」，前者認為人類文化改變地理環境；後者認為地理環境因素造就了人類及其文化。（楊聖敏、良警宇，2005：126-129）文化決定論又與「可能論」（possibilism）較接近。

　　近年來，生態人類學已經逐漸由「環境決定論」和「可能論」以人類和環境處於彼此對立面的觀點，轉移到「生態學」的觀點，強調人與生態環境互動的適應和諧關係。生態人類學提出一種「負載力」概念，此概念「源於有機體只能存在於物質環境的有限範圍之中，它必須至少具有少量的能源和重要物質；必須具有一定溫度；化學物質過多時則難以存活……等等。生存所需的適合條件，決定一種生物能存在於其環境之中的數量。」如何了解生物生存的適合條件呢？有些學者提出「耐性定律」及「最小量法則」，前者認為：動物在能忍受的條件下才能存活，而重要物質的獲取只是條件之一，其他條件包括溫度、陽光、公害；後者則以維持生存的「最小量」作為生態能否永續的基礎，低於此，生態就難以持續維持，不過這些因素是相當複雜的，並非單一條件即可決定。P. Colinvaux 指出，把環境看成一系列限制因素有實用價值，但是僅刻板地根據最小量法則和耐性定律，而認為單個的因素經常起限制作用是錯誤的。因為複雜性是生態學研究的絕對必要的條件，而單一相互關係很少能說明問題。（郭凡、鄒合譯，2002：6-15、163-164）也有學者（張有隽，2004：49）提出，「在一個特定地區內的人們對資源的可獲得程度，受該地生態系統能否保持平衡

的制約。在人類依賴自然再生而生存的情況下，為了保持自然資源與人類群體之間均衡，採取某些極端措施就成為不可避免的。」

李亦園（2004b：11）特別以中國儒家的「致中和」宇宙觀，來闡述中國生態人類學的架構體系（見表 16-1），把人與自然、社會、個人關係的和諧推展到極高境界，至於如何實踐？仍待各系統的調適與發展。

表16-1　致中和的宇宙觀

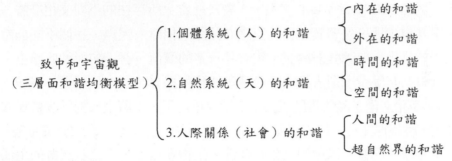

資料來源：李亦園，2004b：11。

肆、少數民族永續發展的新思維：多元文化下的夥伴關係

既然根據資本主義的經濟發展，追求利潤極大化，開務成物，會損及環境生態，影響未來世代的生存發展。而「皮古稅」或「寇斯定理」對污染者付費所能產生的效果，仍難以挽救日益嚴重的環境生態問題，而自然資源供給地區；廢棄物排放地區，又大多是少數民族的生存場域，要如何維護少數民族的永續發展？顯然必須以新思維尋求新的出路。本文認為，以多元文化下的夥伴關係針對少數民族地區的特色，從生態經濟學、生態人類學去思考似較為合理可行。

一、多元文化主義下的夥伴關係

「多元文化主義」（Multiculturalism），是當代處理族群關係比較能被大多數人接受的觀點之一，它是介乎強調以個人價值為最高原則的個人主義，和主張集體主義張揚社群（族群）生命共同體，在這兩個極端思想之間的思潮。多元文化主義反對「一元論」（極端自由主義／集體主義），肯認差異、地位平等、尊重自主性、保障弱勢族群，必要時應給予優惠及補償。例如 Belle and Ward 主張，「對於社會上所存在的不同文化群體，應尊重其自主性，包容其差異，使之並存而不相悖。因為，每個不同群體所代表的文化，無論強弱興衰，均有其一定的價值，吾人如能彼此尊重，相互欣賞乃至學習，則人類文明必可迅速獲得提昇（引自洪泉湖，1999：169）在多元文化主義的肯認差異、平等尊重之下，主體民族對於少數民族的文化，應特別注意其能否延續傳承，勿使滅絕，對少數民族的環境生態，也必須維護、保育，以達到文化多樣性、生物多樣性，豐富各族群的生活內涵與生存條件。

關注少數民族權益的 Kymlicka（2001：142-150）曾指出，某些文化群體（包括原住民和其他族裔文化群體）要求他們對「權力」和「資源」都擁有特殊的權利，因此對待不同族群時，不僅要把「人」看作「社區中的個人」，而且也應看作「文化中的個人」。換言之，一個一個去數人頭，講公平與資源平等，並無法反映出人口比例極低的弱勢族群，且面臨文化消亡，究竟該如何來以人數分配「資源」和「權力」，因此保障及維護他們擁有特殊的權利，是必須的、也是符合公平正義的。因為原住民族是少數的社會與文化存在，處境堪慮，極易受到侵害而滅絕，故必須特別加以保護。也就是在普遍的個人權利制度下（亦即一般基本人權保障），對某些群體所處不利地位和脆弱性進行補償。筆者（劉阿榮，2005：92-102）曾以永續發展的族群夥伴關係去考察「資源平等主義」與「原住民權利主義」。如下表 16-2：

表16-2　資源平等主義／原住民權利主義的比較

內容 兩種主義	哲學基礎	生態觀	資源分配	可能結果
資源 平等主義	1. 自由平等的公平性。 2. 雖肯認少數族群的生存權、環境權，但也關心其他貧困人民的普遍生存權與環境權。	人類中心主義的生態觀，每一個人、每一族群均有生存權。	土地及資源屬於整個國家，應為所有人謀福利，任何群體擁有的資源必須合理的限制，以求公平分配。	1. 土地及資源合理的開放給貧困者，可帶來共同繁榮。若貧困者陷於城市貧困，可能造成更嚴重的生態浩劫。 2. 可能被貪婪投機、消費主義所抵消。
原住民 權利主義	1. 文化相對主義的公正性。 2. 少數族群有其特殊歷史文化傳統、有其族群脆弱性，易於滅絕應給予特別權利與自治權。	生態中心主義的生態觀，除考慮人類權利，也應考慮動物與自然也有生存權利。	原住民與其土地有密切的依存關係，失其固有土地也失去其生活存在與文化存在。	1. 反對開放原住民資源，因為將造成環境破壞與資源被強權掠奪。 2. 在現實的政經體制下，可能引發政府與族群爭議。

資料來源：劉阿榮，2005：100。

二、生態中心主義下的適存邏輯

「完善且全面的人類發展，必須和生態系統的活力協調，才有可能達到真正的永續發展目標。」（李永展，2003：4）誠然，發展的契機不再是單向的人類向大自然生態予取予求，妄想改造自然、征服自然、主宰自然；而是學習與自然和諧相處，達到「萬物並育而不相害」的境界。目前全球經濟的主要支撐在「高科技產業」，許多人以為高科技產業有別於傳統產

業，較無污染，其實不然，高科技製造業所標榜的集聚效應，以及高科技光環所伴隨的政策配合，常掩蓋了該地區資源競爭與環境污染的危機（杜文苓，2006：170-171）。而少數民族居住生存的地區，往往是自然環境最需保護的地區，若非「國土危脆」不宜開發；就是「大地之母」、生態所繫。因此本文認為少數民族的永續發展，必須遵循「生態中心主義下的適存邏輯」。具體而言：第一、如屬「不可開發地區」應嚴格禁止開發，使「生態足跡」維持在最適於該地區生態保育及環境保護；第二、如屬於低開發區，應依當地特性及民族文化特色，發展以文化、生態為主軸的休閒觀光文化產業；第三、國家為維護少數民族地區的永續發展，不是以「皮古稅」、「寇斯定理」去「課污染稅」，而是以「補貼」、「補償」該地區保留不開發的「補貼（負稅率）」去維持「淨土」；第四、可以輔導設置適應當地的「專業區」，作為專門發展不影響當地生態環境，卻能增加觀光收益的產業。茲略陳各項之要義如下：

(一)「禁止開發區」應嚴格管制任何形式的開發

少數民族地區往往與水源區、自然資源保護區或國土脆弱區相接近，這些地區既然關係著整體生態環境的「優質存在」，就不應遭受人為的開發或破壞，應嚴格管制。至於當地少數民族的生活問題如何解決？其實原住民（或少數民族）既有的「維生自足」生活方式，而非資本主義的市場（market）經濟，基本上仍能維持生態系統平衡，管制資本主義以市場為導向，為追求利潤而開發、破壞生態，是最根本的做法。如果少數民族地區被納入「國家公園」，在人民遷徙之外，仍可透過教育訓練，使部分該地區的住民，成為「公園巡守」或相關服務成員，以符合社會正義。（紀駿傑，王俊秀，1995）

(二)「低開發區」應考慮生態足跡

所謂生態足跡（ecological footprint）「是一種計算工具，使我們能夠以相對應的生產力土地，來估算某特定人口或經濟體的資源消費與廢棄物吸收。」（李永展、李欽漢譯，2000：31）不過，生態足跡的計算，仍以

「人類中心主義」為出發，人類仍須依賴生態系的產物及其所提供的維生功能，因此從生態的角度而言，「適量的土地和相關的生產性自然資本，是人類存在地球上的根本。」（前揭書，頁61）如果完全以「生態平等」為考量，人類生存所需，對細菌都不可「侵犯」其（細菌）生存權，人類恐難順利生存。然則，如何才「適量」？永續性的生態底線有所謂「強永續性」（strong sustainability）和弱永續性（weak sustainability），前者是我們應強力地保留我們的自然資本蘊藏量，包括生物性、物理性（非生物性）資源；後者「允許用等量或等值的人造資本，取代被消耗的自然資本。」（前揭書，頁57-62）以木材為例，實木材減少，可用「合成材」或其他人造物品替代。我們強調在少數民族地區，應採「低開發」者，即適當限制其開發的程度，而非以「污染稅」或「開發許可」等出賣「環境權」給以資本主義式的掠奪。王明珂（2003：21-23）在描述四川西北「羌寨」的經濟生活，有一段生動的描述：

> 兩種農業生產方式的矛盾：一是生計取向（subsistence-oriented）的農業；一是市場取向（market-oriented）農業。前者之經濟動機主要為「減少生活風險」；後者之經濟動機則是「追求最大利益」。
>
> 1980年代以後，由於經濟上「改革開放」與私有制恢復，部分村民也有了追求「最大利益」的經濟動機與機會。
>
> 1999年以來，由於在此之前長江中、下游年年水患，由國家籌辦的「退耕還林」逐漸在羌族地區全面推行。原來分配給各家庭的田地不准再耕作，在五年內由國家按畝發給補償金。各家只能在一小塊田地上，種一點自己食用的蔬菜、雜糧與果樹。這個發展，在未來幾年必定對於羌族的經濟生態、社會文化造成很大的改變。（王明珂，2003：21-23）

以上正是少數民族「生計取向」低度開發的實例。問題是，何以為了長江中、下游的人民生命財產，上游少數民族就要被「限制」？我們的回答是，國家（the state）應扮演一種補貼（負稅率）的方式，以回復公平正義或矯治不公正，此由以下第三項說明之。

(三)負稅率的補貼、補償之運用

以負稅率的補貼、補償方式，使少數民族地區能維護環境，也能兼顧生活改善。目前對於許多「嫌惡性的公共設施」會引起「鄰避（NIMBY）效應」，例如公共生活所需的加油站、高壓變電所、垃圾焚化廠……都是毗鄰者所嫌惡，但為大眾所必須，於是相關單位以「回饋金」、「補償金」或其他補貼方式，對受影響之鄰眾給予補償（劉阿榮、石慧瑩，2004：1-32）。然而同樣為了環境生態，少數民族地區的維持生態環境「淨土」，卻得不到合理補償，顯然不合公平正義，究其原因可能人數太少而分散，無強有力的組織性抗爭，不會引起國家及社會大眾的關心。筆者在此提出一種環境倫理的新路徑：過去有強調「義務論的權利路徑」及「目的論的效益路徑」，前者以邊沁（J. Bentham）、彌勒（J. S. Mill）及當代生命中心主義者 Peter Singer 為代表，他們強調最大多數者的幸福，及有感知的動物也應得到平等解放的動物權利（Singer, 1986: 215-218）。後者以康德（I. Kant）及 John Rawls 為代表，認為基本權利應受到尊重，不可因大多數人的最大利益而損及弱勢的少數人或少數群體（Rawls, 1971）。至於新的環境倫理則強調「關懷倫理」，關懷不僅是一種理論觀念，也是一種實踐策略，人類對於「他人」及物種、自然界應予關懷，並由關懷產生責任感（Tronto, 1993）。對少數民族地區的關懷，不僅是心理上的尊重，更應在政策上給予優惠及補償。不過值得注意的是，關懷不應養成「依賴」與「需索無度」，而是公平合理對待與自覺自立。有些研究指出，「關心的焦點應從市場轉移到真正的社會邊緣……在美國的社會公義運動裡，試圖透過社會福利和稅金移轉計畫……這些社會及經濟制度卻不斷地造成更多的人無家可歸、更多的失業、逃學、毒性廢棄物的傾倒和工業意外傷害——也就是人類社群和生態體系更為分崩離析。」（台灣生態神學中心譯，1996：294-295）因此，對少數民族地區維持環境淨土的補償、補貼之外，也要關心這些民族的心理尊嚴與教育提昇，而不致於依賴或產生其他負面效果。

(四)「專業區」的設置

「專業區」的設置有利於少數民族地區的環保與經濟。有些少數民族地區具有某種有利的條件，可生產某些具有經濟價值又不破壞環境的「專業區」，或不強調工業生產，而以少數民族文化展示、民族工藝品的供應或「生態保護區」……作為「適存邏輯」的最佳典範。

除了環境較特殊的「生態專業區」之外，少數民族地區大多以農業為主，近年來許多國家推動所謂「生態農業」（eco-agriculture），如英國農學家 M. Worthington 所謂，「在生態上能自我維持、低投入且經濟上有生命力，在倫理和審美尚可接受的小型農業。」（陳能敏編著，2000：13）也有所謂「生物動態性農業」（biodynamic agriculture），是調和的「農耕」和「園耕」技術，多角型的、循環性的農業栽培經營方式，利用生物動態學原理來管理土壤、植物和肥料的農業，甚至把永續農業與農村發展結合起來，從人才培育、基礎改善著手。（前揭書，頁 13-14）

總之，從生態中心主義下的適存邏輯來看，人與自然環境不是對立的，更非征服自然，而是相互依存的。近代美國環境保育之父李奧帕德（Aldo Leopold）在其名著《沙郡年記》（*A Sand County Almanac*）有發人深省的一段話：

> 目前為止，所有已成形的倫理規範都以一個前提為基礎：個人是成員相互依賴的群集的一份子。個人的本能激勵他在群集中爭取地位，而個人的倫理規範則激勵他和其他成員合作（或許如此才有可供爭取的地位）。土地的倫理規範只是擴展了群集的界限，使其納入土壤、水、植物和動物；我們可以將這些東西統稱為土地。（吳美真譯，1999：324）

A. Leopold 的「大地倫理」，正式從人與環境的相互依賴出發，而非宰制自然。

伍、結論與討論

本文論述少數民族的永續發展，聚焦於生態保育與經濟發展，是相互衝突對立？還是可以互存共榮？在概念釐清方面，吾人固然了解「少數民族」與「原住民」意涵不盡相同，但有些地區的案例（如台灣地區的原住民可稱為少數民族）大體上可通用。「生態保育」與「環境保護」也有不同的指涉，前者是指維持自然生態的生生不息，加以「保護」或「復育」，比較偏重在生態系統的 "input" 方面。而環境保護是指避免或減少物理性、化學性的污染（噪音、空氣、水、有毒化學物……），以保護環境的優質，比較偏重在 "output" 方面。而事實上經濟活動對生態環境而言，不論 input 或 output 都會產生衝擊，因此本文在概念上亦將生態保育與環境保護加以混合使用。

關於少數民族永續發展的理論探討，本文採多學科、跨領域整合的方式，運用若干環境倫理學（人類中心、生命中心、生態中心主義）、環境經濟學（皮古稅、寇斯定理）、經濟人類學（經濟與社會「鑲嵌性」）、生態人類學（負載力、耐性定律）……各方面的學理，分析少數民族經濟與環境的競合問題。

要提出一些新思維，替代長期以來籠罩在人類或族群社會經濟發展的霸權思潮：資本主義的自由競爭、優勝劣敗、追求利潤極大化、征服自然與宰制自然……的心態。深刻反省在多元文化主義下，建構族群的夥伴關係，肯認差異、平等尊重、使少數民族與主體民族共存共榮；並以生態中心主義的適存邏輯，思考少數民族的永續發展，根據「生態足跡」，推估將生態環境區分為禁止開發區、低開發區，或依地方特色發展「專業區」，而這些地區的發展，儘量以結合當地民族文化特色或休閒觀光文化為主，不增加環境負荷，又能使少數民族生活改善、文化承續及發揚。這些符合後工業、後現代社會的文化氛圍。

經由以上各節之論述，本文提出三個重要的議題，作為未來繼續思考及討論的方向：

1. 在觀念層面：少數民族地區的永續發展，對於長期處於經濟弱勢的族群，他（她）們的思考是「先富裕」再「復育」、「復原」？還是要富裕，不一定要以犧牲環境生態為代價？兩者可以並存。問題是，生態環境是「耗散結構」、「不可逆的」（本文第三節已論述）付出環境代價而富裕，還能再找回「淨土」嗎？另外，環保人士或學者專家的意見，與當地居民意見往往相左，要尊重居民還是專業人士（往往非利害關係人）？

2. 在制度層面：近年來各國不斷因應環境惡化而訂定更多法律規範，但環境仍持續惡化。一方面是國際競爭因素，忽略了「我們只有一個地球」、「我們共同的未來」；另一方面，國內情況也和國際情況相彷彿，地方政府與居民，共同的目標在改善生活，最快速的方式不是環境保護，而是經濟開發來締造「執政業績」，此種急功近利的心態影響政策，間接也影響了環境保護。

3. 在行為層面：人類行為「由奢入儉難」，現代化、科技化改變了生活形態，也改變了人類及生態體系的 "input" 及 "output"，要歸真返璞，返回簡樸的生活哲學，是一種理想的境界，對於歷盡繁華塵囂的現代都市人，可能是一種返璞（樸）的意境；對於少數民族地區，世代都是在「生活水準線」下的「貧困」，尚未脫貧致富，就要他（她）歸真返璞，似乎不符合現實。

　　以上三項可視為本文所引發出來的新議題，可供大家討論，也可作為未來繼續研究的方向。

本章重點

1. 永續發展。
2. 生態人類學。
3. 多元文化主義。
4. 寇斯定理。
5. 競合關係、夥伴關係。

參考文獻

一、中文部分

王之佳、柯金良等譯（1992），《我們共同的未來》，台北：台灣地球日出版社出版。

王明珂（2003），《羌在漢藏之間——一個華夏邊緣的歷史人類學研究》，台北：聯經出版公司，初版。

王俊秀（1999），《全球變遷與變遷全球：環境社會學的視野》，台北：巨流圖書公司，一版一刷。

王銘銘、胡宗澤譯（2000），Marshall D. Sahlins 著，《甜蜜的悲哀》，北京：三聯書店。

台灣生態神學中心譯（1996），Dieter T. Hessel 編，《生態公義——對大地反撲的信仰反省》，台北：台灣地球日出版社，初版二刷。

石佳音譯（2002），Block F. and Somers, M. R.著，〈超越唯經濟論的謬誤：卡爾‧博蘭尼的整體性社會科學〉，編入黃樹民等譯，Karl Polanyi 著，《鉅變：當代政治經濟的起源》，台北：遠流出版公司，一版四刷，頁 1-55。

吳美真譯（1999），Leopold, Aldo 著，《沙郡年記》，台北：天下文化公司，一版八印。

李公哲（1998），《永續發展導論》，台北：中華民國環境工程學會出版。

李永展（1999），〈永續環境規劃之新思維〉，載師大環教中心：《環境教育季刊》第 37 期，頁 25-34。

李永展（2003），《永續發展：大地反撲的省思》，台北：巨流圖書公司，二版一刷。

李永展、李欽漢譯（2000），Rees, W. E 著，《生態足跡——減低人類對地球的衝擊》，台北：創興出版公司，初版一刷。

李亦園（2004a），〈台灣山地社會問題〉，編入氏著，《文化的圖像（下）——

宗教與族群的觀察》，台北：允晨文化，初版五刷，頁 214-267。

李亦園（2004b），〈生態環境、文化理念與人類永續發展〉，載《廣西民族
學院學報》（哲學社會科學版）第 26 卷第 4 期，頁 7-12。

杜文苓（2006），〈高科技產業的環境治理：全球規範與在地行動的啟發〉，
《公共行政學報》第 19 期，載台北：政治大學公行系，頁 169-174。

沈力譯（1990），Ilya Prigogine 著，《混沌中的秩序》，台北：結構群出版。

林文政譯，Daniel Sitarz (ed) (1995)，《綠色希望：地球高峰會議藍圖》（*The Earth
Summit Strategy To Save Our Planet*），亦即《二十一世紀議程》（*Agenda
21*），台北：天下出版社，一版二印。

林明仁（2005），李炳南主編，〈法律的實證經濟分析〉，《經濟學帝國主義》，
台北：揚智文化，初版一刷，頁 81-102。

法律出版社（1986），《中華人民共和國憲法》，新華書店發行。

施琳（2005），載何龍群主編，〈經濟人類學理論前沿綜論〉，《廣西民族學
院學報》（哲學社會學版）第 27 卷第 6 期，頁 5-12。

洪泉湖（1999），〈從多元文化的觀點論公民養成〉，載《公民訓育學報》第
八輯，台北：台灣師大，頁 167-180。

洪德生主編（1998），《追求能源、環境與經濟平衡發展》，台北：台灣經濟
研究院出版，初版一刷。

紀駿傑、王俊秀（1995），〈環境正義：原住民與國家公園衝突的分析〉，《台
灣的社會學研究：回顧與展望論文集》，台中：東海大學，頁 257-287。

孫大川（2000），《夾縫中的族群建構——台灣原住民的語言、文化與政治》，
台北：聯合文學出版社，初版。

張有雋（2004），〈人類與環境及資源關係的人類學見解〉，載《廣西民族學
院學報》（哲學社會科學版）第 26 卷第 4 期，頁 48-51。

曹定人（1997），〈永續發展：範疇的探討〉，《臺灣永續發展研討會論文集》，
臺北：國立中興大學法商學院出版，頁 127-141。

莊慶信（2002），《中西環境哲學——一個整合的進路》，台北：五南圖書公
司，初版一刷。

郭凡、鄒和譯（2002），Hardesty, Donald 著，《生態人類學》，北京：文物出版社，一版一刷。

陳能敏編著（2000），《永續農業過去、現在、未來》，台北：農業科學資料服務中心，初版三刷。

陶在樸（1998），《地球文明的永續發展》，台北：中華徵信所，初版。

黃娟譯（2005），Richard R. Wilk 著，載何龍群主編，〈經濟、生態人類學與消費文化研究〉，《廣西民族學院學報》（哲學社會學版）第 27 卷第 6 期，頁 29-37。

黃樹民等譯（2002），Karl Polanyi 著，《鉅變：當代政治經濟的起源》，台北：遠流出版公司，一版四刷。

楊冠政（1996），〈環境倫理學說概述（一）——人類環境倫理信念的演進〉，《環境教育》第 28 期，載台北：台灣師大環境教育中心，頁 7-20。

楊聖敏、良警宇（2005），莊孔韶主編，〈生態人類學〉，《人類學通論》，太原：山西教育出版社，一版四刷，第五章，頁 126-150。

葉俊榮、柳中明、駱尚廉（1997），《永續發展研究規劃計畫書》，臺北：國科會永續發展研究推動委員會，NSC86-3011-P-002-002。

劉東輝（1996），葉文虎、承繼成主編，〈從「增長的極限」到「持續發展」〉，《可持續發展之路》，北京：北京大學出版社，一版三刷，頁 33-37。

劉阿榮（1996），洪泉湖主編，〈後工業轉型中臺灣原住民經濟發展的方向〉，《兩岸少數民族問題》，台北：文史哲出版社初版。

劉阿榮（1998），〈儒家倫理與永續發展〉，《社會文化學報》第七期，載台北：中央大學，頁 1-24。

劉阿榮（2002），《台灣永續發展的歷史結構分析——國家與社會的觀點》，台北：揚智文化出版。

劉阿榮（2005），〈永續發展與族群夥伴關係〉，《研考雙月刊》第 249 期，載台北：行政院研考會，頁 92-102。

劉阿榮、史慧玲（2000），〈永續發展與族群正義——台灣原住民的「環境正義分析」分析〉，台東：台東師範學院出版。

劉阿榮、石慧瑩（2004），〈社群意識與永續發展：鄰避現象及補償金之分析〉，《中國行政評論》第 13 卷第 2 期，載中華民國公共行政學會，頁 1-32。

劉思華主編（1997），《可持續發展經濟學》，武漢：湖北人民出版社，一版一刷。

鄧紅鳳譯（2005），Will Kymlicka 著，《民族主義、多元文化主義和公民》，上海：上海譯文出版社，一版一印。

韓立新、張桂權、劉榮華（1997）譯，岩佐茂著，《環境的思想》，北京：中央編譯出版社，一版一印。

二、英文部分

Anaya, S. James (1996), *Indigenous Peoples in International Law*. Oxford University Press, New York.

Kindleberger, Charles P. (1965), *Economic Development*. 2nd ed. McGraw-Hill Book Co., New York.

Kymlicka, Will (2001), *Nationalism, Multiculturalism and Citizenship*. Oxford University Press, New York.

Nash, Roderick F. (1989), *The Rights of Nature—A History of Environmental Ethics*. The University of Wisconsin Press, Madison.

Olen, Jeffrey and Barry, Vincent (1992), *Applying Ethics: A Text with Reading's*. 4th ed. Belmont, California Wadworth.

Ramls, John (1971), *A Theory of Justice*., Harvard University Press., Cambridge.

Rosen, Harvey S. (1995), *Public Finance*, 4th ed, Chicago: Irwin.

Schnaiberg, A and Gould, K. A. (1994), *Environment and Society: The enduring Conflict*. St. Martin's Press. New York.

Singer, Peter (1986), ''All Animals Are Equal'', Singer ed., Applied Ethics. Oxford University Press.

Tronto, Joan C. (1993), *Moral Boundaries: A Political Argument for an Ethic of Car*. Routledge., New York.

World Commission on Environment and Development (WCED) (1987), *Our Common Future*. Oxford University Press.

圖書編號：A9048

都市治理與地方永續發展

著　　　者／劉阿榮等
出 版 者／揚智文化事業股份有限公司
發 行 人／葉忠賢
總 編 輯／閻富萍
執　　編／范湘渝
登 記 證／局版北市業字第 1117 號
地　　　址／台北縣深坑鄉北深路三段 260 號 8 樓
電　　　話／(02)2664-7780
傳　　　真／(02)2664-7633
　E-mail ／service@ycrc.com.tw
印　　　刷／鼎易印刷事業股份有限公司
　I S B N ／978-957-818-841-9
初版一刷／2007 年 10 月
定　　　價／新台幣 450 元

國家圖書館出版品預行編目資料

都市治理與地方永續發展 / 劉阿榮等合著. --
初版. -- 臺北縣深坑鄉：揚智文化, 2007. 10
    面； 公分

  ISBN   978-957-818-841-9 (平裝)

  1. 都市 2. 都市發展 3. 地方自治 4. 社區
發展

575.1   96017220